Europäisches Fernsehwerberecht
im Wandel der neuen Medien

Europäische Hochschulschriften
Publications Universitaires Européennes
European University Studies

Reihe II
Rechtswissenschaft

Série II Series II
Droit
Law

Bd./Vol. 3304

PETER LANG
Frankfurt am Main · Berlin · Bern · Bruxelles · New York · Oxford · Wien

Paul Herbert Klickermann

Europäisches Fernsehwerberecht im Wandel der neuen Medien

PETER LANG
Europäischer Verlag der Wissenschaften

Die Deutsche Bibliothek - CIP-Einheitsaufnahme

Klickermann, Paul Herbert:

Europäisches Fernsehwerberecht im Wandel der neuen Medien / Paul Herbert Klickermann. - Frankfurt am Main ; Berlin ; Bern ; Bruxelles ; New York ; Oxford ; Wien : Lang, 2001
(Europäische Hochschulschriften : Reihe 2, Rechtswissenschaft ; Bd. 3304)
Zugl.: Mainz, Univ., Diss., 2001
ISBN 3-631-38752-0

D 77
ISSN 0531-7312
ISBN 3-631-38752-0

www.peterlang.de

Die vorliegende Arbeit wurde im Sommersemester 2001 vom Fachbereich Rechts- und Wirtschaftswissenschaften der Johannes Gutenberg-Universität Mainz als Dissertation angenommen.

Die mündliche Prüfung fand am 12. Juli 2001 statt.

Bedanken möchte ich mich bei all denjenigen, die bei der Entstehung und Veröffentlichung dieser Arbeit mitgeholfen haben.

Zu besonderem Dank bin ich meinem Doktorvater, Herrn Univ.-Prof. Dr. Dieter Dörr, verpflichtet, der mir zahlreiche Anregungen und Hinweise gegeben hat.

Insbesondere danke ich herzlichst meiner Frau, Dr. phil. Beate Hörr, die immer ein offenes Ohr für die Belange meiner Arbeit hatte und mir bei der kritischen Durchsicht des Manuskripts sowie der Erstellung des Typoskripts geholfen hat. Sie hatte stets Verständnis für den zeitraubenden Platz, den diese Arbeit in unserem gemeinsamen Leben einnahm.

Gewidmet ist die Arbeit derjenigen, die durch unermüdliche und tatkräftige Unterstützung den Grundstein für mein Studium und die Promotion gelegt hat.

Meiner Mutter

Inhaltsverzeichnis

Literaturverzeichnis

Ackermann, Thomas: *Warenverkehrsfreiheit und "Verkaufsmodalitäten"*, RIW 1994, S. 189.

Astheimer, Sabine: *Rundfunkfreiheit - ein europäisches Grundrecht*, Baden-Baden 1991.

Astheimer, Sabine/Moosmayer, Klaus: *Europäische Rundfunkordnung - Chance oder Risiko?*, ZUM 1994, S. 395.

Bachem, Christian: *Fernsehen in den USA - Neuere Entwicklungen von Fernsehmarkt und Fernsehwerbung*, Opladen 1995.

Baer, Susanne: *Grundrechtecharta ante portas*, ZRP 2000, 361.

Bartosch, Andreas: *Das Grünbuch mit Defiziten*, NJW-CoR 1998, S. 25.

ders.: *Regelungslücken zwischen Fernsehkabelnetzen und Internetinfrastruktur*, ZUM 1998, S. 209.

ders.: *Das Grünbuch über Konvergenz. Ein Beitrag zur Diskussion auf dem Weg in die Informationsgesellschaft*, ZUM 1998, S. 209.

ders.: *Öffentlichrechtliche Rundfunkfinanzierung und EG-Beihilfenrecht - eine Zwischenbilanz*, EuZW 1999, S. 176.

ders.: *Europäisches Telekommunikationsrecht im Jahre 1998*, EuZW 1999, S. 421.

ders.: *Europäisches Telekommunikationsrecht im Jahre 1999*, EuZW 2000, S. 389.

ders.: *Die neue EG-Kabelrichtlinie*, NJW 1999, S. 3750.

Baudenbacher, Carl: *Vier Jahre EFTA-Gerichtshof*, EuZW 1998, S. 391.

Bauer, Detlef: *Richtlinie zur Koordinierung bestimmter Rechts- und Verwaltungsvorschriften der Mitgliedstaaten über die Ausübung der Fernsehtätigkeit,* Würzburg 1991.

Baumbach, Adolf/Hefemehl, Wolfgang: *Wettbewerbsrecht*, München 1999, 21. Auflage.

Becker, Ulrich: *Voraussetzungen und Grenzen der Dienstleistungsfreiheit*, NJW 1996, S. 179.

Bermanseder, Markus: *Wann sind Mediendienste dem Rundfunk zuzuordnen?*, ZRP 1997, S. 330.

Bethge, Herbert: *Der Grundversorgungsauftrag des öffentlichen Rundfunks in der dualen Rundfunkordnung*, MP 1996, S. 66.

ders.: *Der Grundrechtsstatus privater Rundfunkveranstalter*, NVwZ 1997, S. 1.

Berger, Frithjof: *Novellierung der Fernsehrichtlinie ohne Novellierung des Fernsehübereinkommens?*, ZUM 1996, S. 125.

Bernhard, Peter: *Cassis de Dijon und das Kollisionsrecht - am Beispiel des unlauteren Wettbewerbs*, EuZW 1992, S. 437.

Bernhardt, Rudolf: *Die Europäische Menschenrechtskonvention und die deutsche Rechtsordnung*, EuGRZ 1996, S. 339.

Betz, Peter: *Die EG-Fernsehrichtlinie - Ein Schritt zum europäischen Fernsehen*, MP 1989, S. 677.

Beucher, Klaus/Engels, Stefan: *Harmonisierung des Rechtschutzes verschlüsselter Pay-TV-Dienste gegen Piraterieakte*, CR 1998, S. 101.

Beutler, Bengt/Bieber, Roland/Pipkorn, Jörn/ Streil, Jochen: *Die Europäische Union - Rechtsordnung und Politik*, Baden-Baden 1993, 4. Auflage.

Bleckmann, Albert: *Europarecht, Das Recht der Europäischen Gemeinschaft*, Köln, Berlin, Bonn, München 1997, 6. Auflage.

ders.: *Zu den Auslegungsmethoden des Europäischen Gerichtshofs*, NJW 1982, S. 1177.

ders.: *Der Beurteilungsspielraum im Europa- und Völkerrecht*, EuGRZ 1979, S. 485.

Börner, Bodo: *Kompetenz der EG zur Regelung einer Rundfunkordnung*, ZUM 1985, S. 577.

Bork, Reinhard: *Der Sponsorhinweis beim Ereignissponsoring - Eine wettbewerbsrechtliche Zwischenbilanz*, ZUM 1988, S. 322.

ders.: *Werbung im Programm: Zur wettbewerbsrechtlichen Haftung der Fernsehanbieter für unzulässige Werbung im Fernsehprogramm*, München 1988.

Bosman, Wieland: *Rundfunkrechtliche Aspekte der Trennung von Werbung und Programm*, ZUM 1990, S. 545.

Bossard, Irene Laeuchli: "Die Meinungsäußerungsfreiheit gemäss Art. 10 EMRK unter Berücksichtigung der neueren Entscheide und der neuen Medien", in: *Europäische Hochschulschriften*, Frankfurt, New York, Paris 1995.

Braun, Matthias/Gillert, Olaf/Hoberg, Dominik/Hübner, Eva-Maria/Kamps, Michael: *Spartenkanäle: Grenzen einer Zukunftsperspektive für den öffentlich-rechtlichen Rundfunk*, ZUM 1996, S. 201.

Breunig, Florian: *Marktchancen des digitalen Fernsehens. Eine Untersuchung zur Einführung digitaler Spartensender*, München 1997.

Brisch, Klaus M.: *EU-Richtlinienvorschlag zum elektronischen Geschäftsverkehr*, CR 1999, S. 235.

Brosius, Hans-Bernd/Fahr, Andreas: *Werbewirkung im Fernsehen*, München 1998.

Bröhl, Georg M.: *Rechtliche Rahmenbedingungen für neue Informations- und Kommunikationsdienste*, CR 1997, S. 73.

Brühann, Ulf: *Datenschutz und Europäische Gemeinschaft*, AfP 1998, S. 345.

Bueckling, Adrian: *Im Begriffsdschungel des satellitischen Rundfunkrechts*, ZUM 1988, S.164.

Bülow, Lorenz: *Themen-Sponsoring im Fernsehen - Zulässigkeit einer innovativen Werbeform neben Spotwerbung und Product Placement*, CR 1999, S. 105.

Bullinger, Martin: *Der Rundfunkbegriff in der Differenzierung kommunikativer Dienste*, AfP 1996, S. 1.

ders.: *Strukturwandel von Rundfunk und Presse*, NJW 1984, S. 385.

ders.: *Verbreitung entgeltlicher Rundfunkprogramme und Mediendienste in Paketen*, AfP 1997, S. 761.

ders.: *Verbreitung digitaler Pay-TV-Pakete in Fernsehkabelnetzen*, ZUM Sonderheft 1997, S. 281.

ders.: *Länderfinanzausgleich und Rundfunkfinanzausgleich*, Baden-Baden 1998.

ders.: *Die Aufgaben des öffentlichen Rundfunks - Wege zu einem Funktionsauftrag*, Gütersloh 1999, 2. Auflage.

Bullinger, Martin/Mestmäcker, Ernst Joachim: *Multimediadienste - Struktur und staatliche Aufgaben nach deutschem und europäischem Recht*, Baden-Baden 1997.

dies.: *Multimediadienste - Aufgabe und Zuständigkeit von Bund und Ländern*, Rechtsgutachten im Auftrage des Bundesministers für Bildung, Wissenschaft, Forschung und Technologie, Baden-Baden 1996.

Bundschuh, Anja: *Fernsehen und Jugendschutz in Europa. Eine Politikanalyse zum Verhältnis von staatlicher Regulierung und Selbstkontrolle*, Baden-Baden 1998/1999.

Burmeister, Joachim: "Duale Rundfunkordnung für Europa - Ausweg aus der (Kompetenz-) Krise?, Medienmarkt und Menschenwürde", in: *EMR-Dialog*, Band 2, München 1992.

Busse, Christian: *Die Geltung der EMRK für Rechtsakte der EU*, NJW 2000, S. 1074.

Callies, Christian: *Zwischen staatlicher Souveränität und europäischer Effektivität: Zum Beurteilungsspielraum der Vertragsstaaten im Rahmen des Art. 10 EMRK*, EuGRZ 1996, S. 293.

Cappello, Maja/Mastroianni, Roberto: "Italien", in: *Juristischer Führer für audiovisuelle Medien in Europa*, Straßburg 1999, S. 72.

Caspar, Johannes: *Das Tabakwerbeverbot und das Gemeinschaftsrecht*, EuZW 2000, 237.

Classen, Klaus-Dieter: "Der Rundfunk zwischen Wirtschaft und Kultur: Die Perspektive des europäischen Gemeinschaftsrechts", in: *Der Rundfunkbegriff im Wandel der Medien*, hrsg. v. Dittmann, Armin/Fechner, Frank/Sander Gerald, Berlin 1997, S. 53.

ders: *Auf dem Weg zu einer einheitlichen Dogmatik der EG-Grundfreiheiten - Absolute und relative Gehalte der Grundfreiheiten*, EWS 1995, S. 97.

Dauses, Mandfred A.: *Handbuch des EU-Wirtschaftsrechts*, München, Loseblattsammlung Stand: November 1999.

ders: *Die Rechtsprechung des EuGH zum Verbraucherschutz und zur Werbefreiheit im Binnenmarkt*, EuZW 1995, S. 425.

Dave, Jörg: "Homebanking und neuer elektronischer Zahlungsverkehr", in: *Multimedia, Voraussetzungen/ Anwendungen/ Probleme*, hrsg. v. Wilke, Jürgen/Imhof, Christiane, Berlin 1995, S. 147.

Degenhart, Christoph: *Programmauftrag Internet - Öffentlich-rechtliche Rundfunkanstalten und Online-Dienste*, MMR 1998, S. 137.

ders.: *Rechtliche Aspekte des Teleshoppings*, ZUM 1995, S. 353.

ders.: *Bonner Kommentar zum Grundgesetz*, Loseblattsammlung, Stand: Oktober 1994, Heidelberg 1994.

ders.: *Rundfunk und Internet*, ZUM 1998, S. 333.

Delbrück, Jost: *Die europäische Regelung des grenzüberschreitenden Rundfunks - Das Verhältnis von EG-Fernsehrichtlinie und Europaratskonvention*, ZUM 1989, S. 373.

Depenheuer, Otto: *Informationsordnung durch Informationsmarkt, Rechtliche Rahmenbedingungen einer Informationsordnung*, AfP 1997, S. 669.

Di Fabio, Udo: *Produkte als Träger fremder Meinungen*, NJW 1997, S. 2863.

ders.: *Werbeverbote - Bewährungsprobe für europäische Grundfreiheiten und Grundrechte*, AfP 1998, S. 564.

Dittmann, Armin/Fechner, Frank/Sander, Gerald: *Rundfunkbegriff im Wandel der Medien*, Berlin 1997.

Dörfler, Gabriele: *Product Placement im Fernsehen. Unlautere Werbung oder denkbare Finanzierungsquelle im dualen Rundfunksystem? Eine Beurteilung aus dem Blickwinkel des Wettbewerbsrechts unter Berücksichtigung der Mediengesetze*, Frankfurt a. M. 1993.

Dörr, Dieter: *Kontrolle braucht Durchsetzungsbefugnisse. Defizite des Verfahrensrechts bei der Medienkonzentrationskontrolle*, MP 1995, S. 42.

ders.: *Maßnahmen zur Vielfaltssicherung gelungen?, Der Dritte Rundfunkänderungsstaatsvertrag aus verfassungsrechtlicher Sicht*, MP 1996, S. 621.

ders.: *Vielfaltssicherung durch die EU, Chancen und Risiken europäischer Medienpolitik*, MP 1996, S. 87.

ders.: "Das für die Medienkonzentration maßgebliche Verfahrensrecht", in: *Die Sicherung der Meinungsvielfalt*, Schriftenreihe der Landesmedienanstalten, Berlin 1994.

ders.: "EG-Vertrag, EU-Vertrag und Medienordnung, Kompetenztitel und Kompetenzausübungsschranken in Bezug auf einen europarechtlichen

Ordnungsrahmen, Europäisches Medienrecht", in: *Fernsehen und seine gemeinschaftsrechtliche Regelung = European media law*, München, Berlin 1998, S. 3.

ders.: *Der deutsche Föderalismus und die entstehende Medienordnung*, EWS 1991, S. 259.

ders.: *Das Nettoprinzip für die Unterbrechung von Spiel- und Fernsehfilmen durch Werbung und das europäische Medienrecht*, ZUM 1994, S. 342.

ders.: *Die EG-Fernsehrichtlinie*, iris-Sonderausgabe 1995, S. 16.

ders.: *Die Rolle des öffentlichen Rundfunks in Europa*, Baden-Baden 1997.

ders.: *Die Entwicklung des Medienrechts*, NJW 1995, S. 2263.

ders.: *Die Entwicklung des Medienrechts*, NJW 1997, S. 1341.

ders.: *Die Entwicklung des Medienrechts*, NJW 1999, S. 1925.

ders.: "Multimedia und die Rundfunkfreiheit des Art. 10 EMRK", in: *Festschrift für Martin Kreile*, hrsg. v. Ziemske, Burkhardt/Langheid, Theo/Wilms, Heinrich/Haverkate, Jörg, München 1997, S. 1417.

ders.: "Multimedia und der Rundfunkbegriff", in: *Der Rundfunkbegriff im Wandel der Medien*, hrsg. v. Dittmann, Armin/Fechner, Frank/Sander, Gerald, Berlin 1997, S. 121.

ders.: *Die Spartenkanäle von ARD/ZDF und das Europarecht*, Band 74, Schriftenreihe des Instituts für Rundfunkrecht an der Universität zu Köln, München 1999.

Dörr, Dieter/Beucher, Klaus/Eisenbeis, Jochen/Jost, Eberhard: *Die Einflüsse europarechtlicher Entwicklungen auf das Bund-Länder Verhältnis im Rundfunkwesen*, München, Berlin 1992.

Dörr, Dieter/Charissé, Peter: *Die Rangfolge im Kabel und die Dienstleistungsfreiheit*, AfP 1999, S. 18.

Dörr, Dieter/Cloß, Wolfgang: *Die Vereinbarkeit der Gebührenfinanzierung des Österreichischen Rundfunks mit dem EG-Beihilferecht - Kurzgutachterliche Stellungnahme des Instituts für Europäisches Medienrecht e. V., erstattet im Auftrag des österreichischen Rundfunks*, ZUM 1996, S. 105.

Dörr, Oliver: *Die Warenverkehrsfreiheit nach Art. 30 EWG-Vertrag - doch bloß ein Diskriminierungsverbot*, RabelsZ 1990 (54), S. 677.

Eberle, Carl-Eugen: *Betätigung des ZDF im Online-Bereich*, AfP 1998, S. 272.

ders.: *Schriftliche Stellungnahme des Zweiten Deutschen Fernsehens zur Anhörung der Arbeitsgruppe "Rundfunkbegriff" der Rundfunkreferenten der Länder am 15. Juni 1994*, ZUM 1994, S. 530.

ders.: *Neue Übertragungstechniken und das Verfassungsrecht*, ZUM 1995, S. 249.

Eck, Matthias/Ikas, Klaus: *Neue Grenzen vergleichender Werbung - Zur Auslegung und Anwendung der Richtlinie 97/55/EG vom 06. Oktober 1997*, WRP 1999, S. 251.

Echterhölter, Rudolf: *Die Europäische Menschenrechtskonvention im Rahmen der verfassungsrechtlichen Ordnung*, JZ 1955, S. 689.

Eifert, Martin: *Die Zuordnung der Säulen des dualen Rundfunksystems*, ZUM 1999, S. 595.

Ehlers, Renate: *Öffentlich-rechtlicher Rundfunk und Multimedia*, MP 2000, S. 369.

Engel, Christoph: *Privater Rundfunk vor der Europäischen Menschenrechtskonvention*, Baden-Baden 1993.

ders.: *Die Geltung des Brutto-Prinzips für die Unterbrechung von Spiel- und Fernsehfilmen durch Werbung*, ZUM 1994, S. 335.

ders.: *Der Zusammenhang von Sende- und Empfangsfreiheit unter der Europäischen Menschenrechtskonvention*, ZUM 1988, S. 511.

ders.: "Multimedia und das deutsche Verfassungsrecht", in: *Perspektiven der Informationsgesellschaft*, hrsg. v. Hoffmann-Riem, Wolfgang/Vesting, Thomas, Baden-Baden, Hamburg 1995, S. 155.

Engel-Flechsig, Stefan: *Informations- und Kommunikationsdienstegesetz des Bundes und der Mediendienstestaatsvertrag der Bundesländer. Einheitliche Rahmenbedingungen für Multimedia*, ZUM 1997, S. 231.

ders.: *EU-Harmonisierung des Urheberrechts und der verwandten Schutzrechte in der Informationsgesellschaft. Der Richtlinienvorschlag der EG-Kommission zur Harmonisierung bestimmter Aspekte des Urheberrechts und verwandter Schutzrechte in der Informationsgesellschaft vom 10.12.1997*, ZUM 1998, S. 139.

Engel-Flechsig, Stefan/ Maennel, Frithjof A./Tettenborn, Alexander: *Das neue Informations- und Kommunikationsdienste-Gesetz*, NJW 1997, S. 2981.

Engels, Stefan/Giebel, Torsten: *Das neue Fernsehwerberecht*, ZUM 2000, S. 265.

Ehricke, Ulrich: *Die richtlinienkonforme Auslegung nationalen Rechts vor Ende der Umsetzungsfrist einer Richtlinie*, EuZW 1999, S. 553.

Epinery, Astrid: *Unmittelbare Anwendbarkeit und objektive Wirkung von Richtlinien*, DVBl 1996, S. 409.

Escher, Alfred: *EuGH verurteilt Deutschland wegen Nichtumsetzung der Altölrichtlinie*, EuZW 2000, S. 105.

Europäische Audiovisuelle Informationsstelle: *Statistisches Jahrbuch Film, Fernsehen, Video und Neue Medien*, Straßburg 1998.

dies.: *Juristischer Führer für audiovisuelle Medien in Europa; Neuere rechtliche Entwicklungen in Rundfunk, Film, Telekommunikation und der*

Globalen Informationsgesellschaft in Europa und angrenzenden Staaten, Straßburg 1999.

Everling, Ulrich: "Richterrecht in der Europäischen Gemeinschaft", in: *Vorträge, Reden und Berichte aus dem Europa-Institut,* Saarbrücken, 1988, Nr. 151.

ders.: *Der Einfluss des EG-Rechts auf das nationale Wettbewerbsrecht im Bereich des Täuschungsschutzes*, ZLR 1994, S. 221.

ders.: *Weiterentwicklung des Grundrechtschutzes durch den Europäischen Gerichtshof*, in: Weidenfeld (Hrsg.), *Der Schutz der Grundrechte in der Europäischen Gemeinschaft*, S. 79 f.

Fezer, Karl-Heinz: *Europäisierung des Wettbewerbs*, JZ 1994, S. 317.

Flegel, Volker: "Electronic Shopping", in: *Handwörterbuch des Marketing*, 2. Auflage, Stuttgart 1995.

Flockerzi, Katja: "Teleshopping", in: *Multimedia*, hrsg. v. Wilke, Jürgen/Imhof, Christiane, Berlin 1996, S. 115.

Frey, Dieter: *Das öffentlich-rechtliche Fernsehen im Wettbewerbsrecht der EG*, ZUM 1999, S. 528.

Friccius, Enno: *Sponsoring*, ZUM Sonderheft 1996, S. 1019.

Frowein, Jochen/Peukert, Wolfgang: *Europäische Menschenrechtskonvention,* EMRK-Kommentar, Kehl/Straßburg/Arlington 1996.

Frowein, Jochen: *Die EMRK in der neueren Praxis der Europäischen Kommission und des EGMR*, EuGRZ 1980, S. 231.

Fuhr, Ernst W./Rudolf, Walter/Wasserburg, Klaus: *Recht der neuen Medien*, Heidelberg 1989.

ders.: "Einfügung von Werbung bei der Ausstrahlung von Kinospiel- und Fernsehfilmen nach europäischen Regelungen", in: *Wanderer zwischen Musik, Politik und Recht. Festschrift für Reinhold Kreile*, hrsg. v. Becker, Jürgen/Lerche, Peter/Mestmäcker, Ernst-Joachim, Baden-Baden 1994, S. 205.

Fuhr, Ernst W./Krone, Gunnar: *Pay-TV und Rundfunkbegriff, Zur Frage der rundfunkrechtlichen Einordnung von Pay-TV und der Regelungskompetenz der Länder hinsichtlich des Satellitenfernsehens*, FuR 1983, S. 513.

Gaster, Jens: *Die draft U.S. database legislation und die EU-Datenbankrichtlinie - ein Vergleich,* CR 1999, S. 669.

Geiger, Rudolf: *EUV/EGV-Vertrag über die Europäische Union und Vertrag zur Gründung der Europäischen Gemeinschaft*, 3. Auflage, München 1999.

Gerhards, Maria/Grajczyk, Andreas/Klingler Walter: *Programmangebote und Spartennutzung im Fernsehen 1998*, MP 1999, S. 390.

dies.: *Programmangebote und Spartennutzung im Fernsehen 1999*, MP 2000, S. 458.

Gerlich, Joachim: *Fernsehen mit Grenzen, Erhalt des inländischen Werbeaufkommens zugunsten der inländischen Rundfunkanstalten und Printmedien*, ZUM 1990, S. 170.

Gersdorf, Hubertus: *Der verfassungsrechtliche Rundfunkbegriff im Lichte der Digitalisierung der Telekommunikation*, Schriftenreihe der Hamburgischen Anstalt für neue Medien, Band 11, Berlin 1995.

ders.: *Multi-Media: Der Rundfunkbegriff im Umbruch? Insbesondere die verfassungsrechtliche Einordnung der Zugriffs- und Abrufdienste*, AfP 1995, S. 565.

ders.: *Regelungskompetenzen bei der Belegung digitaler Kabelnetze*, Schriftenreihe der Hamburgischen Anstalt für neue Medien, Band 15, Berlin 1996.

ders.: *Funktionen der Gemeinschaftsgrundrechte im Lichte des Solange II - Beschlusses des Bundesverfassungsgerichts*, AöR Bd. 119 (1994), S. 400.

ders.: *Rundfunkfreiheit ohne Ausgestaltungsvorbehalt. Verfassungs- und gemeinschaftsrechtliche Voraussetzungen für die Einführung neuer Kommunikationsdienste am Beispiel reiner Teleshoppingkanäle*, München 1996.

ders.: *Die dienende Funktion der Telekommunikationsfreiheiten: Zum Verhältnis von Telekommunikation und Rundfunkordnung*, AfP 1997, S. 424.

Gleich, Ulrich: *Aktuelle Ergebnisse der Werbewirkungsforschung*, MP 1998, S. 206.

ders.: *Sponsoring und andere Formen der Werbung*, MP 1995, S. 235.

Gloy, Wolfgang/Bruhn, Dirk: *Die Zulässigkeit von Preisvergleichen nach der Richtlinie 97/55/EG - Kehrtwende oder Kontinuität?*, GRUR 1998, S. 226.

Goertz, Ludwig: *Wie interaktiv sind die Medien? Auf dem Weg zu einer Definition von Interaktivität*, RuF 1995, S. 477.

Gola, Peter: *Die Entwicklung des Datenschutzrechts im Jahre 1998/99*, NJW 1999, S. 3753.

Goldberg, David/Prosser, Tony: *Vereinigtes Königreich, in: Juristischer Führer für audiovisuelle Medien in Europa*, S. 112.

Gounalakis, Georgios: *Der Mediendienste-Staatsvertrag der Länder*, NJW 1997, S. 2993.

Grabitz, Eberhard/Hilf, Meinhard: *Kommentar zur Europäischen Union*, München, Loseblattsammlung, Stand: Mai 1995.

Greissinger, Christian: *Die EuGH-Rechtsprechung zur Fernsehrichtlinie*, CR 1999, S. 112.

Groeben, Hans/Thiesing, Jochen/Ehlermann, Claus-Dieter: *Kommentar zum EU-/EGV*, 5. Auflage, Baden-Baden 1999.

Großkopf, Lambert: *Fernsehwerbung und Umweltschutz*, AfP 1990, S. 181.
Guradze, Heinz: *Die Europäische Menschenrechtskonvention zum Schutz der Menschenrechte und Grundfreiheiten nebst Zusatzprotokollen*, Berlin 1968.

Hackbarth, Christina: *Titelsponsoring im Fernsehen*, ZUM 1998, S. 974.
Häfner, Gerald/Strawe, Christoph/Zuegg, Robert: *In der Auseinandersetzung um eine Charta der Grundrechte der Europäischen Union*, ZRP 2000, S. 365.
Hailbronner, Kay/Nachbauer, Andreas: *Die Dienstleistungsfreiheit in der Rechtsprechung des EuGH*, EuZW 1992, S. 105.
Hamm, Ingrid: *Die Zukunft des dualen Systems - Aufgaben des dualen Rundfunkmarktes im internationalen Vergleich (mit Studien von Booz Allen & Hamilton)*, Gütersloh 1998.
Hamm, Ingrid/Waltermann, Jens: *Kommunikationsordnung 2000 - Innovation und Verantwortung in der Informationsgesellschaft*, Band I, Gütersloh 1998.
Hammerl, Christoph: *Inländerdiskriminierung*, Berlin 1997.
Hartel, Ulrich: *Product-Placement*, ZUM Sonderheft 1996, S. 1033.
Hartstein, Reinhard/Ring, Wolf-Dieter/Kreile, Johannes/Dörr, Dieter/Stettner, Rupert: *Kommentar zum Rundfunkstaatsvertrag*, München, Loseblattsammlung, Stand: September 2000.
Hartwig, Henning: *Zur Zulässigkeit produktbezogener Sponsoring-Werbung*, WRP 1999, S. 744.
Hasebrink, Uwe: *Jugendmedienschutz im internationalen Vergleich - Untersuchungen zur Wirksamkeit von Richtlinien und V-Chip*, MP 1998, S. 446.
Heffler, Michael: *Der Werbemarkt 1997*, MP 1998, S. 270.
ders.: *Der Werbemarkt* 1998, MP 1999, S. 288.
ders.: *Der Werbemarkt* 1999, MP 2000, S. 230.
Hege, Hans: *Offene Wege in die digitale Zukunft, Überlegungen zur Fortentwicklung des Medienrechts*, Berlin 1995.
Heinemann, Christopher B.: *Dialogische Marketing-Kommunikation im interaktiven Fernsehen*, Göttingen 1997.
Helberger, Natali: *Die Konkretisierung des Sendestaatsprinzips in der Rechtsprechung des EuGH*, ZUM 1998, S. 50.
Henle, Victor: "Die grenzsetzenden Schlupflöcher der EU-Richtlinie Fernsehen ohne Grenzen", in: *Festschrift 10 Jahre Landeszentrale für private Rundfunkveranstalter (LPR) Rheinland-Pfalz 1987-1997*, Ludwigshafen 1997, S. 66.

Herkströter, Dirk: *Werbebestimmungen für den privaten Rundfunk nach dem Rundfunkstaatsvertrag vom 31.08.1991*, ZUM 1992, S. 395.

ders.: *Neue elektronische Werbeformen: Glaubwürdigkeit des Programms gefährdet?, Rundfunkrechtliche Probleme von virtueller Werbung und Split-Screening*, MP 1998, S. 106.

Herrmann, Günter: *Rundfunkrecht, Fernsehen und Hörfunk mit neuen Medien*, München 1994.

ders.: *Rundfunkfreiheit und Rundfunkordnung im internationalen und europäischen Recht*, EWS 1991, S. 269.

ders.: *Die Grundversorgung als Aufgabe der öffentlich-rechtlichen Rundfunkanstalten*, ZUM 1989, S. 499.

Herrmann, Peter: *Art. 30 EGV im Lichte der "Keck"-Rechtsprechung: Anerkennung sonstiger Verkaufsmodalitäten und Einführung eines einheitlichen Rechtfertigungstatbestandes*, GRUR Int. 1999, S. 579.

Hesse, Albrecht: *Rundfunk zwischen demokratischer Willensbildung und dem Zugriff der EG*, JZ 1993, S. 545.

ders.: *Rundfunkrecht, Die Organisation des Rundfunks in der Bundesrepublik Deutschland*, 2. Auflage, München 1999.

Henning-Bodewig, Frauke: *Sponsoring*, AfP 1991, S. 487.

dies.: *Neuere Entwicklungen im Sponsoring*, ZUM 1997, S. 633.

dies.: *Das Grünbuch der EU-Kommission über "Kommerzielle Kommunikationen"*, GRUR Int. 1997, S. 515.

Hilf, Meinhard: *Gerichtshof der Europäischen Gemeinschaften (EuGH) Luxemburg*, Rechtsprechungsübersicht, 2. Quartal (Nr. 49-112), EuGRZ 1986, S. 456.

Hirsbrunner, Simon: *Die Entwicklung der Europäischen Fusionskontrolle in den Jahren 1997 und 1998*, EuZW 1999, S. 389.

Hochstein, Reiner: *Neue Werbeformen im Rundfunk, Ordnungspolitische und aufsichtsrechtliche Aspekte*, AfP 1991, S. 696.

ders.: "Die Entwicklung der digitalen Mediendienste aus praktischer Sicht", in: *Die Zukunft der Medien hat schon begonnen - Rechtlicher Rahmen und neue Teledienste im Digitalzeitalter*, hrsg. v. Prütting, Hans/Hochstein, Reiner/Hege, Hans/Holznagel, Bernd/Hoeren, Thomas/Preis, Ulrich/Köhler, Helmut, Schriftenreihe des Instituts für Rundfunkrecht an der Universität Köln, Band 71, München 1998, S. 7.

ders.: *Teledienste, Mediendienste und Rundfunkbegriff - Anmerkungen zur praktischen Abgrenzung multimedialer Erscheinungsformen*, NJW 1997, S. 2977.

ders.: *Verbreitung entgeltlicher Rundfunkprogramme und Mediendienste in Paketen*, AfP 1997, S. 770.

Hoeren, Thomas: "Internationale Netze und das Wettbewerbsrecht", in: *Rechtsprobleme internationaler Datennetze*, Baden-Baden 1996.

Hoeren, Thomas/Sieber, Ulrich: *Handbuch Multimediarecht, Rechtsfragen des elektronischen Geschäftsverkehrs*, München 1999, Loseblattsammmlung Stand: Dezember 1998.

Hoffmann-Riem, Wolfgang: *Erosionen des Rundfunkrechts*, München 1990.

ders.: *Der Rundfunkbegriff in der Differenzierung kommunikativer Dienste*, AfP 1996, S. 9.

ders.: *Pay-TV im öffentlichen Rundfunk*, MP 1996, S. 73.

Hofsümmer, Karl-Heinz/Horn, Imme: *Werbung in Deutschland - akzeptiert und anerkannt*, MP 1999, S. 442.

Höfling, Heribert/Möwes, Bernd/Pechstein, Matthias: *Europäisches Medienrecht*, München 1991.

Holznagel, Bernd: *Rundfunkrecht in Europa: auf dem Weg zu einem Gemeinschaftsrecht europäischer Rundfunkordnungen*, Tübingen 1996.

ders.: "Rechtliche Rahmenbedingungen des digitalen Fernsehens", in: *Die Zukunft der Medien hat schon begonnen - Rechtlicher Rahmen und neue Teledienste im Digitalzeitalter*, hrsg. v. Prütting, Hanns/ Hochstein, Reiner/ Hege, Hans/ Holznagel, Bernd/ Hoeren, Thomas/ Preis, Ulrich/ Köhler, Helmut, München 1998, S. 37.

ders.: *"Der spezifische Funktionsauftrag des Zweiten Deutschen Fernsehens"*, ZDF Schriftenreihe 55, Mainz, April 1999.

Hümmerich, Klaus: *Nationale Rundfunkordnung oder Europäischer Medienmarkt? - Die deutsche Rundfunkordnung unter dem Einfluss des europäischen Gemeinschaftsrechts*, AfP 1991, S. 591.

Ipsen, Hans Peter: *Rundfunk im Europäischen Gemeinschaftsrecht*, Frankfurt/ M. 1983.

Isensee, Josef/Axer, Peter: *Jugendschutz im Fernsehen, Verfassungsrechtliche Vorgaben für staatsvertragliche Beschränkungen der Ausstrahlung indexbetroffener Sendungen*, Band 72, Schriftenreihe des Instituts für Rundfunkrecht an der Universität zu Köln, München 1998.

Jarass, Hans D.: *Fernsehwerbung im deutschen und europäischen Recht*, ZUM 1997, S. 769.

ders.: *Rundfunkbegriffe im Zeitalter des Internet. Zum Anwendungsbereich der Rundfunkfreiheit, des Rundfunkstaatsvertrages und des Mediendienste-Staatsvertrages*, AfP 1998, S. 133.

Jestaedt, Thomas: *Demokratieprinzip und Kondominalverwaltung*, München 1993, S. 572.

Jestaedt, Thomas/Anweiler, Jochen: *Europäische Fusionskontrolle im Medienbereich*, EuZW 1997, S. 549.
Joliet, René: *Der freie Warenverkehr: Das Urteil Keck und Mithouard und die Neuorientierung der Rechtsprechung*, GRUR Int. 1994, S. 979.

Keinath, Anette: *Fensehempfang und PC/Online-Ausstattung in Europa,* MP 2000, S. 451.
Kewenig, Wilhelm A.: *Niederlassungsfreiheit, Freiheit des Dienstleistungsverkehrs und Inländerdiskriminierung*, JZ 1990, S. 20.
Klein, Hans-Hugo: *Die Rundfunkfreiheit,* München 1978.
Kleinsteuber, Hans J./ Rosenbach, Marcel: *Digitales Fernsehen in Europa: Eine Bestandsaufnahme*, RuF 1998, S. 24.
Klotz, Robert: *Auf dem Weg zu einem europäischen Multimediamarkt - Gesetzgebung und Wettbewerbsaufsicht durch die Europäische Union,* ZUM 1999, S. 443.
Knothe, Matthias: *Neues Recht für Multi-Media-Dienste (Die Ländersicht)*, AfP 1997, S. 494.
ders.: *Novellierung des Rundfunkstaatsvertrages*, ZUM 1997, S. 6.
ders.: *Die Revision der EG-Fernsehrichtlinie, Ein europäischer Entscheidungsprozess im Lichte nationaler Kompetenzen*, AfP 1997, S. 849.
Knothe, Matthias/ Schwalba, Michael: *Die Positionierung des öffentlich-rechtlichen Rundfunks im digitalen Zeitalter*, MP 1999, S. 111.
Knothe, Matthias/Wanckel, Endress: *Europäische Rundfunkpolitik als Aufgabe der Länder*, ZUM, S. 20.
Köhler, Helmut: *Die Rechte des Verbrauchers beim Teleshopping*, NJW 1998, S. 185.
Köhler, Markus Rolf: *Rechtsfragen des inländischen und grenzüberschreitenden Rundfunkwerberechts*, Europäische Hochschulschriften, Reihe II, Frankfurt/M., Bern, New York, Paris 1992.
Kort, Michael: *Schranken der Dienstleistungsfreiheit im europäischen Recht,* JZ 1996, S. 132.
Koszuszeck, Helmut: *Freier Dienstleistungsverkehr und nationales Rundfunkrecht*, ZUM 1989, S. 541.
Krausser, Hans-Peter: *Das Prinzip der begrenzten Einzelermächtigung im Gemeinschaftsrecht als Strukturprinzip des EWG-Vertrages*, Berlin 1991.
Kreile, Johannes: *Medienkonzentration in Deutschland - Die Regelungen des neuen Rundfunkstaatsvertrages*, CR 1998, S. 24.
ders.: *Die Neuregelung der Werbung im 4. Rundfunkänderungsstaatsvertrag,* ZUM 2000, S. 194.
Kreile, Johannes/Rahn, Stephanie G.: *Das Ende der Tabakwerbung in Deutschland und Europa?, Zum Inhalt und zur Rechtmäßigkeit der neuen EG-*

Richtlinie betreffend das Verbot der Werbung für und des Sponsoring von Tabakerzeugnissen, ZUM 1998, S. 820.
Kreile, Johannes/Straßer, Robert: *Werbung ohne Grenzen - Die Regelungen über die Fernsehwerbung in der EG-Rundfunkordnung*, ZUM 1990, S. 174.
Kreile, Johannes/ Neuenhahn, Stefan: *Online-Angebote öffentlich-rechtlicher Rundfunkanstalten*, K&R 1998, S. 41.
Kreile, Johannes/ Veler, Dimo: *Umsetzung der aktuellen Gesetzgebung und Deregulierungsvorgaben der EU im Bereich der Telekommunikation*, ZUM 1995, S. 693.
Kresse, Hermann: *Grundversorgung und integrative Pluralismussicherung*, ZUM 1995, S. 186.
Kresse, Hermann/Heinze, Matthias: *Rundfunk-Dynamik am Morgen des digitalen Zeitalters. Ein Beitrag zur funktionalen Entwicklung des Rundfunkbegriffs*, AfP 1995, S. 574.
dies.: *Der Rundfunk: Das "jedenfalls auch kulturelle Phänomen"*, ZUM 1995, 394.
Kröger, Detlef/Moos, Flemming: *Regelungsansätze für Multimediadienste, Mediendienstestaatsvertrag und Teledienstegesetz*, ZUM 1997, S. 462.
dies.: *Mediendienst und Teledienst?, Zur Aufteilung der Gesetzgebungsmaterie Informations- und Kommunikationsdienste zwischen Bund und Ländern*, AfP 1997, S. 675.
Krüger, Christof.: *Von "Club X" zu "Jacubowski"*, EuGRZ 1996, S. 306.
Kuch, Hansjörg: "Digitale Zukunftstechniken und ordnungspolitischer Regelungsbedarf", in: *Die Landesmedienanstalten*, Jahrbuch der Landesmedienanstalten 1993/94.
ders.: *Der Staatsvertrag über Mediendienste*, ZUM 1997, S. 225.
Kühling, Jürgen: *Grundrechtskontrolle durch den EuGH: Kommunikationsfreiheit und Pluralismussicherung im Gemeinschaftsrecht*, EuGRZ 1997, S. 296.
ders.: *Zu den möglichen Grenzen der Kommunikationsfreiheit*, AfP 1999, S. 214.
Kugelmann, Dieter: *Der Rundfunk und die Dienstleistungsfreiheit des EWG-Vertrages*, Berlin 1991.

Ladeur, Karl-Heinz: *Die Regulierung von Multi-Media als Herausforderung des Rechts. Zur rechtlichen Ordnung komplexer Märkte*, AfP 1997, S. 598.
ders.: *Zur Abgrenzung von Telekommunikations- und Medienrecht bei der Regelung von Pay-TV*, ArchivPT 1997, S. 193.

ders.: *Grundrechtskonflikte in der "dualen Rundfunkordnung"*, AfP 1998, S. 141.
ders.: *Rechtliche Regulierung von Informationstechnologien und Standardsetzung*, CR 1999, S. 395.
ders.: *Neue Werbeformen und der Grundsatz der Trennung von Werbung und Programm - Virtuelle Werbung, Split Screen und Vernetzung von Medien als Herausforderung der Rundfunkregulierung*, ZUM 1999, 672.
Lammek, Marc/Dreyer, Stephan: *Medienrechtliche Probleme des Business-TV*, CR 1999, S. 638.
Lanfermann, Hans-Georg: *Der Richtlinienvorschlag "Elektronischer Geschäftsverkehr" - Ziele und Probleme*, ZUM 1999, S. 795.
Lange, Knut Werner: *Sponsoring und Europarecht*, EWS 1998, S. 189.
Langenfeld, Christine/Zimmermann, Andreas: *Interdependenzen zwischen nationalem Verfassungsrecht. Europäischer Menschenrechtskonvention und Europäischem Gemeinschaftsrecht*, ZaöRV 1992, Band 52, S. 306.
Lans, Johan H.: "Schweden", in: *Juristischer Führer für audiovisuelle Medien in Europa*, Straßburg 1999, S. 97.
Lercara, Angelo/Scheuer, Alexander: *Im Prinzip "brutto"?, Zur Auslegung des Begriffs der "programmierten Sendezeit" nach der Fernseh-Richtlinie*, ZUM 1999, S. 719.
Lehmann, Michael: *Electronic Commerce und Verbraucherschutz in Europa*, EuZW 2000, S. 517.
Lehmann, Michael/v. Tucher, Tobias: *Urheberrechtlicher Schutz von multimedialen Webseiten*, CR 1999, S. 700.
Leible, Stefan/Sosnitza, Olaf: *Richtlinienkonforme Auslegung vor Ablauf der Umsetzungsfrist und vergleichbare Werbung*, NJW 1998, S. 2507.
Lenz, Carl Otto: *Kommentar zu dem Vertrag zur Gründung der Europäischen Gemeinschaften*, 2. Auflage, Köln, Basel, Wien 1999.
ders.: *Ein undeutlicher Ton*, NJW 1994, S. 1633.
Lerche, Peter: *Werbung und Verfassung*, Berlin, München 1967.
ders.: *Konsequenzen aus der Entscheidung des Bundesverfassungsgerichts zur EG-Fernsehrichtlinie*, AfP 1995, S. 632.
Libertus, Michael: *Grenzen entgeltfinanzierter öffentlich-rechtlicher Fernsehangebote*, AfP 1998, S. 149.
Lüder, Tilman E.: *Die Grenzen der Keck-Rechtsprechung, Neuere Entwicklungen im Bereich grenzüberschreitender Werbung im Binnenmarkt*, EuZW 1995, S. 615.
Luttermann, Claus: *Die "mangelhafte" Umsetzung europäischer Richtlinien*, EuZW 1998, S. 264.

Machill, Marcel/Lutzhöft, Niels: *Der französische Fernsehmarkt im digitalen Zeitalter, Entwicklungen in der Medienpolitik Frankreichs*, MP 1998, S. 132.

Malinverni, Giorgio: *Freedom of information in the European Convention on Human Rights and in the International Covenant on Civil and Political rights*, HRLJ 1983, S. 443.

Mangoldt, Hermann/Klein, Friedrich/ Starck, Christian: *Das Bonner Grundgesetz, Kommentar*, 3. Auflage, München 1995.

Manssen, Gerrit: *Telekommunikation und Multimediarecht*, Berlin, Loseblattsammlung, Stand: August 1999.

Martín-Pérez de Nanclares, José: *Die EG-Fernsehrichtlinie*, Frankfurt/ Main 1995.

Martinek, Michael: *Verbraucherschutz im Fernabsatz - Lesehilfe mit Merkpunkten zur neuen EU-Richtlinie*, NJW 1998, S. 207.

Mayer, Patrick/Motz, Thomas: *Ermessensspielraum einer Landesmedienanstalt bei der Durchführung landesrechtlicher Erprobungsprojekte und medienrechtliche Einordnung eines Teleshopping-Programms*, ZUM 1998, S. 133.

Meinel, Wulf: *Grenzen europäischer Rundfunkrechtsetzung, dargestellt anhand der EG-Fernsehrichtlinie vom 3. Oktober 1989*, Frankfurt/Main 1993.

Mestmäcker, Ernst-Joachim: *Offene Rundfunkordnung: Prinzipien für den Wettbewerb im grenzüberschreitenden Rundfunk*, Gütersloh 1988.

Mestmäcker, Ernst-Joachim/Engel, Christoph/Gabriel-Bräutigam, Karin/Hoffmann, Martin: *Der Einfluss des europäischen Gemeinschaftsrechts auf die deutsche Rundfunkordnung*, Baden-Baden 1990.

Meyer, Andreas: *Europäischer Binnenmarkt und produktspezifisches Werberecht*, GRUR Int. 1996, S. 697.

Meyer, Jürgen/Engels, Markus: *Aufnahme von sozialen Grundrechten in die Europäische Grundrechtecharta*, ZRP 2000, S. 368.

Michel, Eva-Maria: *Rundfunk und Internet*, ZUM 1998, S. 350.

Micklitz, Hans W.: *Rundfunkrechtliche Fragen des Teleshoppings*, NJW 1990, S. 1569.

Müller-Using, Detlef/Lücke, Richard: *Neue Teledienste und alter Rundfunkbegriff*, ArchivPT 1995, S. 33.

ders.: *Neues Recht für Multimediadienste, Die Regelungsentwürfe des Bundes und der Länder*, ArchivPT 1997, S. 101.

Niewiarra, Manfred: *Verbreitung entgeltlicher Rundfunkprogramme und Mediendienste aus der Sicht eines Medienunternehmens*, AfP 1997, S. 766.

N. N.:*Europarechtliche Vorgaben für die Liberalisierung von Telekommunikationsnetzmärkten und die Umsetzung in nationales Recht*, ArchivPT 1996, S. 239.

N.N.: *ARD/ZDF-Online-Studie 1999: Wird Online Alltagsmedium?*, MP 1999, S. 401.

Oehmichen, Ekkehardt/Schröter, Christian: *Fernsehen, Hörfunk, Internet: Konkurrenz, Konvergenz und Komplement?*, MP 2000, 359.

Oppermann, Thomas, *Deutsche Rundfunkgebühren und das Europäische Beihilferecht*, München 1996.

ders.: *Europarecht*, 2. Auflage, München 1999.

Ossenbühl, Fritz: *Rundfunkprogramm - Leistung in treuhändischer Freiheit*, DöV 1977, S. 381.

Ordemann, Klaus-Dieter: *Schaffung der Rahmenbedingungen für einen liberalisierten Telekommunikationsmarkt in Europa 1998*, ArchivPT 1997, S. 109.

Paschke, Marian: *Medienrecht*, Berlin 1993.

Pechstein, Matthias: *Brutto- bzw. Nettoprinzip bei der Unterbrecherwerbung*, EuZW 1994, S. 583.

ders.: *Nettoprinzip zulässig!* EuZW 1996, S. 109.

ders.: *Die Justitiabilität des Unionsrechts*, EuR 1999, S. 1.

Perau, Guido: *Werbeverbote im Gemeinschaftsrecht. Gemeinschaftsrechtliche Grenzen nationaler und gemeinschaftsrechtlicher Werbebeschränkungen*, Baden-Baden 1997.

Pérez Gomez, Alberto: "Spanien", in: *Juristischer Führer für audiovisuelle Medien in Europa*, Straßburg 1999, S. 107.

Pernice, Ingolf: *Gemeinschaftsverfassung und Grundrechtsschutz - Grundlagen, Bestand und Perspektiven*, NJW 1990, S. 2409.

Petersen, Nikolaus: *Rundfunkfreiheit und EG-Vertrag, Die Einwirkungen des Europäischen Rechts auf die Ausgestaltung der nationalen Rundfunkordnungen*, Baden-Baden 1994.

Pinard, Frédéric: "Frankreich", in: *Juristischer Führer für audiovisuelle Medien in Europa*, Straßburg 1999, S. 55.

Plank, Karl-Ludwig: *Grundgedanken zur Gestaltung künftiger Fernmeldenetze*, Heidelberg 1983.

Platho, Rolf: *Werbung, nicht als Werbung - und wo bleibt der Trennungsgrundsatz?*, ZUM 2000, S. 46.

Presylmayr, Karl: *Vergleichende Werbung und Äußerungsfreiheit gem. Art 10 EMRK*, EuGRZ 1985, S. 221.

Probst, Marc Philippe: *Art. 10 EMRK - Bedeutung für den Rundfunk in Europa*, Baden-Baden 1996.

Raedlein, Alexandra: "Telelearning und Lernen mit Multimedia", in: *Multimedia, Voraussetzungen/ Anwendungen/ Probleme*, hrsg v. Wilke, Jürgen/Imhof, Christiane, Berlin 1995, S. 129.

Rath-Glawatz, Michael: *Betätigung öffentlich-rechtlicher Körperschaften und Anstalten im Online-Bereich*, AfP 1998, S. 261.

ders.: *Die deutsche Gesetzgebungszuständigkeit für Werbeverbote*, AfP 1999, S. 29.

Reich, Norbert: *Die neue Richtlinie 97/7/EG über den Verbraucherschutz bei Vertragsabschlüssen im Fernabsatz*, EuZW 1997, S. 581.

ders.: *Tollhaus Europa oder Narrenschiff Staatsrecht*, NJW 1998, S. 1537.

ders.: *Zur Notwendigkeit einer Europäischen Grundrechtsbeschwerde*, ZRP 2000, S. 375.

Reidt, Olaf: *Art. 7 Abs. 4 des Rundfunkstaatsvertrages (RStV) - Das Verhältnis von Werbung und Programm im Hörfunk und Fernsehen*, AfP 1990, S. 101.

Reimers, Ulrich: Öffentlich-rechtlicher Rundfunk unter sich wandelnden technischen Bedingungen, ZUM Sonderheft 1995, S. 523.

Rengeling, Hans-Werner: *Grundrechtschutz in der Europäischen Union*, München 1994.

Ress, Georg: *Kultur und europäischer Binnenmarkt*, Stuttgart, Berlin, München 1991.

Ress, Georg/Ukrow, Jörg: *Neue Aspekte des Grundrechtschutzes in der Europäischen Gemeinschaft - Anmerkungen zum Höchst-Urteil des EuGH*, EuZW 1990, S. 499.

Ress, Georg/Bröhmer, Jürgen: *Europäische Gemeinschaft und Meinungsvielfalt: die Kompetenzen der Europäischen Gemeinschaft zur Sicherung des Pluralismus im Medienbereich*, Marburger Medienschriften, Band 1, Institut für Medienentwicklung und Kommunikation GmbH, Frankfurt 1998.

Resse, Ulrich: *Grenzüberschreitende Werbung in der Europäischen Gemeinschaft*, München 1994.

Ricker, Reinhart: *Die Werbefreiheit des privaten Rundfunks in einer veränderten Kommunikationsordnung*, AfP 1997, S. 589.

ders.: *Digitalisierung und interaktive Medienangebote - Grenzen für ARD und ZDF*, AfP 1998, S. 437.

ders.: *Die Freiheit des Fernseh-Direktempfangs und die rechtliche Zulässigkeit ihrer Beschränkung*, NJW 1991, S. 602.

Ricker, Reinhart/Schiwy, Peter: *Rundfunkverfassungsrecht*, München 1997.

Ridder, Christa-Maria: *Teleshopping - elektronisches Versandhaus oder Fernsehprogramm?,* MP 1995, S. 415.
dies.: *Paradigmenwechsel im Jugendmedienschutz*, MP 2000, S. 213.
Ring, Wolf-Dieter: *Medienrecht, Rundfunk, Neue Medien, Presse, Technische Grundlagen, Internationales Recht*, Bundesrepublik Deutschland, Österreich, Schweiz, Band III und IV, München, Loseblattsammlung, Stand: November 1999.
ders.: *Pay-TV ist Rundfunk!*, ZUM 1990, S. 279.
Ritgen, Klaus: *Grundrechtsschutz in der Europäischen Union*, ZRP 2000, S. 371.
Rösch, Alexander: "Vom Bildschirmtext über Datex-J zu T-Online", in: *Multimedia: Voraussetzungen/Anwendungen/Probleme*, hrsg. v. Wilke, Jürgen/Imhof Christiane, Berlin 1995, S. 85.
Rosenthal, Michael: *Die Kompetenz der Europäischen Gemeinschaft für den rechtlichen Rahmen der Informationsgesellschaft*, Berlin 1998.
Rossen - Stadtfeld, Helge: *Medienaufsicht unter Konvergenzbedingungen*, ZUM 2000, S. 36.
Rudolf, Walter: *Die elektronischen Medien als Marktplatz der Meinungen*, AöR 108 (1983), S. 161.
Rüggeberg, Jörg: *Product Placement und Sponsoring - Neue Formen der Werbung im Rundfunk*, GRUR 1988, S. 873.
ders.: "Der Rundfunkbegriff in anderen Ländern", in: Dittmann, Armin/ Fechner, Frank/ Sander, Gerald, *Der Rundfunkbegriff im Wandel der Medien*, Berlin 1997, S. 41.

Sack, Rolf: *Marketing*, ZRP 1987, S. 196.
ders.: *Die Bedeutung der EG-Richtlinien 84/450/EWG und 97/55/EG über irreführende und vergleichende Werbung für das deutsche Wettbewerbsrecht*, GRUR Int. 1998, S. 263.
ders.: *Neue Werbeformen im Fernsehen - rundfunk- und wettbewerbsrechtliche Grenzen*, AfP 1991, S. 704.
ders.: *Die Präzisierung des Verbraucherleitbildes durch den EuGH*, WRP 1999, S. 399.
ders.: *Staatliche Werbebeschränkungen und die Art. 30 und 59 EG-Vertrag*, WRP 1998, S. 103.
ders.: *Das Verbraucherleitbild und das Unternehmerleitbild im europäischen und deutschen Wettbewerbsrecht*, WRP 1998, S. 264.
ders.: *Staatliche Regelungen sog. "Verkaufsmodalitäten" und Art. 30 EGV*, EWS 1994, S. 37.

Schaar, Oliver: *Regulierung redaktioneller Fernsehwerbung in Großbritannien. Ein Vorbild für den deutschen Rundfunkstaatsvertrag?*, ZUM 1998, S. 869.

Schauz, Michael: *Video-on-Demand - Bedrohung für das Verleihgeschäft der Videotheken*, München 1997.

Schardt, Andreas: *Novellierung der Richtlinie "Fernsehen ohne Grenzen": Quoten ohne Ende?*, ZUM 1995, S. 405.

Scherer, Joachim: *Telekommunikationsrecht und Telekommunikationspolitik*, Baden-Baden 1985.

ders.: *Rechtsprobleme des Staatsvertrages über Bildschirmtext*, NJW 1983, S. 1832.

ders.: *"Online" zwischen Telekommunikations- und Medienrecht, Regulierungsprobleme von Online-Systemen im Internet und außerhalb*, AfP 1996, S. 213.

ders.: *Entwicklungslinien des Telekommunikationsrechts*, CR 2000, S. 35.

Schild, Hans-Herrmann: *Die Richtlinie über die Verbreitung personenbezogener Daten und den Schutz der Privatsphäre im Bereich der Telekommunikation*, EuZW 1999, S. 69.

Schilling, Theodor: *Gleichheitsgrundsatz und Inländerdiskriminierung*, JZ 1994, S. 89.

ders.: *Bestand und allgemeine Lehren der bürgerschützenden allgemeinen Rechtsgrundsätze des Gemeinschaftsrechts*, EuGRZ 2000, S. 3.

Schippan, Martin: *Freie Bahn für Teleshoppingkanäle?, Rechtsqualität und praktische Konsequenzen des neuen Art. 35a BayMG*, NJW 1997, S. 3205.

Schiwy, Peter/ Schütz, Walter J.: *Medienrecht - Lektion für Wissenschaft und Praxis*, 3. Auflage, Neuwied/ Frankfurt/ M. 1994.

Schlüter, Johann: "Dänemark", in: *Juristischer Führer für audiovisuelle Medien in Europa*, Straßburg 1999, S. 42.

Schmitt-Vockenhausen, Monika: *Revision der EG-Fernsehrichtlinie, Ein weiterer Schritt in eine europäische Medienordnung?*, ZUM 1998, S. 337.

Schmittmann, Michael: *Das Urteil des LG Stuttgart zum Brutto/Nettoprinzip bei Fernsehwerbeunterbrechungen: Landesmedienrecht im Konflikt zum primären und sekundären Gemeinschaftsrecht?*, AfP 1997, S. 515.

ders.: *Die Zukunft des E-commerce in Europa*, AfP 1999, S. 239.

ders.: *Waren- und verkehrsbezogene nationale Regelungen in der neueren EuGH-Rechtsprechung*, AfP 1995, S. 386.

Schneider, Hans-Peter: *Unzeitgemäßes Werbeverbot für Tabakerzeugnisse*, NJW 1998, S. 576.

Schoch, Friedrich: *Betätigung öffentlich-rechtlicher Anstalten und Körperschaften im Online-Bereich*, AfP 1998, S. 253.

Schrape, Klaus: *Fernsehprogrammbedarf und Programmversorgung*, MP 1987, S. 345.
ders.: *Digitales Fernsehen, Marktchancen und ordnungspolitischer Regelungsbedarf*, München 1995.
Schricker, Gerhard: *Recht auf Werbung in Europa. Einführung in das Recht der Werbung, internationales und EG-Recht*, Bonn 1990.
Schroeder, Werner: *Teleshopping und Rundfunkfreiheit. Zur Anwendbarkeit rundfunkrechtlicher Normen auf Teleshoppingkanäle*, ZUM 1994, S. 471.
Schulz, Wolfgang: *Jenseits der "Meinungsrelevanz" - Verfassungsrechtliche Überlegungen zu Ausgestaltung und Gesetzgebungskompetenzen bei neuen Kommunikationsformen*, ZUM 1996, S. 487.
Schulze-Fielitz, Helmuth: *Betätigung öffentlich-rechtlicher Institutionen im Onlinebereich im Lichte des Wandels moderner Staatlichkeit*, AfP 1998, S. 447.
Schwanenflügel, Matthias : *Gesundheit in Europa*, EuR 1998, S. 210.
Schwartz, Ivo E.: *Rundfunk, EG - Kompetenzen und ihre Ausübung*, ZUM 1991, S. 155.
ders.: *EG-Rechtsetzungsbefugnis für das Fernsehen*, ZUM 1989, S. 381.
ders.: *EG-Kompetenzen*, AfP 1993, S. 409.
ders.: "Rundfunk und EWG-Vertrag", in: *Fernsehen ohne Grenzen*, hrsg. v. Schwarze, Jürgen, Baden-Baden 1985, S. 121.
ders.: "Rundfunk, EG-Kompetenzen und ihre Ausübung", in: *Eine Rundfunkordnung für Europa, Chancen und Risiken*, hrsg. v. Stern, Klaus, München 1991, S. 11.
ders.: *Fernsehen ohne Grenzen; Zur Effektivität und zum Verhältnis von EG-Richtlinie und Europarats-Konvention*, EuR 1989, S. 1.
ders.: *EG-Kompetenz für das Verbot der Tabakwerbung?*, AfP 1998, S. 553.
Schwarz, Mathias: *Recht im Internet, Der Rechtsberater für Online-Anbieter und -Nutzer, Medienrecht, Teil 10-2*, München, Loseblattsammlung, Stand: November 1999.
ders.: *Entgeltliches Product Placement in Kinofilmen: Umfang der Hinweispflicht für Produzenten, Verleiher und Kinotheaterbesitzer*, AfP 1996, S. 31.
Schwarz, Matthias/Eichler, Boris: *Der Werbebegriff im Rundfunkstaatsvertrag*, AfP 1996, S. 228.
Schwarz-Schilling, Christian: *"Pay-TV" - und doch kein Rundfunk*, ZUM 1989, S. 487.
Schwarze, Jürgen: *Schutz der Grundrechte in der EG - Grundlagen und heutiger Entwicklungsstand*, EuGRZ 1986, S. 293.
ders.: *Fernsehen ohne Grenzen*, Baden-Baden 1985.

Schweitzer, Michael/Hummer Waldemar: *Europarecht - Das Recht der Europäischen Gemeinschaften*, 5. Auflage, Neuwied/Kriftel/Berlin 1996.

Seitel, Hans-Peter: "Auf dem Weg zur ökonomischen Normalität: Wettbewerbliche Meinungsvielfalt durch Medienangebote", in: *Meinung, Meinungsvielfalt, Meinungsrelevanz*, hrsg. v. Brosius, Hans-Bernd/Fahr, Andreas/Zubayr, Camille, München 1996, S. 45.

Sieber, Ulrich: *Kontrollmöglichkeiten zur Verhinderung rechtswidriger Inhalte in Computernetzen*, CR 1997, S. 581.

Spindler, Gerald: *Haftungsrechtliche Grundprobleme der neuen Medien*, NJW 1997, S. 193.

Sporn, Andreas: *Vielfalt im digitalen Rundfunk - Eine Untersuchung zur Problematik der Sicherung von Programmangebotsvielfalt bei T-DAB und T-DVB sowie generell im digitalen Rundfunk*, München/Berlin 1999.

ders.: *Der neue Vorschlag einer E-Commmerce-Richtlinie*, ZUM 1999, S. 775.

ders.: *Das Grundrecht der Meinungs- und Informationsfreiheit in einer Europäischen Grundrechtscharta*, ZUM 2000, S. 537.

Soltész, Ulrich: *Die "Belastung des Staatshaushalts" als Tatbestandsmerkmal einer Beihilfe i.S.v. Art. 92 Abs. 1 EGV*, EuZW 1998, S. 747.

Sommermann, Karl-Peter: *Völkerrechtliche garantierte Menschenrechte als Maßstab der Verfassungskonkretisierung - Die Menschenrechtsfreundlichkeit des Grundgesetzes*, AöR Bd. 114 (1989), S. 391.

Steindorff, Ernst: *Dienstleistungsfreiheit im EG-Recht*, RIW 1983, S. 831.

Stettner, Rupert: *Ist es zulässig, TV-Spots der Bundeswehr in den Werbeblöcken öffentlich-rechtlicher oder privatrechtlicher Programme zu schalten?*, ZUM 1995, S. 559.

ders.: *Steht in Bayern bundesweit sendenden Anbietern privaten Rundfunks das Rundfunkgrundrecht nach bayerischem Medienrecht oder kraft bayerischer Verpflichtung zum kooperativen Grundrechtschutz zu?*, ZUM 1994, S. 63.

Stettner, Rupert/Tresenreiter, Wolfgang: *Sperrstunde im Teleshop. Zur rechtlichen Beurteilung von Zeitrestriktionen für Teleshopping und von Teleshoppingkanälen*, ZUM 1994, S. 669.

Stock, Martin: *Medienfreiheit in der EU-Grundrechtscharta: Art. 10 EMRK ergänzen und modernisieren!*, Studien zum deutschen und europäischen Medienrecht, Frankfurt/M./Berlin 2000.

Streinz, Rudolf: *Europarecht*, 4. Auflage, Heidelberg 1999.

ders.: *Der Vertrag von Amsterdam - Einführung in die Reform des Unionsvertrages von Maastricht und erste Bewertung der Ergebnisse*, EuZW 1998, S. 137.

Tettenborn, Alexander: *Europäische Union: Rechtsrahmen für die Informationsgesellschaft*, MMR 1998, S. 18.
ders.: *Die neuen Informations- und Kommunikationsdienste im Kontext der Europäischen Union*, EuZW 1997, S. 462.
Theunert, Helga/Schorb, Bernd: *Jugendmedienschutz im digitalen Fernsehen: Genügen technische Angebote?, Ergebnisse einer Familienbefragung im Abonnentenkreis von DF 1 und Premiere*, MP 1998, S. 446.
Tilmann, Winfried: *Richtlinie vergleichende Werbung*, GRUR 1997, S. 790.
ders.: *Anwendungsbereich und Bindungswirkung der Richtlinie Vergleichende Werbung*, GRUR 1999, S. 546.
Trautwein, Thomas: *Das BVerfG, der EuGH und das Fernsehen*, ZUM 1995, S. 614.
Tschentscher, Thomas/Klee, Dirk: *Aktuelle Rechtsprobleme der Werbung im privaten Rundfunk*, ZUM 1994, 146.

Ukrow, Jörg: *Richterliche Rechtsfortbildung durch den EuGH*, Baden-Baden 1994.
ders.: *Die Selbstkontrolle im Medienbereich in Europa,* Schriftenreihe des Instituts für Europäisches Medienrecht, München/Berlin 2000.
Ullmann, Eike: *Einige Bemerkungen zur Meinungsfreiheit in der Wirtschaftswerbung*, GRUR 1996, S. 949.
Uwer, Dirk: *Medienkonzentration und Pluralismussicherung im Lichte des europäischen Menschenrechts der Pressefreiheit*, Berlin, Baden-Baden 1998.

Vehslage, Thorsten: *Auswirkungen der Fernabsatzrichtlinie auf die Telefon- und E-Mail-Werbung*, ZUM 1999, S. 656.
von Heyl, Cornelius: *Teledienste und Mediendienste nach Teledienstegesetz und Mediendienstestaatsvertrag*, ZUM 1998, S. 115.
von Horst, Rutger: *Europäisiertes Rundfunkrecht - Abschied vom public-service Modell des Rundfunks oder Überleben im gewandelten Kleid*, Münster 1995.
von Münch, Ingo: *Grundgesetz-Kommentar*, 3. Auflage, München 1985.
Villiger, Mark E.: *Handbuch der Europäischen Menschenrechtskonvention unter Berücksichtigung der Schweizer Rechtslage*, Zürich 1993.
Volpers, Helmut/Herkströter, Dirk/Schnier, Detlef: *Die Trennung von Werbung und Programm im Fernsehen*, Schriftenreihe Medienforschung der Landesanstalt für Rundfunk Nordrhein-Westfalen, Band 25, Opladen 1998.
Voß, Peter: *Warum es nicht ohne die ARD geht*, MP 1999, S. 278.

Voorhoof, Dirk: *Art. 10 der Europäischen Menschenrechtskonvention*, iris-Sonderausgabe 1995, S. 3.

Wägenbaur, Rolf: *Das Verbot "indirekter" Tabakwerbung und seine Vereinbarkeit mit Art. 30 EGV*, EuZW 1998, S. 709.
ders.: *Das gemeinschaftsweite Verbot der Tabakwerbung - Heiligt der Zweck die Mittel?*, EuZW 1999, S. 144.
Waldenberger, Arthur: *Electronic Commerce: der Richtlinienvorschlag der EG-Kommission*, EuZW 1999, S. 296.
Waldock, Sir Humphrey: *Die Wirksamkeit des Systems der Europäischen Menschenrechtskonvention*, EuGRZ 1979, S. 599.
Weidenfeld, W.: *Der Schutz der Grundrechte in der Europäischen Gemeinschaft*, Bonn 1992.
Weitbrecht, Andreas: *Die Entwicklung des Europäischen Kartellrechts in den Jahren 1998 und 1999*, EuZW 2000, 496.

Zentralverband der deutschen Werbewirtschaft: *Werbung in Deutschland 1995*, Bonn 1995.
ders.: *Werbung in Deutschland 1998*, Bonn 1998.
ders.: *Werbung in Deutschland 2000*, Bonn 2000.
Ziemer, Albrecht: *ZDF.vision: Ich sehe, was ich will!*, ZDF Jahrbuch 1997, Mainz 1998, S. 63.
Zimmer, Jochen: *Pay-TV: Durchbruch im digitalen Fernsehen, Bezahlfernsehen in Deutschland und im internationalen Vergleich*, MP 1996, S. 386.
ders.: *Vom Informations- zum Werbemedium, Neuere Entwicklungen im Videotext*, MP 1995, S. 30.
ders.: *Online-Dienste für ein Massenpublikum?*, MP 1995, S. 476.
ders.: *Bezahlfernsehen in Deutschland und im internationalen Vergleich*, MP 1996, S. 386.
ders.: *Großbritannien und Frankreich: Vorreiter für digitales und interaktives Fernsehen*, MP 2000, S. 438.
Zuleeg, Manfred: *Die Medienfreiheit und ihre Grenzen in Europa*, ZUM 1997, S. 778.

Abkürzungsverzeichnis der verwandten Zeitschriften

AfP - Archiv für Presserecht
AöR - Archiv für öffentliches Recht
ArchivPT - Archiv für Presse und Telekommunikation
CR - Computer - Recht
DöV - Die öffentliche Verwaltung
DVBl - Deutsches Verwaltungsblatt
ECLR - European Competition Law
epd-medien - epd Kirche und Rundfunk, Hrsg. Evangelischer Pressedienst, Frankfurt/M.
EuGRZ - Europäische Zeitschrift für Grundrechte
EuR - Europarecht
EuZW- Europäische Zeitschrift für Wirtschaftsrecht
EWS - Europäisches Wirtschafts- und Steuerrecht
FK - Funk - Korrespondenzen
FuR - Film und Recht
GRUR - Gewerblicher Rechtschutz und Urheberrecht
GRUR Int. - Auslands- und internationaler Teil zu Gewerblicher Rechtschutz und Urheberrecht International
HRLJ - Human Rights Law Journal
iris - Rechtliche Rundschau der Europäischen Audiovisuellen Informationsstelle
JZ - Juristenzeitung
K & R - Kommunikation und Recht
MMR - Multimediarecht
MP - Medien-Perspektiven
MuR - Medien und Recht
NJW - Neue Juristische Wochenschrift
NJW CoR - Neue Juristische Wochenzeitschrift - Computerrecht
NVwZ - Neue Zeitschrift für Verwaltungsrecht
RabelZ - Rabels Zeitschrift für ausländisches und internationales Privatrecht
RIW - Recht der internationalen Wirtschaft
RuF - Rundfunk und Fernsehen
WRP - Wettbewerb in Recht und Praxis
ZaöRV - Zeitschrift für ausländisches öffentliches Recht und Völkerrecht
ZIP – Zeitschrift für Wirtschaftsrecht
ZLR - Zeitschrift für das gesamte Lebensmittelrecht
ZRP - Zeitschrift für Rechtspolitik
ZUM - Zeitschrift für Urheber- und Medienrecht

Verzeichnis der verwandten Abkürzungen

ABl. - Amtsblatt der Europäischen Gemeinschaften
BGBl. - Bundesgesetzblatt
BT-Drs - Bundestag - Drucksache
Btx - Bildschirmtext
BVerfG - Bundesverfassungsgericht
BVerfGE - Entscheidungen des Bundesverfassungsgerichts
CA - Conditional Access
CSA - Conseil Supérieur de l'Audiovisuel
DLM - Direktorenkonferenz der Landesmedienanstalten
DVB - Digital-Video-Broadcasting
EASA - European Advertising Standards Alliance
EFTA - Europäische Freihandelszone
EG - Europäische Gemeinschaft
EGMR - Europäischer Gerichtshof für Menschenrechte
EGV - Vertrag über die Europäischen Gemeinschaften
EMRK - Europäische Menschenrechtskonvention
EP - Europäisches Parlament
EU - Europäische Union
EuG - Europäischer Gerichtshof I. Instanz
EuGH - Europäischer Gerichtshof
EUV - Vertrag über die Europäische Union
EWGV - Vertrag zur Gründung der Europäischen Wirtschaftsgemeinschaft
EWR - Europäischer Wirtschaftsraum
FAZ - Frankfurter Allgemeine Zeitung
FCC - Federal Communications Commission
FernsehRL - Richtlinie des Rates zur Koordinierung bestimmter Rechts- und Verwaltungsvorschriften der Mitgliedstaaten über die Ausübung der Fernsehtätigkeit vom 03. Oktober 1989 in der Fassung vom 30. Juni 1997
FsÜ - Europäisches Übereinkommen über das grenzüberschreitende Fernsehen vom 05. Mai 1989
FR - Frankfurter Rundschau
GG - Grundgesetz für die Bundesrepublik Deutschland
GVBl. - Gesetzes- und Verordnungsblatt
ITC - Independent Television Commission
IuKDG - Informations- und Kommunikationsdienstegesetz
LG - Landgericht
LMBG - Lebensmittel- und Betäubungsmittelgesetz
MDStV - Mediendienstestaatsvertrag
OLG - Oberlandesgericht

ONP - Open-Network-Provision
PICS - Platform for Internet Content Selection
RiL - Richtlinie
Rs - Rechtssache
RStV - Rundfunkstaatsvertrag in der Fassung des 4. Rundfunkänderungsstaatsvertrages vom 01. April 2000
RändStV - Rundfunkänderungsstaatsvertrag
SLIM - Simpler Legislation in the Internal Market
TDG - Teledienstegesetz
T.O.N.I. - Tele-Online-Navigations-Instruments
UN - Vereinte Nationen
VG - Verwaltungsgericht
VfGH - Verfassungsgerichtshof
OVG - Oberverwaltungsgericht
VOD - Video-on-Demand
VPRT - Verband Privater Rundfunk und Telekommunikation
WHO - Weltgesundheitsorganisation

Einführung

A. Gegenstand der Untersuchung

Die Medienlandschaft steht vor epochalen Umbrüchen. Digitalisierung, Globalisierung, Konvergenz und Multimedia kennzeichnen die zukünftige wirtschafts-, medien- und gesellschaftspolitische Entwicklung. Die Schlüsseltechnologie für diese Entwicklung ist die Digitaltechnik, die neue Übertragungskapazitäten ermöglicht und dadurch neue audiovisuelle Dienste schafft. Der Weg in die Informations- und Kommunikationsgesellschaft wird mithin von veränderten Prämissen bestimmt. Welche Chancen und Risiken mit dem technischen Fortschritt für Kultur, Kommunikation, Gesellschaft und Wirtschaft verbunden sind, lässt sich durch die nicht abschätzbaren Entwicklungsfaktoren schwer voraussagen.[1]

Das Veränderungs- und Innovationspotential der neuen Informations- und Kommunikationsmöglichkeiten hat vor allem den Rundfunk verändert. Die technischen Umwälzungen bedingen strukturelle und regulatorische Maßnahmen, die besonders die Ordnungspolitik für eine zukünftige Kommunikationsordnung vor neue Herausforderungen stellt. So entsprechen die bisherigen Regelungsvorgaben für den Rundfunk nicht mehr dem Stand der Technik. Diese müssen entweder der Entwicklungsdynamik angepasst oder es müssen neue Ordnungsmodelle erstellt werden.[2]

Die Fortschritte in der Übertragungstechnik vervielfältigen die Möglichkeiten ihrer Nutzung. Der digitale Innovationseffekt führt nicht nur zu einem Zuwachs an Übertragungskapazitäten, sondern bietet auch die Voraussetzungen für eine spätere Vernetzung von Telefon, TV und Computer.[3] Neue Angebote wie "Multimedia-Dienste" oder "Neue Teledienste" überfluten den Medienmarkt. Schlagworte wie "Interaktives Fernsehen", "Pay-per-view", "Video-on-Demand" und "Teleshopping" im Unterhaltungssektor sowie andere fernsehmäßige Datendienste im wirtschaftlichen Bereich (z. B.: Tele-banking, -learning, -working) füllen die multimedialen neuen audiovisuellen Dienste aus. Die Begriffe sind überwiegend beschreibend, lassen nur wenig Rückschlüsse auf die jeweiligen Inhalte zu. Durch die neue Struktur der Kommunikationsangebote wird die in der Vergangenheit maßgebende Einwegkommunikation ergänzt. Dem Rezipienten, der früher an die zeitlichen und inhaltlichen Vorgaben des Rundfunkveranstalters gebunden war, eröffnen sich nunmehr zeitliche, pro-

---

1 Zur Situation der neuen Medien in Deutschland: Gersdorf, *Regelungskompetenzen bei der Belegung digitaler Kabelnetze*, S. 35 f.; Bullinger, AfP 1996, S. 1 f.; Ladeur, AfP 1997, S. 598 f.; DLM-Grundsätze für eine bundesweite Kabelverbreitung digitaler Fernsehprogramme, FK Nr. 39/97, S. 35.

2 Plank, *Grundgedanken zur Gestaltung künftiger Fernmeldenetze*, S. 36 f. (126); Scherer, *Telekommunikationsrecht und Telekommunikationspolitik*, S. 37 f.

3 Infosat Nr. 10/1994, S. 186 f.; zum Fernsehempfang und PC: Keinath, MP 2000, S. 451 f.

grammliche und darstellungstechnische Optionen. Die multimedialen Nutzungen führen zu einer interaktiven und integrativen Verwendung, die sich je nach den inhaltlichen Bezugsinformationen in den Zugriffs- und Abrufdiensten für Ton-, Bewegtbildsendungen und Textdarbietungen widerspiegeln.[4]
Die neue Informations- und Kommunikationstechnologie mit ihren verschiedenen Anwendungsmöglichkeiten kennt keine nationalen Grenzen. Der zukünftige Regulierungsrahmen in der *Europäischen Gemeinschaft (EG)*[5] kann aus diesem Grunde nur durch gemeinschaftsrechtliche Vorgaben koordiniert und harmonisiert werden, um dem Binnenmarktkonzept für die an der Schnittstelle von Rundfunk- und Telekommunikationsleistungen stehenden neuen Kommunikationsangebote gerecht zu werden. Dieser Prozess mit dem Ziel der Schaffung eines gleichberechtigten und diskriminierungsfreien Kommunikationsmarktes wird in der Gemeinschaft wesentlich durch ordnungspolitische Vorschläge der Kommission bestimmt. Noch liegen für die von der Konvergenz betroffenen Bereiche keine konkreten Ordnungsmodelle vor. Vielmehr versucht die Kommission als Initiator des gemeinschaftlichen Rechtsetzungsverfahrens mit Grün- und Weißbüchern das Terrain zu sondieren und das Meinungsbild in den Mitgliedstaaten vorsichtig abzutasten. Der Europarat, dem neben den Mitgliedstaaten der Gemeinschaft noch weitere Vertragsstaaten angehören, hat sich ebenfalls mit den Problemen befasst, die mit der Verschmelzung von Kommunikationsangeboten entstehen.
Problembereiche des Regulierungsbedarfs konzentrieren sich einerseits auf die Sicherung von Medien-, Meinungs- und Informationsfreiheit und andererseits auf den Marktzugang, den Rundfunkbegriff und die Werberegeln. Die zur Regulierung der neuen audiovisuellen Dienste in der Gemeinschaft gesetzten rechtlichen Weichen haben erheblichen Einfluss auf das europäische Fernsehwerberecht. Die derzeitigen Werberestriktionen sind lediglich auf traditionelle Fernsehprogramme zugeschnitten und passen nicht ohne weiteres auf neue audiovisuelle Dienste. Zudem erweisen sie sich in der Werbepraxis oftmals als zu kompliziert. Deregulierende Lösungsansätze, die sich auf wenige Werbegrundsätze konzentrieren, werden ebenso als Modelle einer zukünftigen Werberegulierung diskutiert wie die Schaffung einer abgestuften Regelungsdichte mit neuen Begriffsbestimmungen.
Untersuchungsziel der Arbeit ist, im Zuge der technologischen Entwicklung die Grenzen des europäischen Fernsehwerberechts und seiner Werbegrundsätze aufzuzeigen. Den ersten Schwerpunkt in der Darstellung bildet die Erörterung der europäischen Medienordnung im Spannungsverhältnis zwischen der wettbewerblichen Werbefreiheit, den zu schützenden Rechtschutzgütern und den

---

4 Vgl. statt aller Bullinger, NJW 1984, S. 385 (387).

5 Es wird im folgenden nur von der Europäischen Gemeinschaft als Rechtsträger gesprochen, nicht von der Europäischen Union (Art. 1 EUV). Im Text wird ausschließlich der Begriff *Gemeinschaft* verwandt.

widerstreitenden Kompetenzebenen. Der zweite Schwerpunkt der Untersuchung liegt in der Frage, ob im Rahmen wachsender Vielfalt von Kommunikationsangeboten die europäischen fernsehwerbespezifischen Regelungsmaterien auf wenige Werbegrundsätze reduziert und auf die neuen audiovisuellen Dienste übertragen werden können.

B. Themenabgrenzung

Die Thematik erfordert eine Eingrenzung der Fragestellungen auf gewisse Problemkreise. Prüfungsgegenstände sind die Einstufung von werblichen Inhaltsformen und die Werbebeschränkungen für bestimmte Werbeformen. Um die gesellschaftliche Akzeptanz von einzelnen Werbeformen beurteilen zu können, wird das wirtschaftliche Marktpotential einzelner Dienste eingebunden. Bereits bestehende deutsche Regelungsansätze werden dort berücksichtigt, wo sie eine Systematik für die europäische Gesetzgebung bieten. Soweit von Rundfunk gesprochen wird, ist lediglich das Fernsehen gemeint.

C. Vorgehen

Zunächst werden die europäischen fernsehspezifischen Regelungsmaterien dargestellt. Exemplarisch sollen anhand eines Vergleichs zwischen dem deutschen Fernsehwerberecht und medienspezifischen Gemeinschaftsvorgaben einzelne Unterschiede herausgearbeitet werden. Die Rolle des öffentlich-rechtlichen Rundfunks mit seinen eingeschränkten Werbemöglichkeiten wird unter den veränderten Bedingungen eines wettbewerbsorientierten Kommunikationsmarktes beleuchtet. Im Anschluss hieran werden die fernsehspezifischen Werbebeschränkungen auf ihre konventionsrechtliche Vereinbarkeit überprüft. Im zweiten Teil der Untersuchung werden die neuen audiovisuellen Dienste in den verschiedenen Angebotsformen beschrieben und in Relation zum Rundfunkbegriff gesetzt. Der normative Rahmen neuer audiovisuellen Dienste wird gemeinschafts- und konventionsrechtlich untersucht. Aspekte einer werblichen Selbstkontrolle werden berücksichtigt. Die im Zuge der neuen Nutzungsmöglichkeiten entstandenen elektronischen Werbeformen werden unter dem Gesichtspunkt der Vereinbarkeit mit den europäischen Regelungsvorgaben erörtert. Ein Überblick über die gemeinschaftsspezifischen Regelungsinitiativen bilanziert den derzeitigen Regulierungsstand. Anschließend wird erörtert, ob die europäischen fernsehspezifischen Werbevorschriften dereguliert werden können. Im letzten Abschnitt finden sich die wichtigsten Ergebnisse dieser Arbeit thesenhaft zusammengefasst.

Erster Teil: Fernsehspezifische Werbung

Erster Abschnitt: Fernsehspezifische Werbung als Wirtschaftsfaktor

In der modernen Marktwirtschaft ist die Werbung eine notwendige Voraussetzung für das Funktionieren wirtschaftlicher Prozesse. Sie sorgt für Marktinformation, Markttransparenz und Intensivierung des Wettbewerbs zwischen Wirtschaft und Gesellschaft. Allgemein ist Werbung der absichtliche Versuch, durch systematische und strategische Anwendung von Gestaltungstechniken, Meinungen, Kognitionen, Emotionen und Motivationen das Verhalten von Menschen zu beeinflussen.[6] Das gestiegene Werbevolumen macht es immer notwendiger, gezielter einzelne Konsumentengruppen anzusprechen. Zielgruppenorientierte Werbung z. B. in Bereichen des Eventmarketing und des Sponsoring sollen der abnehmenden Werbewirkung auf den Zuschauer entgegenwirken.[7] Die fernsehspezifische Werbung ist besonders wegen ihrer Reichweite interessant. Ihr kommt im Hinblick auf die Globalisierung der Medienmärkte eine zweifache wirtschaftliche Funktion zu: Sie ist einerseits Mittel der Absatzpolitik und Aktionsparameter konkurrierender Unternehmen auf dem Medienmarkt. Andererseits fördert sie als Finanzierungsquelle der Rundfunkveranstalter die publizistische Vielfalt.

Das Erscheinungsbild der fernsehspezifischen Werbung hat sich durch die Kabelvermehrung und damit verbundene quantitative Zunahme von Werbezeiten drastisch verändert. Die Konkurrenz zwischen öffentlich-rechtlichem und privatem Rundfunk sowie der Wettbewerb unter den kommerziellen Rundfunkveranstaltern hat das Werbevolumen vervielfacht. Damit wird zwangsläufig den erhöhten Kosten für Sportübertragungsrechte, Spielfilmlizenzen und Unterhaltungsproduktionen Rechnung getragen.

Die gestiegene Ausstrahlung von fernsehspezifischer Werbung bleibt nicht ohne Konsequenzen für die Werbewirkung und -akzeptanz. Um der Verwechslungsgefahr mit anderen Werbespots entgegenzuwirken und die gesunkenen Wirkungschancen traditioneller Werbung zu überwinden, haben die Werbetreibenden neue Werbestile und -formen entwickelt.[8] Rundfunkveranstalter versuchen Werbung, Gameshows, Sponsoring und Teleshopping in die Programme zu integrieren, damit der Fernsehkonsum der Zuschauer nicht durch Unterbrecherwerbung gestört wird. Der Trend geht heute hin zu Sonderwerbeformen, um in Zeiten eines moderaten Wirtschaftswachstums mit gleichzeitig abnehmender Binnennachfrage den Marktanteil auszubauen.

---

6 Zur wirtschaftswissenschaftlichen Definition von (Fernseh-)Werbung: Brosius/Fahr, *Werbewirkung im Fernsehen*, S. 12 f.

7 Gleich, MP 1998, S.206 f.

8 Sack, AfP 1991, S. 704 (705); "Zappers Flucht", FAZ v. 30.07.1998, S. 29.

Der digitale Rundfunk wird heute neben der Einführung des Euro[9] und der Etablierung von Online-Werbung als wesentlicher Einflussfaktor für die Entwicklung des Werbemarktes gesehen. Da bei den Werbeaufwendungen verstärkt auf die Kostenkontrolle zu achten ist, wird die Wirksamkeit jeder einzelnen Werbemaßnahme hinterfragt. Lediglich die fernsehspezifische Werbung kann durch ihre Reichweite die aus Sicht der Werbetreibenden gewünschte Umschlagsgeschwindigkeit erreichen. Wirtschaftlich schwer abschätzbar sind die mit der Digitalisierung verbundenen neuen Werbemöglichkeiten.[10] Die Ungewissheit darüber hängt maßgeblich von den noch unvollkommenen Regulierungsansätzen ab.

Fernsehspezifische Werbung ist ein wesentliches Barometer für die Werbekonjunktur auf dem europäischen Werbemarkt. Die Werbeinvestitionen belegen ein kontinuierliches Wachstum in der Gemeinschaft. Zwischen 1994 bis 1996 war ein realer Anstieg zu verzeichnen. Allerdings lag das Wachstum mit 2,5 % im Jahre 1996 etwas niedriger als in den Vorjahren 1994 (4 %) und 1995 (3 %).[11] Der Anteil der Aufwendungen für Fernsehwerbung an den gesamten Werbeaufwendungen für Massenmedien betrug noch 1987 ca. 27 %. Nach einer kurzen Stagnation in den Jahren 1992 und 1993 mit 33,4 % stieg der Anteil 1996 auf 36,9 %.[12] Die Entwicklung der Fernsehwerbeaufwendungen mit 16 275 Mio. ECU im Jahre 1995 auf 17 266 Mio. ECU im Jahre 1996 zeigen das erhebliche wirtschaftliche Potential für die europäische Werbeindustrie.[13] Das Realwachstum der Werbeinvestitionen betrug in den Jahren 1997 und 1998 3%.[14]

Die Umsätze im deutschen Werbefernsehen bestätigen die europäische Entwicklung. Die Zahl der Werbespots hat sich in den vergangenen zwölf Jahren mehr als verzehnfacht, während die durchschnittliche Sehdauer der Zuschauer in diesem Zeitraum um weniger als ein Drittel gestiegen ist.[15] Die öffentlich-rechtlichen Rundfunkveranstalter erreichten bereits 1994 einen Nettowerbeumsatz ohne Produktionskosten i. H. v. DM 588,9 Mio. Der Nettoumsatz der drei größten privaten Rundfunkveranstalter *RTL, SAT.1* und *PRO*

---

9 *Werbemarkt 2010 - Wie der Euro die Werbeindustrie verändert.*, Langzeitstudie der Media Gruppe München (MGM) vom 10.08.1998, in: FK Nr. 34/1998, S. 16.

10 "Mittelfristprognose nach Werbeträgern 1997 - 2002", FAZ v. 17.08.1998, S. 22. Das Marktforschungsinstitut *Prognos* hält es für möglich, dass im Jahr 2010 72 Mrd. DM in Werbung investiert werden. Die Online-Werbung soll dann schon einen Marktanteil von 5 Mrd. DM (6,4 %) am Gesamtmarkt haben: epd-medien Nr. 60/1999, S. 17; zur Akzeptanz der Werbung in Deutschland: Hofsümmer/Horn, MP 1999, S. 442 f.

11 Europäische Audiovisuelle Informationsstelle, Statistisches Jahrbuch 1998, S. 380.

12 Ebd., S. 394.

13 Ebd., S. 393.

14 Ebd., S. 380.

15 "Steigender Werbedruck im Fernsehen", FAZ v. 21.09.1998, S. 35; zur Verteuerung der TV-Werbespots in Deutschland: epd-medien Nr. 61/1999, S. 13.

SIEBEN betrug zusammen im gleichen Zeitraum DM 4.668,2 Mio.[16] Das Plus an TV-Werbung blieb 1996 erstmals seit zehn Jahren mit 8,7 % für private und öffentlich-rechtliche Rundfunkveranstalter im einstelligen Bereich. Mit 9,8 Milliarden Werbeumsatz erreichte der private Rundfunk einen Zuwachs gegenüber dem Vorjahr von 14 %. Auch *ARD* und *ZDF* konnten ihre Werbeumsätze nur um 1,8 % (DM 931 Mio.) im Vergleich zum Vorjahr erhöhen. Unter den privaten Rundfunkveranstaltern blieb *RTL* der höchste Werbeumsatz vorbehalten (DM 2.873 Mio. = + 12,1 %). Es folgten *SAT.1* mit DM 2.497 Mio. (+ 3,8 %) und *PRO SIEBEN* mit DM 1.992 Mio. (+ 1,8 %). Das Wachstum setzte sich im Jahr 1997 fort.[17] Die Nettoeinnahmen aus den Werbeschaltungen der Wirtschaft erhöhten sich zwar gegenüber dem Vorjahr um 541,3 Mio. auf 7438,2 Mio. DM (Marktanteil 19 %), jedoch sanken die im Vorjahr erreichten Zuwachsraten weiter ab.[18] Die Bruttowerbeumsätze sind im Vergleich zu 1996 um 9,7 % auf 11,8 Mrd. DM gestiegen. Der Marktanteil erhöhte sich um 1,4 % auf insgesamt 43 %.[19] Der Fernsehwerbemarkt 1998 konnte im Verhältnis zum Vorjahr ein Umsatzplus von 8,3 % erreichen. Unter den privaten Rundfunkveranstaltern fiel das Wachstum der Nettoumsätze etwas geringer aus. Lediglich *SAT 1* erzielte mit einem Plus von 7 % ein besseres Ergebnis.[20] Im Jahre 1999 beherrschten *RTL, SAT 1* und *PRO SIEBEN* den Werbemarkt.[21] Vor allem die privaten TV-Anbieter der zweiten Generation konnten hohe Wachstumsraten erzielen. Sponsoring, neue Sonderwerbeformen und die Lockerung der Werberichtlinien (Split-Screening/Einzel-Spotblöcke) im Jahre 2000 tragen zu dem monetären Plus der Werbeeinnahmen bei.[22] Außerdem wird im Sektor Cross Promotion (d. h. wechselseitige Bewerbung von Programmen und Produkten/Verknüpfung der TV-Spots mit Internet-Auftritten) ein neues Werbepotenzial zusehen sein. Eine Sättigung des Marktes ist deshalb nicht absehbar.[23] So

---

16 ZAW-Jahrbuch 1995, *Werbung in Deutschland*, S. 175 f.

17 Brutto-Werbeumsätze laut *IP/Nielsen S+P*: 1. *RTL* 3,51 Mrd. DM (plus 9 %), 2. *ProSieben* 2,69 Mrd DM (plus 14,4 %), 3. *SAT 1* 2,63 Mrd. DM (plus 1,3 %), 6. *ARD* 466 Mio. DM (minus 2,6 %), 8. *ZDF* 400 Mio. DM (minus 14,7 %): epd medien Nr. 6/1998, S. 7/8; Netto-Werbeeinnahmen erfassbarer Werbeträger in der BRD von 1994-1997, Fernsehinformationen, Nr. 11/98, S. 372.

18 Zu den Netto-Umsätzen des Werbefernsehens 1993-1997: ZAW-Jahrbuch 1998, *Werbung in Deutschland*, S. 229 (230).

19 Heffler, MP 1998, S. 270 f. (272); Bruttowerbeaufwendungen im Fernsehen II. Quartal 1998, MP 1998, 373.

20 Heffler, MP 1999, S. 288 (291).

21 Bruttowerbeumsätze laut *IP/Nielsen S+P*: 1. *RTL* 3,809 Mrd. DM, 2. *SAT 1* 3,065 Mrd. DM, 3. *PRO SIEBEN* 2,843 Mrd., 4. *RTL* 2 740 Mio. DM, 5. *Kabel 1* 696 Mio. DM, 6. *VOX* 514 Mio. DM, 7. *ARD* DM 510 Mio. DM, 8. *ZDF* 413 Mio. DM, epd-medien Nr. 10/2000, S. 11/12; zu den Netto-Umsätzen des Werbefernsehens 1995-1999: ZAW-Jahrbuch 2000, *Werbung in Deutschland*, S. 247.

22 Heffler, MP 2000, S. 230 f. (234).

23 epd-medien Nr. 78/1999, S. 16.

stiegen bereits im ersten Quartal 2000 die Werbeausgaben brutto insgesamt um 13,6%.[24]

Zweiter Abschnitt: Rechtliche Grundlagen der Fernsehwerbefreiheit

A. Europäische Fernsehwerbefreiheit

Auf Gemeinschaftsebene gibt es kein ausdrückliches europäisches Grundrecht auf Rundfunk(werbe-)freiheit. Die fernsehspezifische Werbung übernimmt durch ihre grenzüberschreitende Reichweite eine besondere Funktion, den freien Verkehr der beworbenen Waren und Dienstleistungen zu fördern und die Verschmelzung nationaler Märkte mit dem Binnenmarkt zu beschleunigen.[25] Der Verbraucher erhält nämlich durch die ausgestrahlte Werbung grenzüberschreitenden Zugang zu allen Informationen über Produkte und Dienstleistungen.[26] Ein Integrationsziel des Binnenmarktkonzeptes ist die Verwirklichung des freien Dienstleistungs- und Warenverkehrs, mithin auch die Werbefreiheit für Waren und Dienstleistungen.

Werberestriktionen sind auf europäischer Ebene an den Grundfreiheiten und Grundrechten zu messen, die der Vertrag zur Gründung der Europäischen Gemeinschaft *(EGV)*[27] und die *Europäische Menschenrechtskonvention (EMRK)*[28] gewähren. Zwar sind die Grundfreiheiten im Gemeinschaftsrecht keine Grundrechte im klassischen Sinne, jedoch wird ihnen allgemein ein *„grundrechtsähnlicher Charakter"* zugesprochen.[29] Der Grundrechtsschutz ist mangels Grundrechtskatalog im *EGV* über *Art. 6 EU-Vertrag (EUV)*[30] verankert, der auf die *EMRK* verweist. Darüber hinaus hat die Rechtsprechung des *Europäischen Gerichtshofs (EuGH)*[31] einen Grundrechtsschutz entwickelt, der dem Grundge-

---

24 Heffler, MP 2000, S. 239.

25 Vgl. Grünbuch über die Errichtung des Gemeinsamen Marktes für den Rundfunk *Fernsehen ohne Grenzen*, KOM (84) 300 endg., S. 265.

26 EuGH, Urteil v. 15.12.1982, Rs. 286/81 - Oosthoek, Slg. 1982, 4575 (4587); EuGH, Urteil v. 07.03.1990, Rs. 362/88 - GB-INNO, Slg. 1990, I - 667 (686).

27 Vertrag zur Gründung der Europäischen Gemeinschaft (EGV) in der Fassung v. 07.02.1992, BGBl. 1992 II, S. 1253 f.; zuletzt geändert durch den Vertrag von Amsterdam v. 02.10.1997, ABl. 1997 Nr. C 340/1. Die konsolidierte Fassung mit den Änderungen durch den Vertrag von Amsterdam ist am 01.05.1999 in Kraft getreten (BGBl. 1999 II S. 416).

28 Europäische Menschenrechtskonvention (EMRK) v. 04.11.1950, BGBl. II. 1952, S. 685, 953; abgedr. in Satorius II Nr. 130.

29 Bleckmann, *Europarecht*, S. 1142 (Rn. 453 f.).

30 Vertrag über die Europäische Union v. 07.02.1992, geändert durch den Vertrag von Amsterdam vom 02.10.1997.

31 EuGH, Urteil v. 17.01.1984, Rs. 43 u. 63/82 - VBVB/VBBB, Slg. 1984, 19 f.; Pernice, NJW 1990, S. 2409 f.; Schwarze, EuGRZ 1986, S.293 (298).

setz adäquat ist.[32] Rechtliche Ansatzpunkte des *EuGH* sind die *EMRK*[33], die allgemein geltenden Rechtsgrundsätze in der *EG*[34] und die Grundrechtserklärungen der *EG-Organe*.[35] Es bedarf dann eines Rekurses auf die Europäischen Grundrechte, wenn keine ausdrücklich im *EGV* verbürgten Grundfreiheiten eingreifen.

B. Deutsche Fernsehwerbefreiheit

Das Verfassungsrecht gibt Aufschluss über Reichweite und Grenzen der Werbetätigkeit. Ein Vergleich zur europäischen Fernsehwerbefreiheit wird zeigen, dass unterschiedliche Ansätze für eine fernsehspezifische Werbefreiheit bestehen.

I. Rundfunkfreiheit

Die Ausstrahlung von Wirtschaftswerbung weist verschiedene freiheitliche Facetten auf. Den öffentlich-rechtlichen, besonders aber den privaten Rundfunkveranstaltern dient sie als Finanzierungsquelle für ihre Programmgestaltung. Für die Werbetreibenden berührt sie die Meinungs-, Berufs- und die Wettbewerbsfreiheit. Grundrechtlicher Schutz des Rundfunkveranstalters wird durch *Art. 5 Abs.1 S. 2 Grundgesetz (GG)* gewährleistet.

1. Rundfunkfreiheit als Freiheitsgrundrecht

Angesichts einer fehlenden Begriffsbestimmung des Rundfunks hat das *Bundesverfassungsgericht (BVerfG)* hinsichtlich seiner Ausfüllungsbedürftigkeit eine besondere Rolle übernommen. Danach ist die Rundfunkfreiheit in erster Linie als dienendes oder drittnütziges Freiheitsrecht und nicht nur als subjektives Recht des Individuums zu verstehen.[36] Die Rundfunkfreiheit garantiert die freie, individuelle und öffentliche Meinungsbildung.[37] Das Freiheitsgrundrecht stellt ein objektives Prinzip der Gesamtrechtsordnung dar und ist für die Demokratie

---

32 BVerfGE 73, 339 f. - Solange II.

33 EuGH, Urteil v. 28.10.1975, Rs. 36/75 - Rutili, Slg. 1975, 1219 f.; EuGH, Urteil v. 13.12.1979, Rs. 44/79 - Hauer, Slg. 1979, 3727 f.; EuGH, Urteil v. 19.06.1980, Rs. 41/121 u. 796/79 - Testa, Slg 1980, 1979 f.; EuGH, Urteil v. 05.03.1980, Rs. 98/79 - Pecastaing, Slg. 1980, 691 f.; EuGH, Urteil v. 26.06.1980, Rs. 136/79 - National Panasonic, Slg. 1980, 2033 f.

34 EuGH, Urteil v. 12.11.1969. Rs. 26/69 - Stauder, Slg. 1969, 419 (425); EuGH, Urteil v. 14.05.1974, Rs. 4/73 - Nold, Slg. 1974, (491/507); Beutler/Bieber/Pipkorn/Streil, *Die Europäische Union*, S. 217 f.

35 ABl. 1977 Nr. C 109/77 f.; EuGRZ 1989, S. 204 f.

36 BVerfGE 87, 181, 197; 83, 238, 295; 57, 295, 319; grundlegend: BVerfGE 12, 205; 31, 315; 57, 295; 73, 118; 74, 297; 83, 238; 87, 181; zuletzt: BVerfGE 95, 220 (236).

37 Burmeister, *Duale Rundfunkordnung in Europa*, 38 f.

schlechthin konstituierend.[38] Der dienende Charakter der Rundfunkfreiheit bringt mit sich, dass durch die Schaffung einer positiven Ordnung die Meinungsvielfalt einer Gesellschaft sichergestellt wird. Weder dem Staat, noch einzelnen gesellschaftlichen Gruppen darf der Rundfunk überlassen sein.[39] Der Gesetzgeber muss deshalb materielle, organisatorische und prozeduale Regelungen treffen, damit umfassende und ausgewogene Informationen im Interesse einer funktionsfähigen Demokratie zustande kommen. Die Rundfunkfreiheit ist durch den Parlamentsvorbehalt ein normgeprägtes Grundrecht.[40]

2. Grundversorgungsauftrag

Der Gesetzgeber hat bei seinem Ausgestaltungsauftrag im Rundfunkwesen einen weiten Gestaltungsspielraum. Das zunächst als öffentlich-rechtliches Rundfunkmonopol ausgestaltete Ordnungsmodell wurde im Zuge der Gründung privater Rundfunkveranstalter zugunsten einer dualen Rundfunkordnung aufgegeben.[41] Mit der gesetzlichen Etablierung wollte man die Rundfunkversorgung durch publizistischen Wettbewerb insgesamt verbessern.

Bei der neuen Aufgabenbeschreibung des öffentlich-rechtlichen Rundfunks orientiert sich das *BVerfG* an den zu erwartenden Vielfaltsdefiziten kommerzieller Anbieter. Die Reduzierung der Anforderungen an die Programmvielfalt des privaten Rundfunks, die einen werbefinanzierten Rundfunk erst möglich macht, gilt nur, "solange und soweit die Wahrnehmung dieser Aufgaben jedenfalls durch den öffentlich-rechtlichen Rundfunk wirksam sichergestellt ist".[42] Mithin knüpft das *BVerfG* die Existenz des privaten Rundfunks an die Erfüllung des klassischen Auftrages durch den öffentlich-rechtlichen Rundfunk.

Das *BVerfG* hat dem öffentlich-rechtlichen Rundfunk den Grundversorgungsauftrag zukommen lassen. Die Grundversorgung ist ein Rechtsbegriff, der durch die verbindlichen Vorgaben des *BVerfG* konkretisiert wird. Er steht nicht in Konkurrenz zum gesetzlich vorgegebenen Programmauftrag, sondern ist vielmehr ein offener und dynamischer Zielbegriff, der die Befugnisse des öffentlich-rechtlichen Rundfunks beschreibt. Kernaussagen des *BVerfG* zur Sicherstellung der Grundversorgung sind:

---

[38] Vgl. BVerfGE 57, 295 (320); 73, 118 (152); 74, 297 (323 f.); 83, 238 (295); 87, 181 (197); 90, 60 (87).

[39] BVerfGE 57, 295 (320); 73, 118 (152); 74, 297 (324); 83, 238 (296); 90, 60 (88); Dörr, *Kontrolle braucht Durchsetzungsbefugnisse. Defizite des Verfahrensrechts bei der Medienkonzentrationskontrolle*, MP 1995, S. 42 f.; ders. MP 1996, S. 621 f.; ders., "Das für die Medienkonzentration maßgebliche Verfahrensrecht", in: *Die Sicherung der Meinungsvielfalt*, S. 331 ff. (338).

[40] BVerfGE 57, 295 (320 f.); BVerfGE 83, 238 (315); 95, 220 (237).

[41] Strukturierung des Verhältnisses zwischen öffentlich-rechtlichem und privatem Rundfunk: Eifert, ZUM 1999, S. 595 (596).

[42] BVerfGE 74, 297 (325); 73, 118 (155 f.); 90, 60 (90).

- flächendeckende Verbreitung,
- umfassender Programmstandard unter Berücksichtigung der wesentlichen gesellschaftlichen, kulturellen und politischen Strömungen,
- Sicherung gleichgewichtiger Meinungsvielfalt durch entsprechende organisatorische und verfahrensrechtliche Vorkehrungen.[43]

Das *BVerfG* geht nicht von einer Mindestversorgung aus, sondern die Grundversorgung ist auf ein duales Rundfunkwesen ausgerichtet.[44] In den letzten Jahren hat das *BVerfG* die Funktionsgarantie des öffentlich-rechtlichen Rundfunks mehrfach betont und gefordert, dass der öffentlich-rechtliche Rundfunk im dualen System publizistisch konkurrenzfähig bleibt.[45] Die verfassungsrechtliche Zulässigkeit des privaten Rundfunks sieht das *BVerfG* in der positiven Ausstrahlung auf die Rundfunkvielfalt.[46] Trotz allem ist umstritten geblieben, ob die Rundfunkfreiheit ein Recht des privaten Rundfunks auf Veranstaltung umfasst.[47] Das *BVerfG* hatte offen gelassen, ob *Art. 5 Abs. 1 GG* ein Recht der Privaten auf Veranstaltung von Rundfunk enthält.[48] Im ersten Rundfunkurteil wurde lediglich die institutionelle Funktion der Rundfunkhoheit hervorgehoben.[49] Im vierten Rundfunkurteil stellte das *BVerfG* fest, dass der private Rundfunk nicht im Wege der Deregulierung den Kräften des Marktes anvertraut werden könne, da mit der Herausbildung eines echten Marktes in absehbarer Zeit nicht zu rechnen sei.[50] In weiteren Entscheidungen wurde darauf hingewiesen, dass der Gesetzgeber in keiner Weise gezwungen sei, privaten Rundfunk zuzulassen. Die Zulassung sei lediglich verfassungsrechtlich hinnehmbar. Daher dürfe sich der Gesetzgeber für ein duales System entscheiden, wenn der öffentlich-rechtliche Rundfunk im Wettbewerb mit den Privaten bestehen könne und der Grundversorgungsauftrag erfüllt werde.[51] Von entscheidender Bedeu-

---

43 Zum Begriff der Grundversorgung: Hartstein/Ring/Kreile, *Kommentar zum Rundfunkstaatsvertrag*, AE 18 ff., 43; Bethge, MP 1996, S. 66 f.; BVerfGE 73, 118; 74, 297 (326); 83, 238.

44 Kresse, ZUM 1995, S. 186.

45 BVerfGE 74, 297 (331); 90, 60 (90 f.). Das BVerwG hat in seinem Urteil vom 09.12.1998 (BVerwGE 108, 108 f.) den Grundversorgungsauftrag unter Bezugnahme auf das letzte Rundfunkurteil des BVerfG aus dem Februar 1994 bestätigt und ausgeführt, dass der öffentlich-rechtliche Rundfunk für das demokratische Gemeinwesen eine integrative Funktion hat und sich nicht nur an den Interessen der Mehrheit oder den für die Werbewirtschaft interessanten Konsumenten zu orientieren braucht.

46 BVerfGE 74, 297 (331); zur publizistischen Konkurrenz: BVerfGE 74, 297 (332).

47 Bejahend: Klein, *Die Rundfunkfreiheit*, S. 32 f., Rudolf, AöR 108 (1983), S. 161 ff. (181).

48 BVerfGE 57, 295 (318 f.); 59, 231 (257); 73, 118 (153 f.); 74, 297 (327 f.); 83, 238 (298 f.); 90, 60 (90 f).

49 BVerfGE 12, 205 (260 f).

50 BVerfGE 73, 118 (158).

51 BVerfGE, ZUM 1994, 173 (181); Dörr, *Multimedia und die Rundfunkfreiheit des Art. 10 EMRK*, S. 1423.

tung sei die Meinungsbildungsfunktion des Rundfunks und die damit verbundene präventive Konzentrationskontrolle. Die Konzentration zeige sich gerade auf dem privaten Rundfunkmarkt.[52]

Das *BVerfG* stellte klar, dass der Gesetzgeber nicht zur Zulassung privaten Rundfunks gezwungen werden kann.[53] Die Erfüllung der Grundversorgung durch den öffentlich-rechtlichen Rundfunk legitimiert überhaupt erst den privaten Rundfunk, der deswegen weniger strengen Programmauflagen unterliegt.[54] Zwar wird der Rechtsanspruch auf Veranstaltung privaten Rundfunks hingenommen; es werden jedoch einschränkende Voraussetzungen für seine Zulassung durch Gesetz gefordert.[55] Mit der Zulassung des privaten Rundfunks ist nicht nur eine treuhändische (fiduziarische) Grundrechtsposition des öffentlich-rechtlichen Rundfunks verbunden, sondern die Zulassung begründet auch ein Grundrecht des privaten Rundfunks.[56] Eine Abschaffung privaten Rundfunks hat heute nur noch theoretische Bedeutung. Ohne Rücksicht auf die Rechtsform können sich natürliche und juristische Personen auf dieses Grundrecht berufen, wenn sie Programme veranstalten.[57]

Die vom Gesetzgeber insgeheim erhoffte rundfunkpolitische Rücksichtnahme des privaten Rundfunks auf die Belange des öffentlich-rechtlichen Rundfunks ist nicht eingetreten. Dies hat zu erheblichen Kontroversen über das duale Rundfunksystem geführt. Die elementaren Anforderungen an eine positive Ordnung des Rundfunksystems orientierten sich bisher mehr an der Bestands- und Entwicklungsgarantie des öffentlich-rechtlichen Rundfunks sowie der effektiven Kontrolle über den privaten Rundfunk und weniger an der Differenzierung des Programmumfangs.[58] Das *BVerfG* hat lediglich im Verhältnis zwischen privatem und öffentlich-rechtlichem Rundfunk ausgeführt, dass einerseits der öffentlich-rechtliche Rundfunk im Wettbewerb mit den privaten Ver-

---

52 BVerfG, ZUM 1997, S. 202 (204 f.).

53 Vgl. BVerfGE 57, 295 (318 f.); 59, 231 (257); 73, 118 (153 f.); 74, 297 (327 f. u. 345 f.); 83, 238 (297 f.); zuletzt: Ricker, AfP 1997, S. 589 f.

54 BVerfG, ZUM 1994, S.173 (180).

55 Grundrechtstatus privater Rundfunkveranstalter: Bethge, NVwZ 1997, S. 1 ff.; Stettner, ZUM 1994, S. 68; zur Gründungsfreiheit privater Veranstalter im Pressebereich: BVerfGE 97, 125 (144).

56 Jestaedt, *Demokratieprinzip und Kondominalverwaltung*, S. 572 ff.; Ossenbühl, DÖV 1977, S. 381; zur Privatisierung des Fernsehens: Depenhauer, AfP 1997, S. 673 f.

57 BVerfGE 95, 220 (234); BVerfG, Beschluss v. 20.02.1998 -1 BvR 661/94, K&R, 1998, S. 207 f.; vgl. Rundfunkgebührenpflicht für private Fernsehanbieter, K&R 1998, S. 121 (174, 176); zum Grundrechtsschutz privater Rundfunkveranstalter: BVerfGE 73, 118 (183); 87, 334 (339); 90, 277 (284); 95, 220 (234); 97, 298 (310); Bethge, NVwZ 1997, S. 1 ff.

58 BVerfGE 73, 118 (158); 74, 297 (324 f.); 83, 238 (298); 90, 60 (91) - Bestands- und Entwicklungsgarantie; 87, 181 (198); 90, 60 (91) - Finanzierung des öffentlich- rechtlichen Rundfunks; 73, 118 (160); 74, 297 (325) - Programmvielfalt des privaten Rundfunks; 74, 297 (325) - Staatsaufsicht; 73, 118 (182 f.) - Grundsatz der Staatsferne.

anstaltern konkurrenzfähig bleiben muss[59], andererseits der private Rundfunk nicht Bedingungen unterworfen werden darf, die ihn erheblich erschweren oder unmöglich machen[60]. Eine Kooperation ist dann zulässig, wenn der Programmauftrag des öffentlich-rechtlichen Rundfunks nicht gefährdet wird.[61] Die Dynamik des Kommunikationssektors und die unbestimmten verfassungsrechtlichen Strukturvorgaben haben dazu geführt, dass die Konkretisierung des Programmumfangs vom privaten Rundfunk gefordert wird.

3. Funktionsauftrag

Die Positionierung des öffentlich-rechtlichen Rundfunks in einer neuen Kommunikationsordnung mit einer Konkretisierung der Aufgabenbestimmung ist schwierig. Dem öffentlich-rechtlichen Rundfunk ist es gestattet, umfassend die Möglichkeiten der analogen Rundfunktechnik zu nutzen. Unbeantwortet ist allerdings, ob das Verfassungsrecht den Gesetzgeber dazu verpflichtet, die Rundfunkanstalten auch an den neuen technischen und damit programmlichen Entwicklungen der digitalen Übertragungstechnik zu beteiligen.
Ansatzpunkt einer Definition der Aufgaben des öffentlich-rechtlichen Rundfunks ist der sog. "Funktionsauftrag".[62] Kern des "Funktionsauftrages" soll nach Auffassung der privaten Rundfunkveranstalter sein, den Auftrag des öffentlich-rechtlichen Rundfunks zur gesellschaftlichen Integration über die Programmelemente der Information, Bildung, Kultur und Unterhaltung inhaltlich qualitativ und quantitativ unter Beachtung des privaten Rundfunks- und Medienangebots festzuschreiben.[63] Die Forderung, den "Funktionsauftrag" kontrollfähiger zu verdichten, steht vor dem Hintergrund, dass eine Antwort auf neue verfassungsrechtliche Entwicklungen und veränderte gemeinschaftsrechtliche Rahmenbedingungen gefunden werden muss.[64] Vertreter des öffentlich-recht-

---

[59] BVerfGE 87, 181 (203).

[60] BVerfGE 83, 238 (311).

[61] BVerfGE 83, 238 (303 f.).

[62] Bullinger, *Die Aufgaben des öffentlichen Rundfunks - Wege zu einem Funktionsauftrag*, S. 13 f.; Zusammenfassung des Bullinger-Gutachtens zum öffentlich-rechtlichen Rundfunk im Auftrag der Bertelsmann-Stiftung: epd-medien Nr. 6/1999, S. 22/23; http://www.stiftung.bertelsmann.de/download/index.htm; Positionen *Grundversorgung contra Funktionsauftrag* zusammengestellt in Fernsehinformationen Nr. 2/1999, S. 11/12.

[63] Kommunikationspolitische Leitlinien des VPRT 1999/2000, Fernsehinformationen Nr. 2/1999, S. 12.

[64] Mit der Begründung, dass sich das *ZDF* dem Ruf einer Auftragsdefinition nicht entziehen könne, hat Intendant *Stolte* eine Studie mit dem Titel *Der spezifische Funktionsauftrag des ZDF - Bedeutung, Anforderungen und Unverzichtbarkeit unter Berücksichtigung der technischen Digitalisierung, der europäischen Einigung und der Globalisierung der Informationsgesellschaft* im März 1999 in Auftrag gegeben: epd-medien Nr. 16/1999, S. 15/16. Die Studie von Holznagel ist in der ZDF-Schriftenreihe 55 im April 1999 erschienen.

lichen Rundfunks sehen darin eine interessengeleitete Debatte, um eine begriffliche Handhabe dafür zu finden, den öffentlich-rechtlichen Rundfunk von technischen und programmlichen Entwicklungschancen abzuschneiden.[65] Trotz allem ist nicht von der Hand zu weisen, dass die zukunftorientierten Maßnahmen des öffentlich-rechtlichen Rundfunks gemeinschaftskonform sein müssen, damit den privaten Rundfunkveranstaltern keine unberechtigten Wettbewerbsnachteile erwachsen.[66]

Bullinger hält es für verfassungsrechtlich geboten, die Aufgaben des öffentlich-rechtlichen Rundfunks festzulegen und zu konkretisieren, damit die besonderen Funktionen ein "Abgleiten in einen rein marktmäßigen Wettbewerb" verhindern.[67] Als Ausweg aus dem Spannungsfeld empfiehlt er eine staatliche Regulierung und eine ergänzende autonome oder kooperative Selbstregulierung, die in ein richtiges Verhältnis zu bringen sind. Im Zusammenhang mit der Werbefinanzierung öffentlich-rechtlicher Rundfunkveranstalter regt er an, dass ARD und ZDF ganz auf Werbung verzichten. Dem kann nur schwer gefolgt werden. Eine gesetzliche Inhaltsbestimmung des öffentlich-rechtlichen Rundfunkauftrages führt zu einem unverhältnismäßigen Eingriff in die Rundfunkfreiheit. Eine Kontrollfunktion über den Funktionsauftrag durch die öffentlich-rechtlichen Rundfunkanstalten scheitert am Eigeninteresse der Stärkung ihrer Rolle im digitalen Umfeld. In finanzierungsspezifischer Hinsicht gehört Werbung als Wirtschaftsinformation zu einem elektronischen Medium, die auch im öffentlich-rechtlichen Rundfunk eine hohe Akzeptanz genießt.[68] Die für den öffentlich-rechtlichen Rundfunk geltenden zeitlichen Werberestriktionen tragen zur Sozialverträglichkeit der Rundfunkgebühren bei. Im übrigen stößt der Werbeausschluss für das öffentlich-rechtliche Rundfunksystem an die Grenzen des Verfassungsrechts, da Werbung - wie nachfolgend zu sehen sein wird - Teil der Meinungsfreiheit und verfassungsrechtlich geschützt ist. Nur eine Konkretisierung des "Funktionsauftrages" im Rahmen des verfassungsrechtlichen Auftrages kann eine klare Trennung zwischen überwiegend gebührenfinanziertem öffentlich-rechtlichem und werbefinanziertem privaten Rundfunk

---

65 Voß, MP 1999, S. 278.

66 Zum europarechtlichen Konkretisierungserfordernis: Bullinger, *Die Aufgaben des öffentlichen Rundfunks - Wege zu einem Funktionsauftrag*, S. 30.

67 Leitsatz 6.a) der Zusammenfassung des Gutachtens *Bullinger*: epd-medien Nr. 6/1999, S. 23.

68 Werbung hat bei Zuschauern des öffentlich-rechtlichen Fernsehens eine hohe Akzeptanz bzw. wird als Finanzierungsfunktion bei *ARD* und *ZDF* anerkannt: Hofsümmer /Horn, MP 1999, S. 443 (445).

herbeiführen.[69] Diesem Auftrag wird man nur gerecht, wenn dem öffentlich-rechtlichen Rundfunk nicht das Spektrum der digitalen Möglichkeiten genommen wird.

4. Reichweite der Rundfunkfreiheit

Der Rundfunk ist überwiegend von der Freiheit der Berichterstattung geprägt.[70] Kern dieses Rechts ist die Programmfreiheit, die eine externe Einflussnahme verhindern soll, damit der Rundfunk seiner publizistischen Aufgabe gerecht werden kann.[71] Programmgestaltung und -veranstaltung sind Voraussetzung für die rundfunkspezifische Programmautonomie. Darüber hinaus umfasst der Schutzbereich der Rundfunkfreiheit die Beschaffung von Informationen und die Verbreitung von Sendungen.[72] Programmbezogene Hilfsfunktionen wie die Verwertung der Programme durch Begleitmaterialien sind in den Schutzbereich einbezogen.[73]

II. Grundrechtsschutz der fernsehspezifischen Werbung

Eine hohe Regelungsdichte des Werberechts findet sich im Wettbewerbsrecht und anderen produkt- und berufsspezifischen Werberegelungen.[74] Das Fernsehwerberecht ist im Rundfunkstaatsvertrag (RStV), in entsprechenden Werberichtlinien[75] und verschiedenen Landesmediengesetzen geregelt. Grundrechtlicher Schutz der fernsehspezifischen Werbung lässt sich aus *Art. 5 Abs. 1 Satz 2 GG* ableiten.

---

69 *Holznagel* macht in seinem Gutachten *Der spezifische Funktionsauftrag des ZDF* vom 27.04.1999 acht Dimensionen des Funktionsauftrages fest: Informationsauftrag, Orientierungsfunktion, Forumsfunktion, Integrationsfunktion, Leitbildfunktion, Kulturauftrag, Produktionsauftrag und Innovationsfunktion. Er plädiert allerdings für eine staatsvertragliche Ermächtigung des ZDF, eigene digitale Programmbouquets anbieten zu dürfen; Zusammenfassung des Gutachtens in epd-medien Nr. 33/1999, S. 25 ff. (III.); zu Auftrag und Funktion der *ARD*: Zehn-Punkte Papier des ARD-Vorsitzenden Voß: epd-medien Nr. 33/1999, S. 33 ff.; Anmerkungen in epd-medien Nr. 34/1999, S. 3 f.

70 BVerfGE 95, 220 (234); 97, 228 (268); 97, 298 (310).

71 BVerfGE 59, 231 (258), 87, 181 (201); 90, 60 (87); 95, 220 (234), 97, 298 (310 f.).

72 BVerfGE 35, 202 (222 f.); 78, 101 (102 f.; 91, 125 (134 f.).

73 Degenhart, MMR 1998, S. 139; Sächs. VerfGH NJW 1997, 3015.

74 §§ 1, 3 UWG; RabattG; ZugabeVO; ArzneimittelG; Lebensmittel- und BedarfsgegenständeG; HWG; standesrechtliche Werberegelungen (keine abschließende Auflistung).

75 Hartstein/Ring/Kreile, *Kommentar zum Rundfunkstaatsvertrag*, § 7 RStV, Rn. 100 f. ARD-Richtlinien für die Werbung, zur Durchführung der Trennung von Werbung und Programm und für das Sponsoring v. 24.06.1992 in der Neufassung v. 27.06.1995; ZDF-Richtlinien für Werbung und Sponsoring v. 19.03.1993 in der Fassung v. 07.10.1994; Gemeinsame Richtlinien der Landesmedienanstalten für die Werbung, zur Durchführung der Trennung von Werbung und Programm und für das Sponsoring im Fernsehen v. 26.01.1993 in der Fassung v. 10.02.2000.

1. Werbung als Finanzierungsinstrument
Den unterschiedlichen Aufgabenstellungen des öffentlich-rechtlichen und privaten Rundfunks entsprechen auch die unterschiedlichen Finanzierungsarten. Die dem öffentlich-rechtlichen Rundfunk gemäße Art der Finanzierung ist die Rundfunkgebühr. Mischfinanzierung aus Gebühren und Werbung ist zur Sicherstellung der Grundversorgung zulässig, sofern dabei die Gebührenfinanzierung nicht in den Hintergrund tritt.[76] Die Finanzierungsgarantie entspricht dem aus *Art. 5 Abs. 1 S. 2 GG* folgenden Recht der öffentlich-rechtlichen Rundfunkanstalten, die Mittel zur Erfüllung des Grundversorgungsauftrages zu erhalten.[77] Im Vergleich hierzu finanzieren sich die privaten Rundfunkveranstalter ausschließlich aus Werbeeinnahmen, wenn man vom Pay-TV einmal absieht. Die Werbefinanzierung führt nach Auffassung des *BVerfG* zwangsläufig zu Defiziten bei der Vielfalt, Ausgewogenheit und Freiheitlichkeit der Berichterstattung. Der private Rundfunk würde Programmangebote für Minderheiten nicht ausstrahlen, da kaum Aussicht besteht, die Produktions- oder Programmerwerbskosten wieder hereinzuholen. Wegen der Rückwirkungen dieser Finanzierungsart auf die Programmgestaltung wäre eine überwiegende Werbefinanzierung mit dem Grundversorgungsauftrag des öffentlich-rechtlichen Rundfunks unvereinbar.[78] Die verschiedenen Finanzierungsformen haben letztlich zu einer Umschichtung der Werbeeinnahmen zu Lasten des öffentlich-rechtlichen und zugunsten des privaten Rundfunks geführt.
Die Rundfunkfreiheit umfasst die Veranstaltung und den Empfang von Rundfunksendungen mit unterschiedlichen Aussageinhalten und -motiven.[79] Hierzu zählen auch - wenngleich anfangs umstritten - Wirtschaftswerbesendungen. Mit der Installierung des dualen Rundfunksystems erfolgte ein Umdenken der Verfassungsrechtsprechung zur Finanzierungsquelle “Werbung”. Die zunächst offen gelassene Frage[80] wurde später für den Rundfunkbereich dahingehend präzisiert, dass die Finanzierung aus Werbesendungen *Art. 5 Abs. 1 S. 2 GG* unterliegt.[81] Die durch den Rundfunk verbreiteten Werbesendungen sind ihrem Charakter nach keine “anstaltsfremden Aussagen”, sondern Äußerungen eines Werbetreibenden mit kommerzieller Absicht. Der Werbetreibende vermittelt in seinen Werbebotschaften nicht nur reine Fakten, sondern auch Überzeugungen und Werturteile.[82]

---

[76] BVerfGE 90, 60 (91); 83, 238 (298).
[77] BVerfGE 90, 60 (91).
[78] BVerfGE 90, 60 (90 f.).
[79] BVerfGE 12, 205 (260); 59, 231 (257 f.); 73, 118 (152); 74, 325 f., 83, 238 (297f.).
[80] BVerfGE 74, 341.
[81] BVerfGE 83, 238 (310).
[82] Mangoldt/Klein/Starck, *Bonner Grundgesetz - Kommentar*, Bd. 1, Anm. 18 zu Art. 5 GG; Baumbach/Hefemehl, *Kommentar zum Wettbewerbsrecht*, §§ 3-10 UWG, Rn. 3; BVerfGE 95, 173 (182); Di Fabio, NJW 1997, S. 2863 f.

2. Wirtschaftswerbung

Es besteht eine materielle Wechselwirkung zwischen Programm und Finanzierung. Dies zeigt sich insbesondere bei den privaten Rundfunkveranstaltern, die ihre Programmgestaltung nach Rentabilitätsgesichtspunkten betreiben müssen.[83] Nicht nur die Werbung selbst, sondern auch werbefinanzierte Programmbeiträge genießen Grundrechtsschutz. Die wirtschaftliche Relevanz der Wirtschaftswerbung und die werbefinanzierte Programmgestaltung gehen als integraler Bestandteil in der Rundfunkveranstalterfreiheit auf. Der Grundrechtschutz der Wirtschaftswerbung ist für private Rundfunkveranstalter weitreichender als für öffentlich-rechtliche Rundfunkveranstalter, da im Falle einer Ausstrahlungsbeschränkung der Wirtschaftswerbung die finanzielle Funktionsfähigkeit in Zweifel gestellt wird.[84]

III. Schrankenvorbehalt der Rundfunkfreiheit

Ebenso wie die Pressefreiheit wird die Rundfunkfreiheit nicht schrankenlos gewährleistet, sondern die Rundfunkveranstalter unterliegen bei der Programmausstrahlung den Schranken des *Art. 5 Abs. 2 GG.* Die allgemeinen Gesetze sichern die Kommunikationsfreiheiten in der allgemeinen Rechtsordnung.[85] Das Erfordernis der Allgemeinheit eines einschränkenden Gesetzes soll Gesetze unterbinden, die den Prozess der freien Meinungsbildung behindern oder ausschließen.[86] Allgemein sind alle Gesetze, die dem Schutz eines ohne Rücksicht auf bestimmte Informationen oder Meinungen zu schützenden Rechtsgutes dienen.[87] Ein solches Gesetz darf somit nicht nach Meinung, Standpunkt, Anschauung oder ähnlichen Kriterien des Aussageinhalts, des Kommunikators oder des Rezipienten differenzieren. Bei diesem Verständnis der allgemeinen Gesetze enthält *Art. 5 Abs. 2 GG* nicht nur ein Diskriminierungsverbot, sondern auch die Gewährleistung der Chancengleichheit aller an der Kommunikation Beteiligter im Rahmen des Kernbestandes der Rundfunkfreiheit. Dies gilt auch für die fernsehspezifische Werbung. Alle den Rundfunk ordnenden und die Rundfunkfreiheit beschränkenden Gesetze sind nur als allgemeine Gesetze i. S. v. *Art. 5 Abs. 2 GG* zulässig. Der Schrankenvorbehalt führt nicht zu einer Bindung des Freiheitsrechts an die allgemeine Rechtsordnung. Im umgekehrten Falle müssen die allgemeinen Gesetze im Lichte der Freiheitsgewährung gesehen und entsprechend der Bedeutung der Rundfunkfreiheit in einer freiheitlich demokratischen Gesellschaft ausgelegt werden. Insoweit sind sie selbst wieder einzuschränken.[88] Die Wechselwirkung ist Teil des Übermaßverbotes.[89] Danach muss

---

83 BVerfGE 83, 238 (318).
84 BVerfGE 74, 297 (342); 97, 228 (268).
85 BVerfGE 35, 202 (222 f.).
86 BVerfGE 71, 206 (214); 95, 220 (236).
87 BVerfGE 97, 125 (146).
88 BVerfGE 7, 198 (208 f.); 59, 231 (265).

die Einschränkung der Freiheiten des *Art. 5 Abs. 1 GG* geeignet und erforderlich sein, den Schutz zu bewirken, den das allgemeine Gesetz bezwecken will. Das Gesetz muss in einem angemessenen Verhältnis zu den Beschränkungen des *Art. 5 Abs. 1 GG* stehen.[90] Im Rahmen einer Gesamtabwägung sind die Bedeutung der durch den Grundrechtseingriff zu schützenden Rechtsgüter, die Wirksamkeit des mit der zur Prüfung gestellten Rechtsnorm beabsichtigten Rechtsgüterschutzes und das Ausmaß der zu diesem Zweck normierten Grundrechtsbeschränkung zu berücksichtigen. Für das Fernsehwerberecht bedeutet dies, dass Beschränkungen nur im Rahmen von *Art. 5 Abs. 2 GG* zulässig sind. Diese - vor allem zum Schutze anderer Rechtsgüter - bestehenden Beschränkungen finden ihren Ausdruck in den produktspezifischen Verboten bis hin zu allgemeinen Anforderungen an die wettbewerbliche Lauterkeit. Neben dem Verbot der Tabakwerbung und der Werbebeschränkungen für alkoholische Getränke sind Straf-, Wettbewerbs- und fernsehspezifische Jugendschutzbestimmungen allgemeine Gesetze.

C. Rechtsquellen des europäischen Fernsehwerberechts

Werbliche Erscheinungsformen haben eine besondere binnenmarktintegrative Funktion. Werbung ist ein wichtiges Instrument, um in der Gemeinschaft wirksame Märkte für Erzeugnisse und Dienstleistungen zu erschließen. Besonders die fernsehspezifische Werbung ist wegen ihrer grenzüberschreitenden Natur geeignet, den freien Verkehr der beworbenen Waren zu fördern und die Verschmelzung der nationalen in europäische Binnenmärkte zu beschleunigen.[91] In den Mitgliedstaaten existieren umfangreiche fernsehwerbespezifische Regelungen, die auf das europäische Fernsehwerberecht zurückzuführen sind.

I. Supranationales Recht

Das europäische Fernsehwerberecht wird heute von zwei Regelungsmaterien bestimmt.[92] So stellen die *sog. EG-Fernsehrichtlinie (FernsehRL)* vom 03.

---

89 BVerfGE 67, 157 (173).

90 BVerfGE 59, 231 (265); 71, 206 (214).

91 Kommission, Fernsehen ohne Grenzen. Grünbuch über die Errichtung des Gemeinsamen Marktes für den Rundfunk, KOM (84) 300 endg., S. 265; vgl. a. zur Funktion der Werbung: EuGH, Urteil v. 07.03.1990, Rs. 362/88 - GB-INNO, Slg. 1990, I-667 (686).

92 Weitere Regelungen des Europarates im Medienbereich: Europäisches Übereinkommen über Fragen des Urheberrechts und benachbarter Rechte im grenzüberschreitenden Satellitenrundfunk, DH-MM (96) 4); Empfehlungen des Ministerkommitees: Vertrieb von Videoprogrammen mit gewalttätigem, brutalem und pornographischem Inhalt (Recommendation No. R (89) 7); Recht der Kurzberichterstattung über bedeutende Ereignisse (Recommendation No. R (91) 5; Rechtlicher Schutz verschlüsselter Fernsehdienste (Recommendation No. R (91) 14; Maßnahmen zur Verbesserung der Medientransparenz (Recommendation No. R (94) 13); Gewährleistung der Unabhängigkeit des öffentlichen Rundfunks (Recommendation No. R (96) 10).

Oktober 1989[93] in ihrer konsolidierten Fassung vom 30. Juli 1997[94] und das *Übereinkommen über das grenzüberschreitende Fernsehen*[95] *(FsÜ)* die Grundpfeiler der europäischen Medienordnung dar. Beide Regelungswerke weisen eine wechselseitig verknüpfte Entstehungsgeschichte auf und sind teilweise deckungsgleich.[96] Ihre Parallelität geht auf Beratungen des Europäischen Rates auf Rhodos Ende 1988 zurück. Der Rat hatte eine weitgehende Angleichung der damals vorliegenden Entwürfe gefordert.[97] Der Hörfunk ist vom Anwendungsbereich nicht erfasst.
Für das europäische Fernsehrecht sind sowohl die *FernsehRL* als auch das *FsÜ* von herausragender Bedeutung. Jedoch weisen sie eine unterschiedliche Rechtsqualität auf. Während die *FernsehRL* als sekundäres Gemeinschaftsrecht in den Mitgliedstaaten umgesetzt werden muss, handelt es sich bei dem *FsÜ* um einen völkerrechtlichen Vertrag im Rahmen des Europarates. Die Umsetzung der revidierten *FernsehRL* hatte bis Ende *1998* zu erfolgen. Einige Mitgliedstaaten haben die Frist verstreichen lassen.[98]
Anders verhält es sich bei dem *FsÜ*. Eine Umsetzungsverpflichtung der Mitgliedstaaten der Gemeinschaft für das *FsÜ* besteht nicht. Vielmehr wird das *FsÜ* wirksam, wenn sieben Staaten, davon mindestens fünf Vertragsstaaten des Europarates, ihre Zustimmung erteilt haben.[99] Als völkerrechtlicher Vertrag unterliegt das *FsÜ* einem bestimmten Durchsetzungsmechanismus der in *Art. 20 ff. FsÜ* vorgegeben wird. Die Einhaltung des *FsÜ* wird von einem Ständigen Ausschuss überwacht, der Empfehlungen und Gutachten abgeben kann. Im Streitfalle können sich die Vertragsparteien einem Schiedsverfahren unterwerfen. Das *FsÜ* trat nach Erreichen der Mindestzahl von Ratifikationen am 01.

---

93 Richtlinie des Rates v. 03. Oktober 1989 zur Koordinierung bestimmter Rechts- und Verwaltungsvorschriften der Mitgliedstaaten über die Ausübung der Fernsehtätigkeit, Nr. 89/552/EWG, ABl. 1989 Nr. L 298/23; berichtigt in: ABl. 1989 Nr. L 331/51.

94 ABl. 1997 Nr. L 202/60.

95 European Treaty Series 1989, Nr. 132 ; Council of Europe, Doc. CM (88) 218.

96 Paschke, *Medienrecht*, § 6 Rn. 135.

97 Bulletin des Presse- und Informationsdientes der Bundesregierung Nr. 170/1988, 1509, 1511.; Höfling/Möwes/Pechstein, *Europäisches Medienrecht*, S. 4; Schwartz, EuR 1989, S. 1 f. (10).

98 Zur unmittelbaren Wirkung von Richtlinien bei nicht rechtzeitiger Anpassung: EuGH, Urteil v. 06.10.1970, Rs. 9/70 - Leberpfennig, Slg. 1970, 825 f.; EuGH, Urteil v. 04.12.1974, Rs. 41/74 - van Duyn, Slg. 1974, 1337 f.; EuGH, Urteil v. 19.01.1982, Rs. 8/81 - Becker, Slg. 1982, 53 (70); EuGH, Urteil v. 12.07.1990, Rs. 188/89 - Foster, Slg. 1990, I - 3343 f.; EuGH, Urteil v. 26.02.1986, Rs. 152/84 - Marshall, Slg. 1986, 723 f., EuGH, Urteil v. 02.02.1989, Rs. 106/89 - Marleasing, Slg. 1990, I - 4135 f.; EuGH, Urteil v. 19.11.1991, Rs. 6/90 u. 9/90 - Francovich, Slg. 1991, I - 5357 f.

99 Zur Unterzeichnung und zum Inkrafttreten: Art. 29 FsÜ in der konsolidierten Fassung.

Mai 1993 in Kraft.[100] In Deutschland ist das Gesetz ist am 30. November 1994 in Kraft getreten.[101] Mittlerweile liegt eine konsolidierte Fassung den Mitgliedstaaten des Europarates vor, die nach der Novellierung der *FernsehRL* notwendig wurde, um kohärente Bestimmungen zu schaffen[102] Der ständige Ausschuss für das grenzüberschreitende Fernsehen erarbeitete am 28. Juli 1998 ein entsprechendes Abänderungsprotokoll, das vom Ministerkomitee am 09. September 1998 verabschiedet und am 01. Oktober 1998 dem Europarat zur Abstimmung überreicht wurde.[103] Die Abänderungen treten in Kraft, sobald alle Vertragsstaaten ihre Zustimmung gegeben haben.[104]

Soweit eine unterschiedliche Konzeption in *FernsehRL* und *FsÜ* verfolgt wird, kommt es auf die Auslegung des Vorrangsprinzips an.[105] *Art. 27 FsÜ* sieht vor, dass die Vertragsparteien, die gleichzeitig Mitglieder der Gemeinschaft sind, die Bestimmungen des FsÜ nur insoweit anwenden, als es zu einem bestimmten Regelungsgegenstand keine Gemeinschaftsvorschrift gibt.[106] Die Bestimmung bezieht sich ausschließlich auf das Binnenverhältnis der Mitgliedstaaten, die gleichzeitig Vertragsparteien des *FsÜ* sind.[107] Dem *FsÜ* kommt trotzdem eine eigenständige Bedeutung zu, da es im Verhältnis der Mitglieder der Gemeinschaft zu den Nichtmitgliedern und im Verhältnis zu den Nichtmitgliedern untereinander zu beachten ist.

Das europäische Fernsehwerberecht schafft einerseits einen Rechtsrahmen für Fernsehwerbung, Sponsoring und Teleshopping, beschränkt aber auch andererseits die Rechte der Werbetreibenden und der Rundfunkveranstalter. Beide

---

100 Europaratsdokument vom 15. März 1995: 12 Mitgliedstaaten haben das FsÜ ratifiziert, 7 Mitgliedstaaten haben es gezeichnet; Hartstein/Ring/Kreile, *Kommentar zum Rundfunkstaatsvertrag*, Die europäische Entwicklung im Rundfunkbereich, Rn. 60 f.

101 Vgl. BGBl. II. 1994, 3627 f. Deutschland hat die Ratifikationsurkunde für das FsÜ als völkerrechtlichen Vertrag am 22. Juli 1994 hinterlegt.

102 Abänderungprotokoll des FsÜ, iris Nr. 09/1998, T - TT (97) 24 Rev. 6 v. 28. Juli 1998; iris Nr. 10/1998, S. 4.

103 Abänderungsprotokoll des FsÜ, iris 09/1998, S. 4; T-TT (97) 24 Rev. 6 v. 28.07.1998; iris 10/1998, S. 4; abrufbar unter: http://www.culture.coe.fr/infocentre/press/eng/1998/express98.09.09.htm. Die Kommentierung zum Abänderungsprotokoll befindet sich in: *The revised European Convention on Transfrontier Television and its Explanatory Report*, Europarat, Direktorat für Menschenschenrechte, 1998.

104 Vorbehaltlich staatlicher Einwände ab 01. Oktober 2000.

105 Z. B. Art. 5 Abs. 2 FsÜ in der konsolidierten Fassung. Das Sendestaatsprinzip stützt sich auf das Kriterium des Ortes der Erstausstrahlung oder - bei satellitenübertragenen Sendungen - des Ortes, an dem sich die Erdsatellitenstation befindet.

106 Im Verfahren Kommission/Vereinigtes Königreich (EuGH, Urteil v. 10.09.1996, Rs. 222/94, Slg. 1996, I-4025) hatte sich das Vereinigte Königreich darauf berufen, dass Art. 2 Abs. 1 FernsehRL nicht im Einklag mit Art. 5 Abs. 2 FsÜ stehe. Diese Auffassung hatte der EuGH unter Hinweis auf Art. 27 FsÜ abgelehnt.

107 Berger, ZUM 1996, S. 125; Dörr, NJW 1995, S. 2263 (2266).

europäischen Gesetzesmaterien verfolgen allerdings unterschiedliche Zielsetzungen. So steht bei der *FernsehRL* die Errichtung eines Gemeinsamen Marktes mit der Verwirklichung der Grundfreiheiten im Vordergrund. Dem *FsÜ* geht es um einen "free flow of information". Während sich das *FsÜ* nur auf das grenzüberschreitende Fernsehen erstreckt *(Art. 3 FsÜ)*, betrifft die *FernsehRL* auch das innerstaatliche Fernsehen *(Art. 20 FernsehRL)*. In der *FernsehRL* geht es primär um den freien Rundfunk mit einem freien Dienstleistungsverkehr, im *FsÜ* um eine rechtsvereinheitlichende Rundfunkordnung.[108]

II. Rundfunkkompetenz der Gemeinschaft

Ob der Gemeinschaft Kompetenzen im Bereich des Rundfunks zustehen und wo gegebenenfalls die Grenzen liegen, war lange Zeit umstritten.[109] Die Zweifel wurden vor allem mit der Eigenschaft des Rundfunks als Kulturgut begründet. Heute bietet die *FernsehRL* trotz erheblicher kompetenzrechtlicher Bedenken die Grundlage für eine Medienordnung in der Gemeinschaft. Ein solches Regelungswerk kann nur aufgrund von Primärrecht gesetzt werden. Die Gemeinschaftsorgane können demnach nur Hoheitsrechte ausüben, die ihnen von den Mitgliedstaaten eingeräumt werden.

1. Prinzip der begrenzten Einzelermächtigung

Eine ausdrückliche Rundfunkkompetenz im *EGV* gibt es nicht.[110] Eine Kompetenzabgrenzung nach Sachgebieten ist dem *EGV* fremd. Der *EGV* verleiht der Gemeinschaft ihre Kompetenzen, um den Binnenmarkt herzustellen. Die Kompetenzen zur Rechtsangleichung berühren nicht nur wirtschaftliche Gesichtspunkte, sondern ihre funktionale Ausrichtung erfassen auch solche Bereiche, die den freien Verkehr aus nichtwirtschaftlichen Gründen erschweren. Da die Gemeinschaftsverträge keine generelle Ermächtigung zum Erlass von Rechtsakten enthalten, werden der Rat und die Kommission nur nach dem Prinzip der begrenzten Einzelermächtigung tätig.[111] Gem. *Art. 5 Abs. 1 EGV* kann die Gemeinschaft nur innerhalb der Grenzen der ihr in diesem Vertrag zugewiesenen Befugnisse und gesetzten Ziele rechtssetzend tätig werden.[112] Die Organkompetenz ergibt sich aus *Art.7 Abs. 1 EGV*. Das Prinzip der begrenzten Einzelermächtigung schließt einen Rückgriff auf die vom *EuGH* entwickelten

---

108 Delbrück, ZUM 1989, S. 377 f.

109 Schwartz, in: *Eine Rundfunkordnung für Europa-Risiken und Chancen*, 1990, S. 11; Mestmäcker/ Engel/ Gabriel-Bräutigam/ Hoffmann, *Der Einfluss des europäischen Gemeinschaftsrechts auf die deutsche Rundfunkordnung*, 1990, S. 3 f.

110 Ipsen, *Rundfunk im Europäischen Gemeinschaftsrecht*, 1983, S. 40 f.

111 Vgl. EuGH, Urteil v. 06.07.1982, Rs. 188-190/80 - Frankreich u.a./Kommission, Slg. 1982, 2545 (2575); Schweitzer/Hummer, *Europarecht*, S. 108 f.; Bleckmann, *Europarecht*, S. 69 f.

112 Krausser, *Das Prinzip der begrenzten Einzelermächtigung im Gemeinschaftsrecht als Strukturprinzip des EWG-Vertrages*, S. 10 f.

sog. "implied-power-Lehre" oder auf *Art. 308 EGV* nicht aus. Nach der "implied-power-Lehre", die zur Auslegung des Gemeinschaftsrechts herangezogen werden kann, stehen der Gemeinschaft neben den geschriebenen alle die Kompetenzen zu, die sie zur Erfüllung der ihnen gestellten Aufgaben benötigen, selbst wenn diese Kompetenzen nicht ausdrücklich in den Gemeinschaftsverträgen enthalten sind.[113] Damit knüpft die Lehre an vorhandene Kompetenzen an, während *Art. 308 EGV* als allgemeine Kompetenzergänzungsvorschrift subsidiär ist.[114] Insoweit dürfen die Gemeinschaftsorgane nur dort tätig werden, wo der *EGV* die Verbandskompetenz der Gemeinschaft begründet.

2. Querschnittskompetenzen

Die Kompetenzabgrenzung zwischen der Gemeinschaft und den Mitgliedstaaten ist schon deshalb so schwierig, weil sich gemeinschaftliche Querschnittskompetenzen nur schwer von den Sachkompetenzen der Mitgliedstaaten abgrenzen lassen. Querschnittskompetenzen werden durch die Ziele des Binnenmarktes bestimmt.[115] Danach sind der Gemeinschaft zur Verwirklichung des Binnenmarktes Integrationsziele gesetzt, die nicht auf bestimmte Sachbereiche begrenzt sind.[116] Als gemeinschaftsrechtliche Kompetenzgrundlage für den Rundfunk werden die Vorschriften zum freien Dienstleistungsverkehr und die Regelungen zur Angleichung der Rechtsvorschriften herangezogen.[117] Durch *Art. 151 EGV* hat die Gemeinschaft in neuerer Zeit ihre Ziele ergänzt. Die Querschnittsklausel des *Art. 151 Abs. 4 EGV* ist zwar keine Kompetenzvorschrift, erlaubt aber der Gemeinschaft, die Ziele des *Art. 151 EGV* auch bei der Rechtsangleichung zu berücksichtigen.[118] Die Organe der Gemeinschaft sind dazu verpflichtet, bei ihrer Tätigkeit aufgrund anderer Bestimmungen den kulturellen Aspekten Rechnung zu tragen. Die Kulturpolitik muss aber grundsätzlich Sache der Mitgliedstaaten bleiben.[119]

Da Fernsehprogramme kultur- und dienstleistungspolitische Elemente enthalten, ist nach wie vor umstritten, ob die jeweiligen Kompetenzgrundlagen im

---

[113] EuGH, Urteil v. 31.03.1971, Rs. 22/70 - AETR, Slg. 1971, 263 (275). Der EuGH hat in diesem Urteil die Kompetenzen der Gemeinschaft für den Außenhandel durch *implied powers* erweitert. Im audiovisuellen Bereich hat der EuGH ausschließliche Kompetenzen aus *implied powers* nicht anerkannt.

[114] Geiger, EUV/EGV, Art. 308 EGV, Rn. 9; EuGH, Urteil v. 26.03.1987, Rs. 45/86 - APS, Slg. 1987, 1493 f.; EuGH, Urteil v. 30.05.1989, Rs. - 242/87 - Erasmus, Slg. 1989, 1425 f.

[115] Art. 14 Abs. 2 EGV.

[116] Schwartz, ZUM 1989, S. 381 (384); Schwartz, AfP 1993, S. 409 (410).

[117] Art. 55 i. V. m. Art. 47 EGV u. Art. 95 EGV.

[118] Vgl. Erster Teil dieser Arbeit, Zweiter Abschnitt, C. II. 4.: Kulturkompetenz der Gemeinschaft.

[119] Zur kulturpolitischen Querschnittsklausel im Zusammenhang mit Selbstkontrollvereinbarungen: Ukrow, *Die Selbstkontrolle im Medienbereich in Europa*, S. 59 f.

Verhältnis der Exklusivität gegenüberstehen. Dies wird überwiegend verneint. *Art. 128 Abs. 5 EGV a. F. (= Art. 151 Abs. 5 EGV)* beinhalte zwar ausdrücklich den Grundsatz, dass allgemeine Kulturpolitik prinzipiell Sache der Mitgliedstaaten bleibe und die Gemeinschaft nicht zur Harmonisierung des nationalen Rechts berechtigt sei, jedoch müssen die Bestimmungen entsprechend der primär wirtschaftspolitischen Zielsetzung des Gemeinschaftsrechts ausgerichtet werden.[120] Die Dienstleistungsvorschriften des *EGV* begründen demnach die primäre Kompetenzgrundlage.

3. Deutsche Rezeption

Die Rechtsetzungsbefugnis ist aufgrund der fehlenden inhaltlichen Ausgestaltung und Schranken der Rundfunkkompetenz im Gemeinschaftsrecht schwierig zu beurteilen. In einigen Mitgliedstaaten wird aus diesem Grunde der Kulturaspekt und weniger der Dienstleistungscharakter des Rundfunks hervorgehoben.[121] Auch in Deutschland hat die Rundfunkkompetenz der Gemeinschaft zu erheblichen Kontroversen in der Literatur geführt. In Ermangelung einer ausdrücklichen Spezialermächtigung wird vertreten, dass der Rundfunk eine öffentliche Aufgabe sei und keinen wirtschaftlichen, sondern überwiegend kulturellen und gesellschaftlichen Charakter habe.[122] Dies ergebe sich schon aus *Art. 1 E(W)GV a. F. (= Art. 1 EGV)*[123], der ausdrücklich von einer Europäischen Wirtschaftsgemeinschaft und nicht von einer Europäischen Wirtschafts- und Kulturgemeinschaft spreche.[124] Im übrigen sei die Fernsehtätigkeit keine Dienstleistung i. S. v. *Art. 59 ff. E(W)GV a. F. (= Art. 49 ff. EGV)*. Dies gelte für die Ausstrahlung von Fernseh- und Werbesendungen. Rundfunkveranstalter und Rezipienten seien nicht durch gegenseitige privatrechtliche Verträge miteinander verbunden.[125] Insbesondere wird eingewandt, dass für die Beschneidung des Rundfunks als Kulturgut keine Zuständigkeitsnormen

---

120 Schwartz, ZUM 1991, S. 164; Bueckling, ZUM 1988, S. 11 f.; Hermann, EWS 1991, S. 272 f.; Dörr, EWS 1991, S. 265 f.; zum Sachstand: Hartstein/Ring/Kreile, *Kommentar zum Rundfunkstaatsvertrag*, Die europäische Entwicklung im Rundfunkbereich, B 4, Rn. 4 f.

121 Zur kulturellen Dimension des Rundfunks in den Mitgliedstaaten: Dörr, *Die Rolle des öffentlichen Rundfunks in Europa*, S. 31 f.; zur Definitionsgewalt der Mitgliedstaaten über kulturelle Angelegenheiten: ders., *Die Spartenkanäle von ARD/ZDF und das Europarecht*, S. 44 (50).

122 BR-Drucksache 462/89, S. 5 ff. (Antragsschrift der bayrischen Staatsregierung v. 06.04.1989).

123 Nach dem Maastrichter und Amsterdamer Vertrag wird nur noch von *Europäischer Gemeinschaft* gesprochen.

124 Stellungnahme von ARD und ZDF v. 23/28.07. 1986, in: MP 1986, S. 40; Stellungnahme der Gewerkschaften, in: MP 1987, S. 229 f.

125 Börner, ZUM 1985, S. 577 (587).

bestünden.[126] Dieser Aspekt zielt auf die bundesstaatliche Ordnung in Deutschland ab und will verhindern, dass die Kulturkompetenz der Bundesländer durch europäische Vorgaben ausgehöhlt wird.[127]
Die überwiegende Meinung, so auch die Kommission[128], hält allerdings an einer umfassenden Rundfunkkompetenz der Gemeinschaft fest. Die Gemeinschaft sei nicht nur auf die Wirtschaftsgemeinschaft beschränkt, sondern orientiere sich an dem, was durch den *E(W)GV a. F. (= EGV)* ausgedrückt werde.[129] Obwohl das Fernsehen als Medium der öffentlichen Meinungsbildung eine gesellschaftliche und kulturelle Funktion habe, sei es zu einem bedeutenden Wirtschaftsfaktor geworden. Die wirtschaftliche Dimension zeige sich durch die mediale Werbung als Finanzierungsquelle der Rundfunkveranstalter. Die heutige Ausübung der Fernsehtätigkeit bedürfe durch den steigenden Programmbedarf hoher Investitionen.[130] Die Tatsache, dass der Rundfunk informations- und meinungsbildende Funktionen ausübe, entziehe ihn nicht aus *Art. 59 E(W)GV a. F. (= Art. 49EGV)* sowie den Rechtsangleichungsvorschriften der *Art. 66 i. V. m. 57 Abs. 2 E(W)GV a. F. (= Art. 55 i. V. m 47 Abs. 2 EGV).*[131] Die wissenschaftliche Auseinandersetzung dürfte in der politischen Praxis angesichts der umfangreichen Bund-Länder-Konsultationen im Vorfeld europäischer Gesetzesvorhaben an Bedeutung verlieren.

4. Kulturkompetenz der Gemeinschaft

Mit Inkrafttreten des *Unionsvertrags (EUV)* vom 7. Februar 1992[132] wurde das Gemeinschaftsrecht grundlegend verändert. Gem. *Art. 3 lit. q EGV* umfasst die Tätigkeit der Gemeinschaft auch die Mitwirkung an der Förderung des Kulturlebens in den Mitgliedstaaten. *Art. 3 lit. q EGV* stellt allerdings weder alleine noch mit der Förderung des Auf- und Ausbaus transeuropäischer Netze i. S. v. *Art. 3. lit. o EGV* eine Ermächtigung dar, Regelungen im Rundfunkbereich zu treffen.[133] Eine Handlungsermächtigung besteht nicht. Gleiches ist für den

---

126 Vgl. Dörr, EWS 1991, S. 259 f.; Koszuszek, ZUM 1989, S. 546 f.; Hesse, *Rundfunkrecht*, S. 253; Ricker/Schiwy, *Rundfunkverfassungsrecht*, S. 487 f.

127 Einschränkend BVerfGE 89, 155 f. - Maastricht.

128 Grünbuch der Kommission über die Errichtung des Gemeinsamen Marktes für den Rundfunk, insb. über Satellit und Kabel, KOM (84) 300 endg.; Weissbuch über die Vollendung des Binnenmarktes, KOM (85) 310 endg.

129 Schwartz, in: Schwarze (Hrsg.), *Fernsehen ohne Grenzen*, S. 80.

130 Scharpe, MP 1987, S. 345 (353); Martin-Pérez de Nanclares, *Die EG-Fernsehrichtlinie*, S. 34 (Rn. 52).

131 Schwartz, in: Stern/Schwartz (Hrsg.), *Eine Rundfunkordnung in Europa*, S. 26 (27).

132 Bulletin der Bundesregierung Nr. 16 v. 12.12.1992, S. 113 f.

133 Dörr/Beucher/Eisenbeis/Jost, *Die Einflüsse europarechtlicher Entwicklungen auf das Bund - Länder - Verhältnis im Rundfunkwesen*, S. 7 f.; Holznagel, *Rundfunkrecht in Europa: auf dem Weg zu einem Gemeinschaftsrecht europäischer Rundfunkordnungen*, S. 128 m. w. N.

Rundfunk auch nicht aus *Art. 151 EGV* zu entnehmen.[134] Diese Vorschrift, die den audiovisuellen Bereich einschließt, wurde durch den *EUV* in den *EGV* eingeführt und bezeichnet erstmals Voraussetzungen und Grenzen einer allgemeinkulturpolitischen Tätigkeit der Gemeinschaft. Im Rahmen der Kulturpolitik begründet die neue Bestimmung ausschließlich Regelungskompetenzen hinsichtlich entsprechender Fördermaßnahmen.[135] Den Mitgliedstaaten bleiben die primären Kulturkompetenzen erhalten.[136] Eine Harmonisierung der Rechts- und Verwaltungsvorschriften wird durch *Art. 151 Abs. 5 EGV* ausgeschlossen. Die Vorschrift bekennt sich zur kulturellen Vielfalt in den Mitgliedstaaten und respektiert ihre nationale Identität *(Art. 6 Abs. 3 EUV)*.[137]
Die Grenzen einer Gemeinschaftskompetenz im audiovisuellen Bereich sind ungeklärt.[138] *Art. 151 Abs. 2 EGV* erwähnt lediglich, dass die Gemeinschaft erforderlichenfalls die Mitgliedstaaten im kulturellen und audiovisuellen Bereich unterstützt und ergänzt. Es handelt sich somit um eine konkurrierende Zuständigkeit zwischen den Mitgliedstaaten und der Gemeinschaft. Das Bestreben, die Reichweite der gemeinschaftlichen Zuständigkeiten im kulturellen Bereich abzustecken, hat zu unterschiedlichen Ansätzen in der deutschen Literatur geführt. Theorien wie die der nationalen Repräsentation[139], des Regelungsschwerpunktes, der Pflicht zur Rücksichtnahme auf die Verfassungssysteme der Mitgliedstaaten[140] oder die demokratische Funktion des Rundfunks[141] bieten einen Fundus für die verschiedenen möglichen Grenzen der Gemeinschaftskompetenzen. In Anlehnung an die überwiegend föderativen Strukturen in den Mitgliedstaaten wird es als sachgerecht empfunden, die allgemeinen Zuordnungs- und Abgrenzungskriterien nach dem Regelungsschwerpunkt zu bestimmen. Gerade für das europäische Fernsehwerberecht bedeutet dies, dass durch die im Vordergrund stehenden wirtschaftlichen Aspekte die Kompetenzgrundlage in der Waren-, Dienstleistungs- und Wettbewerbsfreiheit des *EGV* zu finden ist. Allerdings bleibt zu berücksichtigen, dass eine Abgrenzung nach Schwerpunkten kaum die Grenzen aufzeigen wird, da die Rechtsangleichung nicht einzelne Rechtsgebiete ausnimmt. Auch eine Begrenzung der gemein-

---

[134] Schwartz, AfP 1993, S. 409 (410).

[135] Dörr, *EG-Vertrag, EU-Vertrag und Medienordnung, Kompetenztitel und Kompetenzausübungsschranken*, S. 3 f.

[136] Zum Rundfunk als Teil der Kultur: Dörr, *Die Spartenkanäle von ARD/ZDF und das Europarecht*, S. 48 (49).

[137] Hartstein/Ring/Kreile, *Kommentar zum Rundfunkstaatsvertrag*, B 4, Rn. 19. Die Protokollnotiz über den öffentlich-rechtlichen Rundfunk in den Mitgliedstaaten erkennt ebenfalls die demokratische und kulturelle Aufgabe des Rundfunks an.

[138] Zuleeg, ZUM 1997, S. 778 f.

[139] Ress, *Kultur und europäischer Binnenmarkt*, S. 28 f.

[140] Dörr/Beucher/Eisenbeis/Jost, *Die Einflüsse europarechtlicher Entwicklungen auf das Bund - Länder – Verhältnis im Rundfunkwesen*, S. 52 - 61.

[141] Hesse, JZ 1993, S. 545 f.

schaftlichen Rundfunkkompetenz unter Beachtung der Verfassungen der Mitgliedstaaten und des Subsidiaritätsprinzip ist zweifelhaft.[142] Diese Ansatzpunkte beziehen sich auf die Ausübung der Kompetenzen, setzen deren Bestehen bereits voraus. Der Umfang der Rundfunkkompetenz sollte vielmehr von den zwingenden Gründen und Ausnahmen abhängig gemacht werden, die mitgliedschaftliche Behinderungen der Grundfreiheiten bis zu einer Harmonisierung rechtfertigen. So sollte die Gemeinschaft bei der Rechtsangleichung ein hohes Schutzniveau anstreben, dass gerade die *FernsehRL* mit ihrem Mindeststandard verfolgt, gleichzeitig aber strengere oder ausführlichere Regelungen den Mitgliedstaaten einräumt.[143]

III. Revision der FernsehRL

Im Sommer 1997 wurde die *FernsehRL* nicht unerheblich verändert, um die gewonnenen praktischen Erfahrungen und die ergangenen Urteile des *EuGH* einzuarbeiten.[144] Die Bestimmungen zum Fernsehwerberecht sind nach wie vor detailliert und kompliziert geblieben.

1. Mitentscheidungsverfahren

Art. 26 FernsehRL verpflichtet die Kommission, spätestens am Ende eines fünften Jahres nach Erlass der *FernsehRL* und anschließend alle zwei Jahre dem Europäischen Parlament, dem Rat und dem Wirtschafts- und Sozialausschuss einen Bericht über die Anwendung der *FernsehRL* und erforderlichenfalls Vorschläge zu ihrer Anpassung an die Entwicklungen im Fernsehbereich vorzulegen. Ausgelöst durch den Evaluierungsbericht der Kommission, setzte eine Diskussion über die Revision der *FernsehRL* ein. Die Kommission musste nach den Vorgaben des Maastrichter Vertrages bei ihrem ersten Änderungsvorschlag zur *FernsehRL*[145] das sog. Mitentscheidungsverfahren gem. *Art. 251 EGV* beachten, das dem Parlament erhebliche Mitentscheidungsbefugnisse zubilligte. Zielsetzung des damaligen Vorschlages war es, die *FernsehRL* zu aktualisieren und ihre Funktionsweise zu verbessern. Es sollte ein stabiler Rahmen entstehen, der die Entwicklung der audiovisuellen Industrie in der

142 Art. 10 EGV begründet ein wechselseitiges Gebot zur Rücksichtnahme. Aus der Gemeinschaftstreue ergibt sich auch, dass die Gemeinschaft die nationalen Verfassungen zu achten hat. Das Subsidiaritätsprinzip gem. Art. 5 Abs. 2 EGV gilt nur für konkurrierende Zuständigkeiten der Gemeinschaft. Da das Binnenmarktkonzept ausschließliche Zuständigkeiten berührt, wird teilweise vertreten, dass das Subsidiaritätsprinzip nicht tangiert sei: Martin-Péres de Nanclares, S. 41.

143 Vgl. a. Dauses, *Handbuch des EU-Wirtschaftsrechts*, E.V Rn. 141.

144 Überblick zur Präzisierung des Sendestaatsprinzips, zu Exklusivrechte, wichtige Ereignisse und Jugendschutz: Dörr, NJW 1999, S. 1925 (1926); Überblick über die EuGH-Rechtsprechung zur FernsehRL: Greissinger, CR 1999, 112 (119).

145 1. Änderungsrichtlinie ABl. 1995 Nr. C 185/4 ff.

Gemeinschaft fördert. Nachdem das Europäische Parlament angehört wurde[146], legte die Kommission einen weiteren geänderten Vorschlag vor[147], der durch einen Gemeinsamen Standpunkt des Rates gewürdigt wurde. Das Europäische Parlament änderte den Gemeinsamen Standpunkt des Rates ab.[148] Die geforderten Abänderungen des Gemeinsamen Standpunktes wurden der Kommission und dem Rat zugeleitet. In ihnen waren die meisten Verschärfungen der Fernsehwerberegelungen, die der Kulturausschuss des Europäischen Parlaments eingebracht hatte, zurückgewiesen worden. Der Rat konnte seinen Gemeinsamen Standpunkt entsprechend den Abänderungsvorschlägen des Europäischen Parlaments modifizieren. Nach Einigung im Vermittlungsausschuss kam es zur Verabschiedung einer geänderten *FernsehRL*.[149]

2. Revision des europäischen Fernsehwerberechts

Das europäische Fernsehwerberecht wurde der aktuellen Entwicklung angepasst und teilweise durch weitere Begriffsbestimmungen ergänzt. Die für die Fernsehwerbung maßgeblichen Vorschriften sind mit speziellen Ausnahmen auch für das Teleshopping anwendbar. Insgesamt zeichnet sich die Revision des europäischen Fernsehwerberechts durch eine Lockerung bei den Bestimmungen zur Werbung, zum Sponsoring und zum Teleshopping aus.

2.1. Fernsehwerbung und Eigenwerbung

Die Definition der Fernsehwerbung enthält nunmehr eine Ausdehnung auf die Eigenwerbung. Eine Begriffsbestimmung der Eigenwerbung ist unterblieben. Unter Eigenwerbung versteht man eine neuartige und noch relativ unbekannte Erscheinungsform im Fernsehen (station promotion)[150], bei der der Rundfunkveranstalter seine eigenen Produkte, Dienstleistungen, Programme oder Sender vertreibt.[151] Trailer, die aus Programmauszügen bestehen, gelten als Programm.[152] Die neue Fassung in *Art. 1 lit. c) FernsehRL* lautet:

> "Fernsehwerbung: jede Äußerung bei der Ausübung eines Handels, Gewerbes, Handwerks oder freien Berufs, die im Fernsehen von einem öffentlich-rechtlichen oder privaten Veranstalter entweder gegen Entgelt oder eine ähnliche Gegenleistung <u>oder als Eigenwerbung</u> gesendet wird mit dem Ziel, den Absatz von Waren oder die Erbringung von Dienstleistungen, ein-

146 ABl. 1996 Nr. C 65/96.
147 2. Änderungsrichtlinie ABl. 1996 Nr. C 221/10 ff.
148 Stellungnahme des EP v. 12.11.1996, PE 253.231/39
149 Schmitt-Vockenhausen, ZUM 1998, S. 377 f.
150 ABl. 1996 Nr. C 49/96 (Erwägung Ziff. 30).
151 *Lammek/Dreyer* lassen Kunden-TV unter den Wortsinn des *Eigenwerbekanals* fallen, da in dem Programm des Unternehmens vor allem Werbung für Produkte und Dienstleistungen des selbigen gemacht werden: CR 1999, S. 638.
152 Erwägungsgrund Ziff. 39 der FernsehRL.

schließlich unbeweglicher Sachen, Rechte und Verpflichtungen, gegen Entgelt zu fördern."

Im übrigen sieht die *FernsehRL* keine Änderungen der inhaltlichen und quantitativen Beschränkungen der Fernsehwerbung vor. Reine Eigenwerbekanäle sind ebenfalls im Rahmen der allgemeinen Werbevorschriften zulässig.[153] Für die Fremdwerbung gelten die Werbebestimmungen der *FernsehRL*.

2.2. Begleitmaterialien und Spendenaufrufe

Hinweise eines Rundfunkveranstalters im Zusammenhang mit seinen eigenen Programmen, Hinweise auf Begleitmaterialien sowie unentgeltliche Spendenaufrufe werden weder als Werbung qualifiziert noch in die maximale tägliche oder stündliche Sendezeit für Werbung und Teleshopping einbezogen.[154] Der Begriff der Begleitmaterialien bezieht sich auf Produkte, die speziell dazu bestimmt sind, den Zuschauern die volle und interaktive Nutzung der betreffenden Programme zu ermöglichen.[155]

2.3. Teleshopping

Teleshopping wurde als originärer Absatzmarkt für Güter und Dienstleistungen neu geregelt.[156] In begriffsjuristischer Hinsicht hat das Teleshopping[157] in *Art. 1 lit. f) FernsehRL* folgende Fassung erhalten:

---

153 Art. 19a FernsehRL. § 45b RStV enthält keine Legaldefinition von Eigenwerbekanälen. Aus einer systematischen und teleologischen Auslegung lässt sich aber schließen, dass es sich um Rundfunkprogramme handelt, in denen neben journalistisch redaktionellen Inhalten auch Eigenwerbung ausgestrahlt wird. Eigenwerbekanäle sind abzugrenzen von reinen Teleshopping-Kanälen, die produkt- und absatzorientiert sich an die Allgemeinheit richten.

154 Art. 18 Abs. 3 FernsehRL. Merchandising-Hinweise auf Begleitmaterialien als Tatbestand der Schleichwerbung: Volpers/Herkströter/Schnier, *Die Trennung von Werbung und Programm*, S. 119 f.; BGHZ 110, 278, 287. Nach deutschem Rundfunkrecht ist der Hinweis auf Begleitmaterialien im Programmteil nur dann zulässig, wenn es sich dabei um publizistische Programmhinweise handelt, die nicht auf die Förderung des Verkaufs von Begleitmaterialien gerichtet ist. Nach §§ 15 Abs. 4, 45 Abs. 3 RStV gelten Hinweise auf Begleitmaterialien nicht als Werbung im Sinne der zeitlichen Werberestriktionen. Sie werden nicht auf die Dauer der Werbung angerechnet (vgl. a. Ziff. 15 der Fernsehwerberichtlinien der Landesmedienanstalten). Das Social Advertising wird von den Werbebeschränkungen freigestellt. Zum Merchandising und Licensing: Engels/Giebel, ZUM 2000, S. 280.

155 Erwägungsgrund Ziff. 35 der FernsehRL.

156 Art. 1 lit. f) FernsehRL, Kapitel IV; Erwägungsgründe 36 u. 37 der FernsehRL.

157 Richtlinie 97/7/EG vom 20.05.1997 über den Verbraucherschutz bei Vertragsabschlüssen im Fernabsatz, ABl. 1997 Nr. L 144/19; Reich, EuZW 1997, S. 581 f.; Martinek, NJW 1998, S. 207 f.

> "Teleshopping: Sendungen direkter Angebote an die Öffentlichkeit für den Absatz von Waren oder die Erbringung von Dienstleistungen, einschließlich unbeweglicher Sachen, Rechte und Verpflichtungen, gegen Entgelt."

Ein Verbot des Teleshopping gilt für medizinische Produkte oder Behandlungen, soweit diese nach dem Arzneimittelrecht einer Zulassungspflicht unterliegen.[158] Reine Teleshopping-Kanäle sind zulässig.[159] Sie sind den allgemeinen Fernsehwerbevorschriften unterworfen. Davon sind solche Sender zu unterscheiden, die lediglich Teleshopping-Fenster anbieten. Jedes Fenster muss eindeutig durch akustische und optische Zeichen zumindest zu Beginn und am Ende des Fensters markiert werden. Weiterhin müssen sie eine Mindestlänge von 15 Minuten ohne Unterbrechung aufweisen und dürfen das normale Programm bis zu achtmal täglich unterbrechen. Ihre Gesamtsendedauer darf drei Stunden pro Tag nicht überschreiten. Der Anteil an Sendezeit für Werbespots und Teleshopping-Spots darf im Einstundenzeitraum zwölf Minuten nicht überschreiten.[160] Dies gilt nicht für reine Teleshoppingsender.[161] Die inhaltlichen Beschränkungen der Werbung gelten auch für Teleshopping. Welche darstellungstechnischen Anforderungen an Teleshopping zu stellen sind, wird allerdings in der *FernsehRL* nicht definiert.

2.4. Sponsoring

Das Sponsoring wurde dahingehend ergänzt, dass Unternehmen der Tabakindustrie keine Fernsehprogramme sponsorn dürfen. Die Förderung von rezeptpflichtigen Arzneimitteln und medizinische Behandlungen durch Sponsoring ist untersagt. Lediglich Imagesponsoring ist für solche Unternehmen zulässig. An der Begriffsbestimmung hat sich nichts geändert.[162]

IV. Umsetzung des europäischen Fernsehwerberechts

1. Umsetzungspflicht

Richtlinien sind an die Mitgliedstaaten adressiert und beinhalten die Verpflichtung, entsprechend ihrem Inhalt tätig zu werden. Der Rechtsetzungsbefehl ist in erster Linie an den nationalen Gesetzgeber gerichtet. Der gestufte Rechtsetzungsakt ist erst mit der nationalen Umsetzung beendet. Mit dem zweistufigen

---

158 Art. 14 FernsehRL.

159 Art. 19 FernsehRL.

160 Art. 18 Abs. 2 FernsehRL.

161 Art. 19 FernsehRL.

162 Art. 1 lit. e) FernsehRL.

Verfahren soll gewährleistet werden, dass einerseits hinsichtlich bestimmter Sachverhalte in den nationalen Rechtsordnungen gleiche normative Mindeststandards geschaffen und andererseits die Eigenständigkeit und die individuellen rechtlichen Gegebenheiten in den Mitgliedstaaten berücksichtigt werden.[163] Föderative Kompetenzstrukturen in den einzelnen Mitgliedstaaten sind für den Gemeinschaftsgesetzgeber unerheblich.

Gemäß *Art. 249 Abs. 3 EGV* bleibt den Mitgliedstaaten die Form der Wahl und der Mittel zur Erreichung des Richtlinienziels überlassen. Allerdings ist durch die Rechtsprechung des *EuGH* der Gestaltungsspielraum für eine richtlinienkonforme Umsetzung erheblich eingeschränkt worden.[164] Im Rahmen der Umsetzungspflicht reichen bloße Verwaltungsvorschriften oder schlichte Verwaltungspraktiken nicht aus.[165] Das Gebot der Publizität muss erfüllt sein. Begünstigte und Verpflichtete müssen von ihren Rechten und Pflichten Kenntnis erlangen. Die nationale Regelung muss subjektive Rechte begründen und einklagbar sein. Die richterlich festgelegten Anforderungen an die Umsetzung von Richtlinien hat nicht nur Bedeutung für neues Recht, sondern auch für bestehendes.

Durch die fortschreitende Integration in der Gemeinschaft hat sich die ursprünglich gedachte Rahmenvorgabe einer Richtlinie derart gewandelt, dass sie immer häufiger den Charakter einer unmittelbar geltenden Verordnung annehmen.[166] Die Richtlinien sind oft so detailgenau, dass dem nationalen Gesetzgeber nur noch die Möglichkeit der wortgetreuen Umsetzung bleibt. Der nationale Gesetzgeber wird zum bloßen Umsetzungsorgan. Durch die oftmals knappen Umsetzungsfristen droht die Kohärenz des nationalen Rechtssystems in Gefahr zu geraten. Wird nämlich die in der Richtlinie gesetzte Umsetzungsfrist nicht beachtet oder die Richtlinie nur mangelhaft umgesetzt, verletzt der Mitgliedstaat seine Vertragspflichten und kann von der Kommission oder anderen Mitglied-

---

[163] Dauses, *Handbuch des EU-Wirtschaftsrechts*, B II Rn. 57; Beutler/Bieber/Pipkorn/Streil, *Die Europäische Union*, S. 195 f.

[164] EuGH, Urteil v. 30.05.1991, Rs. 361/88 - Kommission/Deutschland (Schwefelgehalt), Slg. 1991, I - 2567 f.; EuGH, Urteil v. 30.05.1991, Rs. 59/89 - Kommission/Deutschland (Bleigehalt), Slg. 1991, I - 2607 f., EuGH, Urteil v. 20.05.1992, Rs. 190/90 - Kommission/Niederlande, Slg. 1992, I - 3265 (3309).

[165] EuGH, Urteil v. 30.05.1991, Rs. 361/88 - Deutschland/Kommission, Slg. 1991, I-2567; EuGH, Urteil v. 30.05.1991, Rs. 59/89 - Kommission/Deutschland, Slg. 1991, I-2607.

[166] Ehricke, EuZW 1999, S. 553 f.; zur unmittelbaren Wirkung von Richtlinien: Epiney, DVBl. 1996, S. 409 m. w. Nachw.; EuGH, Slg. 1999, I - 1103 f. - Carbonari/Università degli Studi di Bologna; EuGH, Slg. 1999, I - 1405 - Hospital Ingenieure Krankenhaustechnik Planungs-Gesellschaft/Landeskrankenanstalten Betriebsgesellschaft; EuGH, Urteil v. 16.06.1998, Rs. 226/97 - Lemmens, Slg. 1998, I - 3711 f.; EuGH, EuZW 1999, S. 52 - Ibiyinka Awoyemi.

staaten im Wege der Aufsichtsklage vor dem *EuGH* verklagt werden.[167]
Das primäre und sekundäre Gemeinschaftsrecht beanspruchen einen umfassenden Anwendungsvorrang vor nationalen Regelungen.[168] Aus dem Anwendungsvorrang des Gemeinschaftsrechts[169] ist mit der Durchführungspflicht der Mitgliedstaaten eine Sperrwirkung verbunden.[170] Danach darf das harmonisierte mitgliedschaftliche Recht nur noch im Rahmen der Richtlinie abgeändert werden. Innerstaatliche Behörden und Gerichte sind darüber hinaus gehalten, das interne Recht gemeinschaftskonform auszulegen und anzuwenden.[171] Die Grenzen der richtlinienkonformen Auslegung liegen dort, wo dem nationalen Gesetzesanwender noch ein Spielraum verbleibt. Ist dies nicht der Fall, ist eine richtlinienkonforme Auslegung ausgeschlossen. Schon vor Ablauf der Umsetzungsfrist kann eine richtlinienkonforme Auslegung geboten sein. Hier kann es jedoch zu Interessenkonflikten kommen. Einerseits möchte jeder Mitgliedstaat seine eingeräumte Frist zur Umsetzung ausnutzen. Andererseits ist den Mitgliedstaaten von Anfang an bekannt, welches materiell-rechtliche Ziel im nationalen Recht mit der Umsetzung der Richtlinie verfolgt wird. Teilweise wird aus der Rechtsprechung des *EuGH* geschlossen, dass eine richtlinienkonforme Auslegung nationalen Rechts auch schon vor Ablauf der Umsetzungsfrist mög-

---

[167] Art. 226 f. EGV, Luttermann, EuZW 1998, S. 264 f.; grds. zur Staatshaftung mangelhaft umgesetzter Richtlinien: EuGH, Urteil v. 19.11.1991, Rs. 6/90 - Francovich, Slg. 1991, I-5357, 5413 ff.; EuGH, EuZW 1996, S. 205 f. - Brasserie du Pêcheur; EuGH, NJW 1997, S. 2585 - Frederica Maso/INPS; EuGH, EuZW 1998, S. 45 f. - Daihatsu; mangelhafte Umsetzung der Pauschalrichtlinie in Österreich: EuGH, Urteil v. 15.06.1999, Rs. 140/97 - Rechberger u. a./Österreich, NJW 1999, S. 3181; mangelhafte Umsetzung der Einlagensicherungs-Richtlinie: LG Bonn, Urteil v. 16.04.1999 - 1 O 186/98, EuZW 1999, S. 732; EuGH, Urteil v. 09.09.1999, Rs. 217/97 - Kommission/Deutschland, EuZW 1999, S. 763 f. - mangelhafte Umsetzung der Umweltinformations-Richtlinie; EuGH, Urteil v. 09.09.1999, Rs. 102/97 - Kommission/Deutschland, EuZW 1999, S. 689 f. – Nichtumsetzung der Altölrichtlinie, s. a. Escher, EuZW 2000, S. 105 f.; Klage der Kommission gegen Italien wegen unzureichender Umsetzung der FernsehRL in bezug auf Art. 11 Abs. 2 u. 3, Rs. 191/00, s. iris Nr. 06/2000, S.6/7.

[168] EuGH, Urteil v. 15.07.1964, Rs. 6/64 - Costa/ENEL, Slg. 1964, 1251 (1269 ff.); EuGH, Urteil v. 29.04.1999, Rs. 224/97 - Criola/Land Vorarlberg (Anwendungsvorrang des Gemeinschaftsrechts bei nationalen Verwaltungsentscheidungen), EuZW 1999, S. 405; BVerfGE 37, 271 (277 f.) - Solange I; BVerfGE 73, 339 f. (374 f.) - Solange II; BVerfGE 75, 223 (235 f.) - Kloppenburg; BVerfGE 89, 155 (181 f.) - Maastricht; Beutler/Bieber/Pipkorn/Streil, *Die Europäische Union*, S. 96 f. (103 f.); Geiger, *EUV/EGV-Vertrag*, Art. 10 EGV, Rn. 18 ff.; Grabitz/Hilf, *Kommentar zur Europäischen Union*, Art. 1 EGV, Rn. 32 ff.; Nichtigkeit entgegenstehender nationaler Rechtsnormen ist mit dem Anwendungsvorrang nicht verbunden.

[169] EuGH, Urteil v. 04.12.1974, Rs. 41/74 - van Duyn, Slg. 1974, 1337 f.

[170] Ständige Rspr. seit EuGH, Urteil v. 15.07.1964, Rs. 6/64 - Costa/ENEL, Slg. 1964, 1251 (1270).

[171] EuGH, Urteil v. 08.10.1987, Rs. 80/86 - Nijmwegen, Slg. 1987, 3969 (3986).

lich ist.[172] Der nationale Richter ist also nicht daran gehindert, bereits vor Fristablauf sein bisheriges Auslegungsergebnis entsprechend den Zielvorgaben der Richtlinie zu korrigieren, sofern sich die Konformität mittels einfacher Auslegung im nationalen Recht herstellen lässt.[173] Bei Auslegungszweifeln mitgliedschaftlicher Gerichte ist ein Vorabentscheidungsverfahren durchzuführen.[174]

Nach ständiger Rechtsprechung des *EuGH* können Richtlinien unter bestimmten Voraussetzungen eine unmittelbare Wirkung entfalten.[175] Der einzelne Bürger kann sich auf die unmittelbare Wirkung einer Richtlinie berufen, wenn sie inhaltlich unbedingt und hinreichend genau bestimmt ist, Rechte für den Unionsbürger begründet und die Umsetzungsfrist abgelaufen ist. Eine Gemeinschaftsbestimmung ist unbedingt, wenn sie eine Verpflichtung begründet, die zu ihrer Erfüllung und Wirksamkeit keiner weiteren Maßnahme der Gemeinschaftsorgane oder der Mitgliedstaaten bedarf. Eine Bestimmung ist hinreichend genau, wenn sie unzweideutig eine Verpflichtung begründet. Die vom *EuGH* entwickelten Lehre liegt die Auffassung zugrunde, dass die praktische Wirksamkeit ("effet utile") einer Richtlinie erheblich beeinträchtigt würde, wenn es jeder Mitgliedstaat in der Hand hätte, den Eintritt der Rechtswirkungen durch eine zögerliche Umsetzung hinauszuschieben. Die unmittelbare Wirkung von Richtlinien betrifft somit nur das Verhältnis des durch die Richtlinie Begünstigten gegenüber dem einzelnen Mitgliedstaat, kann aber keine Bindungswirkung zu Lasten des Bürgers entfalten.[176] Ebenso ist eine horizontale Direktwirkung einer Richtlinie im Verhältnis zwischen Privatpersonen ausgeschlossen.[177]

Da das gemeinschaftliche Fernsehwerberecht nur im sekundären Gemeinschaftsrecht vorkommt, lässt der Gemeinschaftsgesetzgeber den Mitgliedstaaten bei ihrer Umsetzungsverpflichtung in innerstaatliches Recht nur einen engen Gesetzgebungsspielraum. Nationale Fernsehwerbevorschriften können dann einen Eingriff in die Rundfunkfreiheit darstellen, wenn die Mitgliedstaaten gegen ihre Pflichten verstoßen, die sich unmittelbar aus dem primären oder sekundären Gemeinschaftsrecht ergeben.

---

172 Ebd., S. 3969 f.; vgl. Ehricke, EuZW 1999, S. 553 f. (556), Fn. 40.

173 BGH, Urteil v. 05.02.1998, BGHZ 138, 55; Leible/ Sosnitza, NJW 1998, S. 2507 f.

174 Art. 234 EGV.

175 Vgl. EuGH, Urteil v. 03.04.1968, Rs. 28/67 - Molkerei Zentrale Westfalen Lippe, Slg. 1968, S. 215; EuGH, Urteil v. 22.06.1986, Rs. 103/88 - Constanzo, Slg. 1989, 1839, 1871. Die vertikale Direktwirkung kommt auch bei Entscheidungen gem. Art. 249 Abs. 4 EGV in Betracht, so seit EuGH, Urteil v. 06.10.1970, Rs. 09/70 - Grad/Finanzamt Traunstein, Slg. 1970, S. 825; vgl. a. BVerfGE 75, S. 223.

176 EuGH, Urteil v. 26.02.1986, Rs. 152/84 - Marshall, Slg. 1986, 723 (749).

177 Statt aller EuGH, Urteil v. 14.07.1994, Rs. 91/92 - Dori, Slg. 1994, I-3325.

2. Richtlinienkonformität des RStV

2.1. Länderkompetenzen

Nach der verfassungsrechtlichen Kompetenzverteilung haben die deutschen Bundesländer die Rundfunk- und Kulturhoheit. Die deutschen Bundesländer waren daher innerstaatlich dafür zuständig, die von der Bundesregierung im Ministerrat mitgetragene *FernsehRL* 1989 umzusetzen, obwohl sie eine Aushöhlung ihrer Rundfunkkompetenz befürchteten. Die zurückhaltende Umsetzung europäischer Regelungen wird in der Präambel zum *RStV 1991* deutlich, in dem lediglich erwähnt wird, dass der Staatsvertrag der europäischen Entwicklung Rechnung trägt.

Vor dem *BVerfG* musste geklärt werden, ob und inwieweit die Bundesregierung ohne Zustimmung der deutschen Bundesländer der *FernsehRL* 1989 zustimmen durfte. In seiner Entscheidung stellte das Gericht fest, dass die Bundesregierung bei ihrem Kabinettsbeschluss vom 08. März 1989 über die grundsätzliche Zustimmung zur *FernsehRL* sowie dem entsprechenden Zustimmungsverhalten vom 03. Oktober 1989 den Freistaat Bayern in seinen Rechten verletzt hat.[178] In dem Rechtsetzungsverfahren der Gemeinschaft habe sie nicht konsequent vertreten, dass der Gemeinschaft für die Quotenregelung die Kompetenz fehle.[179] Im übrigen hat sich das *BVerfG* an seine Ausführungen im "Maastricht-Urteil" zur begrenzten Einzelzuständigkeit gehalten und der Gemeinschaft eine allumfassende Rundfunkkompetenz abgesprochen.[180] Bei den Kompetenzfragen ist ohne Belang, inwieweit durch die *FernsehRL* die Rundfunkfreiheit eingeschränkt wird. Das *BVerfG* sieht sich hinsichtlich des Grundrechtschutzes in einem Kooperationsverhältnis zum *EuGH*. Danach garantiert der *EuGH* im Einzelfall europaweit den Grundrechtschutz, das *BVerfG* beschränkt sich auf eine generelle Gewährleistung der unabdingbaren Grundrechtsstandards.[181] Das Urteil zur *FernsehRL* macht deutlich, dass jede Art der Wahrung von Rechten und Kompetenzen Deutschlands gegenüber der Gemeinschaft Sache des Bundes ist, mithin die Zustimmung im Außenverhältnis Wirksamkeit erlangt. Wenn dabei in die Länderkompetenzen eingegriffen wird, hat die Bundesregierung die deutschen Bundesländer zwingend zu beteiligen.[182] Nicht zweifelsfrei lässt sich aus dem Urteil entnehmen, ob europäische Bestimmungen zum Fernsehwerberecht die Länderkompetenzen berührt und wie weit die Abstimmungspflicht der Bundesregierung in Bezug auf fernsehspezifische Werbung geht. Das

---

178 BVerfG, 2 BvG 1/89; ZUM 1995, S. 405 ff.; Anmerkungen zum Urteil des BVerfG: Trautwein, ZUM 1995, S. 614 ff.; Knothe/Wanckel, ZUM 1995, S. 20 ff.; Lerche, AfP 1995, S. 632 f. Die einstweilige Anordnung der dutschen Bundesländer blieb ohne Erfolg: BVerfGE 80, 74 ff.

179 BVerfGE 92, 203 (243 ff.).

180 BVerfGE 89, 155 ff.

181 BVerfGE 89, 155 (175).

182 Schardt, ZUM 1995, S. 412 f.

BVerfG hatte erklärt, dass die Werbe- und Sponsoring-Regelungen, "obzwar für die Veranstalter von Fernsehsendungen von erheblicher wirtschaftlicher Bedeutung, den Kernbereich der Landeskompetenz zur Regelung der organisatorischen sowie politisch-kulturellen Materien des Rundfunkwesens nicht berühren".[183] Teilweise wurde daraus geschlossen, dass eine allumfassende integrale Rundfunkhoheit der deutschen Bundesländer, insbesondere für die fernsehspezifische Werbung, nicht mehr bestehe.[184] Andere sehen in der Entscheidung noch keine Aussage über die Gesetzgebungskompetenz der Länder aus anderen Gründen (Annex, Sachzusammenhang).[185]
Der Verstoß der Bundesregierung gegen bundesstaatliche Grundsätze blieb ohne Folgen, da der neue *Art. 23 GG* eingeführt wurde. Mit diesem neuen *Art. 23 GG* gingen Probleme des Ländereinflusses auf europabezogene Entscheidungen einher. Diese wurden in groben Zügen geregelt: zum einen ist die Übertragung von Hoheitsrechten an die Gemeinschaft an die Zustimmung des Bundesrates gekoppelt; zum anderen ist das Mitwirkungsrecht durch eine Unterrichtungspflicht abgesichert.[186] Bei der revidierten *FernsehRL* war ein Ländervertreter dabei. Mit Rücksicht auf die unterschiedlichen Positionen der deutschen Bundesländer zu der Ausstrahlung von Großereignissen im frei empfangbaren Fernsehen gem. *Art. 3a FernsehRL* enthielt sich der deutsche Vertreter einer Zustimmung.[187]

2.2. Umsetzung des Fernsehwerberechts

Die Vorgaben der *FernsehRL* zu den Werbezeiten und Werbebeschränkungen weisen Umsetzungsprobleme auf.[188] Die Rundfunkgesetzgeber haben die europäischen Regelungen zuletzt im neuen *RStV* umgesetzt.[189] Die fernsehwerbespezifische Umsetzung ist nur zögerlich erfolgt, da die Rundfunkgesetzgeber anfangs eine eindeutige Zuordnung einzelner Bestimmungen zu den Vorschriften der *FernsehRL* unterlassen haben. Der *Dritte Rundfunkänderungsstaats-*

---

183 BVerfG, ZUM 1995, S. 416.

184 Kresse/Heinze, ZUM 1995, S. 394 (396).

185 Rath-Glawatz, AfP 1999, S. 29 (32).

186 Für die deutschen Bundesländer ist bedeutsam das Zusammenarbeitsgesetz vom 12.03.1993 (BGBl. 1993 I, 313). Durch dieses Regelungswerk sind die Regularien der Abstimmung und der Kompetenzen in europäischen Angelegenheiten festgeschrieben.

187 FK Nr. 26/1997, S. 18.

188 Zum Vertragsverletzungsverfahren gegen Italien wegen mangelnder Umsetzung der Bestimmungen zur Werbeunterbrechung: FK Nr. 1-2/1998, S. 33.

189 Die wichtigsten werbespezifischen Änderungen sind: § 7 Abs. 4 RStV (Split-Screen), §§ 14 Abs. 2, 44 Abs. 2 RStV (Blockwerbegebot), § 44 Abs. 3 RStV (Abstandsregel), § 2 Abs. 2 Ziff. 5 RStV (Eigenwerbung u. Merchandising), § 14 Abs. 3 RStV (Bruttoprinzip), § 45a Abs. 2 RStV (Teleshopping); § 7 Abs. 6 RStV (Verbot der Schleichwerbung verschärft), § 8 RStV (Sponsoring im Wortlaut verschärft), Titelsponsoring (nachträgliche Festschreibung), § 7 Abs. 6 RStV (Virtuelle Werbung).

vertrag (RÄndStV) hatte keinen werberechtlichen Hintergrund.[190] Der *Vierte RÄndStV* diente der Umsetzung der revidierten *FernsehRL* und des Abänderungsprotokolls vom 09. September 1998 zum FsÜ. Unter anderem sollten die Bestimmungen über die Werbung, das Sponsoring und das Teleshopping angepasst werden. Auch neue Erscheinungsformen (Split-Screening, virtuelle Werbung) sind enthalten.[191]

2.2.1. Umsetzung des Fernsehwerbebegriffs

2.2.1.1. Der Fernsehwerbebegriff der FernsehRL

In der Gemeinschaft hat die *FernsehRL* zum Ziel, einen europäischen Mindeststandard für eine grenzüberschreitende Regelung der Fernsehtätigkeit herzustellen. Die Werberegelungen beziehen sich vornehmlich auf spezifische Besonderheiten des Werbeträgers und sind rundfunkpolitischer Art. Die *FernsehRL* ist gem. *Art. 249 Abs. 3 EGV* für die Mitgliedstaaten verbindlich. Im Unterschied zum *FsÜ* beschränkt sich die *FernsehRL* aus kompetenzrechtlichen Gründen nur auf die Wirtschaftswerbung.[192] Der Begriff "ähnliche Gegenleistung" in *Art. 1 c) FernsehRL* umfasst auch Kompensations- bzw. Tauschgeschäfte (sog. Bartering), in dem Unternehmen ihre produzierten Programme gegen Sendezeit tauschen. Die Definition schließt direkte Angebote an die Öffentlichkeit (Teleshopping) mit ein. Sie entspricht der Definition, die die Richtlinie des Rates über irreführende Werbung im *Art. 2 Abs. 1* enthält:[193]

> "Jede Äußerung bei der Ausübung eines Handels, Gewerbes, Handwerks oder freien Berufs mit dem Ziel, den Absatz von Waren oder die Erbringung von Dienstleistungen, einschließlich unbeweglicher Sachen, Rechte und Pflichten, zu fördern."

Auch die Richtlinie des Europäischen Parlamentes und des Rates zur Änderung der Richtlinie über irreführende Werbung zwecks Einbeziehung der vergleichenden Werbung gehen von einer entsprechenden Begriffsbestimmung aus.[194] Im übrigen belegen die Erwägungsgründe zur *FernsehRL*, dass die Werbebestimmungen nicht pluralitäts-, sondern verbraucherorientiert sind. So heißt es u. a.:

---

190 Vgl. Begründung zum Dritten Rundfunkänderungsstaatsvertrag (Allgemeines), in: Hartstein/Ring/Kreile, *Kommentar zum Rundfunkstaatsvertrag*, A 2.1., S. 1 f.

191 Vgl. Begründung zum Vierten Rundfunkänderungsstaatsvertrag, Hartstein/Ring/Kreile, *Kommentar zum Rundfunkstaatsvertrag*, A 2.2., S. 1 f.

192 Zur Auslegung des Begriffs Werbung nach den rundfunkrechtlichen Bestimmungen des RStV und Gemeinschaftsrechts, VG Berlin, Beschluss vom 27. 01.1998, AfP 1998, S. 337 f.

193 ABl. 1984 Nr. L 250/17, Richtlinie 84/450/EWG.

194 ABl. 1997 Nr. L 290/18, FernsehRL 97/55/EG.

> "Um sicherzustellen, dass die Interessen der Verbraucher als Zuschauer umfassend und angemessen geschützt werden, muss die Fernsehwerbung einer Reihe von Mindestnormen und Kriterien unterworfen werden."[195]

Daraus lässt sich schließen, dass man nur die Wirtschafts- und nicht die Ideenwerbung unter den koordinierenden Bereich der *FernsehRL* fallen lassen wollte.[196] Jedoch ist mit dem Regelungsinhalt kein Verbot der ideellen Werbung verbunden. Vielmehr sind die Mitgliedstaaten nur verpflichtet, die Mindestnormen einzuhalten.[197] Der Werbebegriff der *FernsehRL* ist im Gegensatz zum *FsÜ*[198] durch ein wirtschaftliches, voluntatives, materielles und instrumentelles Element geprägt. Dies bedeutet aber nicht, dass der nationale Gesetzgeber bei der Umsetzung der Richtlinie in nationales Recht gehindert ist, strengere oder ausführlichere Bestimmungen festzulegen.[199]

2.2.1.2. Der Fernsehwerbebegriff des FsÜ[200]

In dem *FsÜ* sind produkt- und berufsspezifische Werbebestimmungen integriert, die im wesentlichen mit der *FernsehRL* übereinstimmen. Das *FsÜ* hat zusätzlich den Fall geregelt, dass sich Werbung eigens an eine einzelne Vertragspartei richtet.[201] Danach sollen Situationen vermieden werden, in denen der grenzüberschreitende Charakter eines Programms und die für die Fernsehwerbung in den Vertragsparteien geltenden unterschiedlichen Regeln ausgenutzt werden, um die Regeln der Fernsehwerbung in einer anderen als der sendenden Vertragspartei zu umgehen. Die Auslegung des fernsehspezifischen Werbebegriffs lässt Unterschiede zwischen den Regelungsmaterien erkennen. Je nach Sichtweise, ob neben der kommerziellen Werbung auch die ideelle Werbung erfasst werden soll, spricht man von einem engen oder weiten Werbebegriff.[202] Die Legaldefinition der konsolidierten Fassung des *Art. 2 lit. f) FsÜ* geht von einem weiten Werbebegriff aus, da das *FsÜ* auch die nichtkommer-

---

195 Erwägungsgrund 27 der FernsehRL.

196 Stettner, ZUM 1995, S. 559 (560).

197 Schwartz, ZUM 1991, S. 155 (166).

198 Amtliche Begründung zum FsÜ, Nr. 61 ff., 64, Höfling/Möwes/Pechstein, *Europäisches Medienrecht*, S. 115/116.

199 Art. 3 Abs. 1 FernsehRL.

200 Zum Inhalt: Delbrück, ZUM 1989, S. 373 f.; Betz, MP 1989, S. 677 f.; Hümmerich, AfP 1991, S. 591 f.; Möwes/Schmitt-Vockenhausen, EuGRZ 1990, S. 121; Kreile/Straßer, ZUM 1990, S. 174 f. (speziell zu Werberegelungen); Kreile, ZUM 1989, S. 407 f.

201 Art. 16 FsÜ in der konsolidierten Fassung.

202 Hartstein/Ring/Kreile, *Kommentar zum Rundfunkstaatsvertrag*, § 7 RStV Rn. 1 f.; Hermann, *Rundfunkrecht, Fernsehen und Hörfunk mit neuen Medien*, § 20 Rn. 28; Hertströter, ZUM 1992, S. 395 (398); Reidt, AfP 1990, S. 101 ff.; Ricker, ZUM 1989, S. 499 m.w.N.

zielle Werbung erfasst. Gem. *Art. 28 FsÜ* in seiner konsolidierten Fassung sind allerdings die Vertragsparteien nicht gehindert, strengere oder ausführlichere Bestimmungen zu treffen.

2.2.1.3. Der Fernsehwerbebegriff des RStV

Das werbespezifische Nachbesserungsbedürfnis einzelner rundfunkstaatsvertraglicher Regelungen wird am Fernsehwerbebegriff deutlich.[203] Die Rundfunkgesetzgeber hatten bislang auf eine eigene Definition des Begriffs verzichtet. Ausgangspunkt war bis zur Einfügung des Werbebegriffs eine richtlinienkonforme Auslegung § *7 RStV 1996*. Diese Norm, die durch den *4. RändStV* Änderungen erfahren hat, gilt sowohl für den öffentlich-rechtlichen als auch für den privaten Rundfunkveranstalter. Mit dem *4. RändStV* wurde der Werbebegriff der *FernsehRL* in *§ 2 Abs. 2 Nr. 5 RStV* übernommen.[204] Damit ist entscheidend, dass die werbliche Äußerung im Rundfunk gesendet wird, um den Absatz von Waren oder die Erbringung von Dienstleistungen zu fördern.
Zweifelhaft bleibt nach wie vor, ob mit der Regelung nur die Wirtschaftswerbung erfasst wird. Die Formulierung "gegen Entgelt oder eine ähnliche Gegenleistung oder als Eigenwerbung" lässt auf Wirtschaftswerbung schließen. Gleiche Schlussfolgerung lässt sich aus *§ 7 Abs. 8 S. 1 RStV* entnehmen.[205] Danach ist Werbung politischer, weltanschaulicher oder religiöser Art unzulässig. Social Advertising wird nicht der Wirtschaftswerbung zugerechnet.[206] Der Werbebegriff lehnt sich an das Wettbewerbsrecht an, wonach Werbung als der planvolle Einsatz von Werbemitteln zur Erzielung bestimmter Absatzleistungen und Beschaffungserfolge beschrieben wird.[207] Jeder verbreitete Inhalt ist als Werbung zu qualifizieren, mit dem ein Rundfunkveranstalter bzw. Werbetreibender werbend auf den Zuschauer einwirken will. Werbend ist sie nur dann, wenn sie überwiegend der Absatzförderung dient. Die Grenze zwischen Programm und Werbung ist dort zu finden, wo die Vermittlungsentscheidung vom Fremdinteresse beeinflusst oder gesteuert wird.[208] Nicht nur die wörtliche Auslegung spricht für einen engen fernsehspezifischen Werbebegriff, sondern auch die historische und teleologische Interpretation des *RStV* lässt auf die Wirtschaftswerbung schließen.[209] Der Werbebegriff des *RStV* erfasst auch die von Dritten (z. B. Produktionsfirmen) untergeschobene Werbung.

---

203 Vgl. a. Erster Teil dieser Arbeit, Zweiter Abschnitt, D VI. 2.: Nettoprinzip versus Bruttoprinzip.

204 Art. 1 lit. c) FernsehRL.

205 A. A. Schwarz/Eichler, AfP 1996, S. 228.

206 § 7 Abs. 8 S. 3 RStV.

207 Baumbach/Hefemehl, *Kommentar zum Wettbewerbsrecht*, Anm. 1 vor § 3 UWG.

208 Engels/Giebel, ZUM 2000, S. 265 (268).

209 Hartstein/Ring/Kreile, *Kommentar zum Rundfunkstaatsvertrag*, § 7 RStV Rn. 3-10; Hermann, *Rundfunkrecht, Fernsehen und Hörfunk mit neuen Medien*, § 20, Rn. 28; Herkströter, ZUM 1992, S. 395 (398); Bosman, ZUM 1990, S. 545 (546).

Im Rahmen der Kontroverse um einen weiten oder engen Werbebegriff ist allerdings zu berücksichtigen, dass die Rundfunkgesetzgeber zum Zeitpunkt des Erlasses des *RStV* nur die Problemfälle der politischen und weltanschaulichen Werbung im Blick hatten.[210] Nach der amtlichen Begründung zu *§ 6 RStV 1991* sollten "europäische Regelungen" umgesetzt werden, mithin der weite Werbebegriff des *FsÜ*. Dieser Aspekt kann auch nicht durch die Anwendung der Norm des *Art. 27 FsÜ* außer Acht gelassen werden, wonach die *FernsehRL* mit dem engen marktorientierten Werbebegriff Vorrang genießt.[211] Wird nämlich die ideelle Werbung von der *FernsehRL* nicht erfasst, bleibt es bei dem Werbebegriff des *FsÜ*.[212] Allerdings sind auch nach *Art. 28 FsÜ* die Rundfunkgesetzgeber nicht daran gehindert, strengere oder ausführlichere Regelungen zu treffen. Davon haben die deutschen Rundfunkgesetzgeber in *§ 7 Abs. 8 S. 1 RStV* Gebrauch gemacht. Damit soll den Gefahren einer Umgehung der Pluralismusvorkehrungen des Rundfunkrechts durch den Ankauf von Sendezeiten durch Dritte verhindert werden.[213]

2.2.2. Fernsehwerbebegriff und Meinungsvielfalt

Im Rahmen der Auslegung des rundfunkrechtlichen Werbebegriffs wird überwiegend angeführt, dass ein über die Wirtschaftswerbung hinausgehender weiter Werbebegriff eine ausgewogene Meinungsvielfalt im Rundfunk gefährde, da beim Ankauf von Sendezeiten eine Veränderung der öffentlichen Meinung beabsichtigt werde.[214] Andere wiederum sehen durch die Werberestriktionen im *RStV* einen ausreichenden Schutz, den Meinungspluralismus im Rundfunk zu gewährleisten.[215] Bei einer engen Auslegung des Werbebegriffs muss allerdings berücksichtigt werden, dass das ökonomische Substrat des Rundfunkveranstalters unabhängig von seiner Rechtsform betroffen ist. Der Schutzbereich der Rundfunkveranstalterfreiheit umfasst neben der Programmautonomie auch die Finanzierungsfreiheit. Gerade im Zuge der digitalen Kabelvermehrung erscheint das Postulat eines engen Werbebegriffs nicht sachgerecht. Der enge Werbebegriff hat nämlich vielfaltshemmende Wirkung, indem für Voll- und Spartenprogramme die notwendigen finanziellen Ressourcen limitiert werden.[216] Das *BVerfG* hat bisher eine inhaltliche Einflussnahme auf den Begriff Werbung vermieden. In einem Beschluss wurde ausgeführt, dass der Gesetzgeber bei der Ausgestaltung der Rundfunkordnung der Werbung

---

210 Schwartz, AfP 1996, S. 228 f. (230).

211 Hartstein/Ring/Kreile, *Kommentar zum Rundfunkstaatsvertrag*, § 7 RStV, Rn. 4.

212 Zum Vorrangprinzip: Hartstein/Ring/Kreile, *Kommentar zum Rundfunkstaatsvertrag*, Die europäische Entwicklung im Rundfunkbereich, B 4, Rn. 60.

213 Herkströter, ZUM 1992, S. 395 (398).

214 Ebd.

215 Stettner, ZUM 1995, S. 559 (560 f.); Schwartz, AfP 1996, S. 231.

216 Hochstein, AfP 1991, S. 696 (698).

nach Zeit, Dauer und Häufigkeit Grenzen setzen darf.[217] Eine Regelung des Inhalts wurde ausgespart. Damit wird das Bedürfnis nach einer rundfunkrechtlichen Vielfaltsicherung durch die zurückhaltende Auslegung des Fernsehwerbebegriffs reduziert.

3. Einhaltung der FernsehRL in den Mitgliedstaaten

In der Gemeinschaft sind zwei Problemkreise zu unterscheiden. Zum einen geht es um das Problem, dass die *FernsehRL* strengere Werbebestimmungen zulässt.[218] Zum anderen geht es um die Problematik, dass einzelne Mitgliedstaaten mildere Werberegelungen zumindest stillschweigend dulden. Die Kommission stellt Bilanzen auf, inwieweit die Rundfunkveranstalter in den Mitgliedstaaten die *FernsehRL* einhalten. Der aktuellste Bericht kommt zum Ergebnis, dass die Rundfunkveranstalter weitestgehend, insbesondere *Art. 4 und 5 FernsehRL* ("Hauptanteil europäischer Werke" / "10 % -Anteil unabhängiger Produktionen"), eingehalten haben.[219] Nicht umgesetzt worden ist die *FernsehRL* von Satelliten- oder neuen Spartenprogrammen, die auf ein begrenztes Publikum zielen. Feststellungen zur Umsetzung des europäischen Fernsehwerberechts durch die Mitgliedstaaten gibt es nicht. Die Mitgliedstaaten können über die Öffnungsklausel des *Art. 3 i. V. m. Art. 19, 20 FernsehRL* ausführlichere oder strengere Werbebestimmungen vorsehen. Aus diesem Grund bestehen fast in jedem Mitgliedstaat andere fernsehspezifische Werberegelungen. Die Unterschreitung des Mindeststandards durch die Mitgliedstaaten kann zu einem "Wildwuchs" in der Gemeinschaft führen. In einigen Mitgliedstaaten wie Spanien und Italien hat sich trotz richtlinienkonformer Werbebestimmungen das Regel-Ausnahme-Prinzip zwischen Block- und Einzelwerbung umgedreht. Die Unterbrecherwerbung findet dort ohne Sanktionen der nationalen Kontrollbehörden kaum Beachtung. Damit werden die Bestimmungen der *FernsehRL* nicht beachtet. Strengere Werberegelungen können aber auch zu unterschiedlichen Ausprägungen führen. In Frankreich bestehen für öffentlich-rechtliche und kommerzielle Rundfunkveranstalter durch Dekret oder Vertrag mit der Medienaufsicht *Conseil Supérieur de l'Audiovisuel (CSA)* differenzierte Werbebestimmungen, in denen sich in bewährter Tradition etatistische, kulturelle und protektionistische Elemente mischen. Dies zeigt sich insbesondere bei Werberestriktionen zur Unterbrecherwerbung und in der Fürsorge für die Film- und

---

[217] BVerfGE 1987, 181 (200) - Hessen - 3 - Beschluss.

[218] Vgl. Erster Teil dieser Arbeit, Zweiter Abschnitt, D. VII.: Nettoprinzip versus Bruttoprinzip.

[219] http://www.europa.eu.int/en/comm/dg10/avpolicy/twf/art45/3download_en.html; Bericht der Kommission 1995/1996 mit einer allgemeinen Bewertung der Durchführung im Zeitraum 1991 bis 1996, KOM (98) 199 endg.; vgl. epd-medien Nr. 26/27/1998, S.13 f. u. iris Nr. 05/1998, S. 4.

Kinoindustrie.[220] Im Vereinigten Königreich sind die Werbebestimmungen nicht einheitlich auf terrestrische und Satellitenprogramme anwendbar. Die britische Fernsehkommission *Independent Television Commission (ITC)* wendet im Gegensatz zu Frankreich das Bruttoprinzip (d.h. unter Einschluss von Werbung und Programmankündigungen) bei der Unterbrecherwerbung für Spielfilme an.

V. Revision des FsÜ

In der konsolidierten Fassung werden u. a. die Bereiche der (Eigen-)Werbung, des Teleshopping und des Sponsoring neu geregelt. Hinsichtlich der Bestimmungen über den Jugendschutz, der Werbung und den Programminhalten ist das Protokoll nicht so ausführlich wie die *FernsehRL*.

1. Fernsehwerbung und Eigenwerbung

Nach den Vorgaben der *FernsehRL* ist gleichfalls die Begriffsbestimmung der Fernsehwerbung in *Art. 2 lit. f)* auf die Eigenwerbung erweitert worden. Danach ist

> "Werbung" jede öffentliche Äußerung zur Förderung des Verkaufs, des Kaufs oder der Miete oder Pacht eines Erzeugnisses oder einer Dienstleistung, zur Unterstützung einer Sache oder Idee oder zur Erzielung einer anderen vom Werbetreibenden oder vom Rundfunkveranstalter selbst gewünschten Wirkung, wofür dem Werbetreibenden gegen Bezahlung oder eine ähnliche Gegenleistung oder zur Eigenwerbung Sendezeit zur Verfügung gestellt wird.

Inhaltliche und quantitative Beschränkungen der Fernsehwerbung blieben unverändert. Ausschließlich für die Eigenwerbung vorgesehene Programme sind gesondert geregelt.[221]

2. Begleitmaterialien und Spendenaufrufe

Weiterhin wurde ausdrücklich keine Werbung darin gesehen, dass Rundfunkveranstalter auf ihre eigenen Programme und direkt von diesen Programmen abgeleitete verbundene Produkte hinweisen. Dies gilt insbesondere für Meldungen von Interesse für die Öffentlichkeit und verbreitete Aufrufe zugunsten von Wohltätigkeitseinrichtungen.[222]

---

[220] Henle, Die grenzsetzenden Schlupflöcher der EU-Richtlinie "Fernsehen ohne Grenzen" in: *Festschrift 10 Jahre Landeszentrale für private Rundfunkveranstalter*, S.66 f. (70/71).

[221] Art. 18a FsÜ in der konsolidierten Fassung.

[222] Art. 12 Abs. 4 FsÜ in der konsolidierten Fassung.

3. Teleshopping

Teleshopping ist neu in *Art. 1 lit. g) FsÜ* definiert und unterscheidet sich kaum von der Regelung des *Art. 12 Abs. 3 FsÜ a. F.*, die weggefallen ist. Danach ist

> "Teleshopping" die Verbreitung von Direktangeboten an die Allgemeinheit zum Zwecke, dieser gegen Bezahlung Erzeugnisse und Dienstleistungen, einschließlich unbeweglicher Sachen, Rechte und Pflichten, zu liefern oder zu erbringen.

Die inhaltlichen Beschränkungen des Teleshopping entsprechen denen der Fernsehwerbung.[223] Im Unterschied zu der Fernsehwerbung sind die quantitativen Restriktionen des Teleshopping in seinen verschiedenen Gestaltungsformen anders geregelt.[224] Ausschließlich für Teleshopping vorgesehene Programme sind erlaubt. Die in diesen Programmen geschaltete Werbung unterliegt mit Ausnahme der zeitlichen Werbebeschränkung im Einstundenzeitraum der Werberestriktion des *Art. 12 Abs. 1 FsÜ.*[225] Der Umgehungstatbestand des *Art. 16 FsÜ* wurde für das Teleshopping, das sich eigens an eine andere Vertragspartei richtet, erweitert.

4. Sponsoring

Das Sponsoring hat eine Ergänzung dahingehend erfahren, dass Unternehmen, deren Tätigkeit u. a. in der Herstellung oder dem Verkauf von Medikamenten und medizinischen Behandlungen steht, nur für den eigenen Namen und das Erscheinungsbild des Unternehmens werben dürfen. Sponsoring für rezeptpflichtige Arzneimittel ist nicht erlaubt.[226] Gleiches galt bereits für das Sponsoring von Tabakerzeugnissen.[227] Insofern entsprechen die Sponsoring-Regelungen der *FernsehRL.*

D. Das europäische Fernsehwerberecht im Lichte des EGV

Im audiovisuellen Bereich haben neue Formen werblicher Inhalte durch die Verknüpfung der Übertragungswege einen wichtigen Stellenwert erhalten. Darunter fallen sämtliche Formen der Kommunikation, die auf die Förderung des Absatzes von Produktion oder Dienstleistungen bzw. des Image eines Unternehmens oder einer Organisation gegenüber den Endverbrauchern und/oder Vertriebsunternehmen abzielen.[228] Die neuen Marktchancen wollen Rundfunkveranstalter, Diensteanbieter und Werbetreibende gleichermaßen

---

[223] Kapitel III FsÜ (Werbung und Teleshopping) in der konsolidierten Fassung.

[224] Art. 12 u. 14 FsÜ in der konsolidierten Fassung.

[225] Art. 18b FsÜ in der konsolidierten Fassung.

[226] Art. 18 Abs. 2 FsÜ in der konsolidierten Fassung.

[227] Art. 18 Abs. 1 i.V.m. Art. 15 FsÜ in der konsolidierten Fassung.

[228] *Grünbuch Kommerzielle Kommunikationen im Binnenmarkt*, Kom (96) 192 endg., S. 7 f.

nutzen. Fernsehspezifische Werbung berührt die Grundfreiheiten des freien Waren- und Dienstleistungsverkehrs. Zum einen geht es um die Werbung für ein Produkt oder eine Dienstleistung und zum anderen um die Werbung als Dienstleistung. Im Vergleich zu den neuen audiovisuellen Diensten ist die Rechtsprechung zur Waren- und Dienstleistungswerbung im Rundfunk schon weiter vorangeschritten.

I. Freier Warenverkehr

Der freie Warenverkehr ist ein Grundelement des Gemeinsamen Marktes und bildet eine der Grundlagen der Gemeinschaft. Für die Warenverkehrfreiheit liegt neben der Zollunion *(Art. 23 f. EGV)* der Schwerpunkt auf dem Verbot mengenmäßiger Beschränkungen und Maßnahmen gleicher Wirkung im grenzüberschreitenden Warenaustausch. Nationale produktspezifische Werbenormen können dem Verbot von Maßnahmen gleicher Wirkung wie mengenmäßige Beschränkungen zuwiderlaufen. Darüber hinaus kann auch die Dienstleistungsfreiheit durch innerstaatliche Werberegelungen betroffen sein. Im Gegensatz zum freien Warenverkehr befindet sich die Judikatur des *EuGH* zum freien Dienstleistungsverkehr noch in Bewegung. Werbebeschränkungen und -verbote berühren somit zwei fundamentale Freiheiten, die es näher zu beleuchten gilt.

1. Werbebeschränkungen als Behinderung des freien Warenverkehrs

Der freie Warenverkehr verbietet mengenmäßige Beschränkungen und Maßnahmen gleicher Wirkung im gemeinschaftlichen Warenaustausch.[229] Was sich hinter dem allgemeinen Beschränkungsverbot verbirgt, ist wegen der einzelfallbezogenen Rechtsprechung des *EuGH* nicht ganz sicher.[230] Gemeinschaftsrechtliche Probleme ergeben sich hauptsächlich im Grenzbereich des *Art. 28 EGV.* Allgemein versteht man unter mengenmäßigen Einfuhrbeschränkungen staatliche Maßnahmen, die die Einfuhr oder Ausfuhr einer Ware nach Wert, Menge oder Zeitraum begrenzen.[231] Produktbezogene Werbevorschriften haben insofern eine andere Verbotsrichtung, als sie nicht die Einfuhr von Waren reglementieren, sondern nur die Möglichkeit der Absatzförderung von bereits eingeführten oder noch einzuführenden Waren beschränken. Soweit Werbevorschriften in den einzelnen Mitgliedstaaten unterschiedliche Anforderungen haben, können sie von ihrer Wirkung her einer mengenmäßigen Einfuhrbeschränkung gleichkommen.

---

229 Art. 28 - 30 EGV.

230 Dörr, RabelsZ 1990, S. 677 f.; Grabitz/Hilf, *Kommentar zur Europäischen Union*, Art. 30 Rn. 28.

231 Grabitz/Hilf, *Kommentar zur Europäischen Union*, Art. 30, Rn. 1; EuGH, Urteil v. 12.07.1973, Rs. - 2/73 - Geddo, Slg. 1973, 865 f.

2. Maßnahmen gleicher Wirkung

Dieser Begriff hat bis heute keine abschließende Klärung erfahren, da die rechtlichen und faktischen Erscheinungsformen zu vielfältig sind und mit dem jeweiligen Sachverhalt verbunden werden müssen. Meilenstein für verbindliche Konturen war die "Dassonville"-Entscheidung, in der das Verbot der staatlichen Maßnahmen gleicher Wirkung wie mengenmäßige Beschränkungen auf eine Kurzformel gebracht wurde:

> "... jede Handelsregelung der Mitgliedstaaten, die geeignet ist, den innergemeinschaftlichen Handel unmittelbar oder mittelbar, tatsächlich oder potentiell zu behindern." [232]

Inzwischen ist die grundlegende Definition in mehren Entscheidungen des *EuGH* wiederholt worden und tragende Säule der Warenfreizügigkeit.[233] Der Wortlaut der "Dassonville-Formel" erfasst nicht nur diskriminierende, sondern auch unterschiedslos anwendbare staatliche Maßnahmen, die die Einfuhr von Waren aus anderen Mitgliedstaaten behindern. Zu den Maßnahmen gleicher Wirkung gehören also auch mittelbare, ja sogar potentielle Behinderungen, an deren Nachweis freilich höhere Anforderungen zu stellen sind als an unmittelbare Beschränkungen der Warenverkehrsfreiheit.

Lange Zeit bestand Unklarheit darüber, ob der Begriff der Maßnahme gleicher Wirkung auch unterschiedslos auf eingeführte und im Inland hergestellte Waren erfassen würde. Ursprünglich wurde *Art. 28 EGV* dahingehend interpretiert, dass die Bestimmung bloße Diskriminierung von Importwaren aus anderen Mitgliedstaaten - sei sie offen oder versteckt - beseitigt. In der grundlegenden Entscheidung "Cassis de Dijon" hatte der *EuGH* erstmals über eine nationale Handelsregelung zu entscheiden, die gleichermaßen Inlands- und Importware betraf.[234] Der *EuGH* urteilte, dass derartige aus einer nationalen Regelung entstehende Beschränkungen in Ermangelung einer gemeinschaftsrechtlichen Regelung hingenommen werden müssten,

> "soweit diese Bestimmungen notwendig sind, um zwingenden Erfordernissen gerecht zu werden; insbesondere den Erfordernissen einer wirksamen steuerlichen Kontrolle, des Schutzes der öffentlichen Gesundheit, der

---

232 EuGH, Urteil v. 11.07.1974, Rs. 8/74 - Dassonville, Slg. 1974, 837 (852).

233 EuGH, Urteil v. 10.11.1982, Rs. 261/81 - Rau, Slg. 1982, 3961; EuGH, Urteil v. 10.07.1984, Rs. 72/83 - Campus Oil, Slg. 1984, 2727; EuGH, Urteil v. 10.01.1985, Rs. 229/83 - Leclerc, Slg. 1985, 1.

234 EuGH, Urteil v. 20.02.1979, Rs. 120/78 - Rewe/Bundesmonopolverwaltung Branntwein, Slg. 1979, 649 f. Zur Rechtsentwicklung der Doktrin "Cassis de Dijon": Dauses, *Handbuch des EU-Wirtschaftsrechts*, C. I Rn. 96 f.

Lauterbarkeit des Handelverkehrs und des Verbraucherschutzes".[235]

Die "Dassonville-Formel" beinhaltet somit zweierlei. Sie untersagt zum einen, Importwaren im Verhältnis zu inländischen Erzeugnissen unterschiedlich zu behandeln. Zum anderen enthält sie ein Beschränkungsverbot, das unabhängig vom diskriminierenden oder nichtdiskriminierenden Charakter der betreffenden staatlichen Maßnahme gilt.

Die weite Auslegung ohne Diskriminierungselement bedeutet in der Praxis eine Verlagerung der Rechtsprobleme auf die Rechtfertigungsebene. Eine Handelsregelung in diesem Sinne ist somit jede nationale Maßnahme, die objektiv auf den Warenverkehr einwirkt.[236] Werbenormen und ihre Auslegung durch staatliche Organe sind ebenfalls Handelsregelungen der Mitgliedstaaten.[237] Eines handelspolitischen Zwecks der Maßnahme bedarf es nicht.[238] Da eine potentielle Beschränkung genügt, muss der Nachweis einer tatsächlichen Beeinflussung nicht mehr geführt werden. Die bloße Eignung der Maßnahme zur Behinderung reicht für ein Verbot von Maßnahmen gleicher Wirkung aus, nicht aber lediglich hypothetische Auswirkungen auf den freien Warenverkehr.[239] Eine fassbare Spürbarkeitsgrenze für die Auswirkungen der Handelsregelungen besteht nicht.[240]

Nach der "Dassonville-Formel" ordnet der *EuGH* staatliche Werbebeschrän-

---

[235] Ebd. Slg. 1979, S. 662.

[236] Zur neueren Rspr.: EuGH, Rs. 184/96 - Kommission/Frankreich, Slg. 1998, I - 6197 f.; EuGH, EuZW 1998, S. 343 f. - Decker/Caisse de maladie des employés privés; EuGH, NJW 1998, S. 1771 f. - Kohl/Union des caisses de maladie.

[237] Geiger, *EUV/EGV*, Art. 28, Rn. 9 f.; Grabitz/Hilf, *Kommmentar zur Europäischen Union*, Art. 30, Rn. 14; Groeben/Thiersing/Ehlermann, *Kommentar zum EU-/EGV*, Art. 30, Rn. 26; Lenz, *Kommentar zu dem Vertrag zur Gründung der Europäischen Gemeinschaften*, Art. 28, Rn. 16 f.

[238] EuGH, Urteil v. 12.10.1978, Rs. - 13/78 - Eggers, Slg. 1978, 1935 f.

[239] Zu den unterschiedlichen Ansätzen einer Abgrenzung zwischen hypothetischen Auswirkungen und mittelbaren oder potentiellen Behinderungen: Sack, WRP 1998, 103, S. 106 f.; ders., GRUR 1998, S. 871 (873).

[240] EuGH, Urteil v. 09.02.1995, Rs. - 412/93 - Leclerc-Siplec, Slg. 1995, I - 179 (195); Groeben/ Thiersing/Ehlermann, *Kommentar zum EU-/EGV Vertrag*, Art. 30, Rn. 28.

kungen als Maßnahmen gleicher Wirkung ein.[241] Dabei geht der *EuGH* von einer weiten Auslegung des *Art. 28 EGV* aus.[242] Die staatlichen Werbebeschränkungen haben einen unmittelbaren Einfluss auf den innergemeinschaftlichen Handel und sind daher grundsätzlich geeignet, den freien Warenverkehr zu beeinträchtigen.[243] Allerdings kann durch die Anpassung an die innerstaatlichen Werbevorschriften des Importstaates der Vertrieb der Ware aus einem anderen Mitgliedstaat und somit das Einfuhrvolumen beeinträchtigt werden.[244] Unabhängig von Werbeverboten[245], die eine Vermarktung der Ware ausschließen, können Werbebeschränkungen schon in den strengen Werbevorschriften zur Verhinderung der Irreführung des Verbrauchers liegen.

3. Innergemeinschaftlicher Handel

In der deutschen Literatur wurde die Auffassung vertreten, dass *Art. 28 EGV* nur auf den innergemeinschaftlichen grenzüberschreitenden und nicht auf den innerstaatlichen Warenverkehr anwendbar ist.[246] Dieser Grundsatz ist allerdings nicht feststehend und muss dort seine Ausnahme finden, wo innerstaatlicher Handel zu negativen Auswirkungen auf den Handel zwischen den Mitgliedstaaten führt. Ein solcher Fall ist anzunehmen, wenn die fragliche Maßnahme den Vertrieb von Waren inländischen Ursprungs zum Nachteil eingeführter Waren begünstigt.[247]

---

241 EuGH, Urteil v. 10.07.1980, Rs. 152/78 - Alkoholwerbeverbot, Slg. 1980, 2299 (2314); EuGH, Urteil v. 25.07.1991, Rs. 1/90 u. 176/90 - Aragonesa, Slg. 1991, I - 4151 (4183); EuGH, Urteil v. 15.12.1982, Rs. 286/81 - Oosthock, Slg. 1982, 4575 f.; EuGH, Urteil v. 06.11.1984, Rs. 177/83 - Kohl-Ringelhan, Slg. 1984, 3651 f.; EuGH, Urteil v. 02.02.1994, Rs. 315/92 - Clinique, Slg. 1994, I - 317 f.; EuGH, Urteil v. 06.07.1995, Rs. 470/93 - Mars, Slg. 1995, I - 1923 f.; EuGH, Urteil v. 26.11.1996, Rs. 313/94 - Grattione, Slg. 1996, I - 6039 f.; EuGH, Urteil v. 16.05.1989, Rs. 382/87 - Buet, Slg. 1989, 1235 f.; EuGH, Urteil v. 07.03.1990, Rs. 362/88 - GB-INNO, Slg. 1990, I - 667 f.; EuGH, Urteil v. 18.05.1993, Rs. 126/91 - Yves Rocher, Slg 1993, I - 2361 f.; EuGH, Urteil v. 26.06.1997, Rs. 368/95 - Familiapress, Slg. 1997, I - 3689 f.; EuGH, Urteil v. 10.11.1992, Rs. 3/91 - Exporteur, Slg. 1992, I - 5529 f.; EuGH, Urteil v. 24.11.1993, Rs. 267/91 u. 268/91 - Keck, Slg. 1993, I - 6097 f.; EuGH, Urteil v. 15.12.1993, Rs. 292/92 - Hünermund, Slg. 1993, I - 6787 f.

242 Ausnahmsweise enge Auslegung: EuGH, Urteil v. 14.07.1981, Rs. 155/80 - Oebel, Slg. 1981, 1993 f.; EuGH, Urteil v. 11.07.1990, Rs. 23/89 - Quietlynn, Slg. 1990, I - 3059 f.

243 Perau, *Werbeverbote im Gemeinschaftsrecht*, S. 129 f.; Resse, *Grenzüberschreitende Werbung in der Europäischen Gemeinschaft*, S. 4 (39 f.)

244 EuGH, Urteil v. 15.12.1982, Rs. 286/81 - Ooosthock, Slg. 1982, 4587 (Rn. 15); EuGH, Urteil v. 07.03.1990, Rs. 362/88 - GB-INNO, Slg. 1990, 686 (Rn. 7).

245 EuGH, Urteil v. 25.07.1991, Rs. 1/90 u. 176/90 - Aragonesa, Slg. 1991, I - 4151 f.

246 Bernhard, EuZW 1992, S. 437 f.; Dörr, RabelZ 1990 (54), S. 677 f.; Groeben/ Thiesing/ Ehlermann, *Kommentar zum EU-/EGV*, Art. 30 Rn. 319 f.

247 EuGH, Urteil v. 07.05.1997, Rs. 321/94 u. a. - Pistre, Slg. 1997, I - 2343 (2374).

4. "Keck"-Rechtsprechung

Mangels nachvollziehbarer Abgrenzungskriterien für den Anwendungsbereich des *Art. 28 EGV* kann fast jede nationale Regelung wegen Verstoßes gegen den freien Warenverkehr im Rahmen eines Vorabentscheidungsverfahrens gem. *Art. 234 EGV* dem *EuGH* vorgelegt werden. Um dem zu entgehen, hat der *EuGH* durch eine Rechtsprechungskorrektur dem *Art. 30 EGV a. F. (= Art. 28 EGV)* einige festumschriebene Fälle entzogen. In der Rechtssache "Keck" wurde die einschlägige Rechtsprechung zum freien Warenverkehr "überprüft und klargestellt".[248] In einem aus Frankreich stammenden Verfahren musste geklärt werden, ob das Verbot des Weiterverkaufs zum Verlustpreis mit *Art. 30 EGV a. F. (= Art. 28 EGV)* vereinbar ist. Die Kläger Keck und Mithouard hatten nämlich geltend gemacht, dass ein solches Verbot gemeinschaftswidrig sei. Eigentlich hätte der *EuGH* zu *Art. 30 EGV a. F. (= Art. 28 EGV)* eine Handelsbehinderung annehmen müssen, die Richter entschieden jedoch anders. Nunmehr unterscheidet der *EuGH* zwischen produktbezogenen Vorschriften und Verkaufsmodalitäten.[249] Das Schrifttum hat darin ein "overruling" der bisherigen Rechtsprechung gesehen.[250] Nach dem *EuGH* sind Verkaufsmodalitäten

> "nicht geeignet, den Handel zwischen den Mitgliedstaaten im Sinne des Urteils Dassonville (...) zu behindern, sofern diese Bestimmungen für alle betroffenen Wirtschaftsteilnehmer gelten, die ihre Tätigkeit im Inland ausüben, und sofern sie den Absatz der inländischen Erzeugnisse aus anderen Mitgliedstaaten rechtlich wie tatsächlich in der gleichen Weise berühren."[251]

Insoweit können bestimmte Verkaufsmodalitäten den Marktzugang ausländischer Produkte nicht mehr behindern, wie sie es in gleicher Weise für inländische Produkte tun. Der *EuGH* hat inzwischen den Begriff der bestimmten "Verkaufsmodalitäten" in weiteren Entscheidungen konkretisiert und Interpre-

---

[248] EuGH, Urteil v. 24.11.1993, Rs. 267/91 u. 268/91 - Keck, Slg. 1993, I - 6097 f.; EuGH, Urteil v. 15.12.1993, Rs. 292/92 - Hünermund, Slg. 1993, I - 6787 f.; EuGH, Urteil v. 02.06.1994, Rs. 401/92 u. 402/92 - t'Heuskske, Slg. 1994, I - 2199 f.; EuGH, Urteil v. 02.06.1994, Rs. 69/93 u. 258/93 - Punto Casa, Slg. 1994, I - 2355f. ; EuGH, Urteil v. 09.02.1995, Rs. 412/93 - Leclerc Siplec, Slg. 1995, I - 179 (188).

[249] Die Unterscheidung zwischen Verkaufsmodalitäten und produktbezogenen Maßnahmen basiert auf rechtspolitischen Erwägungen: Joliet, GRUR Int. 1994, S. 979 (984).

[250] Vgl. deutsche Judikatur: BGH WRP 1996, S. 284 (285) - Wegfall der Wiederholungsgefahr II; Schrifttum: Lüder, EuZW 1995, S. 609 f.; Sack, EWS 1994, S. 37 (43); ders., WRP 1998, S. 103 (106); Gegenansicht: Ackermann, RIW 1994, S. 189 (194); Fezer, JZ 1994, S. 317 (318, 321); Reese, *Grenzüberschreitende Werbung in der Europäischen Gemeinschaft*, S. 62.

[251] EuGH, Urteil v. 24.11.1993, Rs. 267/91 u. C-267/91 - Keck, Slg. I - 6097 (6131).

tationshilfen zur Abgrenzung mit produktbezogenen Maßnahmen gegeben.[252] Demnach betreffen produktbezogene Regelungen die Aufmachung, Abmessung, Form etc., während die Verkaufsmodalitäten das Wann, Wo, Wie, Durchwen und Zu-welchem Preis festlegen. Der *EuGH* hat allerdings offen gelassen, wann eine bestimmte Verkaufsmodalität ohne Behinderung des innergemeinschaftlichen Handels gegeben ist.[253] Sonstige Verkaufsmodalitäten wurden noch nicht ausdrücklich anerkannt. Aus dem Urteil "De Agostini" wird nunmehr geschlossen, dass sonstige Verkaufsmodalitäten dem Anwendungsbereich des *Art. 30 EGV a. F. (= Art. 28 EGV)* unterliegen und hinsichtlich der Rechtsfolgen den produktbezogenen Regelungen sowie den Misch- und Zweifelfällen gleichgestellt sind.[254] Mithin sind sie als verschleierte Handelsbeschränkungen ebenso wie rechtlich unterschiedslos anwendbare produktbezogene Maßnahmen an den zwingenden Erfordernissen und dem Verhältnismäßigkeitsgrundsatz zu messen.[255] Derjenige Wettbewerber, der die Beschränkung seiner Warenverkehrsfreiheit aufgrund einer staatlichen Maßnahme behauptet, muss die tatsächliche Vermutung für das Nichtvorliegen einer bestimmten Verkaufsmodalität beweisen.[256]

4.1. Grenzüberschreitende Produktwerbung vor "Keck"

Nach den Entscheidungsgründen im Verfahren "Yves Rocher" ist der Schutzbereich des freien Warenverkehrs bei nationalen Werberegelungen schon deshalb betroffen, weil eine Regelung, die bestimmte Formen der Werbung und bestimmte Methoden der Absatzförderung beschränkt und verbietet, geeignet sein kann, Absatzmöglichkeiten für die eingeführten Erzeugnisse zu beeinträch-

---

252 EuGH, Urteil v. 15.12.1993, Rs. 292/92 - Hünermund, Slg. 1993, I - 6787 (6823); EuGH, Urteil v. 02.06.1994, Rs. 401/92 u. 402/92 - Slg. 1994, I - t'Heukske, 2199 (2233); EuGH, Urteil v. 02.06.1994, Rs. 69/93 u. 258/93 - Punto Casa, Slg. 1994, I - 2355 (2368); EuGH, Urteil v. 09.02.1995, Rs. 412/93 - Leclerc Siplec, Slg. 1995, I - 179 (217); EuGH, Urteil v. 29.06.1995, Rs. 391/92 - Kommission/Griechenland, Slg. 1995, I - 1621 (1646); EuGH, Urteil v. 11.08.1995, Rs. 63/94 - Belgapom, Slg. 1995, I - 2467 (2490); EuGH, Urteil v. 14.12.1995, Rs. 387/93 - Domingo Banchero, Slg. 1995, I - 4663 (4694); EuGH, Urteil v. 20.06.1995, Rs. 418/93 u. a. - Semeraro Casa Uno, Slg. 1996, I - 2975 (3004); EuGH, Urteil v. 26.06.1997, Rs. 368/95 - Familiapress, Slg. 1997, I - 3689 f.; EuGH, Urteil v. 09.07.1997, Rs. 34/96, 35/96 u. 36/96 - De Agostini, Slg. 1997, I - 3843 f.

253 Ackermann, RIW 1994, S. 189 f.

254 Vgl. Fernsehwerbeverbot: EuGH, Urteil v. 09.07.1997, Rs. 34/95, 35/96 u. 36/95 - De Agostini, Slg. 1997, I - 3843 (3891). Heerman sieht in der Entscheidung sonstige Verkaufsmodalitäten "mit hinreichender Deutlichkeit" anerkannt, GRUR Int. 1999, S. 587.

255 Heermann, GRUR Int. 1999, S. 579 (586 f.) m. w. N.

256 EuGH, Urteil v. 09.07.1997, Rs. 34/95, 35/95 u. 36/95 - De Agostini, Slg. 1997, I - 3843 (3891).

tigen und das Einfuhrvolumen zu beschränken.[257] Dies gilt nicht nur bei unmittelbar produktbezogenen Regelungen, sondern auch bei solchen, die den Vertrieb, die Absatzstrukturen, die allgemeine Verkaufsförderung, die Verkehrsanbahnung und die Produktwerbung betreffen.[258] Der *EuGH* wollte die Einfuhr, die Ausfuhr und den Vertrieb von Waren unter einen weiten Schutzbereich mit einer strengen Verhältnismäßigkeitsprüfung fassen, um freie Verkehrsströme im Binnenmarkt zu gewährleisten.[259]
Ausgehend vom Verfahren "Oosthoek's" wurden unterschiedslos geltende Werberestriktionen als Maßnahmen gleicher Wirkung mit *Art. 30 EGV a. F. (Art. 28 EGV)* für vereinbar angesehen, wenn zwingende Erfordernisse vorliegen oder Rechtfertigungsgründe gem. *Art. 36 EGV a. F. (Art. 30 EGV)* eingreifen, und der Verhältnismäßigkeitsgrundsatz gewahrt ist. Der *EuGH* hatte in diesem Verfahren über Beschränkungen der Absatzförderung durch ein belgisches Unternehmen auf dem niederländischen Markt (Zugabeverbot) zu entscheiden und festgestellt, dass derartige Maßnahmen einer quantitativen Beschränkung gleichkommen:

> "Es ist nicht auszuschließen, dass der für den Unternehmer bestehende Zwang, sich entweder unterschiedlichen Systemen der Werbung und der Absatzförderung innerhalb verschiedener Mitgliedstaaten anzupassen, oder ein System, das er für besonders wirkungsvoll hält, aufzugeben, selbst dann ein Einfuhrhindernis darstellen kann, wenn eine solche Regelung unterschiedslos für inländische und eingeführte Erzeugnisse gilt."[260]

In der Folgezeit wurden nichtdiskriminierende Werberegelungen stets dem *Art. 30 EGV a. F. (= Art. 28 EGV)* zugeordnet.[261]

4.2. EuGH-Rechtsprechung nach "Keck"

Nach "Keck" ist umstritten, ob auch noch mitgliedstaatliche Beschränkungen grenzüberschreitender Werbung vom Anwendungsbereich des *Art. 28 EGV*

---

257 EuGH, Urteil v. 18.05.1993, Rs. 126/91 - Yves Rocher, Slg. 1993, I - 2361 f.; EuGH, Urteil v. 15.12.1982, Rs. 286/81 - Oosthoek's, Slg. 1982, I - 4575 f.; EuGH, Urteil v. 16.05.1989, Rs. 382/87 - Buet, Slg. 1989, 1235 f.; EuGH, Urteil v. 07.03.1990, Rs. 362/88 - GB-INNO, Slg. 1990, I - 667 f.; EuGH, Urteil v. 12.12.1990, Rs. 241/89 - SAR PP, Slg. 1990, I - 4695 f.; EuGH, Urteil v. 25.07.1991, Rs. 1/90 u. 176/90 - Aragonesa, Slg. 1991, I - 4151 f.

258 EuGH, Urteil v. 18.05.1993, Rs. 126/91 - Yves Rocher, Slg. 1993, I - 2361 (2388); Reich, EuZW 1995, S. 407.

259 Bleckmann, *Europarecht*, Rn. 1030; Lüder, EuZW 1995, S. 615 f.

260 EuGH, Urteil v. 15.12.1982, Rs. 286/81 - Oosthoek's, Slg. 1982, I - 4575 f., Rn. 15.

261 EuGH, Urteil v. 25.07.1991, Rs. 1/90 u. 176/90 - Aragonesa, Slg. 1991, I - 4151 f.; EuGH, Urteil v. 16.05.1989, Rs. 382/87, Slg. 1989, 1235 f. ; EuGH, Urteil v. 25.05.1993, Rs. 271/92 - Société Laboratoire de prothèse oculaires, Slg. 1993, I - 2899 f.

erfasst werden. Teilweise wird vertreten, dass mit dem Produkt körperlich nicht verbundene Werbung zu den "bestimmten Verkaufsmodalitäten" gehöre.[262] Andere sehen in staatlichen Beschränkungen grenzüberschreitender Werbung weiterhin eine Maßnahme gleicher Wirkung gem. *Art. 28 EGV*.[263] Zum einen habe der *EuGH* nicht ausdrücklich geäußert, von welchen Entscheidungen er abweichen wolle, zum anderen würden solche Beschränkungen die Kostenvorteile grenzüberschreitender Werbung entfallen lassen.[264]
Der *EuGH* hat in Einzelfällen staatliche Regelungen als Verkaufsmodalitäten qualifiziert. So wurde ein standesrechtliches Werbeverbot als Verkaufsmodalität nicht unter *Art. 30 EGV a. F. (= Art. 28 EGV)* subsumiert.[265] Im Falle des griechischen Verkaufsmonopols für Säuglingsnahrung präzisierte der *EuGH* den Begriff der Verkaufsmodalitäten: Gemeint seien beispielsweise "nationale Maßnahmen der allgemeinen Aufsicht über Handelsgewerbe".[266] Weiterhin fallen solche Bestimmungen unter Verkaufsmodalitäten, die festlegen, wer verkaufen darf sowie wann, wo und wie der Verkauf vonstatten gehen muss.[267] Staatliche Werbevorschriften geben vor, ob und in welcher Weise der Einsatz bestimmter Absatzförderungsmethoden zulässig ist und betreffen das "Wie" der Vermarktung.
Bestätigt wurde der Grundsatz, dass staatliche Werbebeschränkungen, die nicht gleichzeitig Produkteigenschaften mitregeln, als Verkaufsmodalitäten zu qualifizieren sind. Dies gilt auch für das produktbezogene Fernsehwerbeverbot.[268] Der *EuGH* wies allerdings darauf hin, dass Verkaufsmodalitäten nicht generell aus dem Anwendungsbereich des *Art. 30 EGV a. F. (= Art. 28 EGV)* herausfallen, sondern für diese Normen weiterhin das Diskriminierungsverbot gelte. Die bloße Möglichkeit, den Warenabsatz durch das Verbot einer Absatzfördermaßnahme zu beschränken, sei noch keine hinreichende Benachteiligung des ausländischen Anbieters.[269] Werde jedoch der ausländische Anbieter durch ein Werbeverbot gezwungen, von einer Werbekampagne Abstand zu nehmen, dann sei dieser nicht nur möglicherweise, sondern auch tatsächlich schlechter

---

[262] Everling, ZLR 1994, S. 221 f.

[263] Statt vieler: Claasen, EWS 1995, S. 100; Dauses, EuZW 1995, S. 425 f.; Lenz, NJW 1994, S. 1633 f.

[264] EuGH, Urteil v. 24.11.1993, Rs. 267/91 u. 268/91 - Keck, Slg. 1993, I - 6097 f. (6131). Von welchen Entscheidungen der EuGH mit der Keck-Rechtsprechung abweichen wollte, hat er allerdings nicht gesagt.

[265] EuGH, Urteil v. 15.12.1993, Rs. 292/92 - Hünermund, Slg. 1993, I - 6787 (6823).

[266] Lüder, EuZW 1995, S. 612 f.

[267] EuGH, Urteil v. 15.12.1993, Rs. 292/92 - Hünermund, Slg. 1993, I - 6787 (6803); EuGH, Urteil v. 09.02.1995, Rs. 412/93 - Leclerc Siplec, Slg. 1995, I - 179 (188).

[268] EuGH, Urteil v. 09.02.1995, Rs. 412/92 - Leclerc Siplec, Slg. 1995, I - 179 f.; EuGH, GRUR Int. 1995, S. 496 (497).

[269] EuGH, GRUR Int. 1994, S. 56 (57); EuGH, GRUR Int. 1994, 170 (171); EuGH, GRUR Int. 1995, 496 (497); EuGH, EWS 1995, S. 270 (271).

gestellt.[270] In Entscheidungen, die der "Keck"-Rechtsprechung folgten, hat sich der *EuGH* gleichwohl zur Mitteilungs- und Kommunikationsfunktion der grenzüberschreitenden Produktwerbung bekannt und die "Keck-Doktrin" eingegrenzt.[271]

4.3. Fazit

Staatliche Beschränkungen grenzüberschreitender Werbung sind nach "Keck" nicht mehr als Maßnahmen gleicher Wirkung gem. *Art. 28 EGV* zu sehen. Vielmehr sind diese Regelungen "bestimmte Verkaufsmodalitäten", die nicht mehr dem Verbot des *Art. 28 EGV* unterliegen, wenn sie für alle betroffenen Wirtschaftsteilnehmer gelten, die ihre Tätigkeit im Inland ausüben und sie den Absatz der inländischen Erzeugnisse und solcher aus anderen Mitgliedstaaten rechtlich wie tatsächlich in der gleichen Weise berühren.

5. Rechtfertigung innergemeinschaftlicher Werbebeschränkungen

Mitgliedschaftliche Werberestriktionen, die über die Verkausmodalitäten hinausgehen, können trotz ihres Verbotes aus Gründen des *Art. 30 EGV* gerechtfertigt sein. Danach sind handelshemmende Maßnahmen zulässig, wenn sie

> "aus Gründen der öffentlichen Sittlichkeit, Ordnung und Sicherheit, zum Schutze der Gesundheit und des Lebens von Menschen, Tieren oder Pflanzen, des nationalen Kulturgutes von künstlerischem, geschichtlichem oder archäologischem Wert oder des gewerblichen und kommerziellen Eigentums gerechtfertigt sind".

Die Bestimmung wird eng ausgelegt und ist abschließend.[272] Die Ausnahmetatbestände sind nur solche nichtwirtschaftlicher Art. Importhemmnisse aus anderen Gründen (z. B. Verbraucherschutz) können in den Grenzen der "Cassis de Dijon"-Rechtsprechung nur bei unterschiedsloser Geltung für Import- und Inlandware gerechtfertigt sein.[273] Auch nichtdiskriminierende Regelungen werden von der Ausnahme des *Art. 30 EGV* erfasst.[274]

Die durch die "Dassonville"-Formel ausgelöste Diskrepanz zwischen restriktiver Auslegung des *Art. 36 EGV a. F. (= Art. 30 EGV)* und extensiver Anwen-

---

[270] EuGH, GRUR Int. 1994, S. 231 (232); EuGH, GRUR Int. 1995, 804 f. (Rn. 13); Becker, EuR 1994, 162 (174); a. A. Kotthoff, WRP 1996, S. 79 (83).

[271] EuZW 1994, S. 148 f. - Clinique; EuZW 1995, S. 404 f. - Alpine-Investments; EuZW 1995, S. 611 f. - Mars.

[272] EuGH, Urteil v. 17.06.1981, Rs. 113/80 - Kommission/Irland, Slg. 1981, 1625 (1638).

[273] EuGH, Urteil v. 09.06.1982, Rs. 95/81 - Kommission/Italien, Slg 1982, 2202 f.

[274] EuGH, Urteil v. 25.07.1991, Rs. 1/90 u. 176/90 - Aragonesa, Slg. 1991, I - 4151 (4183).

dung des *Art. 30 EGV a. F.* (= *Art. 28 EGV*) machte es wegen der zu respektierenden Rechtsetzungsbefugnisse der Mitgliedstaaten notwendig, weitere Rechtfertigungsgründe zuzulassen. Infolge der normimmanenten Begrenzung des *Art. 30 EGV a. F.* (= *Art. 28 EGV*) durch die "Cassis de Dijon"-Formel wurden die "zwingenden Erfordernisse" den Rechtfertigungsgründen aus *Art. 36 EGV a. F.* (= *Art. 30 EGV*) gleichgestellt.[275] Die richterrechtlich begründeten Rechtfertigungsgründe sind nicht abschließend.[276]
Soweit ein Mitgliedstaat für die Verfolgung seiner Ziele (z. B. Verbraucher-, Gesundheits- und Umweltschutz) Rechtfertigungsgründe anführt, müssen die beschränkenden Maßnahmen verhältnismäßig sein. Die Maßnahmen müssen zur Erreichung der gemeinschaftskonformen Ziele geeignet sein und dürfen so wenig wie möglich den freien Warenverkehr beeinträchtigen. Zudem darf die Maßnahme nicht außer Verhältnis zum verfolgten Zweck stehen.[277] Nationale Werbeverbote in Form von Ordnungsvorschriften, die grenzüberschreitende Wirkung entfalten, sind ebenfalls dem Verhältnismäßigkeitsprinzip unterworfen. Dennoch bestehen Zweifel in solchen Grenzfällen, bei denen nichtdiskriminierende Werberegelungen nur einen mittelbaren Bezug zum freien Warenverkehr haben und lediglich potentiell handelshemmend wirken.[278] Der *EuGH* hat in solchen Fällen keine Systematik erkennen lassen, sondern bei der Beurteilung der Geeignetheit einer handelsbehindernden Norm stets auf den Einzelfall abgestellt.[279]
Zwingende Gründe des Allgemeininteresses im Warenverkehr können auch kulturpolitische Zielsetzungen sein. In der Rechtssache "Familiapress"[280] hat der *EuGH* entschieden, dass bei einem nationalen Verbot der Aufnahme von

---

275 Zur Rechtsdogmatik: Grabitz/Hilf, *Kommentar zur Europäischen Union*, Art. 30 Rn. 20; Geiger, *EUV/EGV*, Art. 28, Rn. 17 f.; zur Gleichsetzung: EuGH, Urteil v. 25.07.1991, Rs. 1/90 u. 176/90 - Aragonesa, Slg. 1991, I - 4151 f.

276 Groeben/Thiersing/Ehlermann, *Kommentar zum EU-/EGV*, Art. 30 Rn. 85; EuGH, Urteil v. 20.09.1988, Rs. 302/86 - Kommission/Dänemark, Slg. 1988, 4607 (4630).

277 Reese, *Grenzüberschreitende Werbung in der Europäischen Gemeinschaft*, S. 53-56.

278 EuGH, Urteil v. 14.07.1981, Rs 155/88 - Oebel, Slg. 1981, 1993 f. ; EuGH, Urteil v. 31.03.1982, Rs. 75/81 - Blesgen, Slg. 1982, 1211 f. ; EuGH, Urteil v. 07.02.1984, Rs. 238/82 - Duphar, Slg. 1984, 523 f. ; EuGH, Urteil v. 11.07.1985, Rs. 60 u. 61/84 - Cinéthèque, Slg. 1985, 2605 f. ; EuGH, Urteil v. 11.07.1990, Rs. 23/89 - Southend, Slg. 1990, 3059 f. ; EuGH, Urteil v. 25.11.1986, Rs. 148/85, Slg. 1986, 3449 f. ; EuGH, Urteil v. 08.12.1987, Rs. 20/87, Slg. 1987, 4879 f. ; EuGH, Urteil v. 23.11.1989, Rs. 145/88 - Torfaen, Slg. 1989, 3851 f. ; EuGH, Urteil v. 07.03.1990, Rs. 69/88, Slg. 1990, I - 583 f.; EuGH, Urteil v. 11.07.1990, Rs. 23/89 - Quitlynn, Slg. 1990, I - 3077 f. ; EuGH, Urteil v. 07.05.1990, Rs. 350/89, Slg. 1991, I - 2387 f.; EuGH, Urteil v. 28.02.1991, Rs. 332/89 - Marchandise, Slg. 1991, I - 1027 f. ; EuGH, Urteil v. 28.02.1991, Rs. 312/89 - Conforama, Slg. 1991, I - 997 f.

279 Reese, *Grenzüberschreitende Werbung in der Europäischen Gemeinschaft*, S. 56 f.

280 EuGH, Familiapress, Urteil v. 26.06.1997, in: Informationsdienst des EuGH Nr. 19/97, S. 15 f.

Preisausschreiben in periodischen Druckwerken kein Verstoß gegen *Art. 30 EGV a. F. (= Art. 28 EGV)* vorliegt, wenn dieses Verbot in einem angemessenen Verhältnis zur Aufrechterhaltung der Medienvielfalt steht und dieser Zweck nicht durch Maßnahmen erreicht werden kann, die weniger beschränkend sind. Eine Verkaufsmodalität im Sinne der "Keck"-Rechtsprechung wurde nicht angenommen, da sich das Verbot auf eine Regelung bezieht, die den Inhalt der Erzeugnisse betrifft. Im Rahmen der Verhältnismäßigkeit geht der *EuGH* davon aus, dass die Meinungsvielfalt ein zwingendes Erfordernis darstellt, das zur Wahrung der durch *Art. 10 EMRK* geschützten Meinungsäußerungsfreiheit beiträgt.

II. Übertragung der Grundsätze des freien Warenverkehrs auf den freien Dienstleistungsverkehr

Schwierig zu beurteilen ist die Frage, ob die angesichts der "Keck-Doktrin" entwickelten Grundsätze zum Umfang des *Art. 30 ff. EGV a. F. (= Art. 28 ff. EGV)* auf *Art. 49 ff EGV* übertragen werden können.[281] Die Systematik der grenzüberschreitenden Warenverkehrsfreiheit unterscheidet zwischen dem Verbot mengenmäßiger Einfuhrbeschränkungen und dem Verbot mengenmäßiger Ausfuhrbeschränkungen. Eine vergleichbare Unterscheidung findet sich für den grenzüberschreitenden Dienstleistungsverkehr nicht. In seiner ersten Entscheidung nach "Keck" war der *EuGH* noch nicht auf die Übertragbarkeit eingegangen.[282] In der Entscheidung "Alpine Investments"[283] bezogen sich die Richter auf die Frage, ob sich das nationale Werbeverbot als Marktzugangshindernis auswirke.[284] Dies wurde bejaht. Inwieweit die Werberegelung Verkaufsmodalitäten oder produktbezogene Eigenschaften betraf, blieb zwar unbeantwortet; dennoch lässt sich der Argumentation des EuGH entnehmen, dass Wertungsgesichtspunkte des freien Warenverkehrs auch für den freien Dienstleistungsverkehr gelten sollen.[285]

Die formelle Betrachtung der Unterscheidung zwischen Herkunfts- und Einfuhrstaat verkennt die enge wirtschaftliche Verknüpfung zwischen der grenzüberschreitenden Vermarktung von Waren und Dienstleistungen.[286] Bereits in älteren Urteilen des *EuGH* wurde auf die Gemeinsamkeiten zwischen

---

281 Bejahend: Everling, ZLR 1994, S. 221 ff.; Becker, NJW 1996, S.179 (180 f.); Kort, JZ 1996, 132 (136); zurückhaltender Reich, EuZW 1995, S. 408 f. (409).

282 EuGH,Urteil v. 24.03.1994, Rs. 275/92 - Schindler, Slg. 1994, S. 1039 f.

283 EuGH, Urteil v. 10.05.1995, Rs. 384/93 - Alpine Investments, Slg. 1995, I - 1141 f. (1177).

284 Im Fall "Alpine Investments" hatte das Herkunftsland ein Verbot der Telefonwerbung für Finanzdienstleistungen erlassen, während im Fall "Keck" das Marktverhalten vom Staat des Warenempfängers beschränkt wurde.

285 Meyer, GRUR Int. 1996, S. 706 f.

286 Ebd., GRUR Int. 1996, S. 706 f.

Dienstleistungs- und Warenverkehrsfreiheit hingewiesen.[287] Dies gilt insbesondere für die Übertragung der Grundgedanken der "Cassis de Dijon-Entscheidung" auf die Grundfreiheiten, wonach in Ermangelung einer gemeinschaftlichen Harmonisierung die Mitgliedstaaten zu voneinander abweichenden Regelungen befugt sind. Im übrigen ist nicht einzusehen, den Anwendungsbereich der *Art. 28 ff. EGV* enger zu fassen als den Anwendungsbereich der *Art. 49 ff. EGV*. Der Dienstleistungsfreiheit ist kein geringerer Garantiegehalt beizumessen als der Warenverkehrsfreiheit. Es ist daher interessengerecht, dass zur Anwendbarkeit der *Art. 28 EGV* und *Art. 49 EGV* die Auslegung der jeweiligen restriktiven Normen angepasst wird.[288]

III. Freier Dienstleistungsverkehr

Der *EuGH* hat die Dienstleistungsvorschriften uneingeschränkt auf die Fernsehtätigkeit und fernsehspezifische Werbung als wirtschaftliche Tätigkeit angewandt.

1. Auslegungsmonopol des EuGH

Der *EuGH* hat die Jurisdiktionshoheit und das Auslegungsmonopol gem. *Art. 220 EGV*. Zu der dem *EuGH* übertragenen Auslegungsbefugnis gehört auch die Befugnis zur Ausfüllung von Rechtslücken und zur Rechtsfortbildung.[289] Hiervon hat der *EuGH* umfassend Gebrauch gemacht. Durch seine "dynamische" Interpretation der Gründungsverträge wurde wesentlich die Integration der Mitgliedstaaten in der Gemeinschaft vorangetrieben. Insbesondere hat der *EuGH* dazu beigetragen, das ursprünglich noch unvollkommene Gemeinschaftsrecht um entscheidende Punkte zu ergänzen.[290] Das richterliche Instrument der "Integration by jurisprudence" ist mehrfach durch nationale Verfassungsgerichte in Zweifel gezogen worden, da für Vertragsänderungen gem. *Art. 48 EUV* originär die Mitgliedstaaten im Zusammenwirken mit den Gemeinschaftsorganen zuständig sind.[291] Letztlich führt die Problematik zu den Ursprüngen der Römischen Verträge zurück, wo die Mitgliedstaaten sich durch die Unterzeichnung der Jurisdiktionsgewalt des *EuGH* als Organ der Gemeinschaft unter-

---

[287] EuGH, GRUR Int. 1980, 608/609 - Debauve; EuGH, GRUR Int. 1989, 665/668 - Bond van Adverteerdes; EuGH, Urteil v. 09.08.1994, Rs. 43/93 - Van der Elst, Slg. 1994, S. 3803 (3823).

[288] Sack will zur Parallelauslegung von Art. 30 EGV a. F. (Art. 28 EGV) und Art. 59 EGV a. F. (Art. 49) gelangen, wenn die "Keck-Doktrin" aufgegeben wird und auf das Erfordernis der spürbaren Behinderung des Imports von Waren bzw. Dienstleistungen abgestellt wird, WRP 1998, S. 103 (116).

[289] BVerfGE 75, 223 f.; Bleckmann, NJW 1982, S. 1177 f.; Ukrow, *Richterliche Rechtsfortbildung durch den EuGH*, S. 10 f.

[290] Vgl. Everling, *Richterrecht in der Europäischen Gemeinschaft*, S. 36.

[291] Dörr, *EG-Vertrag, EU-Vertrag und Medienordnung, Kompetenztitel und Kompetenzausübungsschranken*, S. 3 f.

worfen haben. So kann auch der *EuGH* als Hüter des Gemeinschaftsrechts bei der Auslegung und Anwendung des Gemeinschaftsrechts entscheiden, ob im rundfunkspezifischen Bereich eine Zuständigkeit der Gemeinschaft gegeben ist.[292]

2. Rundfunk als Dienstleistung

Die primäre wirtschaftspolitische Zielsetzung der Gemeinschaft ist das Binnenmarktkonzept. Ein Instrument ist die Dienstleistungsfreiheit, wonach grundsätzlich der Dienstleistungsverkehr innerhalb der Gemeinschaft für Angehörige der Mitgliedstaaten, die in einem anderen Mitgliedstaat als demjenigen des Leistungsempfängers ansässig sind, nicht beschränkt werden darf. Soweit Dienstleistungen dem freien Waren- und Kapitalverkehr sowie den Vorschriften über die Freizügigkeit der Personen unterliegen, findet *Art. 49 ff. EGV* keine Anwendung. Die Dienstleistungsfreiheit bildet einen Auffangtatbestand zu den übrigen Grundfreiheiten des *EGV*.[293] Dabei ist für eine Abgrenzung der Schwerpunkt der wirtschaftlichen Betätigung maßgeblich.[294] Das Handelsgeschäft muss sich auf einen körperlichen Gegenstand beziehen.[295] Dementsprechend liegt keine Dienstleistung vor, wenn die Leistung eine bewegliche Sache ist (z. B. Tonträger, Filme, Bücher).[296]

2.1. Erwerbswirtschaftliche Tätigkeit

Dienstleistung ist die in selbständiger Stellung erbrachte Tätigkeit, die vorübergehender oder erwerbswirtschaftlicher Natur ist.[297] Gemäß *Art. 50 EGV* muss deshalb die Leistung "in der Regel gegen Entgelt erbracht werden". Werbung wird in zweifacher Hinsicht durch *Art. 49 EGV* geschützt: zum einen in Form der Werbung für Dienstleistungen[298], zum anderen in Form der Werbung als Dienstleistung. Kulturelle, kirchliche und karitative Leistungen

---

292 EuGH, Urteil v. 30.04.1997, Rs. 155/73 - Sacchi, Slg. 1974, 409 (428 f.); EuGH, Urteil v. 13.08.1980, Rs. 52/79 - Debauve, Slg. 1980, 834 f.; EuGH, Urteil v. 26.04.1988, Rs. 352/85 - Bond van Adverteerders, Slg. 1988, 2138 f.

293 Art. 50 Abs. 1 EGV a. E.

294 Zur Abgrenzung von Dienstleistungs- u. Warenverkehrsfreiheit: EuGH, Urteil v. 24.03.1994, Rs. - 275/92 - Schindler, Slg. 1994, I - 1039, (1088).

295 EuGH, Urteil v. 09.07.1992, Rs. 2/90 - Abfall in Wallonien, Slg. 1992, I - 4431 (4477).

296 EuGH, Urteil v. 30. 04.19974, Rs. 155/73 - Sacchi, Slg. 1974, 409 f.

297 Zum Dienstleistungsbegriff: Beutler/Bieber/Pipkorn/Streil, Die Europäische Union, S. 329 f.; Geiger, EG-Vertrag, Art. 60 EGV, Rn. 2 f.; Lenz, *Kommentar zu dem Vertrag zur Gründung der Europäischen Gemeinschaften*, Art. 50 EGV, Rn. 7 - 18; Schricker, *Recht auf Werbung in Europa*, Einführung, Rn. 196; Schweitzer/Hummer, *Europarecht*, S. 289 f.; Streinz, *Europarecht*, S. 207, Rn. 721 f.

298 EuGH, Urteil v. 24.03.1994, Rs. 275/92 - Schindler, Slg. 1994, I - 1039 f.; EuGH, Urteil v. 10.05.1995, Rs. - 384/94 - Alpine Investments, Slg. 1995, I - 1141 f.

sind keine Dienstleistungen, da sie nicht am Wirtschaftsleben teilnehmen.[299] Dies gilt auch für staatliche Bildungseinrichtungen, selbst dann, wenn Schulgebühren gezahlt werden müssen.[300] Leistender und Empfänger brauchen nicht in einem Gegenseitigkeitsverhältnis stehen.[301] Die Ausgestaltung der Leistungsbeziehung ist irrelevant.[302]

2.2. Grenzüberschreitende Dienstleistung

Die Dienstleistung muss grenzüberschreitend sein. Wirtschaftliche Betätigungen, die sich nur innerhalb eines Mitgliedstaates bewegen, fallen nicht unter *Art. 49 EGV*.[303] Der grenzüberschreitende Aspekt kann in verschiedenen Ausprägungen auftreten. Der Dienstleistungserbringer begibt sich in einen anderen Mitgliedstaat, um dort tätig zu werden (aktive Dienstleistungsfreiheit).[304] Die Dienstleistungsfreiheit erfasst aber auch Fälle der grenzüberschreitenden Inanspruchnahme von Diensten, in denen sich der Dienstleistungsempfänger zu dem Dienstleistungserbringer in einen anderen Mitgliedstaat begibt.[305] Schließlich genügt, wenn alleine die Dienstleistung die Grenze passiert, ohne dass die Beteiligten ihren Aufenthaltsort ändern (personenunabhängige Dienstleistungsfreiheit).[306] Letzterer Grundtyp betrifft die grenzüberschreitende Ausstrahlung von Fernsehsendungen.[307] Der *EuGH* hat den transnationalen Bezug einer Dienstleistung auch anerkannt, wenn der Leistungserbringer in einem anderen Mitgliedstaat als demjenigen anbietet, in dem er niedergelassen ist, und zwar unabhängig vom Niederlassungsort der

---

299 Lenz, *Kommentar zu dem Vertrag zur Gründung der Europäischen Gemeinschaften*, Art. 50 Rn. 12.

300 EuGH, Urteil v. 27.09.1988, Rs. 263/86 - Humbel und Edel, Slg. 1988, 5365 (5388). Leistungen, die Teil des Wirtschaftslebens sind, fallen unter den Dienstleistungsbegriff: EuGH, Urteil v. 15.03.1988, Rs. 147/86 - Privatschulen, Slg. 1988, 1651 (1656); EuGH, Urteil v. 07.12.1993, Rs. 109/92 - Wirth, Slg. 1993, I - 6447 (6469).

301 EuGH, Urteil v. 26.04.1988, Rs. 352/85 - Bond van Adverteerders, Slg. 1988, 2085 (2131).

302 Ausnahmen öffentlich-rechtlicher Betätigung Art. 45 EGV, Art. 86 Abs. 2 EGV; Kugelmann, *Der Rundfunk und die Dienstleistungsfreiheit des EWG-Vertrages*, S. 100 - 102; Martin-Pérez de Nanclares, *Die EG-Fernsehrichtlinie*, 1995, S. 57 f.; Holznagel, *Rundfunkrecht in Europa: auf dem Weg zu einem Gemeinschaftsrecht europäischer Rundfunkordnungen*, 1996, S. 134 f.

303 EuGH, Urteil v. 05.10.1988, Rs. 196/87 - Steymann, Slg. 1988, 6159 (6174).

304 Art. 50 Abs. 3 EGV.

305 Vgl. EuGH, Urteil v. 31.01.1984, Rs. - 286/82 u. 26/83 - Luisi und Carbone, Slg. 1984, 377 f.; EuGH, Urteil v. 02.02.1989, Rs. - 186/87 - Cowan, Slg. 1989, 195 f.

306 EuGH, Urteil v. 24.03.1994, Rs. - 275/92 - Schindler, Slg. 1984, I - 1039 f. Zu den drei Formen der Dienstleistungsfreiheit vgl. Hailbronner/Nachbaur, EuZW 1992, S.105 f. (108).

307 EuGH, Urteil v. 18.03.1980, Rs. 52/79 - Debauve, Slg. 1980, 833 f.

Empfänger dieser Dienstleistungen.[308]

3. Rundfunkspezifische Grundurteile

Der *EuGH* hat in einigen Grundurteilen die Veranstaltung und Verbreitung von Rundfunk als Dienstleistung qualifiziert. Dabei wurde stets die Bedeutung des Rundfunks als Wirtschaftsgut hervorgehoben. Gerade in der fernsehspezifischen Werbung hat der *EuGH* den wirtschaftlichen Bezug in der Stimulierung des Absatzes von Waren und Dienstleistungen gesehen.[309]

3.1. Rechtssache "Sacchi"[310]

Der *EuGH* führte erstmals zur Anwendbarkeit der Dienstleistungsvorschriften gem. *Art. 49 EGV* aus:

> "In Ermangelung ausdrücklicher entgegenstehender Vertragsbestimmungen sind Fernsehsendungen ihrer Natur nach als Dienstleistungen anzusehen. Demnach fällt die Ausstrahlung von Fernsehsendungen als solche, einschließlich zu Werbezwecken, unter die Vertragsvorschriften über Dienstleistungen."[311]
> "Dagegen unterliegt der Handel mit sämtlichen Materialien, Tonträgern, Filmen und sonstigen Erzeugnissen, die für die Ausstrahlung von Fernsehsendungen benutzt werden, den Bestimmungen über den freien Warenverkehr."[312]

Trotz der Differenzierung zwischen Waren- und Dienstleistungsfreiheit unterließ es der *EuGH*, die Voraussetzungen der Dienstleistung näher zu prüfen.[313] Die zunächst auf terrestrisch ausgestrahlte Fernsehsendungen beschränkte Rechtsprechung wurde in späteren Urteilen auf andere Übertragungswege ausgedehnt.[314]

---

308 EuGH, Urteil v. 01.07.1993, Rs. 20/92 - Testamentvollstrecker, Slg. 1993, I - 3777 f. (3794).

309 EuGH, Urteil v. 09.02.1995, Rs. 412/93 - Leclerc-Siplec, Slg. 1995, I - 182 (186).

310 EuGH, Urteil vom 30.04.1974, Rs. 155/73 - Sacchi; Slg. 1974, 409 f.

311 Ebd., 428, 432, Leitsatz 1 des Urteils.

312 Ebd., 428, 432, Leitsatz des Urteils.

313 Bauer, *Richtlinie zur Koordinierung bestimmter Rechts- und Verwaltungsvorschriften der Mitgliedstaaten über die Ausübung der Fernsehtätigkeit*, S. 195 - 197.

314 EuGH, Urteil v. 18.03.1980, Rs. 52/79 - Debauve, Slg. 1980, 833 (855); EuGH, Urteil v. 18.03.1980, Rs. 62/79 - Coditel I, Slg. 1980, 881 (902 f.); EuGH, Urteil v. 06.10.1982, Rs. 262/81 - Coditel II, Slg. 1982, 3381 (3400 f.); EuGH, Rs. 260/89, Slg. 1991, I - 2925; Martin-Pérez de Nanclares, ZUM 1992, S. 607 (613).

3.2. Rechtssache "Debauve"[315]

Dieses Verfahren war Grundlage für weitere Entscheidungen, die sich auf die Übertragungsform des Kabels bezogen.[316] Kern der Entscheidung war:

> "Vor der Überprüfung dieser Frage ist daran zu erinnern, dass der Gerichtshof in seinem Urteil vom 30. April 1974 in der Rechtssache Sacchi für Recht erkannt hat, dass die Ausstrahlung von Fernsehsendungen als solchen, einschließlich jener zu Werbezwecken, unter die Vertragsvorschriften für Dienstleistungen fällt. Es gibt keinen Grund, die Übertragung derartiger Mitteilungen im Wege des Kabelfernsehens anders zu behandeln."[317]

Der *EuGH* wies darüber hinaus ausdrücklich darauf hin, dass die Dienstleistungsvorschriften auf die Rundfunktätigkeit nur anwendbar sind, wenn die ausgestrahlten Sendungen in einem anderen Mitgliedstaat empfangen werden können.[318]

3.3. Rechtssache "Bond van Adverteerders"[319]

Im Falle der Kabelnetzbetreiber konkretisierte der *EuGH* die Merkmale der entgeltlichen und grenzüberschreitenden Dienstleistung, die zwischen Rundfunkveranstalter und Empfänger stehen. Der Kabelnetzbetreiber erbringe durch die Übertragung an den Kabelkunden eine Dienstleistung gegenüber Rundfunkveranstaltern in anderen Mitgliedstaaten. Daneben erfolge eine Dienstleistung von den Rundfunkveranstaltern eines Mitgliedstaates gegenüber dem im Empfangsstaat niedergelassenen Werbeunternehmen.[320] Durch diese Aufteilung ergibt sich für den *EuGH* ein grenzüberschreitender Charakter.[321] Der *EuGH* äußerte:

> "Wenn in einem Mitgliedstaat ansässige Betreiber von Kabelnetzen Fernsehprogramme verbreiten, die von Sendern in anderen Mitgliedstaaten angeboten werden und Werbemitteilungen enthalten, die speziell für die Öffentlichkeit des Empfangsstaates bestimmt sind, so liegen mehrere Dienstlei-

---

315 EuGH, Urteil v. 18.03.1980, Rs. 52/79 - Debauve, Slg. 1980, 833 f.

316 EuGH, Urteil v. 18.03.1980, Rs. 62/79 - Coditel I, Slg. 1980, 881 (902 f.); EuGH, Urteil v. 06.10.1982, Rs. 262/81 - Coditel II, Slg. 1982, 3381 (3400 f.); EuGH, Urteil v. 10.09.1996, Rs. 11/95 - Kommission/Belgien, in: EuZW 1996, S. 718 f.

317 EuGH, Urteil v. 18.03.1980, Rs. 52/79 - Debauve, Slg. 1980, 855 f.; Sturm, AfP 1980, S.190 f.

318 EuGH, Urteil v. 18.03.1980, Rs. 52/79 - Debauve, Slg. 1980, 833 f. (855); später EuGH, Urteil v. 05.10.1994, Rs. 23/94 - TV 10, Slg. 1994, I - 4795 (4832).

319 EuGH, Urteil v. 26.04.1988, Rs. 352/85 - Bond van Adverteerders, Slg. 1988, 2085 f.

320 Grünbuch der Kommission *Fernsehen ohne Grenzen*, Dok. KOM (84) 300, 109 ff.

321 EuGH, Urteil v. 26.04.1988, Rs. 352/85 - Bond van Adverteerders, Slg. 1988, 2085 (2131).

stungen im Sinne von Art. 50 und 60 EWGV vor."[322]

Das Entgeltlichkeitskriterium ist entweder durch die Gebühr des Empfängers oder durch die Zahlung des Rundfunkveranstalters an den Kabelnetzbetreiber erfüllt. Mithin ermöglicht die Dienstleistungsfreiheit die freie Verbreitung von Fernsehprogrammen (auch in Kabelnetzen) und die Einspeisung von Werbesendungen durch Werbeträger oder Sponsoren in die Kabelnetze durch den Kabelnetzbetreiber. Der grenzüberschreitende Charakter der Dienstleistung ist immer dann anzunehmen, wenn er vom Rundfunkveranstalter beabsichtigt ist.[323] Aber auch dann liegt eine grenzüberschreitende Tätigkeit vor, wenn sie vom Rundfunkveranstalter nicht bezweckt ist.[324] Fallen Entgelt und Grenzüberschreitung auseinander, weil der Werbetreibende an den kommerziellen Rundfunkveranstalter zahlt, aber nur der Zuschauer sich in einem anderen Mitgliedstaat befindet, so sind dennoch die Dienstleistungsvorschriften anwendbar.[325] Für Satellitenübertragung gelten die gleichen Grundsätze, da nicht das Mittel der Übertragung, sondern die Dienstleistung i. S. v. *Art. 49 EGV* im Vordergrund steht.[326] Die vom *EuGH* entwickelte Rechtsprechung findet im deutschen Schrifttum überwiegend ihre Zustimmung.[327]

IV. Beschränkung des freien Dienstleistungsverkehrs

1. Allgemeines Beschränkungsverbot

Der *EuGH* geht im Rahmen des freien Dienstleistungsverkehrs von einem umfassenden Beschränkungsverbot aus, sodass nicht nur diskriminierende, sondern auch nicht diskriminierende Maßnahmen erfasst werden. Die Gewährleistung der Dienstleistungsfreiheit zielt auf die Beseitigung von Diskriminierungen bei der Erbringung oder der Inanspruchnahme von Dienstleistungen ab. Der Dienstleistungsverkehr darf nicht aus Gründen der Staatsangehörigkeit

---

322 Ebd., 2137; dazu Gerlich, ZUM 1990, S. 170 f.; Koszuszeck, ZUM 1989, S. 541 f.; Martin-Pérez de Nanclares, *Die EG-Fernsehrichtlinie*, S. 45, Rn. 112.

323 Vgl. Kugelmann, *Der Rundfunk und die Dienstleistungsfreiheit des EWG-Vertrages*, S. 82 f.

324 Im Ergebnis ebenso: Kugelmann, ebd. S. 82 f.; Petersen, *Rundfunkfreiheit und EG-Vertrag*, S. 59-61 m.w.N.; *Spill over*: Fuhr/Rudolf/Wasserburg, *Recht der Neuen Medien*, S. 21 (24).

325 Im Ergebnis ebenso: EuGH, Urteil v. 26.04. 1988, Rs. 352/85 - Bond van Adverteerders, Slg. 1988, 2085 (2131); Petersen, *Rundfunkfreiheit und EG-Vertrag*, S. 66.

326 EuGH, Urteil v. 10.09.1996, Rs. 222/94 - Kommission/Vereinigtes Königreich, ZUM 1996, S. 880 f.

327 Hermann, GRUR Int. 1984, S. 578 f.; Mestmäcker/Engel/Gabriel-Bräutigam/Hoffmann, *Offene Rundfunkordnung: Prinzipien für den Wettbewerb im grenzüberschreitenden Rundfunk*, S. 41; Steindorff, RiW 1983, S. 831 f.; Martin-Pérez de Nanclares, *Die EG-Fernsehrichtlinie*, S. 46, Rn. 117.

gegenüber den Staatsangehörigen des Bestimmungsstaates diskriminiert werden (sog. Diskriminierungsverbot).[328] Während dem in *Art. 49 EGV* enthaltenen Diskriminierungsverbot grundsätzlich ein absoluter Charakter zukommt, beansprucht das weitergehende Beschränkungsverbot nur insoweit Geltung, als ihm kein nationales Allgemeininteresse entgegensteht.

2. Ausnahmen vom Beschränkungsverbot

Allgemein sind alle jene Vorschriften als diskriminierend anzusehen, die nicht unterschiedslos auf alle Leistungen ohne Rücksicht auf deren Ursprung anwendbar sind.[329] Diskriminierende Maßnahmen sind nur dann mit dem Gemeinschaftsrecht vereinbar, wenn sie unter den in *Art. 46 i. V. m. Art. 55 EGV* normierten sog. "ordre public-Vorbehalt" fallen und dem Verhältnismäßigkeitsgrundsatz entsprechen. Die Mitgliedstaaten haben bei der inhaltlichen Bestimmung der Rechtfertigungsgründe einen Beurteilungsspielraum, dessen gemeinschaftskonforme Auslegung vom *EuGH* überprüft werden kann.[330] Der *EuGH* hat entschieden, dass solche Vorschriften keine Schutzmaßnahmen wirtschaftlicher Art oder Zielsetzung erlauben.[331] Angesichts eines eng auszulegenden Begriffs der "öffentlichen Ordnung" ist eine Einschränkung des Dienstleistungsverkehrs nur möglich, wenn eine tatsächliche und hinreichende Gefährdung besteht, die ein Grundinteresse der Gemeinschaft berührt.[332] Ob kulturpolitische Interessen in den Rundfunkordnungen der Mitgliedstaaten zur Aufrechterhaltung des nichtkommerziellen Rundfunks aus Gründen der öffentlichen Ordnung i. S. v. *Art. 46 EGV* gerechtfertigt sind, hat der *EuGH* noch nicht abschließend entschieden.[333] In der Literatur werden solche diskriminie-

---

328 EuGH, Urteil v. 03.12.1974, Rs. 33/74 - van Bimsbergen, Slg. 1974, 1299 f.; EuGH, Urteil v. 26. 11.1975, Rs.- 39/75 - Coenen, Slg. 1975, 1547 f.

329 EuGH, Urteil v. 26.04.1988, Rs. 352/85 - Bond van Adverteerders, Slg. 1988, 2085 (2134); EuGH, Urteil v. 25.7.1991, Rs. 288/89 - Stichting Collective, Slg. 1991, I - 4007 (4044); EuGH, Urteil v. 25.07.1991, Rs. 353/89 - Kommission/Niederlande, Slg. 1991, I - 4069 (4093); EuGH, Urteil v. 16.12.1992, Rs. 211/91 - Kommission/Belgien, Slg. 1992, I - 6757 (6777).

330 EuGH, Urteil v. 28.10.1975, Rs. 36/75 - Rutili, Slg. 1975, I - 1219 f.

331 EuGH, Urteil v. 26.04.1988, Rs. 352/85 - Bond van Adverteerders, Slg. 1988, 2085 (2135); EuGH, Urteil v. 25.07.1991, Rs. 288/89 - Stichting Collective, Slg. 1991, 4007 f.; EuGH, Urteil v. 25.07.1991, Rs. 353/89 - Kommission/Deutschland, Slg. 1989, 1263 (1291).

332 EuGH, Urteil v. 18.05.1982, Rs. 115 u. 116/81 - Adoui u. Cornvaille, Slg. 1982, 1665 (1707); EuGH, Urteil v. 27.10.1977, Rs. 30/77 - Bouchereau, Slg. 1977, 1999 (2013); EuGH, Urteil v. 18.05.1989, Rs. 249/86 - Kommission/Deutschland, Slg. 1989, 1263 (1291).

333 EuGH, Urteil v. 16.12.1992, Rs. 211/91 - Kommission/Belgien, Slg. 1992, I - 6757 (6776).

renden Maßnahmen zur Pluralismussicherung bejaht.[334]
Die Dienstleistungsfreiheit gewährleistet einen umfassenden Schutz. *Art. 49 EGV* verlangt die Beseitigung sämtlicher unterschiedslos für einheimische und andere Dienstleister geltender Bestimmungen, die geeignet sind, die Tätigkeit des Dienstleistenden, der in einem anderen Mitgliedstaat ansässig ist und dort rechtmäßig ähnliche Dienstleistungen erbringt, zu unterbinden oder zu behindern.[335] Nicht diskriminierende Maßnahmen sind mit dem Gemeinschaftsrecht nur vereinbar, wenn sie durch zwingende Gründe des Allgemeininteresses gerechtfertigt sind und den Erfordernissen, die den beschränkenden Maßnahmen zugrunde liegen, nicht bereits durch Vorschriften, die für den Dienstleistungserbringer im Herkunftsstaat gelten, Genüge getan ist.[336] Den Rechtfertigungsgrund der zwingenden Gründe des Allgemeininteresses hat der *EuGH* in Anlehnung an die Grundsätze zur Warenverkehrsfreiheit geschaffen.[337] Gemeinhin versteht man unter dem Allgemeininteresse die Gesamtheit der Grundsätze politischer Ethik, von denen ein staatliches Gemeinwesen lebt.[338] Zwingende Gründe des Allgemeininteresses umfassen u. a. den Verbraucherschutz und die Lauterkeit des Wirtschaftsverkehrs.[339] Gerade bei Werberestriktionen erfährt der Verbraucherschutz eine besondere Bedeutung. Hierzu hat der *EuGH* das Verbraucherleitbild unterschiedlich konkretisiert.[340] In jüngeren Entscheidun-

---

[334] Rosenthal, *Die Kompetenz der Europäischen Gemeinschaft für den rechtlichen Rahmen der Informationsgesellschaft*, S. 71, m. w. N. (Rn. 229).

[335] Ständige Rspr. seit EuGH, Urteil v. 03.12.1974, Rs. 33/74 - van Bimsbergen, Slg. 1974, 1299 (1311); EuGH, Urteil v. 18.03.1980, Rs. 52/79 - Debauve, Slg. 1980, 833 (857); EuGH, Urteil v. 26.04. 1988, Rs. 352/85 - Bond van Adverteerders, Slg. 1988, 2085 (2136); EuGH, Urteil v. 25.07.1991, Rs. 76/90 - Säger, Slg. 1991, I - 4221 (4243); EuGH, Urteil v. 24.03.1994, Rs. 275/92 - Schindler, Slg. 1994, I - 1039 f.

[336] EuGH, Urteil v. 25.07.1991, Rs. 288/89 - Stichting Collective, Slg. 1991, 4007 f.; EuGH, Urteil v. 18.01.1979, Rs. 110 u. 11/78 - Wesemael, Slg. 1979, 35 (52); EuGH, Urteil v. 17.12.1981, Rs. 279/80 - Webb, Slg. 1981, 3305 (3325), EuGH, Urteil v. 25.07.1991, Rs. 76/90 - Säger, Slg. 1991, I - 4221 (4244).

[337] EuGH, Urteil v. 18.03.1980, Rs. 52/59 - Debauve, Slg. 1980, 856; Dauses, *Handbuch des EG-Wirtschaftrechts*, Rn. E I 118; Grabitz/Hilf, Kommentar zur Europäischen Union, Art. 60 EWGV, Rn. 22.

[338] Generalanwalt Mancini, in: Urteil v. 26.04.1988, Rs. 352/85 - Bond van Adverteerders, Slg. 1988, 2121 f.; EuGH, Urteil v. 03.12.1974, Rs. 33/74 - van Bimsbergen, Slg. 1974, 1299 (1309); EuGH, Urteil v. 18.03.1980, Rs. 62/79 - Coditel I, Slg. 1980, 881 f. (903); EuGH, Urteil v. 17.12.1981, Rs. 279/80 - Webb, Slg. 1981, 3305 f.; EuGH, Urteil v. 04.12.1986, Rs. 205/84 - Kommission/Deutschland, Slg. 1986, 3755 (3803); EuGH, Urteil v. 26.02.1991, Rs. 180/89 - Kommission/Italien, Slg. 1991, I - 709 (723); EuGH, Urteil v. 26.02.1991, Rs. 154/89 - Kommission/Frankreich, Slg. 1991, I - 659 (687); EuGH, Urteil v. 26.02.1991, Rs. 198/89 - Kommission/Griechenland, Slg. 1991, I - 727 (741).

[339] EuGH, Urteil v. 04.12.1986, Rs. 205/84 - Kommission/Deutschland, Slg. 1986, 3755 (3803); Becker, NJW 1996, S. 179 (180); Kort, JZ 1986, S. 132 (135).

[340] Sack, WRP 1999, S. 399 f.

gen wie "Gut Springenheide"[341] und "Verbraucherschutzverein / Sekt-Kellerei Kessler"[342] geht der *EuGH* von einem durchschnittlich informierten, aufmerksamen und verständigen Durchschnittsverbraucher aus. Der *EuGH* hat auch die Kulturpolitik zur Aufrechterhaltung eines pluralistischen Rundfunkwesens unter die zwingenden Gründe des Allgemeininteresses gestellt.[343] Allerdings kommt dem Einschätzungs- und Beurteilungsspielraum der Mitgliedstaaten bei der Beachtung des Verhältnismäßigkeitgrundsatzes eine besondere Bedeutung zu:

> "Hinsichtlich der Verhältnismäßigkeit der in Rede stehenden Beschränkung ist daran zu erinnern, dass die Anforderungen an den Dienstleistungserbringer nach ständiger Rechtsprechung geeignet sein müssen, die Verwirklichung des mit ihnen angestrebten Ziels zu gewährleisten, und dass sie nicht über das zur Erreichung dieses Ziels Erforderliche hinausgehen dürfen."[344]

Zur Frage der Erforderlichkeit hat der *EuGH* noch keine Stellung genommen, sondern in Ermangelung von Harmonisierungsregeln vielmehr die Subsumtion den nationalen Gerichten überlassen.[345] In zwei Fällen wurden kulturpolitische Belange als unverhältnismäßig abgelehnt, weil die mitgliedschaftlichen Vorschriften zur Aufrechterhaltung eines nationalen Rundfunkwesens und zum Schutz der Meinungsfreiheit nicht erforderlich waren.[346] Lediglich in der Rechtssache "TV 10" wurde die Pluralismussicherung als legitimes Ziel bei Umgehung innerstaatlicher Vorschriften durch Rundfunkveranstalter aner-

---

341 EuGH, Urteil v. 16.07.1998, Rs. - 210/96 - Gut Springenheide, Slg. 1998, I - 4657 f. (Rn. 31).

342 EuGH v. 28.01.1999, Rs. 303/97 - Verbraucherschutzverein/Sektkellerei Kessler, WRP 1999, S. 307 f. (Rn. 36).

343 EuGH, Urteil v. 25.07.1991, Rs. 353/89 - Kommission/Niederlande, Slg. 1991, 4069 (4097); EuGH, Urteil v. 03.02.1993, Rs. 48/91 - Veronica, Slg. 1993, I - 487 (518); EuGH, Urteil v. 05.10.1994, Rs. 23/93 - TV 10, Slg. 1994, I - 4795 (4832).

344 EuGH, Urteil v. 25.07.1991, Rs. 353/58 - Kommission/Niederlande, Slg. 1991, 4069 (4094); EuGH, Urteil v. 10.03.1995, Rs. - 384/93 - Alpine Investments, Slg. 1995, S. 1141 f.

345 Die originäre Zuständigkeit der Mitgliedstaaten zur Beurteilung der Erforderlichkeit wurde in anderen Bereichen bestätigt: EuGH, Urteil v. 24.03.1994, Rs. 275/92 - Schindler, Slg. 1994, I - 1039 f.

346 EuGH, Urteil v. 25.07.1991, Rs. 288/89 - Stichting Collectieve, Slg. 1991, 4007 (4044); EuGH, Urteil v. 25.07.1991, Rs. 353/89 - Kommission/Niederlande, Slg. 1991, 4069 (4097); zur Zielsetzung der Pluralismussicherung durch "veranstalterstrukturbezogene" Bestimmungen oder "programminhaltsbezogene" Anforderungen: Rosenthal, *Die Kompetenz der Europäischen Gemeinschaft für den rechtlichen Rahmen der Informationsgesellschaft*, S. 74.

kannt.[347]

3. Fernsehwerbespezifische Beschränkungen

Fernsehwerbespezifische Werbung kann in institutioneller und produktbezogener Hinsicht beschränkt werden. Diskriminierende Werbebeschränkungen mit grenzüberschreitender Wirkung sind nur unter den engen Voraussetzungen gerechtfertigt.[348] Unterschiedslos geltende Werberestriktionen können nur aus zwingenden Gründen des Allgemeinwohls gerechtfertigt sein.

3.1. Rechtssache "Bond van Adverteerders"

Das niederländische Vorlageverfahren "Bond van Adverteerders" [349] betraf ein grundsätzliches Werbeverbot für Rundfunkveranstalter. Ziel sollte sein, den Meinungspluralismus im öffentlich-rechtlichen Rundfunk zu gewährleisten. Werbung war für inländische Rundfunkveranstalter lediglich über eine unabhängige Stiftung (STER) gestattet, die ihrerseits zur Abführung der Gewinne an den niederländischen Staat verpflichtet war. Mittelbar kamen wieder die Einnahmen den inländischen Rundfunkveranstaltern zugute. Ausländische Rundfunkveranstalter konnten nur ohne Werbung in den Niederlanden ausgestrahlt werden, sodass keine Chance der Teilhabe am dortigen Markt bestand. Hierin sah der *EuGH* eine Diskriminierung der ausländischen Anbieter. Der Empfang bzw. die Weiterverbreitung von Werbung dürfe nämlich nicht aus wirtschaftlichen Gründen eingeschränkt werden (z. B. verschleiernde Handelsbeschränkungen). Nationale Regelungen, die die grenzüberschreitende Werbung von Unternehmen beschränken, sei es, dass sie sich an ausländische Unternehmen wenden, die im Rundfunk werben wollen, oder sich unterschiedslos gegen In- und Ausländer gleichermaßen richten, könnten nur ausnahmsweise durch *Art. 36 bzw. Art. 56, 66 EGV a. F. (= Art. 30 bzw. Art. 55, 46 EGV)* gerechtfertigt sein.[350] Es handele sich um ein wirtschaftliches Ziel, wenn die Funktion der STER darin bestehe, Einnahmen des inländischen Werbemarktes zu sichern. Soweit es um die Aufrechterhaltung einer nichtkommerziellen und pluralistischen Struktur des inländischen Rundfunks gehe, dürfe die Beschränkung des Dienstleistungsverkehrs nicht über dasjenige hinausgehen, was zur Erreichung des angestrebten Ziels notwendig sei. Dies könne

---

[347] EuGH, Urteil v. 05.10.1994, Rs. 23/93 - TV 10, Slg. 1994, I - 4795 f. (4831); weiterer Umgehungsfall EuGH, Urteil v. 03.02.1993, Rs. 148/91 - Veronica, Slg. 1993, I - 487 f.

[348] Art. 45, 46, 55 EGV.

[349] EuGH, Urteil v. 26.04.1988, Rs. 352/85 - Bond van Adverteerders, Slg. 1988, 2085 f.

[350] EuGH, Urteil v. 06.10.1982, Rs. 262/81 - Coditel II, Slg. 1982, S. 3381 (3401); EuGH, Urteil v. 18.03.1980, Rs. 62/79 - Coditel I, Slg 1980, S. 881 f.; Sack, GRUR Int. 1988, S. 320 (342).

durch ein vollständiges Werbeverbot nicht gewahrt werden.[351] Der *EuGH* hat im Zusammenhang mit der Sicherung der Meinungsvielfalt geäußert, dass die Erhaltung des Pluralismus und auch die Bewahrung des kulturellen Erbes einer Nation zu den zwingenden Erfordernissen der öffentlichen Ordnung gehören. Der spezifische Vorbehalt des *Art. 56 EGV a. F. (= Art. 46 EGV)* wurde wie auch in späteren Verfahren eng ausgelegt. So darf der Empfang und die Einspeisung ausländischer Programme nicht behindert werden, auch wenn Pluralismussicherung und kulturelles Erbe tangiert sind. Die noch während des laufenden Vorlageverfahrens erfolgte Änderung des niederländischen Rundfunkgesetzes musste ebenfalls vom *EuGH* als gemeinschaftswidrig angesehen werden.[352] Zwar erkannte der *EuGH* den Meinungspluralismus, nicht aber die inhaltlichen Voraussetzungen für ausländische Anbieter als Rechtfertigungsgrund an.

3.2. Rechtssache "Debauve"

In der Rechtssache "Debauve"[353] wurde das belgische Fernsehwerbeverbot auf seine Vereinbarkeit mit dem Gemeinschaftsrecht geprüft. Die grenzüberschreitende Wirkung erlangte das nationale Fernsehwerbeverbot dadurch, dass es sich auch für aus dem Ausland eingestrahlte Sendungen bezog. In den Entscheidungsgründen wurde ausdrücklich anerkannt, dass Gründe des Allgemeininteresses ein vollständiges Fernsehwerbeverbot rechtfertigen können.[354] In späteren Verfahren wurden die Gründe des Allgemeininteresses konkretisiert.[355] So gewährleisten produktspezifische Werberestriktionen der Zigaretten-, Heilmittel- und Alkoholwerbung die Volksgesundheit. Werbeverbote können aus dem Gesichtspunkt des Verbraucherschutzes gerechtfertigt sein, um ein Übermaß an kommerzieller Werbung zu verhindern sowie um aus kulturpolitischen Gründen eine bestimmte Programmqualität zu erhalten.[356] Zwingende Erfordernisse der Lauterkeit und des Verbraucherschutzes können dem Schutz des Rezipienten vor Irreführung dienen, soweit sie verhältnismäßig

---

351 Singngemäß EuGH, Urteil v. 26.04.1988, Rs. 352/85 - Bond van Adverteerders, Slg. 1988, 2085, (2134). Zur Meinungsvielfalt als Rechtfertigungsgrund: EuGH, Urteil v. 25.07.1991, Rs. 288/89 - Stichting Collective, Slg. 1991, 4007 (4044).

352 EuGH, Urteil v. 25.07.1991, Rs. 353/89 - Mediawet, Slg. 1991, I - 4069 (4101); so auch EuGH, Urteil v. 25.07.1991, Rs. 288/89 - Stichting Collective, Slg. 1991, I - 4007, (4045).

353 EuGH, Urteil v. 18.03.1980, Rs. 52/79 - Debauve, Slg. 1980, 833 f.

354 EuGH, Urteil v. 18.03.1980, Rs. 52/79 - Debauve, Slg. 1980, 833 (857).

355 EuGH, Urteil v. 26.04.1988, Rs. 352/85 - Bond van Adverteerders, Slg. 1988, 2085 (2035/36); EuGH, Urteil v. 25.07.1991, Rs. 353/89 - Kommission/Niederlande, Slg. 1991, I - 4069 (4101); EuGH, Urteil v. 25.07.1991, Rs. 288/89 - Stichting Collective, Slg. 1991, I - 4007 (4044).

356 EuGH, Urteil v. 25.07.1991, Rs. 288/89 - Stichting Collective, Slg. 1991, 4044 f.

sind. Die Anforderungen müssen allerdings mit dem *EGV* vereinbar sein.[357] Werbebeschränkungen, die grundsätzlich den zwingenden Erfordernissen des Verbraucher- und Kulturschutzes genügen, sind unverhältnismäßig, wenn dadurch der zwischenstaatliche Wettbewerb verfälscht wird.[358]

V. Sendestaatsprinzip und freier Dienstleistungsverkehr

Mit der Anwendung der dienstleistungsspezifischen Regelungen auf die Fernsehtätigkeit ist verbunden, dass die Dienstleistung, so auch die fernsehspezifische Werbung, mit dem geltenden Recht des Mitgliedstaates in Einklang stehen muss (sog. Herkunftslands- oder Ursprungslandprinzip)[359]. Die Prinzipien finden ihre Ausprägung in der *FernsehRL*, aber auch in dem *FsÜ*.[360] Die *FernsehRL* knüpft bei der Kontrolle der Fernsehtätigkeit an die Rechtshoheit des Sendestaates an, erlaubt aber den Mitgliedstaaten strengere Regelungen. Das *FsÜ* bedient sich zwar auch der Kernregelung, differenziert aber bei der Frage der sendenden Vertragspartei zwischen terrestrischer Verbreitung und Verbreitung über Satelliten.[361] Im Zuge der Anpassung an die *FernsehRL* ist diese Unterscheidung aufgegeben und das Sendestaatsprinzip mit seinen Bestimmungskriterien der *FernsehRL* angeglichen worden. Ist eine Bestimmung des Sendestaates nach der *FernsehRL* nicht möglich, so liegt die Zuständigkeit bei dem Mitgliedstaat, in dem der Rundfunkveranstalter nach *Art. 42 ff. EGV* niedergelassen ist.[362] Das *FsÜ* lässt in diesem Fall eine Empfehlung durch den ständigen Ausschuss aussprechen.[363]

Der Umfang der Kontrolle des Sendestaates ist in beiden europäischen Regelungsmaterien festgeschrieben. Nach der *FernsehRL* ist der Sendestaat verpflichtet, die Einhaltung der maßgeblichen Vorschriften zu gewährleisten.[364] Er muss dafür Sorge tragen, dass die von einem Mitgliedstaat ausgehenden Sendungen dem Gemeinschaftsrecht entsprechen. Dieses auf gegenseitiger

---

357 EuGH, Urteil v. 18.01.1979, Rs. 110 u. 111/78 - Wesenael, Slg. 1979, 52; EuGH, Urteil v. 18.03.1980, Rs. 52/79 - Debauve, Slg. 1980, 856 f.

358 EuGH, EuZW 1991, S. 699.

359 Mitteilung der Kommission, ABl. 1993 Nr. C 334/1 (Freiheit des grenzüberschreitenden Dienstleistungsverkehrs).

360 Sendestaatsprinzip. Art. 2 FernsehRL, Art. 4 u. 5 FsÜ; Inländerdiskriminierung: Art. 3 FernsehRL, Art. 28 FsÜ; Höfling/Möwes/Pechstein, *Europäisches Medienrecht*, S. 71 ff. Die Kommission plant im Rahmen einer weiteren Abänderung der FernsehRL, das bisherige Herkunftslandprinzip zugunsten eines neuen Empfangslandprinzips abzuschaffen. Dies hätte laut VPRT zur Konsequenz, dass sämtliche in der Gemeinschaft geltenden - oft strengeren - nationalen Werberegeln und Programmauflagen zu respektieren wären: epd-medien Nr. 53/1999, S. 10.

361 Art. 5 Abs. 2 FsÜ.

362 Art. 2 Abs. 5 FernsehRL.

363 Art 5 Abs. 5 FsÜ in der konsolidierten Fassung.

364 Art. 2 FernsehRL.

Anerkennung beruhende System des freien Dienstleistungsverkehrs führt dazu, dass der Empfangsstaat grundsätzlich die Ausübung der Dienstleistungsfreiheit nicht behindern bzw. beschränken darf. Eine Ausnahme für die Weiterverbreitung stellt lediglich *Art. 2 Abs. 2 FernsehRL* dar. Im Falle schwerwiegender Verstöße des Sendestaates gegen Jugendschutzbestimmungen ist der Empfangsstaat an ein bestimmtes Verfahren gebunden. Die Revision der *FernsehRL* hat die Eingriffsmöglichkeiten des Empfangsstaates erweitert, bestimmte Programmbeiträge mit diskriminierenden Inhalten an der Landesgrenze zu unterbinden.[365] Ein solcher Eingriffsmechanismus des Empfangsstaates ist auch außerhalb der Gemeinschaft nach dem *FsÜ* möglich. Danach kann nach einer Unterrichtung der sendenden Vertragspartei über offensichtlich schwerwiegende Vertragsverletzungen die Weiterverbreitung des beanstandeten Programms in bestimmten Fällen vorläufig ausgesetzt werden.[366]

1. Rechtshoheit

Die in der Gemeinschaft unterschiedlichen nationalen Rundfunkordnungen haben die Rundfunkveranstalter von grenzüberschreitenden Fernsehprogrammen dazu verleitet, die jeweils günstigsten nationalen Bedingungen für eine Lizenzierung zu nutzen. Insbesondere die Rundfunkveranstalter sind bestrebt beschränkungsfrei auszustrahlen, ohne die strengeren Voraussetzungen anderer Mitgliedstaaten erfüllen zu müssen.[367] Da der Begriff der Rechtshoheit in der *FernsehRL* nicht definiert ist, haben die Mitgliedstaaten das gegenläufige Interesse, die Rechtshoheit großzügig auszulegen, um möglichst den Einfluss auf das nationale Rundfunkwesen zu erhalten. Umgehungsversuche standen mehrfach auf dem juristischen Prüfstand des *EuGH*. Die Kommission musste erkennen, dass das Sendestaatsprinzip in der *FernsehRL* nur unzulänglich in der Lage ist, die innergemeinschaftlichen Konflikte zu lösen. Der *EuGH* hat sich in mehreren Entscheidungen zu den Anknüpfungskriterien der Rundfunkveranstalter an die Rechtsordnung des Sendestaates geäußert. Anlässlich zweier Vertragsverletzungsverfahren wurde die Festlegung des Anwendungsbereichs der *FernsehRL*, der Begriff "Zuständigkeit" und die Anwendung des Sitzlandprinzips für innerhalb der Gemeinschaft ansässige Rundfunkveranstalter konkretisiert. Die aus den Vertragsverletzungsverfahren entwickelten Grundsätze konnten in der revidierten *FernsehRL* berücksichtigt werden.[368]

---

365 Art. 2a Abs. 2 i. V. m. Art. 22a FernsehRL.

366 Art. 24 FsÜ.

367 Art. 16 FsÜ in seiner konsolidierten Fassung regelt Fernsehwerbung und Teleshopping, die sich eigens an eine Vertragspartei wendet. Dies kennt die FernsehRL nicht.

368 FernsehRL 97/36/EG vom 30.07.1997, Erwägungsgründe 11, 12; Art. 2 und 2a FernsehRL; vgl. a. EuGH, Urteil v. 25.07. 1991, Rs. 221/89 - Factorame, Slg. 1991, S. I - 3905 (3965).

1.1. Rechtssache "Kommission/Vereinigtes Königreich"[369]

In diesem Verfahren untersuchte der *EuGH* den Übertragungsort als Anknüpfungspunkt für die Rechtshoheit i. S. v. *Art. 2 Abs. 1 FernsehRL*. Es ging in der Hauptsache um die Festlegung der Gründe, wann ein Mitgliedstaat seine Rechtshoheit gegenüber einem bestimmten Rundfunkveranstalter geltend machen kann bzw. muss. Die Konkretisierung ist von erheblicher Bedeutung, da die Unterschiede, die zwischen den nationalen Gesetzgebern bestehen, Kompetenzkonflikte auslösen. Es ist möglich, dass ein Mitgliedstaat ein anderes Kriterium als die Niederlassung (z. B. Ort der Erstausstrahlung) zugrunde legt. Das kann dazu führen, dass der Mitgliedstaat über Rundfunkveranstalter, die bereits der Rechtshoheit eines anderen Mitgliedstaates unterliegen, eine doppelte Kontrolle ausübt oder aber nicht sicherstellt, dass auf alle Rundfunkveranstalter innerhalb seiner Rechtshoheit die gleichen Rechtsvorschriften angewendet werden.

Um ein effektives Funktionieren des Systems der *FernsehRL* zu gewährleisten, folgte der *EuGH* der Auffassung der Kommission, die eine Anwendung des Sitzlandprinzips empfohlen hatte. Danach besitzt ein Mitgliedstaat Rechtshoheit, wenn sich der Rundfunkveranstalter in seinem Territorium niedergelassen hat. Er muss als Niederlassung i. S. v. *Art. 49 Abs. 1 EGV* mit dem Rechtssystem des betreffenden Staates verbunden sein. Aus diesem Grunde wurden Teile britischer Rechtsvorschriften als unvereinbar mit *Art. 2 Abs. 1 u. Art. 3 Abs. 2 FernsehRL* erklärt. Da der Niederlassungsbegriff des *Art. 49 Abs. 1 EGV* allerdings voraussetzt, dass der Dienstleistungserbringer und -empfänger in verschiedenen Mitgliedstaaten ansässig sein muss, vermag die Entscheidung bei von der *FernsehRL* auch umfassten innerstaatlichen Sachverhalten nicht ganz überzeugen. Darüber hinaus hat die Entscheidung des *EuGH* nicht geklärt, welche Kriterien den Begriff der "Niederlassung" eines Rundfunkveranstalters erfüllen.[370]

1.2. Rechtssache "Kommission/Belgien"[371]

In einem weiteren Verfahren wurden die Auswirkungen des *Art. 2 Abs. 2 FernsehRL* (Weiterübertragungspflicht des Empfangsstaates) überprüft. Das Verfahren befasste sich mit der gesetzlichen Regelung, ob ein allgemein bedingtes Genehmigungssystem der Exekutive für die Weiterverbreitung von Fernsehsendungen durch Rundfunkveranstalter, die unter die Rechtshoheit eines anderen Mitgliedstaates fallen, mit dem Gemeinschaftsrecht vereinbar ist. Erfüllen die Rundfunkveranstalter die gemeinschaftsrechtlichen Bedingungen, stellt das Erfordernis einer vorherigen Genehmigung durch die Behörden des

---

369 EuGH, Urteil v. 10.09.1996; Rs. 222/94 - Kommission/Vereinigtes Königreich, ZUM 1996, S. 880 f.

370 Helberger, ZUM 1998, S. 50 f. (52/53).

371 EuGH, Urteil v. 10.09.1996; Rs. 11/95 - Kommission/Belgien, ZUM 1996, S. 873 ff.

Empfangsstaates nach Ansicht der Kommission eine schwerwiegende Behinderung der Weiterverbreitung von Fernsehsendungen aus anderen Mitgliedstaaten dar und verstößt gegen *Art. 2 Absatz 2 FernsehRL*. Belgien vertrat die Auffassung, dass die Weiterverbreitung über Kabel nicht in den Anwendungsbereich der *FernsehRL* fällt und den Empfangsstaaten das Recht zustehen muss, eine bestimmte Form von Kontrolle (z. B. zur Erhaltung des Medienpluralismus, Einhaltung der Vorschriften über gute Sitten und öffentliche Sittlichkeit) über die Fernsehsendungen aus anderen Mitgliedstaaten auszuüben. Diesen Ausführungen ist der *EuGH* entgegengetreten. Einerseits wurde entschieden, dass sich im Zusammenwirken des neunten und zehnten Erwägungsgrundes der *FernsehRL* sowie *Art. 1 lit. a und Art. 2 Abs. 2 FernsehRL* die Weiterverbreitung von Fernsehsendungen über Kabel ergibt. Andererseits bestätigte der *EuGH*, dass - unbeschadet des in *Art. 2 Abs. 2* vorgesehenen Sonderverfahrens der *FernsehRL* - der Sendestaat bei angeblichen Verstößen gegen die Jugendschutzbestimmungen lediglich sicherstellen darf, dass diejenigen Rundfunkgesetze befolgt werden, die unter seine Rechtshoheit fallen. Wenn der Empfangsstaat der Ansicht ist, dass der Sendestaat seinen Verpflichtungen aus der *FernsehRL* nicht nachkommt, kann er stets die Verfahren bemühen, die in *Art. 226 ff. EGV* vorgesehen sind. Der *EuGH* hat allerdings nicht ausgeschlossen, dass der Empfangsstaat in bestimmten Fällen gute Gründe haben kann, eine gewisse Kontrolle im Einklang mit dem Gemeinschaftsrecht auszuüben. Jedoch darf die Kontrolle nicht zur Aufhebung der Dienstleistungsfreiheit führen. Die Entscheidung knüpft an bereits ergangene Urteile des *EuGH* an[372], wonach die Weiterverbreitung nunmehr nur noch unter engen Voraussetzungen des *Art. 2a Abs. 2 FernsehRL* ausgesetzt werden kann.

1.3. Rechtssache "De Agostini und TV-Shop"[373]

In diesem Verfahren wurde der Grundsatz der unbedingten Weiterübertragungspflicht weniger konkretisiert als eingeschränkt. Der *EuGH* hatte in der Hauptsache die Anwendung der schwedischen Rechtsvorschriften über irreführende Werbung und Fernsehwerbung für Kinder unter zwölf Jahren zu untersuchen. Der schwedische "Konsumentombudsman" klagte gegen zwei Gesellschaften auf Unterlassung weiterer Werbesendungen, die Fernsehwerbung und Teleshoppingsendungen u. a. über einen im Vereinigten Königreich niedergelassenen Fernsehsender in schwedischer Sprache ausstrahlen ließen. Nach Ansicht des Konsumentombudsman verstießen die empfangenen Werbesendungen gegen das schwedische Gesetz, das Fernsehsendungen verbietet, die die

---

[372] EuGH, Urteil v. 25.07.1991, Rs. 288/89 - Stichting Collective, Slg. 1991, 4007 f.; EuGH, Urteil v. 25.07.1991, Rs. 353/89 - Kommission/Niederlande, Slg. 1991, 4069 f.; EuGH, Urteil v. 03.02.1993, Rs. 148/91 - Veronica, Slg. 1993, 487 f.

[373] EuGH, Urteil v. 09.07.1997, Rs. 34/96, 35/96 u. 36/96 - De Agostini, Slg. 1997, I - 3843 f.

Aufmerksamkeit von Kindern unter zwölf Jahren erregen. Der *EuGH* urteilte, dass die Lauterkeit des Handelsverkehrs und der Verbraucherschutz grundsätzlich zwingende Erfordernisse des Allgemeininteresses darstellen, die Einschränkungen des freien Waren- und Dienstleistungsverkehrs rechtfertigen können. Die *FernsehRL* enthalte umfassende Vorschriften zur Gewährleistung des Schutzes Minderjähriger. Für die Einhaltung der Bestimmungen habe allein der Sendestaat und nicht der Empfangsstaat zu sorgen. Die *FernsehRL* verwehre es einem Mitgliedstaat grundsätzlich aber nicht, Maßnahmen gegenüber einem Werbetreibenden wegen einer von einem anderen Mitgliedstaat ausgestrahlten Fernsehwerbung zu treffen. Dies entspreche einer allgemeinen Regelung zum Schutz der Verbraucher gegen irreführende Werbung. Allerdings dürfe diese Maßnahme nicht die Weiterverbreitung im eigentlichen Sinne von Fernsehsendungen aus einem anderen Mitgliedstaat im Hoheitsgebiet des erstgenannten Mitgliedstaates verhindern. Der *EuGH* geht demnach nur von einer Teilharmonisierung der Fernsehwerbung und des Sponsoring aus. Die *FernsehRL* lässt nach Auffassung des *EuGH* Regelungen des Verbraucherschutzes zu, sofern diese nicht unter Verstoß gegen das Sendestaatsprinzips die Weiterverbreitung unmöglich machen. In der Frage der zielgerichteten Werbung für Kinder wurde dagegen argumentiert, dass eine derartige Bestimmung eines nationalen Rundfunkgesetzes auf Fernsehsendungen aus anderen Mitgliedstaaten nicht angewendet werden darf. Die differenzierte Betrachtung des *EuGH* zu nationalen Regelungen zum Schutz der Verbraucher und zu jugendspezifischen Werbenormen im Rahmen der grenzüberschreitenden Weiterübertragung ist nicht ohne Widersprüche, wenn man bedenkt, dass der Generalanwalt das Verbot irreführender Werbung für unvereinbar mit dem Gemeinschaftsrecht hielt. Der *EuGH* hat nunmehr zwischen dem Bereich, der lediglich Gegenstand allgemeiner Regelungen (z. B. Verbraucherschutz) ist, und dem Bereich, der Gegenstand der in der *FernsehRL* enthaltenen Maßnahmen (z. B. Jugendschutz) ist, unterschieden. In beiden Fällen ist der *EuGH* vom Sendestaatsprinzip ausgegangen, d. h. Grundlage ist die Rechtshoheit eines Mitgliedstaates, in dem der Rundfunkveranstalter seinen Sitz hat. Durch die Entscheidungen sieht sich der Gemeinschaftsgesetzgeber in seinen Grundsatzentscheidungen bestätigt, die er in der revidierten *FernsehRL* zum Sendestaatsprinzip getroffen hat.

1.4. Fazit

Für die Feststellung der Rechtshoheit eines Mitgliedstaates ist nach dem *EuGH* gem. *Art. 2 Abs. 1 und Art 3 Abs. 2 FernsehRL* ausschließlich die Niederlassung des Rundfunkveranstalters maßgebend.

2. Niederlassung

Unter welchen Voraussetzungen ein Rundfunkveranstalter eine Niederlassung in der Gemeinschaft hat, war bisher noch nicht Gegenstand von Vorabentscheidungsverfahren. Ausgehend vom Niederlassungsbegriff, erlangt die tatsächliche Ausübung einer wirtschaftlichen Tätigkeit mittels einer festen Einrichtung in einem Mitgliedstaat auf unbestimmte Zeit entscheidende Bedeutung.[374] Ein reiner fiktiver Sitz der Niederlassung reicht für die Begründung der Rechtshoheit nicht aus.[375] Der *EuGH* hat zur Auslegung und Anwendung der Niederlassung Kriterien aufgestellt.

2.1. Rechtssache "Paul Denuit"[376]

Der *EuGH* musste in diesem Verfahren die inhaltlichen Kriterien zum Niederlassungsbegriff ausformen. Die belgischen Behörden verweigerten dem Kabelbetreiber Coditel Brabant, die Sendungen eines der Rechtshoheit des Vereinigten Königreichs unterstehenden Rundfunkveranstalters (TNT/Cartoon) zu verbreiten, da dieser die Bestimmungen der *FernsehRL* (u. a. Art 4 und Art. 5) nicht eingehalten hatte. Der *EuGH* urteilte, dass der Begriff der Rechtshoheit so zu verstehen ist, dass er notwendigerweise eine Zuständigkeit ratione personae gegenüber den Rundfunkveranstaltern umfasst. Diese Zuständigkeit kann aber nur auf deren Beziehung zu der Rechtsordnung dieses Staates gestützt werden, was sich im wesentlichen mit dem Begriff der Niederlassung i. S. v. *Art. 49 EGV* deckt. Der Begriff "Niederlassung" setzt nach seinem Wortlaut voraus, dass der Erbringer und der Empfänger einer Dienstleistung in zwei verschiedenen Mitgliedstaaten ansässig ist. Die Herkunft der von diesen Rundfunkveranstaltern gesendeten Programme und ihre Vereinbarkeit mit den *Art. 4 u. Art. 5 FernsehRL* ist für die Frage nach dem Mitgliedstaat, dessen Rechtshoheit der Rundfunkveranstalter unterworfen ist, ohne Belang. *Art. 2 Abs. 2 FernsehRL* ist dahingehend auszulegen, dass ein Mitgliedstaat die Weiterverbreitung von Sendungen aus einem anderen Mitgliedstaat, die nicht den Anforderungen der *Art. 4 u. Art. 5 FernsehRL* entsprechen, nicht in seinem Hoheitsgebiet verhindern darf, es sei denn, es handelt sich um einem Verstoß gegen *Art. 22 FernsehRL* und der Empfangsstaat hat das Verfahren nach *Art. 2a FernsehRL* eingehalten.

2.2. Rechtssache "VT4/Vlaamse Gemeenschap"[377]

Anlass dieses Verfahrens war die Weigerung der belgischen Behörden, einem flämischen Kabelnetzbetreiber die Genehmigung zu erteilen, Sendungen von

---

[374] EuGH, Urteil v. 25.07.1991, Rs. 221/89 - Factorame, Slg. 1991 I - 3905 (3965); EuGH, Urteil v. 30.11. 1995, Rs. 55/94 - Gebhard, Slg. 1995 I - 4196 f., Rn. 25; EuGH, EuZW 1999, 216 - Centros Ltd/Erhvervs-og Selskabsstyrelsen; EuGH, EuZW 1999, S. 439 - Pfeiffer Großhandel/Loewa Warenhandel.

[375] KOM (95) 86 endg. vom 31.05.1995, S. 33.

[376] EuGH, Urteil v. 29.05.1997, Rs. 14/96 - Denuit, in: Informationsdienst des EuGH Nr. 15/97, S. 31 f.

[377] EuGH, Urteil v. 05.06.1997, Rs. 56/96 - VT4/Vlaamse Gemeenschap, Slg. 1997 I - 3167.

VT4, einem Rundfunkveranstalter mit Sitz im Vereinigten Königreich, zu verbreiten. Dies wurde damit begründet, dass der Rundfunkveranstalter von VT4, dessen Sendungen ausschließlich auf die flämische Gemeinschaft ausgestrahlt werden, die flämische Gesetzgebung umgehe. Der *EuGH* stellte klar, dass allein die Tatsache, dass alle Sendungen und Werbebotschaften von VT4 ausschließlich auf die flämische Gemeinschaft ausgerichtet sind, nicht ausreicht, um nachzuweisen, dass VT4 nicht als im Vereinigten Königreich ansässig betrachtet werden kann. Darüber hinaus führte er aus, dass im Falle mehrerer Niederlassungen eines Rundfunkveranstalters die Rechtshoheit des Mitgliedstaates maßgebend ist, in dem der Rundfunkveranstalter den Mittelpunkt seiner Tätigkeiten hat und wo insbesondere die Entscheidungen über die Programmpolitik und die endgültige Zusammenstellung der zu sendenden Programme getroffen werden. Das Verfahren hat gezeigt, dass zwar die Niederlassungsfreiheit die Hauptniederlassung, die Tochtergesellschaften und Zweigniederlassungen umfasst, jedoch nach dem Sendestaatsprinzip nur ein Mitgliedstaat die Kontrolle übernehmen kann.

2.3. Fazit

Die *FernsehRL* geht von dem Grundsatz aus, dass nur ein Mitgliedstaat die Kontrolle über einen Rundfunkveranstalter ausüben kann. Dem widerspricht der allgemeine Niederlassungsbegriff, der auch die Kontrollmöglichkeit zweier Mitgliedstaaten offen lässt. Aus diesem Grunde hat der *EuGH* auf den Mittelpunkt der Tätigkeit abgestellt. Dafür sind der Ort der Programmpolitik und der Ort der endgültigen Zusammenstellung der Programme entscheidend.[378]

VI. Sendestaatsprinzip im Europäischen Wirtschaftsraum

Durch den multilateralen Vertrag über den Europäischen Wirtschaftsraum (EWR) wurden die Vertragsstaaten der Europäischen Freihandelsorganisation (EFTA) der Gemeinschaft assoziiert. Mit Inkrafttreten des EWR-Vertrages am 01. Januar 1994 sind binnenmarktähnliche Strukturen zwischen der Gemeinschaft und den EFTA-Vertragsstaaten geschaffen worden. Die jeweiligen Organe der Organisationen überwachen das Funktionieren des Abkommens. Entsprechend dem Modell "Kommission und EuGH" in der Gemeinschaft gibt es in der EFTA eine unabhängige Überwachungsbehörde (EFTA Surveillance Authority) mit Sitz in Brüssel und einen Gerichtshof in Luxemburg. Die Rechtsprechung des EFTA-Gerichtshofes unterscheidet sich kaum von der des *EuGH*, da EWR-Recht und Gemeinschaftsrecht weitgehend identisch sind und Homogenitätsvorschriften im EWR-Vertrag eine einheitliche Kasuistik sichern.[379]
Der EFTA-Gerichtshof musste sich vor allem mit Problemen des freien Warenverkehrs, staatlicher Handelsmonopole und dem grenzüberschreitenden Rund-

---

378 Ebd. 3170 f.
379 Baudenbacher, EuZW 1998, S. 391 f.

funk befassen. Insbesondere war das Sendestaatsprinzip der *FernsehRL* hinsichtlich der grenzüberschreitenden Fernsehwerbung und jugendgefährdender Sendungen betroffen.

1. Rechtssachen "Mattel und Lego" [380]

In einem Vorabentscheidungsverfahren des EFTA-Gerichtshofes ging es um die gezielte Ausstrahlung von Fernsehwerbung für Kinder (Lego-Werbespots) aus dem Vereinigten Königreich nach Norwegen. Die *FernsehRL* ist gem. *Art. 36 II EWRA i. V. mit Anhang X Punkt 1* in das *EWR-Abkommen* integriert. Das nationale Rundfunkgesetz in Norwegen verbietet Werbesendungen im Anschluss an Kinderprogramme sowie Werbung, die sich in besonderer Weise an Kinder richtet. Der EFTA-Gerichtshof hatte darüber zu entscheiden, ob die *FernsehRL* in der Weise ausgelegt werden kann, dass es einen Verstoß darstellt, wenn der Empfangsstaat die an Kinder gerichteten Werbesendungen aus der Gemeinschaft nach nationalem Recht verbietet. Das Gericht legte *Art. 2 Abs. 2* und *Art. 16 FernsehRL* dahingehend aus, dass sie einen EWR-Staat daran hindern, auf einen Werbetreibenden ein in seinem nationalen Recht verankertes generelles Verbot von kinderspezifischer Werbung zur Anwendung zu bringen, wenn die Werbung in einer Fernsehwerbung enthalten ist, die von einem Mitgliedstaat in einen EFTA-Vertragsstaat gesendet wird. Allerdings verhindert die *FernsehRL* keine nationalen Maßnahmen nach der Richtlinie über irreführende Werbung.[381]

2. Rechtssache "TV 1000 Sverige AB/Norwegen"[382]

Ein norwegisches Stadtgericht beantragte beim EFTA-Gerichtshof die Erteilung eines Gutachtens über eine von TV 1000 Sverige AB, einem schwedischen Rundfunkveranstalter, gegen die norwegische Regierung anhängig gemachte Rechtssache. Der Rechtsstreit betraf die Gültigkeit einer behördlichen Entscheidung, die die weitere Ausstrahlung des "FilmMax Programms" im norwegischen Kabelnetz aussetzte. Der schwedische Rundfunkveranstalter sendete u. a. Programme mit pornographischem Inhalt über die TV 1000- und FilmMax-Kanäle aus. Die Programme wurden von Schweden nach Norwegen über Satellitensignale gesendet. Die dortigen Empfangsstationen leiteten die Signale in das norwegische Kabelnetz weiter. Die verschlüsselten Sendungen konnten nur über ein Dekodierungsgerät empfangen werden.

Das norwegische Gericht wollte im Rahmen der Auslegung von *Art. 2 Abs. 2 FernsehRL* und *Art. 22 FernsehRL* geklärt wissen, ob es den Vertragsparteien

---

380 EFTA-Gerichtshof, Urteil v. 16.06.1995, Rs. E-8/94 u. 9/94, EFTA-GH, Reports 1994/95, 113 - Mattel u. Lego; s. a. GRUR Int. 1996, S. 52 f.

381 ABl.1984 Nr. L 250/17 f.; EFTA-GH, Reports 1994/95, 113 Tz. 54-56, 58 - Mattel u. Lego.

382 EFTA-Gerichtshof, Rs E-8/97, Gutachten v. 12.06.1998, in: GRUR Int. 1998, S. 984 ff.

überlassen bleibt, das Maß an Pornographie, Gewalt, etc. festzustellen, bei dem die schädigenden Wirkungen gem. *Art. 22 FernsehRL* angenommen werden können. Der EFTA-Gerichtshof stellte zunächst fest, dass *Art. 36 Abs. 1* EWR-Abkommen über den freien Dienstleistungsverkehr weitgehend *Art. 49 EGV* entspricht und die *FernsehRL* im Anhang X des EWR-Abkommens Bestandteil des Vertrages geworden ist. Nach *Art. 2 Abs. 2 FernsehRL* sei es Sache der nationalen Behörden des Empfangsstaates, in Übereinstimmung mit den Moralvorstellungen und den Gesetzen dieses Staates festzulegen, welche Sendungen im Sinne von *Art. 22 Abs. 1 Satz 1 FernsehRL* die körperliche, geistige oder sittliche Entwicklung von Minderjährigen schwer beeinträchtigen können. Die Ausnahmeregelung des *Art. 22 Abs.1 Satz 2 FernsehRL* (Schutzvorkehrungen der Rundfunkveranstalter, dass Minderjährige solche gefährdenden Sendungen nicht sehen) beziehe sich nicht auf *Art. 22 Abs. 1 Satz 1 FernsehRL*. Damit der Empfangsstaat die Weiterverbreitung aussetzen könne, müsse er *Art. 2 Abs. 2 a - d FernsehRL* beachten, wobei dem Grundsatz der Verhältnismäßigkeit Rechnung zu tragen sei. Die Entscheidung unterliege je nach Lage des Falles der Aufsicht durch die Kommission oder durch die EFTA-Überwachungsbehörde.[383]

Der EFTA-Gerichtshof hat unter Hinweis auf die Fälle "De Agostini/TV Shop"[384] und "Mattel/Lego"[385] nochmals betont, dass die *FernsehRL* einen vorrangigen Grundsatz hinsichtlich der Verteilung der Verantwortlichkeit zwischen den Mitgliedstaaten aufstellt. Das Sendestaatsprinzip versagt dem Empfangsstaat, den vom Sendestaat durchgeführten Kontrollen noch weitere hinzuzufügen, es sei denn, *Art. 2 Abs. 2 FernsehRL a. F.* eröffnet die Möglichkeit einer vorübergehenden Aussetzung. Nach der Revision der *FernsehRL* wurde das Aussetzungsverfahren in *Art. 2a FernsehRL* weiter konkretisiert.

VII. Inländerdiskriminierung und freier Dienstleistungsverkehr

Grundsätzlich unterliegen rein interne Sachverhalte nicht dem Gemeinschaftsrecht. Sind nationale Rechtsnormen nicht mit den Grundfreiheiten vereinbar, gilt der Anwendungsvorrang des Gemeinschaftsrechts nur für grenzüberschreitende Sachverhalte. Die Inländerdiskriminierung ("discrimination à rébours") führt dazu, dass der Inländer strengeren Bestimmungen unterworfen sein kann als der Ausländer aus einem anderen Mitgliedstaat. Dem nationalen Gesetzgeber kommt die Aufgabe zu, die gemeinschaftlichen Grundfreiheiten nicht zu behindern. Aufgrund des fehlenden Gemeinschaftsbezuges finden die gemeinschaftsrechtlichen Gleichheitsgrundsätze keine Anwendung.[386] Die *FernsehRL*

---

383 Ebd. Erwägungen 20-32.

384 EuGH, Urteil v. 09.07.1997, Rs. 34/96, 35/96 u. 36/96 - De Agostini, Slg. 1997, I - 3843 f.

385 GRUR Int. 1996, S. 52 f.

386 Kewenig, JZ 1990, S. 20 (22 f.); Schilling, JZ 1994, S. 89.

enthält eine Öffnungsklausel für den nationalen Gesetzgeber, die für die Rundfunkveranstalter eine Wettbewerbsverzerrung und eine Beschränkung ihrer unternehmerischen Handlungsfähigkeit darstellen kann. In *Art. 3 Abs. 1* und *Abs. 2 FernsehRL* ist normiert:

> "Die Mitgliedstaaten können Fernsehveranstalter, die ihrer Rechtshoheit unterworfen sind, verpflichten, strengeren oder ausführlicheren Bestimmungen in den von dieser Richtlinie erfassten Bereichen nachzukommen."
> "Die Mitgliedstaaten sorgen mit geeigneten Mitteln im Rahmen ihrer Rechtsvorschriften dafür, dass die jeweils ihrer Rechtshoheit unterworfenen Fernsehveranstalter die Bestimmungen dieser Richtlinie tatsächlich einhalten."

Die Diskrepanz zwischen strengeren innerstaatlichen Regelungen und der Gewährleistung gemeinschaftsrechtlicher Grundfreiheiten spiegelt sich in den spezifischen Werberegelungen wider. Die Inländerdiskriminierung hat nämlich dazu geführt, dass einem zunächst nationalen Sachverhalt eine gemeinschaftsrechtliche Dimension zugeordnet wurde. Dies zeigen insbesondere die nachfolgenden Verfahren.

1. Rechtssache "Leclerc-Siplec" [387]

In diesem Fall legte die Société Leclerc-Siplec Beschwerde gegen die Weigerung der Firmen *TF1* und *M6* ein, eine Werbemitteilung über den Vertrieb von Kraftstoffen in den Leclerc-Supermärkten auszustrahlen. Der *EuGH* entschied, dass *Art. 30, 85, 86 u. 5 EGV a. F. (= Art. 28, 81, 82, u. 10 EGV)* und die *FernsehRL* die Mitgliedstaaten nicht daran hindert, die Ausstrahlung von Werbung für den Handelssektor durch Fernsehsender mit Sitz in ihrem Gebiet per Gesetz oder Verordnung zu untersagen. Es handele sich um eine Regelung der Verkaufsmodalitäten, die eine bestimmte Form der Förderung (Fernsehwerbung) einer bestimmten Methode des Absatzes (Vertrieb) von Erzeugnissen verbiete. Als solche Regelung sei sie nicht geeignet, den innerstaatlichen Handel zu beeinträchtigen.[388] Die Wettbewerbsnormen der *Art. 85, 86 EGV a. F. (= Art. 81, 82 EGV)* sind nach Ansicht des *EuGH* nicht auf Gesetze und Verordnungen anwendbar, wenn diese keine wettbewerbswidrigen Verhaltensweisen vorschreiben oder erleichtern. Es lasse sich den *Art. 3 Abs. 1, 19, 20 FernsehRL* nicht entnehmen, dass Frankreich nicht für die der eigenen Rechtshoheit unterworfenen Rundfunkveranstalter strengere Werbebestimmungen als die in Kapitel IV niedergelegten Bestimmungen der *FernsehRL* vorsehen dürfe. *Art. 20 FernsehRL* ermögliche den Mitgliedstaaten, für Sendungen, die aus-

[387] EuGH, Slg 1995, 179 ff.; EuZW 1995, S. 250 ff.

[388] Zur Unterscheidung zwischen waren- und verkehrsbezogenen nationalen Regelungen in der neueren EuGH-Rspr Schmittmann/ de Vries, AfP 1995, S. 386 (387).

schließlich für ihr eigenes Hoheitsgebiet bestimmt sind und in den Mitgliedstaaten nicht empfangen werden können, weniger strenge Bestimmungen als die in *Art. 11 Absatz 2* bis *5* und in *Art. 18 FernsehRL* genannten vorzusehen.[389]

2. Nettoprinzip versus Bruttoprinzip

Die fernsehwerbespezifische Problematik zum Brutto- bzw. Nettoprinzip verdeutlicht die Auswirkungen der Inländerdiskriminierung.[390] Beim Bruttoprinzip bestimmt sich die Zahl der Werbeinseln, die die Ausstrahlung von Kinospiel- und Fernsehfilmen unterbrechen dürfen, nach der zeitlichen Dauer des Films unter Einbeziehung der zwischengeschalteten Werbung. Beim Nettoprinzip werden demgegenüber die zwischengeschalteten Werbezeiten nicht mitgerechnet.

2.1. Eilverfahren privater Rundfunkveranstalter

Anlass des Auslegungsstreits war der Beschluss des OVG Rheinland-Pfalz, der angesichts *Art. 11 Abs. 3 FernsehRL*[391] daran zweifelte, ob nicht doch das Bruttoprinzip die Bundesländer daran hindere, zu Lasten der Rundfunkveranstalter das Nettoprinzip vorzusehen.[392] Je nach Anknüpfung an die Übertragung oder an das Werk hat die Inhaltsbestimmung des Begriffs der "programmierten Sendezeit" bzw. "programmierte Sendedauer" Auswirkungen auf die Berechnung der Werbeunterbrechung. Die sprachlichen Fassungen und Umsetzungsvorschriften in den Mitgliedstaaten lehnen sich zwar an die *FernsehRL* an, jedoch messen die nationalen Gesetzgeber dem Begriff der programmierten Dauer eine unterschiedliche Bedeutung zu.[393] Teilweise wird in der deutschen Literatur vertreten, dass ein fairer Wettbewerb bei Anwendung des Nettoprinzips nicht mehr gewährleistet sei, wenn ausländische Rundfunkveranstalter

---

389 EuGH, Urteil v. 09.02.1995, Rs. - 412/93 - Leqlerc - Siplec, Slg. 1995, 179 (185).

390 § 26 Abs. 4 RStV 1991 bzw. § 44 Abs. 4 RStV 1996. § 14 Abs. 3 RStV n. F. regelt nunmehr, dass sich die Berechnung der Dauer einer Sendung nach deren programmierter Sendezeit richtet.

391 Art 11 Abs. 3 FernsehRL bestimmt: "Die Übertragung audiovisueller Werke wie Kinospielfilme und Fernsehfilme (mit Ausnahme von Serien, Reihen, leichten Unterhaltungssendungen und Dokumentarfilmen) kann für jeden vollen Zeitraum von 45 Minuten unterbrochen werden, sofern ihre programmierte Sendezeit mehr als 45 Minuten beträgt. Eine weitere Unterbrechung ist zulässig, wenn die programmierte Sendedauer um mindestens 20 Minuten über zwei oder mehrere volle 45-Minuten-Zeiträume hinausgeht." Art. 11 Abs 4 u. 5 FernsehRL enthalten weitere Regelungen zum Werbeabstand zwischen den Werbeblöcken und zum Werbeunterbrechungsverbot bei bestimmten Sendungen.

392 OVG Koblenz, Beschluss v. 18.02.1994, Az.: 2 B 10185/94, ZUM 1994, S. 306 f.

393 In den Schlussanträgen des Generalanwalts Jacobs in der Rs. 06/98 (Rn. 22) ist ausgeführt, dass die Mitgliedstaaten überwiegend bei der programmierten Dauer an das Werk ohne Werbung anknüpfen. Zur Begriffsauslegung in den einzelnen Mitgliedstaaten: Lercara/Scheuer, ZUM 1999, S. 722 f.

Kinospiel- und Fernsehfilme senden, die in Deutschland empfangen werden können und deren "programmierte Sendezeit" sich nach dem Bruttoprinzip richte.[394] Die Vertreter des Nettoprinzips setzen neben einer wörtlichen und systematischen Auslegung bei der Entstehungsgeschichte der *FernsehRL* an, wonach die damaligen Verhandlungen 1988 in Stockholm mit der britischen Delegation, die für das Bruttoprinzip eintrat, in einem Kompromiss zugunsten des Nettoprinzips endete.[395]
Aus dem Verfahren "Leclerc-Siplec" wurde geschlossen, dass angesichts der Möglichkeit strengerer und ausführlicherer innerstaatlicher Fernsehwerberegelungen die Bundesländer im *RStV 1991* das Nettoprinzip selbst dann anordnen durften, wenn die *FernsehRL* das für private Rundfunkveranstalter günstigere Bruttoprinzip vorsehen sollte.[396] Die Entscheidung lässt den Rückschluss zu, dass strengeres innerstaatliches Fernsehwerberecht nicht losgelöst vom Gemeinschaftsrecht beurteilt werden kann. Durch die revidierte *FernsehRL* ist es zu keiner Verankerung des Nettoprinzips in *Art. 11 Abs. 3 FernsehRL* gekommen, da das Europäische Parlament einer Änderung des Wortlautes auf Vorschlag des Kulturausschusses nicht zustimmte.[397] Somit ist es bei der ursprünglichen Fassung geblieben. Die "programmierte Sendezeit" bzw. "programmierte Sendedauer" wird auch zukünftig die Berechnungsgrundlage für die zulässige Anzahl von Werbeunterbrechungen bleiben.

2.2. Hauptsacheverfahren öffentlich-rechtlicher Rundfunkveranstalter

Da die deutschen Kontrollbehörden keine weiteren Schritte gegen private Rundfunkveranstalter unternahmen, erhob die ARD gegen ProSieben Klage wegen unlauteren Wettbewerbs.[398] Der *EuGH* musste im Rahmen des Vorabentscheidungsverfahrens entscheiden, ob die Verankerung des Nettoprinzips im *RStV* zulässig ist. Der Generalanwalt des *EuGH Jacobs* plädierte in seinen Schlussanträgen für die Anwendung des Bruttoprinzips, ließ aber den Mitgliedstaaten die Möglichkeit, in Abweichung der *FernsehRL* das strengere Nettoprinzip vorzu-

---

394 Pro Bruttoprinzip: Fuhr in: *Festschrift für Kreile*, S. 205 f. (217); Engel, ZUM 1994, S. 335; Tschentscher/Klee, ZUM 1994, S. 146 f.; Schmittmann, AfP 1997, S. 515 f.; pro Nettoprinzip: Hartstein/Ring/Kreile, *Kommentar zum Rundfunkstaatsvertrag*, § 44 Rn. 24 f.; Dörr, ZUM 1994, S. 342 f.; Pechstein, EuZW 1994, S. 583 f.; ders. EuZW 1996, S. 109 f.; zu § 1 UWG, LG Stuttgart, Urteil v. 10.10.1996, 17 O 198/96, in: AfP 1997, S. 564 f., Jarass, ZUM 1997, S. 769 (772).

395 Zum sog. "Londoner Kompromiss": Fuhr in: *Festschrift für Kreile*, S. 208; Höfling/ Möwes/ Pechstein, *Europäisches Medierecht*, S. 4.

396 Dörr, *Die EG-Fernsehrichtlinie*, iris - Sonderausgabe 1995, S. 16 f.

397 AfP 1997, S. 465 f.

398 Der Streit hat durch den 4. RändStV ein Ende gefunden. Das Bruttoprinzip, das von den privaten Rundfunkveranstaltern derzeit bereits angewandt wird, ist ausdrücklich erlaubt. Das heißt, dass die *programmierte Sendezeit* unter Einberechnung der Länge der Werbespots darüber entscheidet, wie viele Werbeinseln geschaltet werden dürfen.

schreiben. Die wörtliche Auslegung lasse zwar keinen Schluss auf das Prinzip zu, jedoch zeige die Entstehungsgeschichte, dass es dem Europäischen Parlament nicht gelungen sei, eine teilweise Anerkennung des Nettoprinzips zu erreichen.[399] Die systematische Auslegung führe zum Ergebnis, dass derartige Unterbrechungen nur zulässig seien, wenn Integrität und Wert des Werkes gewahrt bleiben und nicht gegen die Rechte derer, die Rechte an dem Werk haben, verstoße.[400] Der *EuGH* folgte den Schlussanträgen des Generalanwalts *Jacobs*.[401] In den Entscheidungsgründen wurde hervorgehoben, dass *Art. 5, 6, 30, und 85 EGV a. F. (= Art. 10, 12, 28 u. 81 EGV)* sowie der allgemeine Gleichheitsgrundsatz keine Anwendung auf eine nationale Regelung finde, die die Anwendung des Nettoprinzips auf im Hoheitsgebiet betroffene Rundfunkveranstalter vorsehe. Nach *Art. 59 EGV a. F. (= Art. 49 EGV)* sei es einem Mitgliedstaat nicht verwehrt, gem. *Art. 3 Abs. 1 FernsehRL* die Anwendung des Nettoprinzips vorzusehen.[402]

Die Entscheidung des *EuGH* hat zu unterschiedlichen Reaktionen geführt. Einerseits wird es als Erfolg für die Rechtssicherheit hinsichtlich der Finanzierungsgrundlagen des frei empfangbaren privaten Rundfunks in der Gemeinschaft gesehen, andererseits wird es auch als eine Klarstellung für die Zulässigkeit des restriktiven Nettoprinzips in den Mitgliedstaaten gewertet.[403] Wenn man die Ausführungen des Generalanwalts *Jacobs* analysiert, stellt man fest, dass die angeblich für das Bruttoprinzip sprechenden Erwägungen zur Gewährleistung des fairen Wettbewerbs und Verbraucherschutzes[404] in gleicher Weise auch für das Nettoprinzip sprechen können. Es ist nicht ersichtlich, warum das Bruttoprinzip für eine Mindestharmonisierung besser geeignet sein soll als das Nettoprinzip.[405] Allerdings ist die Auffassung des Generalanwaltes nachvollziehbar, dass im Falle einer mehrdeutigen Norm der Auslegungsmethode den Vorzug zu geben ist, die die Dienstleistungsfreiheit am geringsten

---

399 Generalanwalt *Jacobs* in der Brutto-Netto-Entscheidung: Rn. 25, 36; EuGH, Urteil v. 28.10.1999, Rs. 06/98 - ARD/ProSieben, EuZW 2000, S. 81 f. Zur historischen Auslegung: EuGH, Urteil v. 12.12.1996, Rs. 320/94, 328/94, 329/94, 337/94, 338/94 u. 339/94 - RTI, Slg. 1996, I - 6471 f.

400 Generalanwalt *Jacobs* in der Brutto-Netto-Entscheidung, Rn. 43; epd-medien Nr. 51/1999, S. 19/20.

401 Das Bruttoprinzip wurde als Grundlage bei der Berechnung zulässiger Werbeunterbrechungen in Spielfilmen bestätigt: Frankfurter Allgemeine Zeitung v. 30.10.1999 "Sender fühlen sich bestätigt", S. 8; EuGH, Urteil v. 28.10.1999, Rs. 06/98 - ARD/ProSieben, EuZW 2000, S. 81 f.

402 epd-medien Nr. 87/1999, S. 22 f.

403 epd-medien Nr. 85/1999, S. 26.

404 Generalanwalt *Jacobs* in der Brutto-Netto-Entscheidung, Rn. 44 - 50.

405 Lercara/Scheuer, ZUM 1999, S. 727; Die vorgenannten Autoren sehen auch in der wörtlichen, systematischen und teleologischen Auslegung die Verankerung des Nettoprinzips in der FernsehRL, S. 728 f.

einschränkt.[406] Die Verankerung des Nettoprinzips in einer nationalen Regelung ist zwar eine einschneidende Beschränkung der Dienstleistungsfreiheit, kann aber aus Gründen des Allgemeininteresses gerechtfertigt sein.
Der deutsche Gesetzgeber hat sich im *4. RändStV* für das Bruttoprinzip entschieden.[407] Nach dem Willen der Ministerpräsidenten der Bundesländer ist das Bruttoprinzip für die Berechnung der Länge von Kinospielfilmen und Fernsehfilmen, die für die zulässige Anzahl der Werbeunterbrechungen maßgeblich ist, festgelegt worden.[408] Damit ist der Inhalt des Rechtsstreits zumindest politisch erledigt. Die privaten Rundfunkveranstalter haben nunmehr zu befürchten, dass auf sie bis zur Änderung der bisherigen Rechtslage möglicherweise Schadensersatzansprüche durch die Anwendung des Bruttoprinzips zukommen. Es kommt nämlich jetzt darauf an, ob in der nationalen Regelung das Nettoprinzip verankert oder das Bruttoprinzip der *FernsehRL* umgesetzt werden sollte. Zwar hat der *EuGH* in seiner Entscheidung die Verankerung des Nettoprinzips bis zum *4. RändStV* erkennen lasen, jedoch bleiben mangels ausdrücklicher gesetzlicher Regelung nach wie vor Bedenken. Zweifel in der Auslegung dürfen nicht zu Lasten der privaten Rundfunkveranstalter gehen.

2.3. Fazit

Die Bestimmung des *Art. 11 Abs. 3 FernsehRL* ist mehrdeutig. Soweit eine nationale Regelung das Nettoprinzip vorsieht, ist der freie Dienstleistungsverkehr beschränkt. Die Beschränkung ist gerechtfertigt, wenn Gründe des allgemeinen Interesses (z. B. Verbraucherschutz) eingreifen.

3. Rechtssache "RTI" [409]

Im europäischen Fernsehwerberecht war lange Zeit unklar, wie die Regelungen der *Art. 18 Abs. 1 S. 2* (direkte Angebote an die Öffentlichkeit) und *Art. 17 FernsehRL* (Kennzeichnung des Sponsors) auszulegen sind. *Art. 17 Abs. 1 FernsehRL* bestimmt, dass Sponsorprogramme durch den Namen und/oder das Firmenemblem des Sponsors am Programmanfang und/oder Programmende eindeutig gekennzeichnet werden müssen. Der *EuGH* judizierte, dass Rundfunkveranstalter die Nennung eines Sponsors nicht auf den Programman-

---

[406] So auch *Dörr* in Anmerkung zum Urteil des EuGH v. 28.10.1999, Rs. 06/98 - ARD/ProSieben, EuZW 2000, S. 84; a. A. Lercara/Scheuer, ZUM 1999, 719 f. (725).

[407] LG Stuttgart Az. : 17-0-198/96; epd-medien Nr. 80/1996, S. 29; ebd. Nr. 91/1997, S. 16, ebd. Nr. 100/1997, S. 12 (Vorlagebeschluss v. 17.12.1997).

[408] § 14 Abs. 3 RStV, epd-medien Nr. Nr. 36/1999, S. 3 f. Neben der Zulassung des Bruttoprinzips erlaubt der 4. RändStV das Bildschirm-Splitting und virtuelle Werbung, FK Nr. 27/99, S. 6.

[409] EuGH, Urteil v. 12.12.1996, Rs. 320/94328/94, 329/94, 337/94, 338/94, 339/94 - RTI, Slg. 1996 I - 6471 f.

fang oder das -ende beschränken müssen, sondern die Regelung nur eine Mindestanforderung darstellt. Auch wiederholte Formen des Sponsoring innerhalb des Programms in natürlichen Pausen sind zulässig. Eine Beschränkung ausschließlich auf den Anfang und/oder das Ende wurde dem Wortlaut nicht entnommen.[410] Die weiteren Anforderungen der *FernsehRL* müssen allerdings beachtet werden. Damit ist die Angabe des Namens oder des Firmenemblems eines Sponsors während der Sendung erlaubt, soweit diese nicht zum Kauf oder zur Anmietung von Erzeugnissen oder zur Inanspruchnahme von Dienstleistungen des Sponsors oder eines Dritten anregt. Ausdrücklich hat der *EuGH* hervorgehoben, dass die Mitgliedstaaten für Rundfunkveranstalter, die ihrer nationalen Rechtshoheit unterworfen sind, strengere Regelungen auf diesem Gebiet aufstellen können, sofern diese nicht die durch den *EGV* gewährleisteten Freiheiten beeinträchtigen. Eine Inländerdiskriminierung ist somit nicht ausgeschlossen. Gleichfalls wurde *Art. 18 Abs. 1 S. 2 FernsehRL* dahingehend ausgelegt, dass dem Ausdruck "Werbeformen wie direkte Angebote an die Öffentlichkeit" für die Anhebung der Werbeobergrenzen lediglich beispielhafte Bedeutung zukomme. Voraussetzung für die zulässige Anhebung der Sendezeit sei vielmehr die Art und Weise der Darbietung. Wenn die Darbietung generell mehr Zeit in Anspruch nehme als Werbespots, könne eine Verlängerung gerechtfertigt sein.[411] Dies ist gerade bei Teleshopping und Telepromotion[412] der Fall. Allerdings bleibt es den Mitgliedstaaten überlassen, ob sie nur bestimmten Werbeformen die zeitliche Vergünstigung zugute kommen lassen.

VIII. Niederlassungsfreiheit

Die Niederlassungsfreiheit gem. *Art 43 EGV* unterscheidet sich von der Dienstleistungsfreiheit dadurch, dass sie auf eine dauerhafte Niederlassung eines selbständig Erwerbstätigen auf dem Gebiet eines anderen Mitgliedstaates gerichtet ist. Für die Veranstaltung von Rundfunk ist die Gründung und Leitung von Unternehmen, insbesondere von Gesellschaften, relevant.[413] Die Niederlassungsfreiheit kommt somit neben natürlichen Personen auch juristischen Personen zu. Das Recht einer diskriminierungsfreien Aufnahme und Ausübung setzt voraus, dass gleiche Bedingungen und Rechte ohne Rücksicht auf die Staatsangehörigkeit in einem Aufenthaltsstaat bestehen. Gewisse Einschränkungen ergeben sich aus dem *EGV*.[414] Hinzu treten in Anlehnung an die Warenverkehrsfrei-

---

[410] Ebd. 6509.

[411] Ebd. 6505 f.

[412] Bei Telepromotion werden Studiosendungen unterbrochen. Der Darstellung eines oder mehrerer Produkte oder Dienstleistungen wird Sendezeit gewidmet.

[413] Art. 52 UAbs. 2 EGV, Art. 58 EGV a. F. (= Art. 43, 48 EGV).

[414] Art. 55, 56 u. 90 EGV a. F. (= Art. 45, 46, 86 EGV).

heit zwingende Gründe des Allgemeininteresses.[415] Die Maßstäbe entsprechen der Dienstleistungsfreiheit. Hinsichtlich der Ausnahmen zur Arbeitnehmerfreizügigkeit ist *Art. 39 Abs. 4 EGV* auf den öffentlich-rechtlichen Rundfunk nicht anwendbar, da Rundfunk im Hinblick auf den staatsfernen Charakter nicht unter den Begriff der "öffentlichen Verwaltung" fällt.[416]
Für das europäische Fernsehwerberecht hat die Niederlassungsfreiheit nur geringe Auswirkungen, da der Rundfunkveranstalter an die Rechtsordnung des Aufenthaltsstaates gebunden ist. Probleme mit der passiven Dienstleistungsfreiheit finden sich bei der Niederlassungsfreiheit nicht. Soweit durch diskriminierende Maßnahmen Werbesendungen eines niedergelassenen Rundfunkveranstalters aus einem anderen Mitgliedstaat beschränkt werden, ist dies unvereinbar mit *Art. 43 EGV.*

IX. Sonderstellung des öffentlich-rechtlichen Rundfunks

1. Öffentlich-rechtliche Rundfunkanstalten als Unternehmen der Daseinsvorsorge

Die gemeinschaftsrechtlichen Regelungen definieren nicht die Aufgaben des öffentlich-rechtlichen Rundfunks. Vielmehr bleibt es den Mitgliedstaaten überlassen, den Programmauftrag unter Beachtung des Gemeinschaftsrechts zu bestimmen. Der öffentlich-rechtliche Rundfunk muss als öffentliches Unternehmen u. a. das gemeinschaftliche Wettbewerbsrecht gem. *Art. 81 ff. EGV* einhalten. Seine Sonderstellung wurde auf europäischer Ebene im Zusammenhang mit der Aufrechterhaltung des audiovisuellen Pluralismus' mehrfach hervorgehoben.[417]
Durch die innovative Schubkraft der Digitaltechnologie wird sich in einer zukünftigen Kommunikationsordnung der Wettbewerb als bestimmendes Ordnungsprinzip verschärfen. Hiervon bleibt auch der in Deutschland durch Werbung und Gebühren finanzierte öffentlich-rechtliche Rundfunk nicht verschont.[418] Die Mischfinanzierung löst nämlich eine unabhängige, durch nationale Vorschriften konkretisierte Aufgabenerfüllung in kultur- und gesellschaftspolitischer Hinsicht aus, die nicht die Marktgesetze berührt. Das Marktverhalten des öffentlich-rechtlichen Rundfunks wird deshalb von den Gemeinschaftsorganen kritisch beurteilt.[419]

---

[415] EuGH, Urteil v. 20.02.1979, Rs. 120/78 - Rewe/Bundesmonopolverwaltung Branntwein, Slg. 1979, 662 f.

[416] Schwarze, *Fernsehen ohne Grenzen*, S. 34 f.; Ipsen, *Rundfunk im Europäischen Gemeinschaftsrecht*, S. 118.

[417] Entschließung vom 25.01.1999 über den öffentlich-rechtlichen Rundfunk, ABl. 1999, Nr. C 30/1.

[418] Vgl. Dörr, *Die Rolle des öffentlich-rechtlichen Rundfunks in Europa*, S. 10 ff.

[419] Frey, ZUM 1999, S. 528 (529) m. w. N.

Aus den gemeinschaftsspezifischen Vorbehalten der *Art. 46, 86 Abs. 2 EGV* lässt sich entnehmen, dass für den öffentlich-rechtlichen Rundfunk Ausnahmen bestehen, die die Anwendbarkeit der Vorschriften über die Dienstleistungs- und Wettbewerbsfreiheiten ausschließen, wenn sie ihre besondere Aufgabe nicht mehr erfüllen können. *Art. 86 Abs. 2 EGV* sieht vor, dass die Bestimmungen des *EGV* auf solche Unternehmen, die mit Dienstleistungen von allgemeinem wirtschaftlichem Interesse betraut sind oder den Charakter eines Finanzmonopols haben, dann nicht angewandt werden müssen, wenn und soweit die Anwendung jener Bestimmungen die Erfüllung der diesen Unternehmen übertragenen besonderen Aufgabe rechtlich oder tatsächlich verhindert.
Der *EuGH* hat darauf hingewiesen, dass der Vorbehalt des *Art. 90 Abs. 2 EGV a. F. (= Art. 86 Abs. 2 EGV)* für Unternehmen, die mit Dienstleistungen von allgemeinem wirtschaftlichen Interesse betraut sind, der Anwendung des *Art. 86 EGV a. F. (= Art. 82 EGV)* entgegenstehen kann.[420] Von allgemeinem wirtschaftlichen Interesse sind wirtschaftliche Aktivitäten zur Sicherung der Infrastruktur und Daseinsvorsorge. Hierzu zählen auch öffentlich-rechtliche Rundfunkanstalten.[421] Insoweit können nicht nur über *Art. 46 EGV*, sondern auch über *Art. 86 EGV* gesellschafts- und kulturpolitische Aspekte des Rundfunks einfließen. Die Rundfunktätigkeit unterliegt zwar grundsätzlich den Vorschriften des *EGV*, lässt jedoch punktuelle Ausnahmen zu, wenn andernfalls die Erfüllung der ihnen übertragenen Aufgaben rechtlich oder tatsächlich unmöglich wäre.[422]
Der Markt für fernsehspezifische Werbung ist ein Anknüpfungspunkt für die Aufgabenerfüllung des öffentlich-rechtlichen Rundfunks im gemeinschaftlichen Wettbewerb. Bereits in der Rechtssache "Sacchi"[423] musste der *EuGH* im Wege des Vorabentscheidungsverfahrens klären, ob lediglich der italienische öffentlich-rechtliche Fernsehsender *RAI* Werbung ausstrahlen durfte. Der *EuGH* sah damals das Rundfunkmonopol mit dem Gemeinschaftsrecht als vereinbar an. Aus im öffentlichen Interesse liegenden Gründen gewähre *Art. 90 EGV a. F. (= Art. 86 EGV)* Unternehmen besondere oder ausschließliche Rechte. Die Grenze liege dort, wo bestimmte Handelsströme oder Wirtschaftsunternehmen gegenüber anderen gefördert oder Bürger anderer Mitgliedstaaten diskriminiert werden.[424] Dieses Ergebnis wäre heute nicht mehr aufrechtzuerhalten. Der öffentlich-rechtliche Rundfunk konkurriert mit dem privaten Rundfunk auf dem

---

420 EuGH, Urteil v. 18.06.1991, Rs. 260/89 - ERT, Slg. 1991, I - 2925 f.

421 EuGH, Urteil v. 30.04.1974, Rs. 155/73 - Sacchi; Slg. 1974, 409 f.; EuGH, Urteil v. 18.06.1991, Rs. 260/89 - ERT, Slg. 1991, I - 2925 f.

422 Vgl. EuGH, Urteil v. 30.04. 1974, Rs. 155/73 -Sacchi; Slg. 1974, 409 f.

423 Ebd.

424 Ebd. (428-431); Bestätigung der Rechtsprechung zum griechischen Fernsehmonopol EuGH, Urteil v. 18.06.1991, Rs. 260/89 - ERT, Slg. 1991, I - 2925 f.

Werbemarkt, solange er nicht ausschließlich gebührenfinanziert ist.[425] Die Privilegierung des öffentlich-rechtlichen Rundfunks durch die Mischfinanzierung kann nur hingenommen werden, wenn Wettbewerbsverzerrungen durch einseitige Werberestriktionen kompensiert werden. Nur auf diese Weise lässt sich ein Regulativ finden, das das öffentliche Interesse an der Erfüllung des Programmauftrages und das Abhängigkeitssystem von Rundfunkgebühren nicht in Frage stellt. Die argumentative Gratwanderung für eine Sonderstellung des öffentlich-rechtlichen Rundfunks wird besonders angesichts der Vielzahl neuer audiovisueller Dienste deutlich.

2. Mediale Funktionsausweitung und Beihilfe

In der digitalisierten Medienwelt hat der öffentlich-rechtliche Rundfunk kein Monopol für die Grundversorgung mehr. Vielmehr entscheiden die Zuschauer durch ihr Nutzungsverhalten über die Akzeptanz öffentlich-rechtlicher Rundfunkangebote. Die Beteiligung des öffentlich-rechtlichen Rundfunks an neuen audiovisuellen Diensten hat europaweit erheblichen Widerstand bei privaten Rundfunkveranstaltern hervorgerufen. Anknüpfungspunkt ist das gemeinschaftsrechtliche Beihilferecht, das grundsätzlich staatliche Beihilfen verbietet, um den Wettbewerb innerhalb des Gemeinsamen Marktes vor Verfälschungen zu schützen.[426] Staatliche Beihilfen für Unternehmen können den innergemeinschaftlichen Wettbewerb behindern. Die Vorschriften der *Art. 87 ff. EGV* sind auf staatliche Beihilfen anwendbar, soweit der *EGV* nicht Sondervorschriften enthält.[427] Die abgestufte Prüfung der öffentlich-rechtlichen Rundfunkfinanzierung konzentriert sich im wesentlichen auf die Problemkreise der tatbestandlichen Voraussetzungen einer staatlichen Beihilfe gem. *Art. 87 Abs. 1 EGV*, die kriterienbezogene Höhe der Finanzierung und die Bereichsausnahme des *Art. 86 Abs. 2 EGV.*[428] Auf europäischer Ebene ist umstritten, ob der Gebührenfinanzierung des öffentlich-rechtlichen Rundfunks Grenzen zu setzen sind.[429] Öffentlich-rechtliche Rundfunkveranstalter, die Spartenkanäle und andere neue audiovisuelle Dienste gebührenunterstützt anbieten, stellen nämlich eine nicht unerhebliche Konkurrenz zu den privaten Rundfunkveranstaltern

---

425 Zur Situation der BBC: Ridder, MP 1993, S. 150 (155 ff.); Bullinger, *Die Aufgaben des öffentlichen Rundfunks - Wege zu einem Funktionsauftrag*, S. 88.

426 Art. 3 lit. g EGV.

427 Art. 86 Abs. 2 EGV.

428 Zum staatlichen Beihilfebegriff: Soltéz, EuZW 1998, S. 747 (748); vgl. zuletzt Bartosch, EuZW 1999, S. 177 f.; Frey, ZUM 1999, S. 528 f.

429 Oppermann, *Deutsche Rundfunkgebühren und das Europäische Beihilferecht*, S. 20 f. (50 f.); Eberle, ZUM 1997, S. 163 f.; Dörr/Cloß, ZUM 1996, S. 105 f.; Wettbewerbsbericht der Kommission 1993, Rn. 146, 546; Wettbewerbsbericht 1995, Rn. 200.

dar.[430] Wenn die mediale Funktionsausweitung des öffentlich-rechtlichen Rundfunks in einem technologischen Umfeld, das in naher Zukunft den Empfang von Hunderten zielgruppenspezifischen Fernsehprogrammen mit unterschiedlichen medialen Endgeräten möglich machen wird, rechtlich unbedenklich ist, dann wird der wirtschaftliche Betrieb werbefinanzierter Rundfunkveranstalter erschwert.[431] Aus diesem Grunde fordern die privaten Rundfunkveranstalter weniger Eingriffe in ihre Programmautonomie und eine strengere Aufgabenbegrenzung einschließlich eines absoluten Werbeverbots für den öffentlich-rechtlichen Rundfunk. Solchen Forderungen stehen Kritiker gegenüber, die wettbewerblichen und damit kommerziellen Lösungen im Rundfunk wegen seiner kulturellen und gesellschaftlichen Bedeutung misstrauen. Die öffentlich-rechtlichen Rundfunkanstalten argumentieren ähnlich und plädieren für eine deutliche Ausweitung ihres Aufgabenspektrums im Sinne neuer Spartenkanäle, Digital-TV und Online. Gleichzeitig verlangen sie mehr Werbemöglichkeiten. Insofern besteht ein Interessenkonflikt zwischen gesellschaftlicher Relevanz der öffentlich-rechtlichen Rundfunkanstalten und der Einführung bestimmter Kernelemente einer wettbewerbsorientierten europäischen Kommunikationsordnung. Der öffentlich-rechtliche Rundfunk muss in dieser Situation mit einer abgesicherten Finanzausstattung seine Position im veränderten Wettbewerb finden.[432] In der Subventionsdebatte wird die entscheidende Frage sein, ob sich die öffentlich-rechtlichen Rundfunkveranstalter im digitalen Zeitalter mit der verbundenen Ausdifferenzierung der Programmangebote durch die ihnen zugewiesenen Rundfunkgebühren im Rahmen ihres Auftrags bewegen. Trotz ausgewogener Ansätze der Kommission zeigt sich auf europäischer Ebene noch ein uneinheitliches Bild.[433]

---

430 VPRT-Beschwerde gegen ARD/ZDF-Spartenkanäle, epd-medien Nr. 42/1997, S. 21, ebd., Nr. 44/1997, S. 15 (19) Vgl. Problematik Online-Dienste: ZDF-Online, epd-medien Nr. 69/1997, S. 16; Gutachten von Jarass "Gegenständliche Grenze", Ergebnisse (Zulässigkeit von ZDF-Online als "Hilfstätigkeit"), epd-medien Nr. 69/1997, S. 20; ders., ZDF-Schriften-Reihe, Heft 53/1997; ders., AfP 1998, S. 133 f.; Rath-Glawatz, AfP 1998, S. 270 f.; Schulze-Fielitz, AfP 1998, S. 454 f.; Michel, ZUM 1998, S. 354 f.; Eberle, AfP 1998, S. 272 f. Degenhardt bestreitet die Vereinbarkeit von Online-Medien mit dem Funktionsbegriff des Rundfunks, epd-medien Nr. 68/1997; S. 20; ders., MMR 1998, S. 137 f. (139); Schoch, AfP 1998, S. 253 f.; Kreile/Neuenhahn, K&R 1998, S. 41.

431 Zulässigkeit öffentlich-rechtlicher Spartenkanäle: Braun/Gillert/Homberg/Hübner/Kamps, ZUM 1996, S. 201 f.

432 *Knothe/Schwalba* halten es für wettbewerbspolitisch geboten, den öffentlich-rechtlichen Rundfunk an neuen Entwicklungen teil haben zu lassen, MP 1999, S. 111 (113).

433 Die Kommission hat am 03.02.1999 Frankreich, Italien und Spanien zur Vorlage aller Informationen aufgefordert, die zur Beurteilung der Finanzierungsweise der öffentlich-rechtlichen Sender relevant sind, Pressemitteilungen IP/99/82 v. 03.02.1999; vgl. iris Nr. 03/1999 Nr. 3, S. 4 f; epd-medien Nr. 57/1999, S. 25.

2.1. Öffentlich-rechtliche Spartenkanäle

Die Etablierung öffentlich-rechtlicher Spartenkanäle in der Gemeinschaft ist umstritten. Die Beschwerde des Verbandes Privater Rundfunk und Telekommunikation (VPRT) gegen deutsche gebührenfinanzierte Spartenkanäle kennzeichnet die Problematik. Die Kommission wurde darin zu weitreichenden rechtlichen Schritten gegen die neuen ARD/ZDF-Spartenprogramme "Phoenix" und "Kinderkanal" aufgefordert.[434] Im wesentlichen werden die Verstöße von ARD/ZDF in der Unzulässigkeit staatlicher Beihilfen durch Rundfunkgebühren, im wettbewerbsbeschränkenden Verhalten und im Missbrauch einer marktbeherrschenden Stellung gesehen. Die öffentlich-rechtlichen Rundfunkveranstalter werfen der VPRT vor, mit Hilfe des Gemeinschaftsrechts die Rundfunkordnung in Deutschland zu umgehen. Weiterhin lasse die Beschwerde außer Betracht, dass der öffentlich-rechtliche Rundfunk demokratische, kulturelle und soziale Leistungen erbringe und nicht nur reines Wirtschaftsgut sei.[435] Die Bundesregierung hat die Kommission darauf hingewiesen, dass "Phoenix" und "Kinderkanal" werbefrei seien:

> "Eine rein ökonomische Betrachtungsweise werde deshalb der gesellschaftlichen und kulturellen Funktion des Rundfunks nicht gerecht."

Der "Kinderkanal" sei eine "Alternative zu entsprechenden kommerziellen Angeboten", die junge Zuschauer nachweislich einem "hohen Werbedruck" aussetzten.[436] Im übrigen sei eine Werbefinanzierung mit Ausnahme von Sponsoring ausgeschlossen.[437]
Die Kommission hat die Einwände der VPRT gegen "Phoenix" und "Kinderkanal" zurückgewiesen.[438] Sie kam zu dem Ergebnis, dass beide deutschen Spartenkanäle mit dem öffentlich-rechtlichen Rundfunkauftrag vereinbar und wettbewerbsrechtliche Vorschriften nicht verletzt seien. Die Kommission stufte zwar die Rundfunkgebühr tatbestandlich als Beihilfe ein, wandte jedoch die

---

434 epd-medien Nr. 42/1997, S. 21; Begründung der Kommission in der Beschwerdesache "Phoenix/Kinderkanal" vom 08.03.1999 (IV-C-2 (TK) D (98)/950, epd-medien Nr. 29/1999, S. 27 - 32.

435 Ebd., Nr. 44/1997, S. 19.

436 Ebd., Nr. 45/1997, S. 9.

437 § 15 Abs. 2 S. 1 RStV.

438 epd-medien Nr. 12/1999, S. 10. Die Entscheidung steht im Kontext zur Entschließung des Rates der EU vom 25.01.1999 (ABl. 1999 Nr. C 30/01). In der Entschließung wurde festgestellt, dass für die Erfüllung des Auftrages der öffentlich-rechtlichen Rundfunkanstalten weiterhin der technologische Fortschritt genutzt werden und der Zugang einer breiten Öffentlichkeit zu verschiedenen Kanälen und Diensten frei von jeglicher Diskriminierung sein muss. Zur Endscheidung der Kommission: Dörr, NJW 1999, S. 1925 (1929).

Ausnahmevorschrift des *Art. 86 Abs. 2 EGV* an.[439] Eine Kulturförderung gem. *Art. 87 Abs. 3 d) EGV* wurde abgelehnt. Die Kommission geht davon aus, dass die privaten Mitbewerber durch die Werbefreiheit der Spartenkanäle nicht spürbar in ihrer Finanzierungsgrundlage tangiert sind.
Die Entscheidung der Kommission ist in zweierlei Hinsicht wegweisend: Zum einen wird der öffentlich-rechtliche Funktionsbereich nicht auf klassische Vollprogramme beschränkt und dem öffentlich-rechtlichen Rundfunkauftrag eine Entwicklungsmöglichkeit zugebilligt. Zum anderen werden gebührenfinanzierte Spartenprogramme mit dem Beihilferecht des *EGV* für vereinbar erklärt.[440] Gleichwohl kann in der Entscheidung kein Freibrief für die Aktivitäten des öffentlich-rechtlichen Rundfunks auf dem Gebiet der neuen audiovisuellen Dienste gesehen werden. Eine Beteiligung öffentlich-rechtlicher Rundfunkveranstalter an durch individuelles Entgelt finanzierten neuen audiovisuellen Diensten sowie die Beteiligung an Pay-TV oder Teleshopping führt bei staatlicher Gebührenfinanzierung zu einer Wettbewerbsverzerrung mit den privaten Rundfunkveranstaltern. Aus diesem Grunde ist die mediale Funktionsausweitung des öffentlich-rechtlichen Rundfunks stets unter dem Aspekt der Korrektivfunktion gegenüber den kommerziellen Rundfunkveranstaltern und Diensteanbietern zu sehen. Die Kommission hat eine gewisse Rechtsklarheit über den Beihilfecharakter der deutschen Rundfunkgebühr geschaffen. Im *RStV* ist die Weiterverbreitungspriorität der öffentlich-rechtlichen Spartenkanäle festgeschrieben.[441]

2.2. Öffentlich-rechtliche Online-Angebote

Der Online-Bereich umfasst Kommunikationsnetze, die als schmalbandiges Verbreitungsmedium für unterschiedliche Dienste bzw. Inhalte dienen. Der Rundfunk sieht darin ein zusätzliches geeignetes Betätigungsfeld für seine Programme. Die Nutzung dieser Netze und die damit verbundenen Werbemöglichkeiten stoßen ebenfalls in der Gemeinschaft auf erheblichen Widerstand privater Rundfunkveranstalter. Gerade die Online-Präsenz von ARD/ZDF hat durch die Beihilferegelungen des *EGV* eine gemeinschaftsrechtliche Dimension. Teilweise wird in den Online-Aktivitäten weder eine programmbegleitende Randbetätigung noch ein vom Grundversorgungsauftrag umfasster Aufgabenbereich gesehen. Die öffentlich-rechtlichen Rundfunkanstalten würden - so einige

---

[439] Zur Anwendbarkeit der Wettbewerbsvorschriften der Art. 81 ff. EGV auf öffentliche Rundfunkanstalten und das Verhältnis zu Art. 86 EGV: EuGH, Urteil v. 18.06.1991, Rs. 260/89 - ERT, Slg. 1991, I-2925; EuGH, Urteil v. 19.05.1993, Rs. 320/91 - Corbeau, Slg. 1993, I-2533;

[440] Zur Vereinbarkeit der Spartenkanäle mit Wettbewerbsrecht: Dörr, *Die Spartenkanäle von ARD/ZDF und das Europarecht*, S. 64 f.

[441] § 19 Abs. 2 RStV; Hartstein/Ring/Kreile, Kommentar zum Rundfunkstaatsvertrag, § 19 RStV, Rn. 13 f.

Kritiker - durch weitere Aktivitäten der Verspartung und Programmbouquetbildung von ihrem eigentlichen Auftrag der Grundversorgung ablenken. Wegen möglicher Werbeeinnahmen aus Online-Angeboten seien außerdem Wettbewerbsverzerrungen bei der Rundfunkfinanzierung zu befürchten.[442] Befürworter plädieren im Sinne einer verfassungsrechtlichen Entwicklungsgarantie des öffentlich-rechtlichen Rundfunks für eine Selbstbestimmung des publizistisch Erforderlichen, zu dem auch die Nutzung neuer Möglichkeiten im Online-Bereich gehöre.[443] Grenzen werden allerdings in zweierlei Hinsicht gezogen. Es sei dann eine gesetzliche Regelung notwendig, wenn Umfang und publizistisches Gewicht öffentlich-rechtlicher Onlinebetätigung eine eigene neue Qualität erreiche, etwa indem sie sich verselbständige und die Funktion des herkömmlichen Rundfunks übernehme; im übrigen bedürfe die Finanzierung des Online-Bereichs durch Werbung einer gesetzlichen Grundlage, da der *RStV* auf die Onlinebetätigung nicht passe.[444]

Die Ministerpräsidenten der deutschen Bundesländer haben den Einwand einer fehlenden Ermächtigungsgrundlage beseitigt.[445] Allerdings dürfen die ARD und ZDF-Online-Angebote nur überwiegend programmbegleitenden Charakter haben und müssen werbe- uns sponsoringfrei sein. Dadurch können die öffentlich-rechtlichen Rundfunkveranstalter ihren Programmauftrag, mit Information, Bildung und Unterhaltung grundlegende Orientierungsangebote zu machen sowie gesellschaftliche, kulturelle und politische Entwicklungen zu fördern, auf den Multimediabereich ausweiten. Ziele des Multimediaengagements sind die Unterstützung und Begleitung der Programme, Orientierung bieten und Qualitätsmaßstäbe im journalistischen Bereich setzen.[446]

Die überwiegend aus dem kommerziellen Sektor stammenden Kritiker einer Online-Betätigung übersehen die Meinungsrelevanz des Rundfunks. Öffentlich-rechtliche Online-Angebote, auch wenn sie zur Individualkommunikation zählen, haben eine meinungsbildende Funktion und können nicht aus einem dynamisch zu verstehenden Grundversorgungsauftrag ausgeschlossen werden. Es muss dem öffentlich-rechtlichen Rundfunk in Erfüllung seines Grundversorgungsauftrags der Zugang zu neuen Technologien und Verbreitungsformen erlaubt sein.[447] Wenn der öffentlich-rechtliche Rundfunk seine eigentlichen ihm zugewiesenen Aufgaben nicht mehr wahrnimmt, sind ihm Grenzen durch den Gesetzgeber aufzuerlegen. Das Verbot von Werbung und Sponsoring

---

[442] *Ricker* anlässlich der Medientage in München vom 14.10.1998, epd medien Nr. 82/1998, S. 15; ders., AfP 1998, S. 437 f. (440).

[443] Schulze-Fielitz, AfP 1998, S. 447 f. (454) m.w.N.

[444] Ebd., S. 455.

[445] § 4 Abs. 3 ARD-Staatsvertrag, § 4 Abs. 3 ZDF-Staatsvertrag.

[446] Zu den Schlussfolgerungen aus der ARD/ZDF-Online-Studie 2000: Oehmichen/Schröter, MP 2000, S. 359 f.

[447] Vgl. BVerfGE 74, 297 (326f.).

beschränkt die Möglichkeiten für ein Mithalten im Wettbewerb mit den kommerziellen Anbietern.[448] Die Mittel der Aktivitäten öffentlich-rechtlicher Rundfunkveranstalter können demnach nur aus den Rundfunkgebühren kommen, die zwangsläufig erhöht werden müssten. Da sich gemeinwohlorientierte Online-Angebote auch an Finanzierbarkeit zu orientieren haben, ist im Sinne gleicher Wettbewerbsbedingungen unter den Rundfunkveranstaltern eine beschränkte Werbung im Online-Bereich einzufordern. Eine beschränkte Online-Betätigung mit Werbung verstößt nicht gegen den Grundversorgungsauftrag öffentlich-rechtlicher Rundfunkveranstalter.

2.3. Öffentlich-rechtliches Pay-TV

Die Ausstrahlung von öffentlich-rechtlichen Pay-TV-Angeboten hat noch eine untergeordnete Bedeutung.[449] Bis heute ist den öffentlich-rechtlichen Rundfunkveranstaltern in der Gemeinschaft die Entgeltfinanzierung von Programmen verboten.[450] Ein solches Verbot verhindert, dass die öffentlich-rechtlichen Rundfunkveranstalter neben Gebühren und Werbeeinnahmen auf ein zusätzliches Finanzierungsmittel ihrer Programme zurückgreifen können.[451] Ob die nationalen Verbote aufrechterhalten bleiben, ist Sache der Mitgliedstaaten. Sie haben gem. *Art. 151* und *Art. 3 lit.p EGV* die Definitionsgewalt über Aufgabe und Rolle des öffentlich-rechtlichen Rundfunks.[452]

2.4. Beschwerden privater Rundfunkveranstalter

Mit den europaweit bei der Kommission eingehenden Beschwerden privater Rundfunkveranstalter[453] gegen die Finanzierung öffentlich-rechtlicher Rundfunkveranstalter, musste sich in neuerer Zeit das *Gericht erster Instanz (EuG)* beschäftigen, indem es die Kommission wegen ihres Nichtentscheidens bei

---

448 Zum Wettbewerb der Anbieter im Multimediasektor: Ehlers, MP 2000, S. 369.

449 Libertus, AfP 1998, S. 149 f.

450 Gem. § 12 RStV finanziert sich der öffentlich-rechtliche Rundfunk durch Rundfunkgebühren, Einnahmen aus Rundfunkwerbung und sonstigen Einnahmen. Der private Rundfunk kann sich insbesondere aus Entgelte der Teilnehmer (Abonnements oder Einzelentgelte) finanzieren (§ 43 RStV).

451 Vgl. BVerfGE 74, 297 ff. (331): Es ist verfassungsrechtlich nicht zu beanstanden, wenn der öffentlich-rechtliche Rundfunk Pay-TV nur unter der Voraussetzung veranstalten darf, dass diese Rundfunkform von dem Gesetzgeber nicht verboten, sondern gesetzlich gestattet wird.

452 Dörr, *Die Rolle des öffentlich-rechtlichen Rundfunks in Europa*, S. 31 ff.

453 Vgl. Wettbewerbsberichte der Kommission 1993, Tz. 148, 546; 1995, Tz. 200; 1996, Tz. 213; 1997, Tz. 279. Weitere Beschwerden aus Italien, Griechenland und dem Vereinigten Königreich liegen vor. Die Kommission hat die Regierungen Frankreichs, Italiens und Spaniens zur Vorlage aller Informationen aufgefordert, die zur Beurteilung der Finanzierungsweise der öffentlich-rechtlichen Rundfunkveranstalter relevant sind, Pressemitteilungen IP/99/79, IP/99/80, IP/99/81 und IP/99/82 vom 03.02.1999.

nationalen Mittelzuweisungen verurteilte. Die Gestevisión Telecinco S.A., ein privater Rundfunkveranstalter mit Sitz in Madrid, reichte eine Beschwerde ein. Diese enthielt den Antrag, die den öffentlich-rechtlichen regionalen Rundfunkveranstaltern von ihren jeweiligen Comunidades Autónomas (Autonome Regionen) gewährten Mittelzuweisungen mit dem Beihilferecht für unvereinbar zu erklären. Eine weitere Beschwerde des gleichen Rundfunkveranstalters hatte zum Inhalt, die Unvereinbarkeit der der öffentlich-rechtlichen Anstalt RTVE vom spanischen Staat gewährten Mittelzuweisungen mit dem Gemeinschaftsrecht festzustellen. Da eine Entscheidung der Kommission über die Beschwerden ausblieb, wurde sie wegen nicht rechtzeitigem Tätigwerden im Fall der Mittelzuweisungen an die öffentlich-rechtlichen Rundfunkveranstalter in Spanien vom *EuG* verurteilt.

Im Interesse der ordnungsgemäßen Anwendung der Bestimmungen des *EGV* über staatliche Beihilfen hatte es die Kommission versäumt, die Beschwerden sorgfältig und unparteiisch zu prüfen. Nach Auffassung des *EuG* hätte die Kommission drei Entscheidungsmöglichkeiten ausschöpfen können. Entweder, indem sie die streitigen staatlichen Maßnahmen nicht als Beihilfe ansieht; dann, indem sie diese Maßnahmen zwar als Beihilfe qualifiziert, die aber mit dem Gemeinschaftsrecht vereinbar sind; und schließlich, indem sie eine Prüfung der Beschwerde einleitet. Da die Kommission keine Entscheidung getroffen hatte, verstieß sie gegen ihre Verpflichtungen des *EGV.*[454] Das Protokoll zum Amsterdamer Vertrag[455] über den öffentlich-rechtlichen Rundfunk hatte auf die Entscheidung noch keinen Einfluss, da zum Zeitpunkt der Einreichung der Beschwerden das Protokoll von den Mitgliedstaaten noch nicht unterzeichnet war. Das Urteil war allerdings Auslöser dafür, dass die Wettbewerbskommission der Gemeinschaft (Generaldirektion IV) ihre zögerliche Haltung aufgab und ein Diskussionspapier zu Aufgaben und Finanzierung des öffentlichen Rundfunks erstellte.[456]

Soweit die Kommission auf Beschwerden privater Rundfunkveranstalter tätig wurde, hat sie in ihren Entscheidungen die Aufgabe und Rolle des öffentlich-rechtlichen Rundfunks in dem jeweiligen Mitgliedstaat respektiert. In einer Beschwerde des privaten britischen Satellitensenders BSkyB gegen den öffentlich-rechtlichen Nachrichtenkanal BBC News 24 wurde von der Kommission zwar festgestellt, dass Rundfunkgebühren als staatliche Beihilfe unter das Gemeinschaftsrecht fallen, jedoch eine solche Beihilfe mit dem Gemeinschaftsrecht vereinbar sein könne, "wenn sie als Vergütung für das Bereitstellen von Diensten gewährt wird, die von allgemeinem ökonomischen Interesse sind, wie

---

[454] EuG, Urteil v. 15.09.1998, Rs. T-95/96 Gestevisión Telecinco S. A. / Kommission; Pressemitteilung , epd medien Nr. 81/1998, S. 23/24; iris Nr. 10/1998, S. 5.

[455] Vgl. Erster Teil dieser Arbeit, Zweiter Abschnitt D. X. 3.: Protokoll zum Amsterdamer Vertrag.

[456] Vgl. ebd., D. IX. 4.: "Kommissionspapier" zur Gebührenfinanzierung.

es von den Mitgliedstaaten definiert wurde".[457] Damit wird die Zuständigkeit der Mitgliedstaaten für die Rundfunkorganisation und -finanzierung nicht angetastet. Vielmehr bleibt der Prüfungsumfang der Kommission in diesem Bereich eingeschränkt.

3. Das Protokoll zum Amsterdamer Vertrag[458]

Der *Amsterdamer Vertrag* konnte auf europäischer Ebene einerseits der Bedeutung der neuen audiovisuellen Dienste Rechnung tragen und andererseits die Rolle des öffentlich-rechtlichen Rundfunks in der Gemeinschaft stärken. In *Art. 16 EGV* ist über die neuen audiovisuellen Dienste festgehalten:

> "Unbeschadet der Artikel 73, 86 und 87 und in Anbetracht des Stellenwertes, den Dienste von allgemeinem wirtschaftlichen Interesse innerhalb der gemeinsamen Werte der Union einnehmen, sowie bei der Förderung des sozialen und territorialen Zusammenhalts tragen die Gemeinschaft und die Mitgliedstaaten im Rahmen ihrer jeweiligen Befugnisse im Anwendungsbereich dieses Vertrags dafür Sorge, dass die Grundsätze und Bedingungen für das Funktionieren dieser Dienste so gestaltet sind, dass sie ihren Aufgaben nachkommen können."

Das Protokoll über den öffentlich-rechtlichen Rundfunk in den Mitgliedstaaten ist Interpretationshilfe für die Auslegung des Primärrechts.[459] Es ist keine bloße Absichtserklärung, sondern rechtsverbindlich. Die mitgliedschaftliche Bestimmung des öffentlich-rechtlichen Funktionsbereichs bleibt unberührt. Grenzen sind nur dort vorgegeben, wo Handels- und Wettbewerbsbedingungen i.S.v. *Art. 81 ff. EGV* beeinträchtigt sind. Das Protokoll hat folgenden Wortlaut:

> ".....die dem Vertrag zur Gründung der Europäischen Gemeinschaft beigefügt wird:
> Die Bestimmungen dieses Vertrages zur Gründung der Europäischen Gemeinschaft berühren nicht die Befugnis der Mitgliedstaaten, den öffentlich-rechtlichen Rundfunk zu finanzieren, sofern die Finanzierung der Rundfunkanstalten den öffentlich-rechtlichen Auftrag, wie er von den Mitgliedstaaten den Anstalten übertragen, festgelegt und ausgestaltet wird, dient und die Handels- und Wettbewerbsbedingungen in der Gemeinschaft nicht in einem Ausmaß beeinträchtigt, das dem gemeinsamen Interesse zuwiderläuft, wobei den Erfordernissen der Erfüllung der öffentlich-rechtlichen Aufgaben

---

457 epd-medien Nr.77/1999, S. 20.

458 Vertrag von Amsterdam v. 02.10.1997, ABl. 1997 Nr. C 340/1, Der Vertrag von Amsterdam ist am 01.05.1999 in Kraft getreten. Die letzte Ratifizierungsurkunde wurde am 30.03.1999 hinterlegt, ABl. 1999 Nr. L 114/56; Streinz, EuZW 1998, S. 137 f.

459 Dörr: *Die Spartenkanäle von ARD/ZDF und das Europarecht*, S. 64.

Rechnung zu tragen ist."

Dem öffentlich-rechtlichen Rundfunk wird ein bestimmter Aufgabenkreis bzw. Funktionsbereich übertragen. Das Protokoll macht deutlich, dass der öffentlich-rechtliche Rundfunk mit den demokratischen, sozialen und kulturellen Bedürfnissen jeder Gesellschaft und mit dem Gebot der Pluralismussicherung unmittelbar verknüpft ist. Rundfunkgebühren sind demnach keine Beihilfen, wenn diese eine angemessene Gegenleistung für die Erfüllung der übertragenen öffentlich-rechtlichen Aufgaben darstellen. An die Auslegungsvorgaben wird sich auch die Kommission halten müssen.[460]

4. Kommissionspapier zur Gebührenfinanzierung

Die Generaldirektion IV (Wettbewerb) der Kommission hatte den Mitgliedstaaten ein Diskussionspapier übersandt, das unter dem Gesichtspunkt des Wettbewerbsrechts die Funktion und Finanzierung des öffentlich-rechtlichen Rundfunks behandelt.[461] Eine Anregung sieht u. a. vor, dass massenattraktive Programme wie Sportereignisse und Unterhaltungssendungen nicht mehr über Gebühren, sondern vielmehr über Werbeeinnahmen eines kommerziellen Tochterunternehmens des jeweiligen öffentlich-rechtlichen Rundfunks finanziert werden. Insbesondere von deutscher Seite wurde dieser Vorschlag abgelehnt, weil die Kommission den "umfassenden Grundversorgungsauftrag" des öffentlich-rechtlichen Rundfunks zur Information, Bildung und Kultur nicht erkannt habe.[462] Die privaten Rundfunkveranstalter sehen sich in ihrer Einschätzung unterstützt, dass die gebührenfinanzierten Aktivitäten des öffentlich-rechtlichen Rundfunks in den privaten Märkten den Wettbewerb verzerren. Die Aktivitäten des öffentlich-rechtlichen Rundfunks messen sich am gemein-

---

460 Öffentliche Unterstützung des portugiesischen Rundfunks *RTP*: Anfrage der EP-Abgeordneten *Carole Tongue* in ABl. 1997 Nr. C 319/46; Die Kommission hat in ihrer Entscheidung zur Beschwerde über die Rundfunkfinanzierung in Portugal festgehalten, dass eine Beihilfe nicht vorliege, wenn die Rundfunkfinanzierung eine angemessene Gegenleistung für die Erfüllung der Funktionen des öffentlich-rechtlichen Rundfunks bedeute. Der EuG hat in der Rs. T 46/97 - SIC/Kommission, Urteil v. 10.05.2000, entschieden, dass die Kommission ein Hauptprüfungsverfahren wegen ernsthafter Schwierigkeiten hinsichtlich der Bestimmung staatlicher Beihilfen hätte einleiten müssen. Der EuG vertrat die Auffassung, dass für den Begriff der *Beihilfe* und somit für die Frage nach den Auswirkungen dieser Beihilfe auf den Gemeinsamen Markt ausschlaggebend sei, ob der Staat durch die Fördermittel wirtschaftliche Begünstigungen einräume (s. a. iris, Nr. 06/2000, S. 2/3).

461 Diskussionspapier zur Anwendung der Art. 90 Abs. 2, 92 u. 93 EGV im Rundfunksektor von Oktober 1998 zur Vorbereitung der multilateralen Sitzung "über die Politik im Bereich der staatlichen Beihilfen" am 19./20. Oktober in Brüssel, FK Nr. 40/1998, S. 39 ff.;

462 FK Nr.41/42/1998, S. 6/7; FK Nr. 43/1998, S. 6.

schaftsrechtlichen Wettbewerbs- und Beihilferecht.[463] Die Kommission hat darauf hingewiesen, dass sie bei der Definition der Aufgabe und der Nutzung öffentlicher Dienste nicht eingreifen, und schon gar nicht über die Finanzierungssysteme öffentlich-rechtlicher Rundfunkveranstalter in Europa urteilen wird.[464] Damit wird die Definitionsgewalt der Mitgliedstaaten über die Funktion des öffentlich-rechtlichen Rundfunks nicht angetastet.

Der Beschwichtigungskurs der Kommission gegenüber den Mitgliedstaaten, die das Diskussionspapier ablehnen, ist allerdings nur teilweise gelungen. Die für die audiovisuelle Politik eingesetzte Expertengruppe unter dem Vorsitz des mittlerweile ausgeschiedenen Kommissars *Marcelino Oreja* hat unmissverständlich zum Ausdruck gebracht, dass der öffentlich-rechtliche Rundfunk - bei "vorrangiger" Zuständigkeit der Mitgliedstaaten - hinsichtlich des Funktionsauftrages und der Finanzierung nach den Prinzipien von "Verhältnismäßigkeit und Transparenz" zu regeln sei.[465] Weiterhin sprach sich *Oreja* dafür aus, die spezifischen Aufgaben des öffentlich-rechtlichen Rundfunks nur durch öffentliche Mittel zu finanzieren. Bei kommerziellen Aktivitäten müssten zwei Kassen geführt werden, um jede Umleitung öffentlich-rechtlicher Gelder zugunsten kommerzieller Unternehmungen zu vermeiden. Voraussetzung sei, dass jeder Mitgliedstaat die Aufgaben des öffentlich-rechtlichen Rundfunks in der nationalen Rundfunkordnung entsprechend festlege. Dies könne jeder Mitgliedstaat nach eigenen Vorstellungen tun, solange keine Gemeinschaftsinteressen berührt würden.[466]

Ungeachtet dieser Äußerungen lässt das Kommissionspapier erkennen, dass die Bestandsgarantie durch die Protokollnotiz zum Amsterdamer Vertrag mit der Begrenzung des Programmauftrags nur bedingt anerkannt wird. Sobald nämlich die Mitgliedstaaten aufgefordert werden, eine offizielle Definition der Aufgaben des öffentlich-rechtlichen Rundfunks vorzulegen, wird der Kommission ermöglicht zu prüfen, welche Definition nicht mehr mit dem *EGV* vereinbar ist.

5. Entschließung des Rates der Kulturminister

Eine Entschließung der Kulturminister stärkt hinsichtlich des Programmauftrags und der Finanzierung des öffentlich-rechtlichen Rundfunks die Kompetenzen der Mitgliedstaaten, sofern die Handels- und Wettbewerbsbedingungen in der

---

463 So VPRT, epd-medien Nr. 77/1998, S. 16/17.

464 Wortlaut der Erklärung der Kommission - Pressestelle: epd-medien Nr. 78/1998, S.20 f. Die neue Kulturkommisarin *Viviane Reding* hat ebenfalls darauf hingewiesen, dass die nationale Kompetenz der Mitgliedstaaten akzeptiert wird und die Kommission sich nicht in den Funktionsumfang des öffentlich-rechtlichen Rundfunks und seine Finanzierung einmischt: epd-medien Nr. 17/2000, S. 19.

465 epd medien Nr. 85/1998, S. 13/14.

466 *Oreja* anlässlich eines Vortrages zur Eröffnung der Konferenz der Europäischen Rundfunk-Union am 27.10.1998 in Brüssel, epd medien Nr. 86/1998, S. 25.

Gemeinschaft eingehalten werden.[467] Ferner ist festgelegt, dass der öffentlich-rechtliche Rundfunk die künftigen technischen Möglichkeiten bei der Auftragserfüllung nutzen kann. In der Empfehlung wird festgestellt und bestätigt, dass

> "die Fähigkeit der öffentlich-rechtlichen Rundfunkanstalten, der Öffentlichkeit Programme und Dienste von hoher Qualität anzubieten, gewahrt und ausgebaut werden muss, einschließlich der Entwicklung und Diversifizierung der Tätigkeiten im digitalen Zeitalter."[468]

Die privaten Rundfunkveranstalter sehen die öffentlich-rechtlichen Aktivitäten im digitalen Umfeld mit Skepsis und fordern von den Mitgliedstaaten eine klare Definition des öffentlich-rechtlichen Funktionsauftrags. Die fehlende ausschließliche Zuständigkeit der Mitgliedstaaten zur Definition der Finanzierungsmodalitäten wird als Teilerfolg im Hinblick auf die Forderung nach einer gemeinschaftsweiten Regelung zur finanzspezifischen Transparenz des öffentlich-rechtlichen Rundfunks gesehen.[469]

6. Fazit

Die Finanzierung des öffentlich-rechtlichen Rundfunks lässt keine grundsätzliche Unvereinbarkeit mit dem gemeinschaftlichen Beihilferecht erkennen. Die Gebührenfinanzierung ist der Beihilfeaufsicht zu unterwerfen, um die wettbewerbs- und beihilferechtlichen Schranken gebührenfinanzierter Aktivitäten des öffentlich-rechtlichen Rundfunks prüfen zu können. Da die Mitgliedstaaten die Aufgabe und Rolle des öffentlich-rechtlichen Rundfunks definieren, ist im Rahmen der tatbestandlichen Voraussetzungen des *Art. 87 EGV* und der Ausnahmevorschrift des *Art. 86 Abs. 2 EGV* primär zu klären, ob der definierte Funktionsbereich eingehalten ist. Wenn dies zutrifft, ist zu fragen, ob die Rundfunkgebühr eine angemessene - nicht überkompensatorische - Vergütung für die ihm übertragene öffentliche Aufgabe, zum Ausgleich etwaiger Nachteile aus den Werbebeschränkungen und für Programmanforderungen, ist. Die bereichsspezifische Verwendung des Gebührenaufkommens ist offen zu legen. Sollte die Rundfunkgebühr einen Begünstigungscharakter haben, ist weiter zu prüfen, ob es sich um Kultursubventionen i. S. v. *Art. 87 Abs. 3 d) EGV* handelt. Die Vereinbarkeit der Kultursubventionen mit dem Gemeinsamen Markt steht allerdings unter dem Vorbehalt, dass dadurch die Handels- und Wettbewerbsbedingungen in der Gemeinschaft nicht in schwerwiegender Weise beeinträchtigt werden. Dies erfordert eine Abwägung, die die Kommission zu treffen hat. Wettbewerbsverfälschende kulturelle Beihilfen können dann erforderlich sein, wenn nur so die Kulturförderung als privilegierte Zielsetzung in den Mitglied-

---

467 Entschließung des Rates v. 17.11.1998: FK Nr. 47/1998, S. 37.
468 Ziff. 6 der Entschließung des Rates v. 17.11.1998: FK Nr. 47/1998, S. 37.
469 VPRT warnt vor "Freibrief" für Ausweitung: epd-medien Nr. 92/1998, S. 8.

staaten erreicht werden kann. Die Aufrechterhaltung eines pluralistischen Rundfunksystems ist als Bestandteil der Kulturpolitik der Mitgliedstaaten gemeinschaftsgrundrechtlich fundiert. Die kompensatorische Funktion der Rundfunkgebühr kann deshalb nur im Hinblick auf die vielfaltsbezogenen Defizite des Systems der Werbefinanzierung oder auch des Pay-TV bestehen. Da die Mitgliedstaaten über eine gewisse Einschätzungsrogative bei dem Erforderlichkeitskriterium kultureller Beihilfen im audiovisuellen Bereich verfügen, hat die Kommission offensichtliche Missbrauchsfälle aufzudecken. Missbrauchsfälle werden dann vorliegen, wenn Kultursubventionen als Instrument einer universellen Finanzierung des öffentlich-rechtlichen Rundfunks dienen.

E. Das europäische Fernsehwerberecht im Lichte von Art. 10 EMRK

Die Vertragsstaaten des Europarates sind an die *EMRK*[470] gebunden. Die Mitgliedstaaten der Gemeinschaft gehören alle dem Europarat an und unterliegen dem Rechtsschutzsystem der *EMRK*.[471] Trotzdem lässt sich aus der Einzelbindung der Mitgliedstaaten noch nichts über die Frage der gemeinschaftlichen Bindung sagen, da die Gemeinschaftsakte nicht von der Konformität mit innerstaatlichem Verfassungsrecht oder völkerrechtlichen Verträgen der Mitgliedstaaten abhängen.[472] Die *EMRK* und ihre Zusatzprotokolle gewährleisten partielle Bereiche der Handlungsfreiheit. Die in *Art. 10 Abs. 1. S. 1 EMRK* geschützte Meinungsäußerungs- und Informationsfreiheit berührt nicht nur den Werbetreibenden, der seine Werbung als Meinung über den Rundfunk verbreiten will, sondern bildet auch die Grundlage für das Kommunikationsverhältnis zwischen Rundfunkveranstalter und Rezipienten. Deshalb ist in Schritten zu prüfen, ob Art. 10 EMRK auch ein justitiables Gemeinschaftsgrundrecht darstellt, ob und in welchem Umfang die fernsehspezifische Werbung vom Schutzbereich des *Art. 10 EMRK* erfasst wird und welche Unterschiede der Kontrollorgane bei der rundfunkspezifischen Interpretation von *Art. 10 EMRK* auftreten.

I. Grundrechtskatalog

Das Gemeinschaftsrecht enthält derzeit noch keinen kodifizierten Grundrechtskatalog. Es hat sich jedoch in der eigenständigen und autonomen Rechtsordnung der Gemeinschaft ein Grundrechtschutz herausgebildet, der dem Grundrechtschutz der Mitgliedstaaten weitgehend entspricht.[473] Im umgekehrten Fall

---

[470] BGBl. 1952 II., S. 686 f.
[471] Art. 25, 46 EMRK.
[472] Meinel, *Grenzen europäischer Rundfunkrechtsetzung*, S. 125 ff.
[473] BVerfGE 73, 339 (386); 89, 155 (174 f.).

hätten die Mitgliedstaaten das Gemeinschaftsrecht nicht akzeptiert.[474] Die Lücke zwischen rudimentären Vertragsformulierungen, auf die noch einzugehen sein wird, und der Forderung nach einer Grundrechtskodifizierung ist bis in die Gegenwart durch unterschiedliche Organerklärungen ausgefüllt worden. Die Gemeinschaftsorgane haben in einer zusätzlichen gemeinsamen Erklärung von Kommission, Rat und Europäischem Parlament, bei der Ausübung ihrer Befugnisse die Grundrechte zu beachten, "wie sie insbesondere aus den Verfassungen der Mitgliedstaaten sowie aus der Europäischen Konvention für Menschenrechte und Grundfreiheiten hervorgehen."[475] Allerdings kommt sowohl ihr als auch der Erklärung der Grundrechte und Grundfreiheiten keine primärrechtliche Verbindlichkeit zu.[476] Mithin kann sich nur aus der vertraglichen Verpflichtung der Gemeinschaft, die Grundrechte zu achten, ein Grundrechtsschutz ergeben.[477]
Die Grundfreiheiten des *EGV* vermitteln ähnlich wie die Grundrechte einen Bürgerschutz gegenüber der Hoheitsgewalt der Gemeinschaftsorgane.[478] Der Unterschied zwischen Grundrechte und Grundfreiheiten ist nicht immer ganz eindeutig. Die Grundfreiheiten richten sich als Grundlagen des Gemeinsamen Marktes gegen Einschränkungen durch die Mitgliedstaaten, die Grundrechte dienen in der Rechtsprechung des *EuGH* in erster Linie der Kontrolle gemeinschaftlicher Rechtsakte.[479] Unmittelbare Rechtsquelle für die gemeinschaftlichen Grundrechte sind nach der Rechtsprechung des *EuGH* die allgemeinen Rechtsgrundsätze des Gemeinschaftsrechts[480], die sich aus den gemeinsamen Verfassungstraditionen, den internationalen Verträgen über den Schutz der Menschenrechte und der *EMRK* ergeben. Die *EMRK* verpflichtet die Vertragsstaaten zur Achtung der dort aufgeführten Grundrechte. Die Gemeinschaft ist formell nicht an den völkerrechtlichen multilateralen Vertrag gebunden, da sie von den zuständigen Organen weder unterschrieben noch ratifiziert wurde.[481]
In der Diskussion um den Beitritt der Gemeinschaft zu einem internationalen Übereinkommen wurde vom *EuGH* eingeräumt, dass sich die Gemeinschaft einem durch ein solches Übereinkommen geschaffenen Rechtsmechanismus unterwerfen könne, sofern sich die darin vorgesehene Gerichtsbarkeit auf die Auslegung und Anwendung dieses Übereinkommens beschränke und die Auto-

---

474 Vgl. Hilf, EuGRZ 1986, S. 456.
475 Erklärung v. 05.04.1977: EuGRZ 1977, S. 157.
476 ABl. 1989 Nr. C 120/51 ff.: EuGRZ 1989, S. 204.
477 Art. 6 Abs. 2 EUV.
478 Pernice, NJW 1990, S. 2409 (2413); Rengeling, *Grundrechtschutz in der Europäischen Union*, S. 181 f.; Gersdorf, AöR Bd. 119, S. 400 (404).
479 Groeben/Thiesing/Ehlermann, *Kommentar zum EU-/EGV*, Art. F, Rn. 27; zu den Unterschieden zwischen Grundfreiheiten und Grundrechten: Schilling, EuGRZ 2000, S. 3 (9 ff.).
480 Vgl. Schwarz, EuGRZ 1986, S. 293 (295 ff.).
481 Hierzu: Vorschlag der Kommission zum Beitritt, Memorandum v. 04.04.1979, EuGRZ 1979, S. 330.

nomie der Rechtsordnung der Gemeinschaft nicht beeinträchtige.[482] Zur *EMRK* stellte der *EuGH* fest, dass die Gemeinschaft beim gegenwärtigen Stand des Gemeinschaftsrechts nicht über die Zuständigkeit verfügt, der Konvention zum Schutze der Menschenrechte und Grundfreiheiten beizutreten.[483]

Auf der Amsterdamer Regierungskonferenz im Juni 1997[484] hätte man die Möglichkeit besessen, eine Kompetenzgrundlage für den Beitritt zu schaffen, was allerdings unterblieben ist. Es wurde lediglich *Art. 6 EUV* geändert bzw. ergänzt. In *Art. 6 Abs. 1 EUV* ist explizit ausgeführt, dass die Union auf den Grundsätzen der Freiheit, der Demokratie, der Achtung der Menschenrechte und Grundfreiheiten sowie der Rechtstaatlichkeit beruht. Diese Grundsätze sind allen Mitgliedstaaten gemeinsam. *Art 6 Abs. 2 EUV* ist unverändert geblieben und dient zur Begründung gemeinschaftlicher Grundrechte.[485] Dieser Grundrechtschutz ist in der Rechtsprechung des *EuGH* zu einer tragenden Säule der Gemeinschaftsverfassung ausgebaut worden. Der *EuGH* hat daraus eine gemeinschaftsrechtsspezifische Grundrechtsdogmatik entwickelt.[486] Aus Funktion und Ableitung der Gemeinschaftsgrundrechte ergibt sich ein vorrangiges Rangverhältnis zwischen Gemeinschaftsgrundrechten und sekundärem Gemeinschaftsrecht. Zum primären Gemeinschaftsrecht besteht ein Gleichordnungsverhältnis, das dem Verfassungscharakter der Gemeinschaftsverträge entspricht.[487] *Art. 6 Abs. 2 EMRK* hat rechtliche Verbindlichkeit und ist justitiabel.[488] Der *EuGH* ist nach *Art. 46 lit. d) EUV* für die Überprüfung der Bestimmung zuständig. Bisher ist allerdings noch offen, wie der *EuGH Art. 6 Abs. 2 EUV* interpretieren wird und welche Bedeutung dieser Norm zukommt. Grundsätzlich sind Rechtsakte der Gemeinschaftsorgane betroffen. Aus dem Wortlaut des *Art. 6 Abs. 2 EUV* ist zu entnehmen, dass auch die Gemeinschaften verpflichtet sein sollen.[489] Das hat zur Folge, dass auch die Gemeinschaft selbst bei Ihrer Rechtsetzung an die *EMRK* gebunden ist und der *EuGH* eine dahingehende Überprüfungskompetenz besitzt.

Der Europäische Rat hatte anlässlich der Forderung nach größerer Einheitlichkeit eines grundrechtlichen Standards auf seinen Regierungskonferenzen in *Köln* und *Tampere* den Grundstein für eine europäische Grundrechtecharta

---

482 Gutachten 1/91 v. 14.12.1991 betreffend eines Entwurfes zum Abkommen über die Schaffung des Europäischen Wirtschaftsraumes: EuGH, Slg. 1991, I -6079 ff.

483 Gutachten 2/94 v. 28.03.1996: EuR 1996, S. 303 ff.

484 Verhandlungsdokument CONF/4001/97 CAB.

485 Grundlegend EuGH, Urteil v. 13.12.1979, Rs 44/79 - Hauer; Slg. 1979, 3727.

486 Dazu Everling, *Weiterentwicklung des Grundrechtschutzes durch den Europäischen Gerichtshof*, in: Weidenfeld (Hrsg.), *Der Schutz der Grundrechte in der Europäischen Gemeinschaft*, S. 79 f.

487 EuGH, Urteil v. 17.12.1970, Rs. 11/70 - Internationale Handelsgesellschaft, Slg. 1970, 1125 (1137).

488 Zur Verpflichtung der Gemeinschaft: Streinz, *Europarecht*, Rn. 358.

489 Zur Justitiabilität des Unionsrechts: Pechstein, EuR 1999, S. 1 f.

gelegt.[490] Die von einem sog. *Konvent* unter Vorsitz von *Roman Herzog* erarbeitete Charta soll nach innen wie nach außen die europäische Integration weiterführen, indem sie die Rechte der Unionsbürger und entsprechende Durchsetzungsmechanismen festschreibt.[491] Zu den Grundrechten gehört auch ein Kommunikationsgrundrecht, durch das die Meinungs- und Informationsfreiheit sowie sonstige mediale Freiheiten geschützt werden sollen.[492] Die Expertengruppe der Kommission orientiert sich in der inhaltlichen Ausgestaltung der Charta an der *EMRK* und den Verfassungstraditionen der Mitgliedstaaten.[493] *Art. 11 Abs. 2* schützt die Freiheit der Medien und deren Pluralität. Unklar ist noch das Verhältnis zu *Art. 10 EMRK*.[494] Am 08.12.2000 wurde die Charta feierlich proklamiert. Sie ist allerdings noch nicht rechtsverbindlich.

II. Art. 10 EMRK und EuGH

Die Grundrechtsrechtsprechung des *EuGH* hatte sich mangels Grundrechtskatalogs in den Gemeinschaftsverträgen unterschiedlich entwickelt.[495] Dabei hat er die Erkenntnisse älterer Entscheidungen in die anschließende Rechtsprechung übernommen. Nur vorsichtig wurde der Inhalt des Gemeinschaftsgrundrechts unter Berücksichtigung der mitgliedschaftlichen Verfassungstraditionen und der allgemeinen Rechtsgrundsätze des Gemeinschaftsrechts näher beschrieben. Eine

---

490 Beschluss des Europäischen Rates in Köln v. 3./4.06.1999 zur Erarbeitung einer Charta für Grundrechte der EU (C5-0058/99) und Beschluss von Tampere (Finnland) vom 15./16.10.1999.

491 Zur aktuellen Literatur: Baer, ZRP 2000, S. 361 f.; Häfner/Strawe/Zuegg, ZRP 2000, S. 365 f.; Ritgen, ZRP 2000, S. 371 f.; Meyer/Engels, ZRP 2000, S. 368. Reich sieht angesichts Art. 6 Abs. 2 EUV keine Notwendigkeit eines materiellen Grundrechtskatalogs: ZRP 2000, S. 375. Der Entwurf der Charta ist in FR Nr. 240 v. 16.10.2000, S. 9 abgedruckt.

492 Die Vorschrift im Entwurf der Charta (CHARTE 4284/00 v. 05.05.2000, S. 16) lautet:
"Art. 11. Freiheit der Meinungsäußerung.
Jede Person hat das Recht auf freie Meinungsäußerung. Dieses Recht schließt die Meinungsfreiheit und die Freiheit ein, Informationen und Ideen ohne behördliche Eingriffe und ohne Rücksicht auf Staatsgrenzen zu empfangen und weiterzugeben."

493 CHARTE 4383/00 v. 03.07.2000, Art. 47 und 49 im Entwurf des Präsidiums; CHARTE 4400/00 v. 14.07.2000 zur Präambel (Nr. 8); CHARTE 4313/00 v. 24.05.2000; Presseerklärung des Ministerrats v. 10./11.05.2000.

494 Zu den einzelnen Gewährleistungen des Kommunikationsgrundrechts in der Grundrechtscharta: Sporn, EuZW 2000, S. 537 (540). Zum europäisch-öffentlichen Sektor im Rahmen eines medienspezifischen Grundrechts: Stock, *Medienfreiheit in der EU-Grundrechtscharta: Art 10 EMRK ergänzen und modernisieren!*, S. 21 f. (30).

495 Übersicht zu grundrechtsrelevanten Entscheidungen: *Groeben/Thiersing/Ehlermann, Kommentar zum EU-/EG-Vertrag*, Art. F, Rn. 47 f. Zur Frage der Grund- und Menschenrechte im Gemeinschaftsrecht: Oppermann, *Europarecht*, S. 188 ff., Rn. 488 f.; grundlegend: Rengeling, *Grundrechtschutz in der Europäischen Union*, 1994.

weitgehende Feststellung einer unmittelbaren und umfassenden Bindung der Gemeinschaft an die *EMRK* ist vom *EuGH* bislang noch nicht getroffen worden.[496] In Einzelfällen ist der *EuGH* von der Rechtsprechung zur EMRK abgewichen.[497] Erst in den Entscheidungen "Internationale Handelsgesellschaft", "Nold" und "Hauer" wurde deutlich, dass die Geltung der allgemeinen Grundrechte als allgemeine Grundsätze im Gemeinschaftsrecht fest verankert sind.[498] In letzter Zeit werden aber häufiger Urteile des *EGMR* durch den *EuGH* zitiert.[499] An der grundsätzlichen Bindung der Gemeinschaft an die Grundrechte besteht allerdings heute kein Zweifel mehr.[500] *Art. 10 EMRK* wird in den rundfunkspezifischen Urteilen lediglich erwähnt, nicht aber ausgelegt. Der *EuGH* hat grundsätzlich hinsichtlich seiner Zuständigkeit zur Überprüfung der Vereinbarkeit gesetzgeberischer Maßnahmen mit der *EMRK* ausgeführt:

> "Der Gerichtshof hat zwar für die Einhaltung der Grundrechte auf dem Gebiet des Gemeinschaftsrechts zu sorgen; er kann jedoch nicht prüfen, ob ein nationales Gesetz, das..... zu einem Bereich gehört, der in das Ermessen des nationalen Gesetzgebers fällt, mit der EMRK vereinbar ist."[501]

In Weiterentwicklung seiner Grundsätze, hat der *EuGH* die *EMRK* hinsichtlich ihrer Reichweite und Schranken von Gemeinschaftsgrundrechten herangezogen.[502] Darüber hinaus wurden inhaltliche Kriterien zur Auslegung des Art. 10 EMRK aufgestellt, um eine divergierende Konventionsauslegung zu vermeiden.[503] Die *EMRK* gibt demnach Hinweise, welcher Grundrechtsinhalt den

---

496 Zum Verhältnis von EMRK und EU aus Sicht der EGMR: Rs. Matthews/Vereinigtes Königreich, Urteil v. 18.02.1999, EuZW 1999, S. 308; vgl. a. Busse, NJW 2000, S. 1074 (S. 1076).

497 Zum Schutzbereich des Art. 8 EMRK: EuGH, Urteil v. 21.09.1989, Verb. Rs. 46/87 u. 227/88 - Höchst, Slg. 1989, 2859 (2919).

498 EuGH, Urteil v. 17.12.1970, Rs. 11/70 - Internationale Handelsgesellschaft, Slg. 1970, S. 1125 f.; EuGH, Urteil v. 14.05.1974, Rs. 4/74 - Nold, Slg. 1974, 419 f.; EuGH, Urteil v. 13.12.1979, Rs. 44/79 - Hauer, Slg. 1979, S. 3727.

499 Vgl. etwa NJW 2000, S. 1853 (Rn. 39) - Krombach/Bamberski.

500 Umfassend dazu Rengeling, *Grundrechtschutz in der Europäischen Union*, 1994.

501 EuGH, Urteil v. 11.07. 1985, Rs. 60-61/84 - Cinéthèque, Slg. 1985, 2605 (Rn. 26).

502 EuGH, Urteil v. 12.11.1969, Rs. 29/69 - Stauder, Slg. 1969, 419 f.; EuGH, Urteil v. 17.12.1970, Rs. 11/70 - Internationale Handelsgesellschaft, Slg. 1970, 1125 f. - EuGH, Urteil v. 14.05.1974, Rs. 4/74 - Nold, Slg. 1974, 419 f.; EuGH, Urteil v. 28.10.1975, Rs. 36/75 - Rutili, Slg. 1975, 1219 f.

503 EuGH, Urteil v. 05.10. 1994, Rs. 23/93 - TV 10, Slg. 1994, I - 4795 f. (4833); EuGH, EuGRZ 1997, S. 344 f., s. a. Kühling EuGRZ 1997, S. 296 f.

gemeinsamen Verfassungstraditionen der Mitgliedstaaten entspricht.[504] In der Entscheidung "ERT"[505] äußerte sich der *EuGH* erstmals zum Verhältnis zwischen Gemeinschaftsrecht und *EMRK*. Unter Hinweis auf die Urteile "Nold, Johnston und Wachauf"[506] führte der *EuGH* aus:

> "Vorab sei darauf hinzuweisen, dass die Grundrechte nach allgemeiner Rechtsprechung zu den allgemeinen Rechtsgrundsätzen gehören, deren Wahrung der Gerichtshof zu sichern habe. Dabei gehe der Gerichtshof von den gemeinsamen Verfassungstraditionen der Mitgliedstaaten sowie von den Hinweisen aus, die die völkerrrechtlichen Verträge über den Schutz der Menschenrechte geben, an deren Abschluss die Mitgliedstaaten beteiligt waren oder denen sie beigetreten sind. Hierbei habe die Europäische Menschenrechtskonvention eine besondere Bedeutung. Daraus ergebe sich, dass in der Gemeinschaft keine Maßnahmen als rechtens anerkannt werden können, die mit der Beachtung der so anerkannten und gewährleisteten Menschenrechte unvereinbar seien."[507]

Es wurde festgehalten, dass beide Rechtsquellen gleichrangig sind.[508] Unter Bezugnahme auf vorangegangene Urteile[509] äußerte der *EuGH* an anderer Stelle:

> "Zwar kann der Gerichtshof eine nationale Regelung, die nicht im Rahmen des Gemeinschaftsrechts ergangen ist, nicht im Hinblick auf die Europäische Menschenrechtskonvention beurteilen. Fällt eine solche Regelung dagegen in den Anwendungsbereich des Gemeinschaftsrechts, so hat der Gerichtshof, wenn er im Vorabentscheidungsverfahren angerufen wird, dem vorlegenden Gericht alle Auslegungskriterien an die Hand zu geben, die es benötigt, um die Vereinbarkeit dieser Regelung mit den Grundrechten beurteilen zu können, deren Wahrung der Gerichtshof zu sichern hat und die sich insbesondere aus der Europäischen Menschenrechtskonvention ergeben."

---

504 EuGH, Urteil v. 27.10.1976, Rs. 130/75 - Prais, Slg. 1976, 1589-1598; EuGH, Urteil v. 15.06.1978, Rs. 149/77 - Defrenne II, Slg. 1978, 1365-1379; EuGH, Urteil v. 13.12.1979, Rs. 44/79 - Hauer, Slg. 1979, 3727-3751; EuGH, Slg. Urteil v. 21.09.1989, Rs. 46/87 - 227/88 - Hoechst, Slg. 1989, 2859 f.; EuGH, Urteil v. 18.06.1991, Rs. 260/89 - ERT, Slg. 1991, I - 2957 f.

505 EuGH, Urteil v. 18.06.1991, Rs. 260/89 - ERT, Slg. 1991, 2957 f.

506 EuGH, Urteil v. 14.05.1974, Rs. 4/73 - Nold, Slg. 1974, 491 f.; EuGH, Urteil v. 15.05.1986, Rs. 222/84 - Johnston, Slg. 1986, S. 1651 (Rn. 18); EuGH, Urteil v. 13.07.1989, Rs. 5/88 - Wachauf, Slg. 1989, 2609 (Rn. 19).

507 EuGH, Urteil v. 18.06.1991, Rs. 260/89 - ERT, Slg. 1991, 2957 f. (Rn. 41).

508 Ress/Ukrow, EuZW 1990, S. 501.

509 EuGH, Urteil v. 11.07.1985, Rs. 60/61/84 - Cinéthèque, Slg. 1985, 2605 f. (Rn. 26); EuGH, Urteil v. 30.09.1987, Rs. 12/86 - Demirel, Slg. 1988, 3719 f. (Rn. 28).

Insbesondere wenn sich ein Mitgliedstaat auf *Art. 55 i. V. m. 46 EGV* beruft, um eine Regelung zu rechtfertigen, die geeignet ist, die Ausübung der Dienstleistungsfreiheit zu behindern, muss diese im Einklang mit den allgemeinen Rechtsgrundsätzen und Grundrechten stehen. Die in *Art. 55 i. V. m. Art. 46 EGV* vorgesehenen Maßnahmen können daher für die betreffende nationale Regelung nur dann gelten, wenn sie grundrechtskonform sind.[510] Die fortschreitende Regelungsdichte des Gemeinschaftsrechts optimiert den europäischen Menschenrechtsschutz.[511] Dadurch verliert der normative Streit über die materielle Bindung der Gemeinschaft an die *EMRK* allmählich an Bedeutung.[512]

III. Gewährleistung der Meinungsfreiheit

Art. 10 Abs. 1 EMRK gewährt jedermann das Recht zur freien Äußerung ("freedom of expression") und schließt in seinem konkretisierenden Satz 2 das Recht der Freiheit der Meinung ein ("to hold opinions"). Im Verhältnis zwischen Meinungs- und Äußerungsfreiheit stellt die Meinungsfreiheit den Oberbegriff dar, weil Voraussetzung für Äußerungsfreiheit nur die "interne" Freiheit eine Meinung zu haben sein kann.[513] Der *Europäische Gerichtshof für Menschenrechte (EGMR)* in Straßburg hatte schon im Urteil "Handyside" auf die besondere Bedeutung des *Art. 10 EMRK* hingewiesen:

> "Das Recht der freien Meinungsäußerung stellt einen Grundpfeiler einer solchen Gesellschaft dar, eine der Grundvoraussetzungen für ihren Fortschritt und für die Entfaltung eines jeden einzelnen. (...) Art. 10 Abs. 2 gilt (...) nicht für die günstig aufgenommenen oder als unschädlich oder unwichtig angesehenen Informationen oder Gedanken, sondern auch für die, welche den Staat oder irgendeinen Bevölkerungsteil verletzen, schockieren oder beunruhigen. So wollen es Pluralismus, Toleranz und Aufgeschlossenheit, ohne die es eine demokratische Gesellschaft nicht gibt."[514]

Art. 10 Abs. 1 EMRK garantiert ein für eine demokratische Gesellschaft schlechthin unverzichtbares Freiheitsgrundrecht der Meinungs- und Äußerungsfreiheit im umfassenden Sinne. Der Schutzbereich umfasst das Recht des Menschen, seine Empfindungen, Überzeugungen, Wertungen und dergleichen

---

510 EuGH, Urteil v. 18.06.1991, Rs. 260/89 - ERT, Slg 1991, 2957 f. (Rn. 42/43).

511 Langenfeld/Zimmermann, ZaöRV 1992, Bd. 52, S. 306, Fn. 202.

512 Kühling, EuGRZ 1997, S. 297.

513 Probst, *Art. 10 EMRK - Bedeutung für den Rundfunk in Europa*, S. 22; Guradze, *Die Europäische Menschenrechtskonvention zum Schutz der Menschenrechte und Grundfreiheiten nebst Zusatzprotokollen*, Art. 10 Anm. 3, S. 142.

514 EGMR, Fall Handyside, Urteil v. 07.12.1976, Series A, vol. 24, Ziff. 49, EuGRZ 1977, S. 38 f.

weiterzugeben, und zwar durchaus in kritischer oder schockierender Weise.[515] Auf die inhaltliche Qualität der Äußerung kommt es nicht an. Nicht nur Einzelpersonen, sondern auch kommerzielle Massenmedien fallen unter *Art. 10 Abs. 1 EMRK*.[516] Es werden neben der Substanz und dem Inhalt einer Mitteilung alle denkbaren Kommunikationsformen mit jedem denkbaren Hilfsmittel geschützt.[517]

IV. Die Gewährleistung der Presse- und Rundfunkfreiheit

Weder Presse- noch Rundfunkfreiheit sind in der *EMRK* ausdrücklich erwähnt. Gleichwohl wird die Verbürgung dieser Grundrechte implizit angenommen. Bereits im Fall "Sunday-Times I"[518] hatte der *EGMR* darauf hingewiesen, dass die Medien die Aufgabe haben, Informationen und Ideen zu verbreiten. Allgemein umfasst die Rundfunkfreiheit die Herstellung, die Ausstrahlung und den Empfang von Sendungen und Programmen. Im Unterschied zur Presse schließt *Art. 10 EMRK* nicht aus, dass die Staaten Rundfunk-, Fernseh- oder Lichtspielunternehmen einem Genehmigungsverfahren unterziehen. Das Genehmigungsverfahren ist im Kontext zu *Art. 10 Abs. 2 EMRK* zu sehen. Da die fernsehspezifische Werbung nur die Rundfunkfreiheit betrifft, wird nachfol-

---

515 EGMR, Fall Handyside, Urteil v. 07.12.1976, Series A, vol. 24, Ziff. 49, EuGRZ 1977, S. 38 (42); EGMR, Fall Open Door and Dublin Well Woman, Urteil v. 29.10.1992, Series A, vol. 246-A, 4, 30, Ziff. 71, EuGRZ 1992, S. 484 (488); EGMR, Fall Vereinigung demokratischer Soldaten Österreichs und Gubi, Urteil v. 19.12.1994, Series A, vol. 302, 4, 17, Ziff. 36; Malinverni, HRLJ 4 (1983), S. 443 (445).

516 EGMR, Fall Sunday Times I, Urteil v. 26.04.1979, Series A, vol. 30, EuGRZ 1979, S. 386 f.; EGMR, Fall markt intern, Urteil v. 20.11.1989, Series A, vol. 165, EuGRZ 1996, S. 302 f.; EGMR, Fall Groppera Radio, Urteil v. 28.03.1990, Series A, vol. 173, EuGRZ 1990, S. 255 f.; EGMR, Fall Autronic, Urteil v. 22.05.1990, Series A, vol. 178, EuGRZ 1990, S. 261 f.; EGMR, Fall Informationsverein Lentia, Urteil v. 24.11.1993, Series A, vol. 276, MuR 1993, S. 239 f.

517 EGMR, Fall Oberschlick, Urteil v. 23.05.1991, Series A, vol. 204, EuGRZ 1991, S. 222; Engel, *Privater Rundfunk vor der Europäischen Menschenrechtskonvention*, S. 439; Überblick der Rechtsprechung des EGMR 1994-1999: Hoffmeister, EuGRZ 2000, S. 358; neuere Urteile des EGMR zur Meinungsfreiheit: Fall Erogdu, Urteil v. 15.06.2000, iris Nr. 07/2000, S. 2/3; Fall Constantinescu, Urteil v. 27.06.2000, iris Nr. 07/2000, S. 2/3.

518 EGMR, Fall Sunday-Times I, Urteil v. 26.04.1979, Series A, vol. 30, EuGRZ 1979, S. 390, Ziff. 65.

gend nur hierauf eingegangen.[519]

1. Schutzbereich der Rundfunkfreiheit

Die Rundfunkfreiheit des *Art. 10 EMRK* ist inhaltlich durch drei Entscheidungen des *EGMR* geprägt, die den Schutzbereich der Weiterverbreitung, des Empfangs von Programmen und das Recht auf Zulassung als Rundfunkveranstalter konkretisiert haben. [520] Das ursprünglich als Abwehrrecht konzipierte Grundrecht hat sich zu einer objektiv-rechtlichen Verbürgerung gewandelt.[521] Die Informationsfreiheit steht im Vordergrund.

Die in *Art. 10 Abs. 1 EMRK* garantierte Informationsfreiheit umfasst, wie *Satz 3 in Abs. 1* verdeutlicht, den Rundfunk (Fernsehen und Hörfunk). Im Rahmen der Informationsfreiheit unterscheidet man zwischen aktiver und passiver Informationsfreiheit. Die aktive Informationsfreiheit ("impart informations and ideas" bzw. "communiquer des informations ou idées") geht als Freiheit zur

---

[519] Überblick zur Pressefreiheit: Uwer: *Medienkonzentration und Pluralismussicherung im Lichte des Europäischen Menschenrechts der Pressefreiheit*, S. 98 ff. Entscheidungen des EGMR zur Pressefreiheit: Fall Handyside, Urteil v. 07.12.1976, Series A, vol 24, EuGRZ 1977, S. 38 f.; Fall Sunday-Times I, Urteil v. 26.04.1979, Series A, vol. 30, EuGRZ 1979, S. 386 f.; Fall Observer und Guardian, Urteil v. 21.03.1991, Series A, vol. 216; Fall Sunday-Times II, Urteil v. 21.03.1991, Series A, vol. 217; Fall Lingens, Urteil v. 08.07.1986, Series A, vol. 103; Fall Oberschlick, Urteil v. 23.05.1991, Series A, vol. 204, EuGRZ 1991, S. 216 f.; Fall Castells, Urteil v. 23.04.1992, Series A, vol. 236; Fall Thorgeir Thorgeirson, Urteil v. 25.06.1992, Series A, vol. 239; Fall Schwabe, Urteil v. 28.08.1992, Series A, vol. 242; Fall Jersild, Urteil v. 23.09.1994, Series, vol. 298; Fall Otto Preminger Institut, Urteil v. 20.09.1994, Series A, vol. 295; Fall Bluf!, Urteil v. 09.02.1995, Series A, vol. 306; Fall Barford, Urteil v. 22.02.1989, Series A, vol. 149; Fall Weber, Urteil v. 22.05.1990, Series A, vol. 177, EuGRZ 1990, S. 265 f.; Fall Oberschlick II, Urteil v. 01.07.1997, iris 07/1997 S. 4; Fall Zana, Urteil v. 25.11.1997, iris Nr. 04/1998, S. 3; Fall Grigoriades, Urteil v. 25.11.1997, iris Nr. 04/1998, S. 3; Fall Guerra, Urteil v. 19.02.1998, iris Nr. 04/1998, S. 3; Fall Bowman, Urteil v. 19.02.1998, iris Nr. 04/1998, S. 3; Fall Schöpfer, Urteil v. 20.05.1998, iris Nr. 07/1998, S. 4; Fall Incal, Urteil v. 09.06.1998, iris Nr. 07/1998, S. 4; Fall Hertel, Urteil v. 25.08.1998, iris Nr. 10/1998, S. 4/5; Fall Ahmed u. a., Urteil v. 02.09.1998, iris Nr. 09/1998, S. 3/4; Fall Lehideux u. Isorni, Urteil v. 23.09.1998, iris Nr. 10/1998, S. 4/5; Fall Le Canard Enchainé, Urteil v. 21.01.1999, epd-medien Nr. 11/1999, S. 6 f.; Fall Nilsen/Johnsen, Urteil v. 25.11.1999, iris Nr. 01/2000, S. 3; Fall Hashman/Harrup, Urteil v. 25.11.1999, iris Nr. 01/2000, S. 3/4; Fall Fuentes Bobo, Urteil v. 29.02.2000, iris Nr. 04/2000, S. 2; Fall Özgür Gündem, Urteil v. 16.03.2000, iris Nr. 04/2000, S. 3; Fall Bergens Tidende, Urteil v. 02.05.2000, iris Nr. 05/2000, S. 2/3; Überblick zur Pressefreiheit 1994-1999: Schilling, EuGRZ 2000, S. 358 (362 f.).

[520] EGMR, Fall Autonic, Urteil v. 22.05.1990, Series A, vol. 178, 21 f. , EuGRZ 1990, S. 261 f.; EGMR, Fall Groppera, Urteil v. 28.03.1990, Series A, vol. 173, 20 f., EuGRZ 1990, S. 255 ff.; EGMR, Fall Informationsverein Lentia, Urteil v. 24.11.1993, Series A, vol. 276, 13 f., MuR 1993, S. 239 ff.

[521] Gersdorf, AöR 119 (1994), S. 411 ff.; Bleckmann, *Europarecht*, Rn. 453.

Mitteilung von Informationen oder Ideen ohne Eingriffe öffentlicher Behörden und ohne Rücksicht auf die Landesgrenzen in der Meinungsäußerungsfreiheit auf. Die Freiheit des Informationsempfangs ("to receive information and ideas" bzw. "recevoir des informations ou idées") bildet das Korrelat zur aktiven Informationsfreiheit.[522] Mit der Gewährleistung eines solchen rezeptiven Rechts wird die *EMRK* den Anforderungen einer globalen Informationsgesellschaft gerecht. Es spielt keine Rolle, durch welches technische Kommunikationsmittel der Empfang der Informationen erfolgt. Die rundfunkspezifische Rechtsprechung des *EGMR* befasste sich zunächst mit terrestrisch und per Kabel aus dem Ausland empfangenen Fernsehprogrammen. Später wurden im Zuge neuer Übertragungstechniken die bis dahin entwickelten Grundsätze auf die Satellitenübertragung ausgedehnt.[523] Der Schutzbereich des *Art. 10 EMRK* ist aber auch für die digitale Übertragung relevant. Entscheidend ist, dass die an die Allgemeinheit gerichteten Fernsehprogramme von vornherein nur einem bestimmten Adressatenkreis zugänglich sind.
Mit dem Empfang von Informationen ist notwendigerweise die Freiheit der Informationsbeschaffung verbunden. Sie ist allerdings nicht ausdrücklich geregelt. Allgemein wird jedoch anerkannt, dass das Sammeln von Informationen Bestandteil der Informationsfreiheit ist.[524] Die Informationsfreiheit geht als gleichwertiger Teil der Rundfunkfreiheit in der Meinungsäußerungsfreiheit auf.[525]

1.1. Schutz fernsehspezifischer Werbung

Ob auch kommerzielle Werbeaussagen[526] unter den Schutzbereich des *Art. 10 Abs. 1 EMRK* fallen, war lange Zeit zweifelhaft. Man ging davon aus, dass solche Äußerungen auf den Absatz von Produkten zielen und den traditionellen

---

[522] Engel, ZUM 1988, S. 516 (518). Zur Nichtberücksichtigung eines Programms bei der Kabelverlegung: EGMR, Fall Groppera, Urteil v. 28.03.1990, Series A, vol. 173, EuGRZ 1990, S. 255 ff.; EGMR, Fall Guerra u. a./Italien, Urteil v. 19.02.1998, NVwZ 1999, S. 57. Art. 5 GG kennt kein ausdrückliches Recht auf Empfang von Fernsehsendungen. Das subjektive Recht ist durch die Informationsfreiheit gedeckt. Nur im Bedarfsfall reicht die Rundfunkfreiheit über die Ausstrahlung von Fernsehsendungen hinaus: vgl. BVerfGE 35, 202 (222 f.); 78, 101 (102 f.); 91, 125 (134 f.).

[523] EGMR, Fall Autronic, Urteil v. 22.05.1990, Series A, vol. 178, EuGRZ 1990, S. 261 ff.; Engel, *Privater Rundfunk vor der Europäischen Menschenrechtskonvention*, S. 441; Ricker, NJW 1991, S. 602.

[524] Frowein/Peukert, *Europäische Menschenrechtskonvention*, Art. 10, Rn. 11; andere Ansicht Villiger, *Handbuch der Europäischen Menschenrechtskonvention unter Berücksichtigung der schweizer Rechtslage*, Art. 10, Rn. 599.

[525] Probst, *Art. 10 EMRK - Bedeutung für den Rundfunk in Europa*, Rn. 40; Engel, *Privater Rundfunk vor der Europäischen Menschenrechtskonvention*, S. 39, s. a. Fn. 39.

[526] Vgl. Nr. 4 der Empfehlung 952 (1982) der Parlamentarischen Versammlung *On international means to protect freedom of expression by regulating commercial advertising*, Yearbook of the ECHR 25 (1982).

Bereich der politischen Äußerungen nicht betreffen.[527] Mittlerweile ist aus der Praxis der Konventionsorgane zu schließen, dass "commercial speech" vom Schutzbereich des Kommunikationsgrundrechts umfasst wird. Die beratende Versammlung des Europarats hat den Schutz kommerzieller Äußerungen gem. *Art. 10 EMRK* bejaht. Der Schutz geht allerdings nicht so weit wie bei Äußerungen politischer Ideen.[528] Dem hat sich der UN-Menschenrechtsausschuss betreffend *Art. 19 der Allgemeinen Erklärung der Menschenrechte* angeschlossen.[529] Entscheidend für den Werbeschutz ist der für die Auslegung maßgebliche englische und französische Text des *Art. 10 Abs. 1 EMRK* von "freedom of expression" bzw. "liberté d'expression".[530] Nach dem Inhalt von *Art. 10 EMRK* besteht kein Grund, diesen auf bestimmte Arten von Äußerungen zu beschränken.[531]

1.1.1. Rechtssache "Church of Scientology"[532]

Die EGMR vertrat in seiner ersten werbebezogenen Entscheidung die Ansicht, dass "commercial speech" nicht als solcher aus dem Schutzbereich des *Art. 10 Abs. 1 EMRK* ausgeschlossen ist. Streitpunkt waren Werbeanzeigen der "Church of Scientology" in einer periodisch erscheinenden Zeitschrift in Schweden. Zur Schutzwürdigkeit führte der *EGMR* aus, dass politische Äußerungen aufgrund ihres Inhalts schutzwürdiger seien als kommerzielle Äußerungen. Es müsse beachtet werden, dass einige Vertragsstaaten in ihren Gesetzen den "free flow of commercial speech" aus dem Gesichtspunkt des Verbraucherschutzes einschränken.[533]

---

527 Zur Anwendung des Art. 10 EMRK auf die Werbung: EGMR, Fall Barthold, EuGRZ 1985, S. 170/173; EGMR, Fall Autronic, MuR 1990, S. 154 f.; EGMR, Fall Groppera, EuGRZ 1990, S. 261 f.; Ricker, NJW 1991, S. 602 ff.; zum konventionsgemäßem Verbot politischer Werbung im Fernsehen, EKMR Nr. 4515/70, Yearbook of the ECHR 14 (1971), 538 (545 f.).

528 Beratende Versammlung des Europarates, Recommendation 952 (1982), on international means to protect freedom of expression by regulating commercial advertising, Ziff. 4.

529 Erklärung v. 10.12.1948, GAOR 3rd Sess., Resolutions part I, Doc. A/810 S. 71 (Resolution Nr. 217); Communications Nr. 359/1989 u. 285/1989 Ballantyne Davidson Mc Intrye; Entscheidung v. 31.03.1993, CCPR/C/47/D/359/1989 u. 385/1989/Rev. 1.

530 Zur irreführenden Auslegung der deutschen Übersetzung: Schiwy/Schütz, *Medienrecht*, S. 92

531 S. a. Preslmayr, EuGRZ 1985, S. 222.

532 Fall Church of Scientology, Urteil v. 05.05.1979, Yearbook of the ECHR 22 (1979), S. 244 ff. (252); s. a. Frowein/Peukert, *Europäische Menschenrechtskonvention*, Art. 10, Rn. 9; Presylmayr, EuGRZ 1985, S. 221 ff.

533 EGMR, Fall Church of Scientology, Urteil v. 05.05.1979, Yearbook of the ECHR 22 (1979), S. 244 ff., Ziff. 5.

1.1.2. Rechtssache "Barthold"[534]

In diesem Fall ließ der *EGMR* offen, ob *Art. 10 Abs.1 EMRK* die Werbung schützt. Ein Tierarzt hatte in einem publizierten Interview auf die Missstände im ärztlichen Notdienst hingewiesen. Hierin sahen die nationalen Gerichte einen Verstoß gegen das allgemeine Werbeverbot für Tierärzte. Der *EGMR* betrachtete die Äußerungen im Interview als Ganzes, in dessen Mittelpunkt die Äußerung einer "Meinung" und die Mitteilung von "Nachrichten" zu einem Gegenstand des allgemeinen Interesses stehe.[535] In einer "Concurring Opinion" vertrat Richter *Pettiti* die Auffassung, dass die Werbung den Schutz des *Art. 10 Abs. 1 EMRK* genieße. Die kommerzielle Werbung stehe in einem direkten Zusammenhang mit der Meinungsäußerungsfreiheit, dem Recht, Nachrichten und Meinungen zu empfangen und mitzuteilen.[536]

1.1.3. Rechtssache "markt intern"[537]

Im Fall "markt intern" stand ebenfalls die Frage im Vordergrund, ob die kommerzielle Vermittlung von Informationen dem Schutzbereich des *Art. 10 Abs. 1 EMRK* unterfalle. Ein Verlag verschickte regelmäßig Rundschreiben an den Fachhandel. Ein anderer betroffener Verlag erwirkte daraufhin ein Veröffentlichungsverbot wegen unlauteren Wettbewerbs. Der *EGMR* wandte sich gegen die Auffassung, dass sich dieser Artikel lediglich auf Erklärungen von künstlerischem, religiösem, wissenschaftlichem oder politischem Charakter beschränke, die in einer geistigen Auseinandersetzung geäußert werden. Die Entscheidung ist vornehmlich in denjenigen Vertragsstaaten des Europarates von Bedeutung, wo die *EMRK* Verfassungsrang genießt.[538] Das Urteil wurde beispielsweise in der österreichischen Verfassungsrechtsprechung[539] als Grundlage genommen, um ein nationales absolutes Werbeverbot für den Kabelrund-

---

534 EGMR, Fall Barthold, Urteil v. 25.03.1985, Series A, vol. 90, 6, 20 f., EuGRZ 1985, 170 f.

535 EGMR, Fall Barthold, Urteil v. 25.03.1985, Series A, vol. 90, 42 f.

536 EGMR, Fall Barthold, Urteil v. 25.03.1985, Series A, vol. 90, 31 f., EuGRZ 1985, S. 176 f.

537 EGMR, Fall markt intern, Urteil v. 20.11.1989, Series A, vol. 165, EuGRZ 1996, S. 302 f.

538 Zur Situation in anderen Rechtsordnungen: Verfassungsrang in Österreich, Frankreich und Spanien; Gesetzesrang in Italien und der Schweiz; keine innerstaatliche Geltung im Vereinigten Königreich; s. a. Uwer, Medienkonzentration, S. 433. In Deutschland Rang eines einfachen Gesetzes ohne Verfassungsrang: BVerfGE 4, 110 (111 f.); 74, 358 (370); 52, 313 (339); von Münch, *Grundgesetz-Kommentar*, Vorb. Art. 1-19, Rn. 80; Oppermann, *Europarecht*, Rn. 90; a. A. Echterhölter, JZ 1955, S. 689 (692); differenzierend Sommermann, AöR 114 (1989), S. 391 (406 f.).

539 Bundesverfassungsgesetz vom 04.03.1964, östBGBl. 1964/59; Astheimer, *Rundfunkfreiheit - ein europäisches Grundrecht*, S. 46 f.

funk mit *Art. 10 EMRK* als unvereinbar zu erklären.[540] Der Verfassungsgerichtshof Wien urteilte, dass die Freiheit der Verbreitung werblicher Inhalte Teil der durch *Art. 10 EMRK* garantierten Programmfreiheit des Rundfunkveranstalters ist, und die Zulassung der Werbung für private Rundfunkveranstalter eine notwendige wirtschaftliche Voraussetzung zur Durchführung von privaten Fernsehprogrammen darstellt. Beschränkungen dieser Freiheit sind nur nach Maßgabe des *Art. 10 Abs. 2 EMRK* zulässig.

1.1.4. Rechtssache "Pablo Casada Coca"[541]

Das spanische Werbeverbot für Rechtsanwälte befasste den *EGMR*. Im konkreten Fall wurde das Verbot mit *Art. 10 EMRK* vereinbar erkärt. Die zu Werbezwecken aufgegebenen Anzeigen von Rechtsanwälten, mit der Name, Beruf und Anschrift veröffentlicht werden, sind im Rahmen kommerzieller Werbeaussagen Äußerungen i. S. v. *Art. 10 EMRK*.

1.2. Schutz der Rundfunkveranstalterfreiheit

Da fernsehspezifische Werbung den Rundfunkveranstaltern als Finanzierungsgrundlage dient, greifen produktbezogene Werbeverbote und sonstige Werbebeschränkungen in die Rundfunkveranstalterfreiheit ein. Die Rundfunkveranstalterfreiheit umfasst die kommerzielle Finanzierung als Teil des ökonomischen Substrats.[542] Der *EGMR* hat aus dem Recht, Sendungen zu verbreiten, ein Grundrecht auf Freiheit der Rundfunkveranstaltung ohne Unterschied auf die Organisationsform entwickelt.[543] Dies zeigen die vom *EGMR* entwickelten Grundsätze. In der "Groppera"-Entscheidung[544] wird implizit davon ausgegangen, dass *Art. 10 Abs. 1 EMRK* auch die Freiheit schützt, in privater Form Rundfunk zu veranstalten. Aus dem Verfahren "Informationsverein Lentia"[545] lässt sich ableiten, dass die in *Art. 10 EMRK* garantierte Rundfunkfreiheit einen rechtlichen Mindeststandard voraussetzt und sich demnach auch Private in einer Rundfunkordnung äußern können.[546] Ob und inwieweit dieses Recht begrenzt werden kann, ist nur über den Schrankenvorbehalt des *Art. 10 Abs. 1 Satz 3 EMRK* und *Art. 10 Abs. 2 EMRK* zu lösen. Allgemein wird jedoch angenommen, dass die Rundfunkveranstalter an der in *Art. 10 EMRK* geschützten

---

540 VfGH Wien, Erkenntnis v. 08.10.1996, EuGRZ 1997, S. 252 (254).

541 EGMR, Fall Colman/UK, Urteil v. 05.09.1991 über den Antrag Nr. 16632/90; EGMR, Fall Casado/Spanien, Urteil v. 24.02.1994, Series A, vol. 285, 36, HRLJ 15 (1994), S. 184 (188).

542 Engel, *Privater Rundfunk vor der Europäischen Menschenrechtskonvention*, S. 390 f.

543 Dörr/Beucher/Eisenbeis/Jost: *Die Einflüsse europarechtlicher Entwicklungen auf das Bund-Länder-Verhältnis im Rundfunkwesen*, S. 134 f.; Astheimer, *Rundfunkfreiheit - ein europäisches Grundrecht*, S. 135 (137).

544 EuGRZ 1990, S. 261.

545 MuR 1993, S. 239 f.; MuR 1994, S. 6 f.

546 Zur Problematik: Petersen, *Rundfunkfreiheit und EG-Vertrag*, S. 253 (258).

Meinungsäußerungsfreiheit partizipieren, indem sie Programme und Sendungen verbreiten und die entsprechenden Kriterien des nationalen Genehmigungsverfahrens erfüllen.[547] Die konventionsrechtlich geschützte Rundfunkveranstalterfreiheit ist in weiteren Entscheidungen bestätigt worden. Im Verfahren "Radio ABC" wurde eine Lizenz zur Gründung eines privaten Lokalradiosenders für den Raum Wien verweigert. Der *EGMR* stellte unter Bezugnahme auf die Entscheidung "Informationsverein Lentia" fest, dass die Weigerung einer Lizenz für den privaten Rundfunk gegen *Art. 10 EMRK* verstößt. Die Einschränkung der Freiheit zur Verbreitung von Informationen durch ein Verbot des privaten Rundfunks wurde in einer demokratischen Gesellschaft nicht als notwendig und somit als konventionswidrig angesehen.[548] Die gleiche Begründung erfolgte im Fall "Telesystem Tirol Kabeltelevision"[549], wo einem österreichischen lokalen Fernsehnetz mit Gemeinschaftsantennenanlage die Genehmigung verweigert wurde, eigene Fernsehprogramme zu verbreiten. Beide letztgenannten Fälle aus Österreich verdeutlichen, dass absolute staatliche Verbote nicht mehr von den Schranken des Kommunikationsgrundrechts gedeckt sind.

1.3. Schutz der Individual- und Massenkommunikation

Art. 10 EMRK differenziert nicht zwischen Individual- und Massenkommunikation, sondern garantiert allen Medien die gleiche Freiheit. *Art. 10 EMRK* beinhaltet ein Grundrecht auf Freiheit der Programmveranstaltung ohne Rücksicht auf die Organisationsform. Nicht das Mittel der Kommunikation, sondern die Meinungsäußerungs- und Informationsfreiheit steht im Vordergrund.[550] Auch nach Individual- und Massenkommunikation getrennte werbliche Regelungsstrukturen sind am Kommunikationsgrundrecht auszurichten. Geschützt werden Meinungen und Informationen unabhängig von der Übertragungsform. Es kommt nicht darauf an, ob die Inhalte verschlüsselt oder unverschlüsselt sind. Im Fall "Autronic" aus der Schweiz legte der *EGMR* dar, dass es bei grenzüberschreitender Ausstrahlung von Programmen weder auf den Inhalt der Sendungen noch auf die Art der Übermittlung ankomme.[551] Die Art des Telekommunikationssatelliten schließt nicht aus, dass diese Programme als "nicht für die allgemeine Verwendung durch die Öffentlichkeit bestimmt" im Sinne der Schweizer Funkbestimmungen bezeichnet werden können. Die Weigerung der Schweizer Behörden, einer Firma für Heimelektronik den Empfang unkodierter Fernsehprogramme von einem russischen Telekommunikationssatelliten mittels

---

[547] Astheimer, *Rundfunkfreiheit - ein europäisches Grundrecht*, S. 55 ff. (78 u. 135 f.); Engel, *Privater Rundfunk vor der Europäischen Menschenrechtskonvention*, S. 39.

[548] EGMR, Fall Radio ABC./. Österreich, Urteil v. 20.10.1997, iris Nr. 11/1997, S. 3.

[549] EGMR, Fall Telesystem Tirol Kabeltelevision, Urteil v. 09.07.1997, iris Nr. 07/1997 S.4.

[550] Malinverni, HRLJ 1983, S. 444.

[551] EGMR, Fall Autonic, Urteil v. 22.05.1990, Series A, vol. 78, EuGRZ 1990, S. 261 f.

einer Antennenschüssel zu genehmigen, wurde als Verstoß gegen *Art. 10 EMRK* angesehen. Als einheitliches Kommunikationsgrundrecht wird demzufolge jeder aktuelle und potentielle Kommunikationsvorgang geschützt.[552]

IV. Genehmigungsvorbehalt des Art. 10 Abs. 1 Satz 3 EMRK

Die Rundfunkfreiheit kann durch das Lizenzierungsverfahren für Radio-, Kino- und Fernsehunternehmen Beschränkungen unterworfen sein. Das Verhältnis des zusätzlichen Eingriffsvorbehalts zu den allgemeinen Schranken des *Art. 10 Abs. 2 EMRK* ist weitestgehend ungeklärt. Zunächst lag dem Genehmigungsvorbehalt die Idee eines staatlichen Rundfunkmonopols zugrunde, wie es noch vor Jahren in Europa üblich war. Nunmehr hat der *EGMR* den Genehmigungsvorbehalt unter den Schrankenvorbehalt des *Art. 10 Abs. 2 EMRK* gestellt. Während zunächst die Zulässigkeit des Rundfunkmonopols im Vordergrund stand, befassen sich die aktuelleren Entscheidungen des *EGMR* mit dem Umfang, Inhalt und der Bedeutung des Genehmigungsvorbehalts.

1. Rechtssache "Groppera"[553]

Im Fall "Groppera" waren die Beschwerdeführer der Auffassung, dass das Genehmigungsverfahren ausschließlich technische Kriterien verfolgen darf und nicht die Wahl der Programme. Die Schweiz berief sich demgegenüber auf das internationale Fernmelderecht, wonach die Weiterverbreitung internationalrechtlich unzulässiger Sendungen durch Gemeinschaftsantennenanlagen verboten ist. Der *EGMR* stellte hierzu fest, dass gem. *Art. 10 Abs. 1 Satz 3 EMRK* der Eingriff in Form einer Ordnungsmaßnahme grundsätzlich zulässig ist. Es wurde weiterhin geprüft, ob der Eingriff mit *Art. 10 Abs. 2 EMRK* im Einklang steht.[554] Der *EGMR* kam zum Ergebnis, dass der Genehmigungsvorbehalt dazu diene, in einem Zulassungsverfahren die Art und Weise der Organisation des Rundfunks zu regeln. Die Beschränkungen müssen jedoch dem Schrankenvorbehalt des *Art. 10 Abs. 2 EMRK* entsprechen.

2. Rechtssache "Informationsverein Lentia"[555]

Im Zusammenhang mit der Aufrechterhaltung von Rundfunkmonopolen hatte der *EGMR* im Fall "Informationsverein Lentia" festgestellt, dass Österreich im Rahmen des *Art. 10 Abs. 1 Satz 3 EMRK* die Rundfunkorganisation regeln darf. Zu *Art. 10 Abs. 2 EMRK* befand der *EGMR*, dass der Eingriff bezüglich des Schutzzwecks unangemessen und daher für eine demokratische Gesellschaft nicht notwendig sei. Die Entscheidung verdeutlicht, dass eine legitime Rechtfertigung von Rundfunkmonopolen nicht mehr denkbar ist. Zwar kann ein

---

552 Engel, *Privater Rundfunk vor der Europäischen Menschenrechtskonvention*, S. 439.

553 EGMR, Fall Groppera Radio, Urteil v. 28.03.1990, EuGRZ 1990, S. 256, Ziff. 57.

554 Ebd., S. 257, Ziff. 61.

555 EGMR, Fall Informationsverein Lentia, Urteil v. 24.11.1993, MuR 1993, S. 239.

öffentlich-rechtliches Rundfunkmonopol an sich wegen der Gewährleistung von Pluralität und Objektivität von Meinungen gerechtfertigt sein, ist aber unter den heutigen Bedingungen unverhältnismäßig; private Rundfunkveranstalter dürfen also auch im Hinblick auf Toleranz und Offenheit in einer demokratischen Gesellschaft bei der Lizenzvergabe nicht ausgeschlossen werden. Der *EGMR* betonte, dass die Rechtfertigung eines Rundfunkmonopols infolge des technischen Fortschritts nicht mehr in Überlegungen zu finden sei, die sich auf die begrenzte Zahl der verfügbaren Frequenzen oder Kanäle beziehen. Gerade bei den audiovisuellen Medien sei der Grundsatz des Pluralismus wichtig, dessen Garant der Staat sei.[556]

V. Schrankenvorbehalt des Art. 10 Abs. 2 EMRK

Die Rundfunkfreiheit steht in einem Spannungsverhältnis zum Schrankenvorbehalt des *Art. 10 Abs. 2 EMRK*. Der *EGMR* hat seit der Entscheidung im Fall "Handyside" eine differenzierte Schrankendogmatik für *Art. 10 EMRK* entwickelt. Ein Eingriff in das Kommunikationsgrundrecht ist nur dann gerechtfertigt, wenn er vom Gesetz vorgesehen ist, einem der in *Art. 10 Abs. 2 EMRK* enumerativ aufgelisteten Ziele dient und in einer demokratischen Gesellschaft notwendig ist.[557] Die Voraussetzungen müssen kumulativ gegeben sein.

1. Gesetzesqualität

Der Gesetzesvorbehalt berührt nicht den innerstaatlichen Gesetzesbegriff und ist autonom. Es genügen Gesetze im materiellen Sinne. Auch nichtstaatliches Satzungsrecht[558] und ungeschriebenes Recht[559] kann dem Gesetzesvorbehalt genügen. Ausreichend ist, dass es sich um eine allgemeinverbindliche Rechtsnorm handelt, die für den Betroffenen zugänglich ist. Die Norm muss so präzise gefasst sein, dass sich die Betroffenen ihr Verhalten entsprechend einrichten können.[560] Der Bürger muss die Folgen eines bestimmten Verhaltens erkennen können.[561] Soweit ein Gesetz einen Ermessensspielraum beinhaltet, sind Art

---

556 Ebd., MuR 1993 S. 240, Ziff. 35.

557 Zu den Grenzen der Kommunikationsfreiheit: EGMR, Fall Fressoz & Roire/Frankreich, Urteil v. 21.01.1999, AfP 1999, S. 251 f.; EGMR, Fall Janowski/Polen, Urteil v. 21.01.1999, AfP 1999, S. 253 f.; s. a. Kühling, AfP 1999, S. 241 f.

558 EGMR, Fall Barthold, Urteil v. 25.03.1985, Serie A, vol. 90, 6, 22, Ziff. 46; EuGRZ 1985, S. 170 (173).

559 EGMR, Fall Sundy Times, Urteil v. 26.04. 1979, Serie A, vol. 30, 4, 30-33, Ziff. 46-63; EuGRZ 1979, S. 386 (387 f.).

560 EGMR, Fall Sunday Times I, Urteil v. 26.04.1979, Series A, vol. 30, 36, Ziff. 49.

561 EGMR, Fall Wingrove, Urteil v. 25.11.1996, Recueil des arrêts et décisions Nr. 23 (1996-V), 1938 (1954), Ziff. 40.

und Weise der Ausübung anzuzeigen.[562]

2. Ziel des Eingriffs

Der Eingriff hat einem legitimen Ziel ("finalité") zu dienen. Diese Bedingung soll den Vertragsstaaten die Legitimation nehmen, nicht jedes politisch wünschenswerte Allgemeininteresse zu verfolgen, sondern nur die in *Art. 10 Abs. 2 EMRK* genannten Schrankenziele.

3. Notwendigkeit des Eingriffs in einer demokratischen Gesellschaft

Haben die Konventionsorgane festgestellt, dass die gesetzliche Regelung und die konkrete staatliche Maßnahme dem Schrankenkatalog unterfällt, bleibt noch zu prüfen, ob der Eingriff in einer demokratischen Gesellschaft erforderlich ist und ob sich der Staat im Rahmen seines Beurteilungsspielraums hält.[563] Der *EGMR* verlangt, dass ein "dringendes soziales Bedürfnis" an der staatlichen Maßnahme besteht.[564] Diesbezüglich haben zwar die Vertragsstaaten eine Einschätzungsprärogative, der *EGMR* hat jedoch eine Überwachungsfunktion. Weiteres Kriterium ist, ob die Maßnahme, gemessen an dem verfolgten Ziel, verhältnismäßig und ausreichend begründet ist.[565] Die Prüfung der Verhältnismäßigkeit ist eine Abwägung zwischen dem Grundrechtseingriff und dem verfolgten Ziel.[566] Die konkreten Umstände des Einzelfalls, die unterschiedlichen Lebensverhältnisse und die Rechtstraditionen sind zu berücksichtigen. Hinsichtlich der Konkretisierung des Schrankenvorbehalts steht den Vertragsstaaten in Anlehnung an die Rechtssprechung des französischen Conseil d'Etat eine "marge d'appréciation" zu.[567] Sie wird nicht schrankenlos

---

562 EGMR, Fall Olsson, Urteil v. 24.03.1988, Series A, vol. 130, 3, 30 Ziff. 61; EuGRZ 1988, S. 591 (598); EGMR, Fall Huis und Hugenholtz, Urteil v. 08.03.1996, Decisions & Reports 84-A, 135, 145.

563 Zum Begriff *demokratische Gesellschaft*: Ukrow, *Die Selbstkontrolle im Medienbereich in Europa*, S. 108.

564 EGMR, Fall Handyside, Urteil v. 07.12.1976, Series A, vol. 24, 22, Ziff. 48; EGMR, Fall Sunday Times I, Urteil v. 26.04.1979, Series A, vol. 30, 36, Ziff. 59; EGMR, Fall Barthold, Urteil v. 25.03.1985, Series A, vol. 90, 25, Ziff. 55; EGMR, Fall Lingens, Urteil v. 08.06.1986, Series A, vol. 103, 25, Ziff. 39; EGMR, Fall Müller, Urteil v. 24.05.1988, Series A, vol. 133, 21, Ziff. 38; EGMR, Fall Informationsverein Lentia, Urteil v. 24.11.1993, Series A, vol. 276, 16, Ziff. 39.

565 EGMR, Fall Barford, Urteil v. 22.02.1989, Series A, vol. 149, 12, Ziff. 28; EGMR, Fall Groppera, Urteil v. 28.03.1990, Series A, vol. 173, 28, Ziff. 72.

566 EGMR, Fall Lingens, Urteil v. 08.07.1996, Series A, vol. 103, 14, 26, Ziff. 42, EuGRZ 1986, 424 (428); EGMR, Fall markt intern, Urteil v. 30.03.1989, Series A, vol.165, 4, 20, Ziff. 34; EuGRZ 1996, S. 302 (305).

567 EGMR, Fall Handyside, Urteil v. 07.12.1976, Series A, vol. 24, 4, 22-24, Ziff. 48-50; EuGRZ 1977, 38 (41 ff.). Zur Bedeutung der *margin of appreciation* für Organe der Gemeinschaft und des Europarates: Uwer, *Medienkonzentration und Pluralismussicherung im Lichte des europäischen Menschenrechts der Pressefreiheit*, S. 184-186.

gewährleistet, sondern die konventionsrechtliche Kontrolle kann den "Beurteilungsspielraum"[568] unter Berücksichtigung der Gesetzgebung und der Rechtsanwendung überprüfen.[569]
Im Rundfunk hat das Kriterium "notwendig in einer demokratischen Gesellschaft" eine besondere Bedeutung erlangt.[570] Der *EGMR* hat in seinen rundfunkspezifischen Entscheidungen, etwa zum Verbot der Weiterverbreitung bzw. dem Empfang von Fernsehsendungen aus Gründen der Sicherung des Meinungspluralismus in der Gesellschaft, als zulässige Beschränkung i. S. v. *Art. 10 Abs. 2 EMRK* erachtet, jedoch ein dringendes soziales Bedürfnis für die Maßnahme als nicht überzeugend nachgewiesen gesehen.[571] Mithin können die Vertragsstaaten das Korrektiv des Verhältnismäßigkeitsgrundsatzes nur schwer überwinden.

VI. Auslegung der Rundfunkfreiheit zwischen EGMR und EuGH

Da *EMRK* und *EGV* zur Wahrung ihres kodifizierten Rechts eigene Kontrollmechanismen besitzen, ist das Verhältnis zwischen den jeweiligen Kontrollorganen *EGMR* und *EuGH* zu klären.[572] Grundsätzlich ist der *EuGH* an die Rechtsprechung des *EGMR* nicht gebunden. Gleichwohl dient die Rechtsprechung des *EGMR* dem *EuGH* als Interpretationshilfe.[573] *Art. 6 Abs. 2 EUV* hält lediglich fest, dass der *EuGH* neben der *EMRK* die gemeinsamen Verfassungstraditionen der Mitgliedstaaten insbesondere unter dem Aspekt der Gemeinschaftsinteressen zu beachten hat. Eine unmittelbare Geltung der *EMRK* ist damit nicht verbunden. Lediglich in einem rundfunkspezifischen Urteil hatte der EuGH in Kenntnis der Entscheidung "Groppera" [574] die Zulässigkeit eines öffentlich-rechtlichen Rundfunkmonopols ohne konventionsrechtliche Betrachtung anders als der *EGMR* gesehen.[575] Das noch mittelbar in der Entscheidung "Groppera" bezweifelte staatliche Rundfunkmonopol ist durch die Entschei-

568 Zum Streit über die deutsche Übersetzung: vgl. ebd., 167 (169/170) m. w. N.

569 Bleckmann, EuGRZ 1979, S. 485 ff.; Frowein, EuGRZ 1980, S. 231 (237); Waldock, EuGRZ, 1979, S. 599.; Morrison, HRLJ 1973, S. 263 ff.; Callies, EuGRZ 1996, S. 293 ff.

570 Vgl. Probst, *Art. 10 EMRK - Bedeutung für den Rundfunk in Europa*, S. 28.

571 EGMR, Fall Autronic, Urteil v. 22.05.1990, Series A, vol. 178, 26 f., Ziff. 61; EGMR, Fall Informationsverein Lentia, Urteil v. 24.11.1993, Series A, vol. 276, 15, Ziff. 35.

572 Protokoll Nr. 11 vom 11.05.1994 betreffend die EMRK, EuGRZ 1994, S. 317 f.

573 EuGH, Urteil v. 17.10.189, Rs. 97/99/87 - Dow Chemical, Slg. 1989, 3165 f. (Rn. 15); EuGH, Urteil v. 18.10.1989, Rs. 374/87 - Orkem, Slg. 1989, 3283 f. (Rn. 30).

574 EGMR, Fall Groppera Radio, Urteil v. 13.10.1988, Series A, vol. 173, EuGRZ 1990, S. 255 f.

575 EuGH, Urteil v. 18.06.1991, Rs. 260/89 - ERT, Slg. 1991, I - 2925 f. (2957), EuGRZ 1991, S. 274 f.

dung "Informationsverein Lentia"[576] dahin konkretisiert worden, dass eine Rechtfertigung des Monopols nicht mehr möglich ist, weil es keinem dringenden gesellschaftlichen Bedürfnis gem. *Art. 10 Abs. 2 EMRK* entspricht.

G. Beschränkungen fernsehspezifischer Werbung

Die fernsehspezifischen Werbevorschriften in den europäischen Regelungsmaterien müssen eine gemeinschafts- und konventionsrechtliche Konformität aufweisen. Die Subsumtion der Werbeverbote und -restriktionen unter die Beschränkungen des *EGV* und der Schrankendogmatik des *Art. 10 Abs. 2 EMRK* ist schwierig. Es kommt wesentlich darauf an, ob die Vorschriften, wenn sie einem Schutzgut zugeordnet werden, dem Verhältnismäßigkeitsgrundsatz genügen.

Im Primärrecht findet der Begriff "Werbung" keine Erwähnung. Lediglich aus *Art. 95 Abs. 3 EGV* kann entnommen werden, dass der Verbraucherschutz mittelbar auch die Werbung betrifft. Allerdings gewähren die primärrechtlichen Vorgaben die Grundfreiheiten sowie einen fairen Wettbewerb, mithin auch jegliche Form der Werbung.

Die *FernsehRL* (Kapitel IV) als sekundäres Gemeinschaftsrecht enthält allgemeine Werbebestimmungen. Darüber hinaus bestehen weitere Richtlinien, die geeignet sind, die Werbetätigkeit im Rundfunk zu beschränken. Die dogmatische Einordnung der Fernsehwerbevorschriften unter die Ausnahmetatbestände der einschlägigen Grundfreiheiten (z. B. öffentliche Ordnung und Sicherheit) ist nur eingeschränkt möglich. Ansonsten kann allenfalls über die "zwingenden Erfordernisse des Allgemeininteresses" eine Subsumtion erfolgen. Der *EuGH* hat die "zwingenden Erfordernisse" dahingehend präzisiert, dass ein Verbot der Ausstrahlung von Werbesendungen nur aus der Perspektive des Verbraucherschutzes oder der Gewährleistung des Meinungspluralismus' denkbar ist.[577]

Allgemein werden die Werbebestimmungen in der *FernsehRL* als zulässige Beschränkungen der Grundfreiheiten angesehen. Streitig sind die produktbezogenen Werbeverbote.

Das *FsÜ* enthält parallel zur *FernsehRL* ebenfalls fast inhaltsgleiche Werbebestimmungen, die auf den Europarat zurückzuführen sind. Es wird allgemein von einer eigenen Bindung der Europaratsorgane an die *EMRK* ausgegangen. Dennoch erscheint es sinnvoll, im Zuge des technologischen Wandels der Rundfunklandschaft die fernsehspezifische Werbung einer generellen Prüfung zu unterziehen.

---

[576] Fall Informationsverein Lentia, Urteil v. 24.11.1993, Series A, vol. 276, AfP 1994, S. 281.; vgl. Probst, *Art. 10 EMRK - Bedeutung für den Rundfunk in Europa*, S. 48 f. (72).

[577] EuGH, Urteil v. 25.07.1991, Rs. - 288/89 - Stichting Collective, Slg. 1991, I - 4007 f. (4023).

I. Fernsehwerbeverbote

Produktbezogene Fernsehwerbebeschränkungen sind durch *Art. 10 Abs. 2 EMRK* gerechtfertigt, wenn sie aus Gründen des Gesundheits-, Verbraucher- oder des Jugendschutzes erfolgen und verhältnismäßig sind.

1. Tabakwerbeverbot

Jede Form der Fernsehwerbung, des Sponsoring und Teleshopping für Zigaretten und Tabakerzeugnisse ist nach der *FernsehRL* und des *FsÜ* aus Gründen des Gesundheitsschutzes verboten.[578] Dies gilt auch für indirekte Formen der Werbung, die zwar nicht direkt das Tabakerzeugnis erwähnen, aber das Werbeverbot zu umgehen versuchen. Diese Umgehung geschieht durch Benutzung von Markennamen, Symbolen oder anderen Kennzeichen von Tabakerzeugnissen oder die Nennung von Unternehmen, die bekanntermaßen oder hauptsächlich solche Erzeugnisse herstellen bzw. verkaufen.[579]

1.1. Die Tabakrichtlinie

Das fernsehspezifische Tabakwerbeverbot wurde in der Richtlinie zur Angleichung der Rechts- und Verwaltungsvorschriften der Mitgliedstaaten über Werbung und Sponsoring zugunsten von Tabakerzeugnissen verschärft.[580] Ziel der Richtlinie ist ein vollständiges Werbeverbot für sämtliche Tabakerzeugnisse in der Gemeinschaft. Die Bestimmungen der *FernsehRL* bleiben unberührt.[581] Danach sind die Mitgliedstaaten verpflichtet, innerhalb von drei Jahren nach Inkrafttreten der Richtlinie die direkte Tabakwerbung und das Sponsoring für Tabakerzeugnisse zu verbieten. Für Sponsoring von weltweit übertragenen

---

[578] Art. 13, 17 Abs. 2 FernsehRL; Art. 15 Abs. 1 FsÜ. In Deutschland ist das Tabakwerbeverbot durch § 22 LMBG umgesetzt; zu den Selbstbeschränkungen der deutschen Zigarettenindustrie: Bundesanzeiger 1972 Nr. 229 v. 27.11.1972. § 7 Abs. 1 S. 1 RStV enthält einen Appell, bei der Ausstrahlung von Fernsehwerbung auch auf den Verbraucherschutz zu achten (s. a. Ziff. 3 der Fernsehwerberichtlinien der Landesmedienanstalten vom 10.02.2000).

[579] Erwägungsgrund 30 der FernsehRL.

[580] Richtlinie 98/43/EG des Europäischen Parlaments und des Rates vom 06. Juli 1998 zur Angleichung der Rechts- und Verwaltungsvorschriften der Mitgliedstaaten über Werbung und Sponsoring zugunsten von Tabakerzeugnissen, ABl. 1998 Nr. C 231/9, GRUR Int. 1998, S. 787 f.; ausführlich Reich, NJW 1998, S. 1537 f.; Schneider, NJW 1998, S. 576 f.

[581] Erwägungsgrund Nr. 8: "Angesichts der bestehenden Wechselbeziehung zwischen allen Mitteln der Werbung - mündlich, schriftlich, in Druckwerken, Rundfunk, Fernsehen und Film - muss diese Richtlinie zur Vermeidung von Wettbewerbsverzerrungen und einer Umgehung der Vorschriften alle Formen und Mittel der Werbung mit Ausnahme der Fernsehwerbung, die bereits durch die RiL 89/552/EWG erfasst ist, abdecken." Art. 3 Abs. 1 der Richtlinie 98/43/EG; zu Tabakwerbebeschränkungen für die Internet-Kommunikation: Marwitz, in: Hoeren/Sieber (Hrsg.), *Handbuch Multimediarecht, Rechtsfragen des elektronischen Geschäftsverkehrs*, Teil 11.2, Rn. 125 f.

Ereignissen ist eine Sonderfrist vorgesehen.[582] Den Mitgliedstaaten bleibt allerdings unbenommen, die Werbung innerhalb geschlossener Tabakverkaufsstellen zu erlauben, sofern diese von außen nicht sichtbar ist. Im Zusammenhang mit der Werbung für Nicht-Tabakerzeugnisse oder Dienstleistungen, die unter Tabakbezeichnungen angeboten werden, können die Mitgliedstaaten Ausnahmen zulassen, soweit dies "guten Glaubens" und unter einem deutlich anderen "Aspekt" geschieht.[583] Neue Tabakerzeugnisse dürfen nicht unter Bezeichnungen in Verkehr gebracht werden, die für andere Erzeugnisse oder Dienstleistungen benutzt werden. Das Verbot indirekter Werbung dürfte besonders dann für Rundfunkveranstalter problematisch sein, wenn Ereignisse gesponsort und übertragen werden, die außerhalb des Geltungsbereichs der Richtlinie 98/43/EG liegen, gleichwohl aber der Rundfunkveranstalter mit Sitz in der Gemeinschaft an die vorgenannte Richtlinie gebunden ist.

1.1.1. Reaktionen der Werbewirtschaft

Die Tabakindustrie und Werbewirtschaft haben in dem vollständigen Werbeverbot einen schwerwiegenden Eingriff in ihre wirtschaftlichen Tätigkeiten gesehen. Es wurden überwiegend rechtliche Bedenken hinsichtlich der Gemeinschaftskompetenz und des Richtlinieninhalts geäußert.[584] Die Richtlinie zum Verbot der Tabakwerbung könne nicht auf *Art. 100a EGV a. F. (= Art. 95 EGV)* gestützt werden, da diese Norm die Ermächtigungsgrundlage für eine Rechtsangleichung zur Beseitigung bestehender Handelshemmnisse bilde. Das Tabakwerbeverbot behindere aber gerade die Freizügigkeit des freien Waren- und Dienstleistungsverkehrs. Die innerstaatliche Tabakwerbung sei gleichfalls von dem Verbot betroffen und verstoße gegen das Subsidiaritätsprinzip gem. *Art. 3b EGV a. F. (= Art. 5 EGV)*.[585]

Tabakkonzerne und deutsche Werbewirtschaft verfolgten mit größtem Interesse die vor dem *EuGH* anhängige Klage Deutschlands, die Tabakrichtlinie für nichtig zu erklären. Die Klage stützte sich im Wesentlichen auf die gleichen Argumente der Tabakindustrie. Im übrigen wurde geltend gemacht, dass die Tabakrichtlinie das Markenrecht, das geistige Eigentum und europäische Grundrechte verletze. Generalanwalt *Nial Fennelly* hatte dem *EuGH* empfohlen, die Richtlinie für nichtig zu erklären, da die Gemeinschaft bei Fragen des Gesundheitsschutzes unzuständig sei.[586] Der *EuGH* hat die Tabakrichtlinie, die

---

[582] Art. 6 Abs. 3 der Richtlinie 98/43/EG.

[583] Art. 3 Abs. 2 u. 3. der Richtlinie 98/43/EG; vgl. a. Wagenbaur, EuZW 1998, S. 709 f.

[584] Bonner General-Anzeiger vom 6/7.12.1997, S. 56.

[585] Vgl. Stellungnahme ZAW-Basisdienst Nr. 3 vom 12.02.1998.

[586] Verfahren Rs. 376/98 u. 74/99, veröffentlicht im ABl. 1998 Nr. C 378/12.
Das Plädoyer des Generalanwalts *Fennelly* ist abrufbar unter
http://www.europa.eu.int/cj/de/act/0018de.htm.

Ende Juli 2001 in Kraft treten soll, für nichtig erklärt.[587] Damit wird es in absehbarer Zeit keine gemeinsamen Regeln für das Verbot der Tabakwerbung geben. Konkret bemängelte der EuGH die Rechtsgrundlage der Tabakrichtlinie. Diese sei mit dem Ziel der Wahrung des freien Warenverkehrs begründet, jedoch viel zu weit gefasst worden. Mit einer Untersagung von Tabak-Reklame auf Plakaten, im Kino, auf Bekleidungsstücken werde der innergemeinschaftliche Handel nicht etwa gefördert, sondern behindert. Der *EuGH* räumte allerdings ein, dass eine enger gefasste Regelung mit "nur teilweisen Verboten bestimmter Formen der Werbung und des Sponsoring für Tabakerzeugnisse" durchaus Chancen gehabt hätten, vor Gericht zu bestehen. So könne es etwa auf dem Zeitungs- und Zeitschriftenmarkt oder bei großen Sportveranstaltungen angesichts des Nebeneinanders verschiedener nationaler Werbevorschriften für Tabakerzeugnisse tatsächlich zu "Wettbewerbsverzerrungen" kommen. Im übrigen hat der *EuGH* der Gemeinschaft eine gewisse Zuständigkeit für gewisse Gesundheitsthemen nicht abgesprochen. Mit dem Urteil werden bereits in Kraft getretene nationale Umsetzungsgesetze nicht automatisch für nichtig erklärt. Einige Mitgliedstaaten haben mit der Umsetzung in nationales Recht bereits begonnen.[588]

1.1.2. Gemeinschaftskompetenz zum Tabakwerbeverbot

Die vor Inkrafttreten des Amsterdamer Vertrages vom Gemeinschaftsgesetzgeber angewandten Vorschriften stellen - nunmehr vom *EuGH* entschieden - keine Kompetenzgrundlage dar.[589] Gegenstand der Harmonisierung gem. *Art. 95 EGV* sind Rechts- und Verwaltungsvorschriften, die die Schaffung und das Funktionieren des Binnenmarktes betreffen. Maßgebliches Ziel des Binnenmarktes ist gem. *Art. 14 EGV* die Herstellung gleicher Wettbewerbsbedingungen. Gem. *Art. 3 lit. h EGV* macht der Gemeinschaftsgesetzgeber von *Art. 95 EGV* Gebrauch, "soweit dies für das Funktionieren des Gemeinsamen Marktes erforderlich ist". Die Wahl der Rechtsgrundlage muss durch objektive Kriterien gerichtlich nachprüfbar sein.[590] Es reicht nicht für die Anwendbarkeit von *Art. 95 EGV* aus, wenn die Errichtung oder das Funktionieren des Binnenmarktes lediglich

---

587 EuGH, Urteil vom 05.10.2000 – Rs. C-376/98, abgedruckt in ZIP 2000, S. 1848 ff. Vgl. dazu auch *FAZ* v. 06.10.2000, Nr. 232/40, S. 1 "Verbot für Tabakwerbung nichtig".

588 Gesetzesvorlagen gibt es in Dänemark, Italien, den Niederlanden und Spanien. Unabhängig von dem Umsetzungsverfahren im Vereinigten Königreich hat der High Court of Justice dem EuGH ein Vorlagebeschluss zur gemeinschaftsrechtlichen Zulässigkeit der Tabakrichtlinie vorgelegt (EuZW 1999, S. 384; s. a. Wägenbaur, EuZW 1999, 144, 149). Das Vorlageverfahren und die deutsche Nichtigkeitsklage wurden nicht verbunden.

589 Art. 100a, 57 Abs. 2 u. 66 EGV a. F. (= Art. 95, 47 Abs. 2 u. 55 EGV). Zur Gemeinschaftskompetenz für das Tabakwerbeverbot: Schwartz, AfP 1998, S. 553 f.

590 EuGH, Urteil v. 11.06.1991, Rs. 300/89 - Kommission/Rat, Slg. 1991, I - 2867.

betroffen ist.[591] Dem wird die Tabakrichtlinie - auch nach Ansicht des *EuGH* - nicht gerecht, weil es dem Gemeinschaftsgesetzgeber primär nicht um Verwirklichung des Binnenmarktes der Tabakwerbung geht, sondern um die Umsetzung einer Gesundheitspolitik - durch Abschaffen des tabakbezogenen Binnenmarktes -, für die keine Harmonisierungskompetenz besteht.[592] Da das Tabakwerbeverbot weder die Aufnahme noch die Ausübung selbständiger Werbedienstleistungen erleichtert, kann in *Art. 47 Abs. 2 i. V. m. 55 EGV* keine zusätzliche Kompetenz für die Verwirklichung des Binnenmarktes gesehen werden.[593] Dadurch, dass der Rechtsakt überwiegend zu anderen als den angegebenen Zwecken erlassen wurde, hat der Gemeinschaftsgesetzgeber ermessensfehlerhaft gehandelt. Das Tabakwerbeverbot ist zur Verwirklichung des Binnenmarktes ungeeignet. Ein solches Verbot schränkt die Grundfreiheiten ein. Dies gilt für die Dienstleistungsfreiheit der Werbeagenturen und die Warenverkehrsfreiheit der verbreitenden Medien. Gleichfalls werden die Verkaufsmodalitäten der Tabakproduzenten im Rahmen der Warenverkehrsfreiheit beschränkt. Nationale Vorschriften zur Tabakwerbung, die sich als Maßnahmen gleicher Wirkung auf den freien Waren- und Dienstleistungsverkehr handelsbeschränkend auswirken, können gerade nicht über ein gemeinschaftliches Tabakwerbeverbot angeglichen werden. Konventionsrechtlich bedeutet die Tabakrichtlinie einen schwerwiegenden Eingriff in die von *Art. 10 EMRK* geschützte Werbefreiheit. Das völlige Werbeverbot ist ein untaugliches Mittel, um gesundheitspolitische Ziele durchzusetzen.[594] Das Tabakwerbeverbot entzieht den Tabakherstellern und Werbeagenturen das Recht auf kommerzielle Kommunikation.[595]

2. Arzneimittelwerbeverbot

Fernsehwerbung und Sponsoring für verschreibungspflichtige Arzneimittel und ärztliche Behandlungen sind aus Gründen des Gesundheits- und Verbraucherschutzes untersagt.[596] Ferner ist Teleshopping für Arzneimittel, die einer Genehmigung für das Inverkehrbringen im Sinne der Richtlinie 65/65/EWG des Rates vom 26. Januar 1965 zur Angleichung der Rechts- und Verwaltungsvorschriften

---

591 EuGH, Urteil v. 26.03.1996, Rs. 271/94 - Parlament/Rat, Slg. 1996, I - 1689 (Rn. 32).

592 Zur Gesundheitsgesetzgebung gem. Art. 129 Abs. 4 EGV: Schwanenflügel, EuR 1998, S. 210 (211). *Caspar* hält das direkte Tabakwerbeverbot gemeinschaftskonform, erhebt aber rechliche Bedenken gegen das Verbot der indirekten Tabakwerbung, EuZW 2000, S. 237 (238 f.).

593 Wägenbaur, EuZW 1999, S. 144 (148).

594 Ders. ebd. 1998, S. 709 f.

595 Kreile/Rahn: ZUM 1998, S. 820 f. (824); Wägenbaur, EuZW 1999, S. 144 (149), Di Fabio, AfP 1998, S. 564 (568); zur Berufs- und Eigentumsfreiheit: Di Fabio, AfP 1998, S. 570.

596 Art. 17 Abs. 3 FernsehRL.

über Arzneimittel[597] unterliegen, als auch Teleshopping für ärztliche Behandlungen nicht zulässig.[598] Das produktbezogene Verbot ist mit *Art. 10 Abs. 2 EMRK* vereinbar.

3. Alkoholwerbeverbot

Die Gemeinschaft sieht keine dem Tabakwerbeverbot entsprechende Regelung für alkoholische Getränke vor. Gleichwohl werden weitere restriktivere Beschränkungen erwogen, die auf Erörterungen der Richtlinie zum Tabakwerbeverbot zurückgehen. Der zuständige Kommissar *David Byrne* hat in einem Entwurf aus Oktober 1999 eine Ratsempfehlung zum Alkoholkonsum von Kindern und Jugendlichen an die Mitgliedstaaten gerichtet mit der Aufforderung, auch alkoholspezifische Werbemaßnahmen im Umfeld von Fernseh- und Hörfunksendungen sowie in Printmedien zu untersagen, die sich primär an Kinder und Jugendliche richten.[599] Fernsehwerbung und Teleshopping für alkoholische Getränke sind nach den europäischen Regelungsmaterien nur unter bestimmten Kriterien zulässig.[600] Sie dürfen

- nicht speziell an Minderjährige gerichtet sein und insbesondere nicht Minderjährige beim Alkoholgenuss darstellen;
- keinerlei Verbindung zwischen einer Verbesserung der physischen Leistung und Alkoholgenuss oder dem Führen von Kraftfahrzeugen und Alkoholgenuss hergestellt werden;
- nicht den Eindruck erwecken, Alkoholgenuss fördere sozialen oder sexuellen Erfolg;
- keine therapeutische, stimulierende, beruhigende oder konfliktlösende Wirkung von Alkohol suggerieren;
- Unmäßigkeit im Genuss alkoholischer Getränke nicht fördern bzw. Enthaltsamkeit oder Mäßigung nicht negativ darstellen;
- die Höhe des Alkoholgehalts von Getränken nicht als positive Eigenschaft hervorheben.

Ein Verstoß gegen die Kriterien liegt dann vor, wenn Fernsehwerbung und Teleshopping über das normale Maß der Beeinflussung von Kindern und

---

597 ABl. 1965 Nr. L 22/369; Richtlinie zuletzt geändert durch Richtlinie 93/39/EWG, ABl. 1993 Nr. L 214/22.

598 Art. 14 Abs. 1 und 2 FernsehRL, Art. 15 Abs. 3 FsÜ in der konsolidierten Fassung.

599 Zum Stand des Kommissionsentwurfs und des *Zweiten Europäischen Aktionsplans Alkohol 2000-2005* der Weltgesundheitsorganisation (WHO): Werbung in Deutschland 2000, S. 99 f.

600 Art. 15 FernsehRL; Art. 15 Abs. 2 FsÜ in der konsolidierten Fassung; zu Alkoholwerbebeschränkungen in der Internet-Kommunikation: Marwitz, in: Hoeren/Sieber (Hrsg.), *Handbuch Multimediarecht, Rechtsfragen des elektronischen Geschäftsverkehrs*, Teil 11.2., Rn. 151 ff.

Jugendlichen hinausgeht und deren Interessen nachhaltig Schaden zufügt.[601]
Im Vergleich zum fernsehspezifischen absoluten Tabakwerbeverbot ist ebenfalls umstritten, ob gem. *Art. 10 Abs. 2 EMRK* ein relatives Alkoholwerbeverbot in einer demokratischen Gesellschaft erforderlich ist. Zwar kann Alkohol bei übermäßigem Konsum gesundheitliche Schäden hervorrufen, jedoch ist auch hier mehr als zweifelhaft, ob relative Werbeverbote als gesundheitspolitisches Instrumentarium die Motive und Ursachen des Missbrauchs steuern können. Werbeverbote können nur ultima ratio sein.

4. Verbote im öffentlichen Interesse

Fernsehwerbung und Teleshopping dürfen nicht gegen anerkannte Normen des Anstandes verstoßen, keine Diskriminierung nach Rasse, Geschlecht oder Nationalität enthalten sowie Verhaltensweisen fördern, die die Gesundheit, Sicherheit oder den Schutz der Umwelt gefährden.[602] Diese inhaltlichen Gestaltungskriterien sind in einer demokratischen Gesellschaft notwendig und sind durch Schrankendogmatik des *Art. 10 Abs. 2 EMRK* gerechtfertigt. Werberestriktionen mit religiösem Hintergrund stehen allerdings vor einem gesellschaftlichen Wandel. Der Werbeausschluss an Sonn- und Feiertagen für öffentlich-rechtliche Rundfunkveranstalter, wie er in einigen Mitgliedstaaten normiert ist, dient dem Schutz von religiösen Empfindungen anderer.[603] Konventionsrechtlich wird bezweifelt, ob eine solche Regelung für eine demokratische Gesellschaft noch notwendig ist.[604]

5. Standesrechtliche Verbote

Ein berufsspezifisches Fernsehwerberecht ist weder in der *FernsehRL* noch im FsÜ geregelt.[605] Die Regelung obliegt den Mitgliedstaaten. In der Gemeinschaft sind über den freien Waren- und Dienstleistungsverkehr grenzüberschreitende werbliche Sachverhalte geschützt.[606] Innerstaatliche Werbeverbote können gemeinschaftsrechtliche Auswirkungen haben, wenn in anderen Mitgliedstaaten berufsspezifische Werbung erlaubt ist und diese im Inland über den Rundfunk empfangen werden kann. Das zeigt sich gerade bei freien Berufen, die im

---

601 Zu den Kriterien des *Schadens*: Art. 16 FernsehRL; vgl. a. Ziff. 3 u. 4 der Fernsehwerberichtlinien der Landesmedienanstalten vom 10.02.2000 zu § 7 Abs. 1 u. 2 RStV.

602 Art. 12 FernsehRL, Art. 7 FsÜ; s. a. Großkopf, AfP 1990, S. 181 ff. In Deutschland ist das Werben für pornografische Schriften (§ 184 Abs. 1 Nr. 4 StGB) nur in gegenstandsneutraler Form zulässig (BGHSt 34, 94, 99).

603 Z. B. § 15 Abs. 1 RStV.

604 Engel, Privater Rundfunk vor der Europäischen Menschenrechtskonvention, S. 410.

605 Zu berufsbezogenen Werbebeschränkungen in der Internet-Kommunikation: Marwitz, in: Hoeren /Sieber (Hrsg.), *Handbuch Multimediarecht, Rechtsfragen des elektronischen Geschäftsverkehrs*, Teil 11.2., Rn. 201 f.

606 Richtlinie über den freien Dienstleistungsverkehr für Rechtsanwälte, 77/249/EWG, ABl. 1977 Nr. L 78/17.

Wandel einer Lockerung der Standesregeln stehen.[607] Es muss bezweifelt werden, ob Gründe des Verbraucherschutzes oder des Schutzes der Institution der freien Berufe ein vollständiges Werbeverbot in einer demokratischen Gesellschaft i. S. v. *Art. 10 Abs. 2 EMRK* rechtfertigen können.[608] Ein relatives Werbeverbot würde an sich schon genügen, um beiden Schutzzwecken gerecht zu werden.

6. Parteiwerbeverbot

In *FernsehRL* und *FsÜ* finden sich ebenfalls keine Regelungen für parteispezifische Werbung im Rundfunk. Vielmehr bleibt eine Reglementierung aus Gründen der Subsidiarität den Mitgliedstaaten vorbehalten. Dennoch haben Wahlen zum Europäischen Parlament eine europäische Tragweite. Innerstaatliche Werbeverbote, die ideelle Werbung verbieten, sind konventionsrechtlich nicht unproblematisch.[609] Ein solches Verbot ist für die kommerzielle Parteienwerbung von praktischer Bedeutung. Zweck einer solchen Regelung ist es, den Prozess der freien Meinungsbildung zu gewährleisten. Es sind zwei Gesichtspunkte zu berücksichtigen. Einerseits ist es dem Rezipienten nicht oder nur eingeschränkt möglich, sich unmittelbar über die Inhalte der ideologisch orientierten Gruppen und politischen Parteien zu informieren. Andererseits wird die Äußerungsfreiheit der werbenden Gruppen und Parteien berührt. Letztlich führt das Verbot ideeller Werbung zu einer nicht unerheblichen Beeinträchtigung der finanziellen Ressourcen privater und öffentlich-rechtlicher Rundfunkveranstalter.[610] Die Gefahr einer Manipulation der freien individuellen und öffentlichen Meinungsbildung ist am Maßstab der Notwendigkeit für eine demokratische Gesellschaft und am Grundsatz der Verhältnismäßigkeit i. S. v. *Art. 10 Abs. 2 EMRK* auszurichten. Mit dem Trennungsgebot zwischen Werbung und Programm, auf das nachfolgend eingegangen wird, kann einer Verwechslung zwischen ideeller Werbung und redaktionellen Inhalten genügend Rechnung getragen werden.

II. Trennungs- und Kennzeichnungsgebot

Für die Platzierung von Werbung ist das Trennungs- und Kennzeichnungsgebot von grundlegender Bedeutung.[611] Für den Zuschauer ist es im Rahmen des massenmedialen Kommunikationsprozesses kaum noch möglich, den Urheber der übermittelten Inhalte zu erkennen. Aus diesem Grunde muss die Werbung

---

[607] EGMR, Fall Barthold, Urteil v. 25.05.1985, Series A, vol. 90, EuGRZ 1985, S. 170 ff. (Ziff. 132).

[608] Engel, *Privater Rundfunk vor der Europäischen Menschenrechtskonvention*, S. 424 (425).

[609] Z. B. § 7 Abs. 8 RStV.

[610] Zu Werbeverboten: Engel, *Privater Rundfunk vor der Europäischen Menschenrechtskonvention*, S. 396-398; zu § 7 Abs. 7 RStV 1996: Ricker, AfP 1997, S. 597 (598).

[611] Art. 10 Abs. 1 FernsehRL; Art. 13 FsÜ.

als solche klar erkennbar und durch optische oder akustische Mittel eindeutig von anderen Programmteilen getrennt sein.[612] Sendungen, die zwar Werbung enthalten, deren Werbecharakter jedoch in den Hintergrund tritt, unterliegen grundsätzlich dem Prinzip der Trennung von Werbung und Programm. Das Gebot dient dem Zweck, die Rezipienten vor einer Irreführung und Täuschung hinsichtlich des Werbezwecks zu bewahren sowie den Schutz der Unabhängigkeit der Programmgestaltung zu gewährleisten. Es soll verhindert werden, dass der Verbraucher bei seiner Kaufentscheidung unbewusst beeinflusst und in seiner Entscheidungsfreiheit beschränkt wird. Im Zusammenhang mit der Sicherung der redaktionellen Unabhängigkeit soll die Einbeziehung wirtschaftlicher Interessen bei der inhaltlichen und redaktionellen Gestaltung der Fernsehprogramme vermieden werden. Diese publizistische Unabhängigkeit ist Ausdruck eines Massenkommunikationskonzepts, dass sich in allen Verfassungen der Mitgliedstaaten wiederfindet.[613] Das Trennungsgebot dient somit dem Schutz der Informationsfreiheit und dem Schutz redaktioneller Arbeit vor Einflüssen der Werbewirtschaft.

Das Kennzeichnungsgebot stellt im wesentlichen die Umsetzung des Trennungsgebotes dar. Wie die Kennzeichnung zu erfolgen hat, bleibt dem nationalen Gesetzgeber vorbehalten.[614] Ob dabei ein ausschließlich genutztes Werbelogo den gesamten Bildschirm für einige Sekunden ausfüllen muss oder ob es ausreicht, dass eine deutliche Ein- bzw. Überblendung des Werbelogos erfolgt, kann im Hinblick auf die Rundfunkveranstalterfreiheit konventionsrechtlich nur über den Grundsatz der Verhältnismäßigkeit geprüft werden.

Das Trennungs- und Kennzeichnungsgebot ist grundsätzlich mit *Art. 10 EMRK* vereinbar, da als Schutzgut die Rechte anderer betroffen sind.[615] Die Rezipienten werden primär vor Irreführung geschützt. Vor allem den privaten Rundfunkveranstaltern bleibt das ökonomische Substrat der Finanzierung durch Werbung erhalten.

---

612 Optisches Trennungsmittel ist das Werbelogo. Die Kennzeichnungspflicht gilt mangels europäischer Regelungen auch für Dauerwerbesendungen, die sich von Werbespots durch ihre Länge unterscheiden und neben reinen Werbebotschaften auch redaktionelle Elemente enthalten. Soweit in Werbeblöcken Dauerwerbesendungen ausgestrahlt werden, müssen wegen der Erkennbarkeit für Zuschauer die nachfolgenden Werbespots neu gekennzeichnet sein: § 7 Abs. 5 RStV, s. a. Ziff. 8 der Fernsehwerberichtlinien der Landesmedienanstalten vom 10.02.2000 (mind. 90 Sekunden).

613 Zum Aspekt der publizistischen Unabhängigkeit in der deutschen Rechtsprechung: BVerfGE 87,181,201; 90, 60, 87.

614 In Deutschland: § 7 Abs. 6 RStV; vgl. a. Ziff. 6 der Fernsehwerberichtlinien der Landesmedienanstalten vom 10.02.2000, Hartstein/Ring/Kreile, *Kommentar zum Rundfunkstaatsvertrag*, § 7 Rn. 102 f.

615 Engel, *Privater Rundfunk vor der Europäischen Menschenrechtskonvention*, S. 412.

1. Schleichwerbung

Das Verbot der Schleichwerbung steht in einem engen sachlichen Zusammenhang mit dem Trennungsgrundsatz. Das Verbot dient der Durchsetzung des Trennungsgebotes. Ausnahmen sind zulässig. Unter Schleichwerbung versteht man die Erwähnung oder Darstellung von Waren, Dienstleistungen, Namen, Marken oder Tätigkeiten eines Herstellers von Waren oder eines Erbringers von Dienstleistungen in Programmen, wenn sie zu Werbezwecken vorgesehen ist und die Allgemeinheit hinsichtlich des eigentlichen Zwecks dieser Erwähnung oder Darstellung irreführen kann. Die Absicht zu Werbezwecken ist anhand objektiver Kriterien zu ermitteln.[616] Eine Erwähnung oder Darstellung gilt insbesondere dann als beabsichtigt, wenn sie gegen Entgelt oder eine ähnliche Gegenleistung erfolgt.[617] Indirekte geldwerte Leistungen (z. B. Überlassung von Autos) deuten auf eine Werbeabsicht. Der konkrete Nachweis ist schwierig.[618] Einem Programmveranstalter wird man eine Absicht kaum nachweisen können, wenn er sich vom Produzenten versichern lässt, dass eine Auftragsproduktion keine Schleichwerbung enthält, obwohl dies tatsächlich der Fall ist. Eine Irreführung des Zuschauers ist bei werblichen Einblendungen stets anzunehmen, da dieser davon ausgeht, dass sie programmbedingt sind. Gleichgültig ist, ob die Infiltration der Werbung in das Programm visuell, verbal, gezielt oder scheinbar unvorhersehbar erfolgt. Unterschwellige Techniken (z. B. kurze Werbeeinblendungen in Filmen), die die Zuschauer nicht bewusst wahrnehmen, sind verboten.[619]

Zulässig ist die Darstellung von Waren etc. immer dann, wenn es sich um eine

---

616 § 7 Abs. 6 RStV. Ein Verstoß ist im Einzelfall nur anhand von Indizien feststellbar: epd-medien Nr. 11/2000, S. 8/9.

617 Art. 1 lit. d) FernsehRL. Eine Definition fehlt im FsÜ. Art. 10 Abs. 4 FernsehRL, Art. 13 Abs. 3 FsÜ. Das Verbot der Schleichwerbung ist auf entsprechende Praktiken des Teleshopping erweitert worden, Art. 10 Abs. 1 FernsehRL, Art. 13 FsÜ in der konsolidierten Fassung. Die Schleichwerbung ist nun in § 2 Abs. 2 Nr. 6 RStV legal definiert. Sie liegt künftig auch dann vor, wenn die Erwähnung oder Darstellung von Waren, Dienstleistungen u. a. in Programmen vom Veranstalter "absichtlich" zu Werbezwecken vorgesehen ist.

618 Zur Wettbewerbsabsicht in der Rechtsprechung des BGH: BGH GRUR 1962, S. 34, 36 - Torsana; GRUR 1990, S. 463, 464 - Firmenrufnummer; BGH GRUR 1992, S. 618, 619 - Pressehaftung.

619 Bezeichnet als "redaktionelle Fernsehwerbung" oder "Werbung im Programm"; s. BGH WRP 1990, S. 626, 630 - Boro; Art. 10 Abs. 4 FernsehRL, Art. 13 Abs. 3 FsÜ. § 7 Abs. 6 RStV setzt entsprechende Praktiken dem Verbot der Schleichwerbung gleich.

"Darstellung der realen Umwelt" handelt.[620] Diese hat keinen Werbezweck und kann nicht irreführen. Bei fiktionalen Programmen muss die Ware aus programmlich-dramaturgischen Gründen identifizierbar sein. Bei non-fiktionalen Programmen muss die Präsentation den Informationspflichten gerecht werden.[621] Gerade im Sportbereich wird auf die Lebenswirklichkeit abgestellt. Die Banden- und Trikotwerbung ist nicht mehr aus dem Alltag wegzudenken.[622] Ihre Zulässigkeit wird heute grundsätzlich nicht mehr bezweifelt.[623]. Die Schwelle zur Schleichwerbung wird nur dann überschritten sein, wenn die Bildregie des Rundfunkveranstalters durch seine Kamera- und Bildführung bestimmte Werbetafeln in den Vordergrund rückt, die aus programmlich-dramaturgischen Gründen nicht erforderlich sind. Der *BGH* hat zu der nicht strikten Anwendung des Trennungsgebotes festgehalten:

> "Allerdings wäre es verfehlt, aus dem Grundsatz der Trennung von Werbung und Programm herzuleiten, dass jede werbliche Auswirkung einer Fernsehsendung das Trennungsgebot der Staatsverträge verletze. Die Grenzen zwischen dem, was nach den Bestimmungen der Staatsverträge unzulässige Werbung ist, fließen. Bei ihrer Bestimmung ist zu beachten, dass die verfassungsrechtlich geschützte Rundfunkfreiheit nicht durch ein zu weit gestecktes Verständnis des Begriffs des Trennungsgebots beeinträchtigt und die Erfüllung des Programmauftrags nicht über Gebühr eingeschränkt wird."[624]

Nach deutschem Rechtsverständnis ist demnach eine Verbindung von Werbung und Programm zulässig, wenn ein Programmauftrag besteht, die Werbung als solche erkennbar ist und eine Irreführung der Allgemeinheit über den Werbezweck hinaus ausscheidet. Ist die Präsentation objektiv geeignet, den Absatz zu fördern, muss nicht zwangsläufig das Trennungsgebot verletzt sein, solange dramaturgische Aspekte bei der Platzierung von Requisiten im Vordergrund

---

620 Ring, *Medienrecht*, § 7 RStV, Rn. 47. Preisauslobungen und Ausstatterhinweise können die Grenze zur Schleichwerbung überschreiten. Die Landesmedienanstalten sehen allerdings eine zweimalige Nennung der Firma bzw. eine zweimalige kurze optische Darstellung des Preises als zulässig an. Ausstatterhinweise sind in ihrer wie Sponsorhinweise jedoch ohne Bewegtbilder und nur am Ende der Sendung zulässig (Ziff. 18 und 19 der Fernsehwerberichtlinien der Landesmedienanstalten vom 10.02.2000).

621 Zur Differenzierung der Warenpräsentation in fiktionalen und non-fiktionalen Programmen: Rüggeberg, GRUR 1988, 873 (878); vgl. Ziff. 7 der Fernsehwerberichtlinie der Landesmedienanstalten.

622 Volpers/Herksröter/Schnier, *Trennung von Werbung und Programm im Fernsehen*, S. 81/82.

623 Zur Rechtslage in Deutschland: Bork, *Werbung im Programm*, S. 4 ff.; Ladeur, ZUM 1999, S. 672 (674).

624 BGH, Urteil v. 22.02.1990, NJW 1990, S. 3199 (3201).

stehen.[625] Damit steht die immanente Begrenzung des Trennungsgebots in Einklang mit den europäischen Regelungsmaterien. Die mit der digitalen Übertragungstechnik verbundenen neuen werblichen Erscheinungsformen und Spartenkanäle mit inhaltlichen Schwerpunkten werden dazu führen, dass die Grenze zur verbotenen Schleichwerbung immer schwieriger bestimmbar sein wird.[626] Die strukturellen Veränderungen werden eine schleichende Programmbeeinflussung nicht verhindern können, da die Werbefinanzierung rundfunkrechtlich akzeptiert ist.

2. Product Placement

Product Placement ist von Schleichwerbung zu unterscheiden.[627] Eine ausdrückliche Erwähnung in den europäischen Regelungswerken fehlt. Lediglich im französischen und englischen Rundfunkrecht[628] ist der Begriff zu finden. Ansatzpunkt einer gemeinschaftsrechtlichen Beurteilung ist das Trennungsprinzip zwischen Programm und Werbung. Beurteilungskriterium für Zulässigkeit von Product Placement ist gemeinhin die geldwerte Leistung für die Platzierung des Produkts. Für Werbetreibende ist das Product Placement eine bevorzugte Werbeform, um eine Symbiose mit bestimmten Themen unserer Gesellschaft einzugehen (z. B. Sport, Kunst, Musik oder Politik). Die Vorteile des Product Placement liegen in der Reduzierung der Produktionskosten, im positiven Image-Transfer und in der zielgruppenorientierten Werbung. Die Implementierung von Product Placement im Programm lässt die Werberestriktionen unberührt. Selbst im werbefreien Pay-TV kann geworben werden. Allgemein wird unter Product Placement der werbewirksame Einsatz von Markenprodukten als realen Requisiten in der Handlung eines Filmwerks verstanden, wobei die Benutzung gegen Entgelt oder geldwerte Leistungen erfolgt.[629] Im weitesten Sinne meint Product Placement jedes Erscheinen von Markenprodukten im jeweiligen Medium, wobei offen bleiben kann, ob es sich hier um eine Platzierung oder um eine gezielte Produktpräsenz handelt.[630] Wann Product Placement

---

625 Zur Ästhetik von künstlerisch gestalteter Werbung im Film: VG Berlin, MMR 1999, S. 107. Volpers spricht von "altruistischem" Product Placement: Volpers/ Herkströter/ Schnier, *Die Trennung von Werbung und Programm im Fernsehen*, S. 122 f. (126).

626 Im Bereich der Cross-Promotion kommt es bei Events, die in Kooperation mit dem Fernsehveranstalter übertragen werden, schon heute zu einer inhaltlichen Einflussnahme auf die Berichterstattung. Zum gesellschaftspolitischen Ansatz der teilweisen Aufgabe des Trenungsgrundsatzes wegen veränderter Lebenswirklichkeit: Ladeur, ZUM 1999, S. 672 f. Zu den wettbewerblichen Aspekten des Trennungsgebots in Deutschland: BGHZ 110, 278.

627 Dörfler, *Product Placement im Fernsehen*, S. 25; Platho, ZUM 2000, S. 46 (48).

628 Vereinigtes Königreich: Rule 12.1. S. 2 ITC Code of Programme Sponsoring.

629 Sack, ZRP 1987, S. 196; Hartel, ZUM Sonderheft 1996, S. 1034.

630 Volpers/Herkströter/Schnier, *Die Trennung von Werbung und Programm im Fernsehen*, S. 71 f.

vorliegt, kann nur im Einzelfall beurteilt werden. Da es verschiedene Mischformen gibt, ist eine Abgrenzung zu anderen Werbeformen schwierig.[631] Zum einen unterliegen die Verträge zwischen Rundfunkveranstalter und Werbetreibenden dem Betriebs- und Geschäftsgeheimnis, zum anderen können auch von Werbetreibenden schenkungsweise überlassene Produkte eine geldwerte Leistung beinhalten. Die Erscheinungsformen unterscheiden sich in der Art der Informationsübermittlung, der Differenzierung nach Placement-Objekten und im Grad der Handlungsintensität.[632]
Die Schwierigkeiten bei der Durchsetzung des Trennungsgrundsatzes im Falle der Vermischung von Spielhandlung und Produktwerbung hat besonders in Deutschland zu einer differenzierenden Betrachtungsweise geführt. Wird der Zuschauer beim Einsatz gezielter unauffälliger Produktwerbung im Rundfunk im unklaren gelassen, liegt darin möglicherweise eine Irreführung.[633] In Fällen, in denen durch gezielte Kameraführung der Programmveranstalter ständig oder vorzugsweise Werbung auf den Bildschirm bringt, handelt es sich um unzulässiges Product Placement.[634] Bei Kinofilmen (z. B. BMW - Sportwagen in "James Bond"-Filmen) wird das Product Placement nicht grundsätzlich als rechtswidrig angesehen.[635] Ein irreführender Charakter der Werbung ist dann ausgeschlossen, wenn ein gewisser öffentlicher Bekanntheitsgrad des beworbenen Produkts in der Spielszene angenommen werden kann.[636] Die Differenzierung zwischen Kino- und Fernsehfilmen ist allerdings wenig überzeugend, da derselbe Effekt einer Aufklärung des Zuschauers auch bei Fernsehfilmen eintreten kann.

3. Vereinbarkeit mit Art. 10 EMRK

Das in den europäischen Regelungsmaterien enthaltene Trennungs- und Kennzeichnungsgebot verbietet nicht nur Schleichwerbung, sondern auch Product Placement.[637] Es würde der Intention des Trennungsgebots zuwiderlaufen, wenn solche Umgehungswerbeformen zulässig wären. Durch das Trennungsgebot

---

631 Zu den verschiedenen Erscheinungsformen: Hartstein/Ring/Kreile, *Kommentar zum Rundfunkstaatsvertrag*, § 7 RStV, Rn. 47.

632 Volpers/Herkströter/Schnier, *Die Trennung von Werbung und Programm im Fernsehen*, S.71 f.

633 LG München, ZUM 1986, S. 483 f.; OLG München, WRP 1993, S. 420 f.; OLG Hamburg, AfP 1994, S. 49 f.

634 Erläuternder Bericht zum FsÜ, Rn. 63, Höfling/Möwes/Pechstein, *Europäisches Medienrecht*, S. 115.

635 LG München, ZUM 1986, S. 483 f.

636 Film *Feuer, Eis und Dynamit*, VG Berlin, AfP 1999, 402 f. (407). Urteilkritik in Antwort auf *Ladeur* zu ZUM 1999, S. 672 (677): Platho, ZUM 2000, S. 46 (48/49).

637 Zur uneinheitlichen Verwendung des Begriffs *Product Placement* in Deutschland: Volpers/Herkströter/ Schnier, *Die Trennung von Werbung und Programm im Fernsehen*, S. 122.

wird in verhältnismäßiger Weise dem Verbraucherschutz i. S. v. *Art. 10 Abs. 2 EMRK* Rechnung getragen, da Product Placement die Zuschauer zu einem unbewussten Kaufverhalten anregt, das letztlich das Ergebnis einer Implementierung von Werbung im Programm ist.[638] Sofern kein Entgelt oder eine sonstige Gegenleistung vom Hersteller oder Dienstleister erbracht wird, kann man zwar über die konventionsrechtliche Notwendigkeit des Verbots der Schleichwerbung in einer demokratischen Gesellschaft unterschiedlicher Auffassung sein, jedoch hat ein solcher Fall kaum praktische Relevanz. Ein Rundfunkveranstalter wird schon aus Geheimhaltungsgründen im Falle einer Beanstandung durch die nationale Kontrollbehörden eine finanzielle Unterstützung nicht preisgeben.

III. Blockwerbung

Werbung darf nur in Blöcken und zwischen einzelnen Sendungen ausgestrahlt werden.[639] Einzeln gesendete Werbespots müssen die Ausnahme bilden.[640] Zwischen den Sendungen dürfen Fernsehwerbung und Teleshopping-Spots nur eingefügt werden, wenn sie nicht gegen die Rechte von Rechteinhabern verstoßen und sie den Zusammenhang und den Wert der Sendungen nicht beeinträchtigen.[641] Das Einfügen der Werbung ist an den "natürlichen" Programmunterbrechungen, der Länge und der Art des Programms auszurichten (sog. "natural breaks"). Das Blockwerbegebot gewährleistet, dass das Programm nicht zergliedert wird. Es dient der individuellen Informationsfreiheit hinsichtlich einer klaren Programmaufteilung und einer Vermeidung der Überfrachtung des Programms mit Streuwirkung. Bei einzelnen Sendearten gelten Besonderheiten.[642] Sendungen, die aus eigenständigen Teilen bestehen, dürfen Werbung nur zwischen diesen Teilen enthalten. Werbung in Sportsendungen und ähnlich gearteten Sendungen darf nur in den Pausen eingefügt werden. Bei anderen Sendungen muss der Abstand zwischen zwei aufeinanderfolgenden Unterbrechungen innerhalb einer Sendung mindestens 20 Minuten betragen.

1. Unterbrecherwerbung

Für audiovisuelle Werke wie Kinospielfilme und Fernsehfilme gilt eine besondere Regelung. Sie dürfen für jeden vollen Zeitraum von 45 Minuten einmal unterbrochen werden, sofern ihre programmierte Sendezeit um mindestens 20 Minuten über zwei oder mehrere volle 45-Minutenzeiträume hinausgeht.

---

638 Erwägungsgrund 27 der FernsehRL; Engel, *Privater Rundfunk vor der Europäischen Menschenrechtskonvention*, S. 413.

639 Art. 11 Abs. 1 u. 2 FernsehRL; Art. 14 Abs. 1 u. 2 FsÜ; §§ 14 Abs. 2, 44 Abs. 2 RStV.

640 Art. 10 Abs. 2 FernsehRL, Art. 13 Abs. 1 FsÜ.

641 Art. 11 Abs. 1 FernsehRL, Art. 14 Abs. 1 FernsehRL. §§ 14 Abs. 2, 44 Abs. 2 RStV schränken das Blockwerbegebot unter der Maßgabe ein, dass einzeln gesendete Werbe- und Teleshopping-Spots die Ausnahme bilden müssen. Eine Ausnahme kann nur bei zwingenden Gründen in Betracht kommen.

642 Art. 11 Abs. 2, 4, 3 u. 5 FernsehRL, Art. 14 Abs. 2, 3 u. 5 FsÜ; §§ 14, 44 RStV.

Darüber hinaus bestehen für einige Sendungen - ähnlich wie beim Sponsoring - Unterbrecherverbote, um die Integrität der Sendung zu schützen und eine Zergliederung zu vermeiden.[643]

2. Vereinbarkeit mit Art. 10 EMRK

Das Blockwerbegebot und die Beschränkungen der Unterbrecherwerbung berühren sowohl die Rundfunkveranstalterfreiheit als auch die Äußerungsfreiheit des Werbetreibenden.[644] Unter dem Gesichtspunkt des Trennungsgebots dient die Werbeunterbrechung dem Schutz der Informationsfreiheit des Rezipienten, dem inhaltlichen Zusammenhang des Programms (z. B. dramaturgischer Ablauf von Kino- und Fernsehspielfilmen) und der Verhinderung einer Einflussnahme auf die redaktionelle Arbeit durch die Werbewirtschaft. Die konventionsrechtliche Vereinbarkeit mit *Art. 10 EMRK* ist schwierig. Einerseits wird angenommen, dass der Staat isolierte Werbespots aus Gründen des Verbraucherschutzes, der Zerstörung politischer Aussagen einer Sendung, des ökonomischen Wettbewerbs der Werbetreibenden und des publizistischen Wettbewerbs zwischen den Programmveranstaltern nicht kategorisch verbieten dürfe, da diese Gefahren nicht die typische Folge jeder Zulassung solcher Werbespots seien.[645] Andererseits wird vertreten, dass unter dem Aspekt des Ordnungsvorbehalts und des Vorbehalts Rechter Dritter solche Werberestriktionen zulässig sind, wenn dadurch eine Zergliederung vermieden werden kann und den Programmveranstaltern noch andere Werbemöglichkeiten verbleiben.[646] Beide Auffassungen haben sich allerdings am Verhältnismäßigkeitsgrundsatz zu orientieren. Es entspricht dem wirtschaftlichen Eigeninteresse eines jeden Rundfunkveranstalters, dass er besonders seine teuer erworbenen Filmsenderechte nicht durch zu viele Werbespots entwertet. Da der Rundfunkveranstalter von der Zuschauerakzeptanz abhängig ist, wird er darauf bedacht sein, attraktive Programme nur kontrolliert zu unterbrechen.
Das Unterbrechungsverbot für die Übertragung von Gottesdiensten ist konven-

---

643 Art. 11 Abs. 5 FernsehRL; Art. 14 Abs. 5 FsÜ. In Umsetzung der europäischen Vorgaben ist gem. § 44 Abs. 3 RStV die bislang strikte Abstandsregelung von mindestens 20 Minuten durch eine "Soll"-Regelung gelockert worden. Nach Ziff. 13 Abs. 5 der Fernsehwerberichtlinien der Landesmedienanstalten soll eine Unterschreitung des gesetzlichen Abstandes als Ausnahme zulässig sein, wenn sich die Summe der bei Einhaltung des 20-Minutenabstandes zulässigen Werbeunterbrechungen innerhalb der Sendung nicht durch die Verkürzung des Abstandes erhöht. Modifiziert wird der Grundsatz für Kino- und Fernsehspielfilme mit Ausnahme von Serien, Reihen, leichten Unterhaltungs- und Dokumentarsendungen (§§ 14 Abs. 3, 44 Abs. 4 RStV). Die Berechnung der Filmlänge mit oder ohne Werbeblöcke wurde zugunsten des Bruttoprinzips entschieden.

644 Engel, *Privater Rundfunk vor der Europäischen Menschenrechtskonvention*, S. 404/409.

645 Ebd., S. 409.

646 Ebd., S. 409/410.

tionsrechtlich nicht zu beanstanden. Der Schutz religiöser Empfindungen i. S. v. *Art. 9 EMRK* fällt unter den Vorbehalt Rechte Anderer.[647] In Abwägung der Rundfunkfreiheit mit der Freiheit der ungestörten Religionsausübung ist das umfassende Gebot zwingend. Gleiches gilt, wenn durch Unterbrecherwerbung publizistische oder künstlerische Aussagen einer Sendung mit einer programmierten Sendezeit von weniger als 30 Minuten zerstört werden.[648] Entscheidend ist, wie weit der Ordnungsvorbehalt und der Vorbehalt der Rechte Anderer auszulegen ist, um sie als notwendig für eine demokratische Gesellschaft erachten zu können. Letztlich verbleibt den Rundfunkveranstaltern und den Werbetreibenden außerhalb dieser spezifischen Sendungen noch genügend Raum für Werbung.

IV. Sponsoring

Sponsoring ist ein zusätzliches eigenständiges Finanzierungsmittel für Rundfunkveranstalter.[649] Unter Sponsoring wird der Beitrag einer natürlichen oder juristischen Person verstanden, die nicht im Bereich der Produktion von audiovisuellen Werken tätig ist, die der Finanzierung von Fernsehprogrammen dient und bezweckt, ihren Namen, ihre Marke, ihr Erscheinungsbild, ihre Tätigkeit oder Leistung zu fördern.[650] Betriebswirtschaftlich wird Sponsoring definiert als Planung, Durchführung und Kontrolle sämtlicher Aktivitäten, die mit der Bereitstellung von Geld, Sachmitteln oder Dienstleistungen durch Unternehmen zur Förderung von Personen und / oder Organisationen im sportlichen, kulturellen und / oder sozialen Bereich verbunden sind, um damit gleichzeitig Ziele der Unternehmenskommunikation zu erreichen.[651] Das Sponsoring hat im Vergleich zu klassischen Werbespots eine andere Zielrichtung. Der Sponsor kann über das Medium Rundfunk sein Image etablieren, verbessern oder verändern. Mit dem Imagetransfer ist eine erhöhte Affinität zwischen gesponsorter Sendung und dem Sponsor verbunden. Der Sponsor erhöht zielgruppenorientiert seinen Bekanntheitsgrad.[652]

Art. 17 FernsehRL regelt die Kennzeichnung des Sponsors entweder am Programmanfang und / oder -ende. Ähnliche Regelungen für das Sendungssponsoring finden sich im *FsÜ*.[653] Der Rundfunkveranstalter ist gehalten, den

---

647 Ebd., S. 406.

648 Art. 11 Abs. 5 FernsehRL, Art. 14 Abs. 5 FsÜ.

649 Zu den kartellrechtlichen Auswirkungen des Sponsoring: Lange, EWS 1998, S. 189 ff. (191).

650 Art. 1 lit. e) FernsehRL; Art. 2 lit. h) FsÜ in der konsolidierten Fassung; Art. 17 FernsehRL; Art. 17, 18 FsÜ; § 8 RStV.

651 Gleich, MP1995, S. 235 f.

652 Zu den Wirkungen von Programmsponsoring: Brosius/Fahr, *Werbewirkung im Fernsehen*, S. 137 f.

653 Friccius, ZUM Sonderheft 1996, S. 1019 f.; werben & verkaufen v.16.05.1997, S. 158/159.

Namen und / oder das Firmenemblem des Sponsors am Anfang und / oder am Ende des Programms zu kennzeichnen. *Art. 17 FernsehRL* beschränkt nicht die Quantität der Sponsorhinweise in einer Sendung. Vielmehr sind auch weitere Hinweise auf den Sponsor während der Sendung (sog. "Bumper Credits") zulässig.[654] Die Grenze liegt dort, wo durch den Sendeinhalt zum Kauf angeregt wird.[655] Gleichwohl haben die Mitgliedstaaten die Möglichkeit, strengere Bestimmungen zu erlassen.[656] *Art. 17 FernsehRL* stellt hinsichtlich des Widmungshinweises des Sponsors nur ein Mindesterfordernis dar. Dies hängt damit zusammen, dass der ursprüngliche Vorschlag der Kommission, die Angabe des Sponsors ausdrücklich auf den Anfang und das Ende des Programms zu beschränken, im Gesetzgebungsverfahren zur *FernsehRL* abgelehnt wurde.[657] Die Richtlinienauslegung zu den Sponsoringprogrammen hat nicht nur Auswirkungen auf die Gesetzgebung der Mitgliedstaaten, sondern auch auf den Abschluss und die Durchführung von Sponsorverträgen. Damit Sponsoring von der sonstigen Werbung negativ abgegrenzt werden kann, dürfen gesponsorte Sendungen nicht zum Kauf, zur Miete oder Pacht von Erzeugnissen oder zur Erbringung von Dienstleistungen des Sponsors oder eines Dritten, insbesondere durch Hinweise, anregen. Allgemeine Imagewerbung ist hingegen zulässig. Sponsorverbote betreffen Nachrichtensendungen und Sendungen mit politischen Informationen. Im britischen Rundfunkrecht gibt es zudem einschränkende Vorschriften für Sponsoring religiöser und karitativer Einrichtungen.[658] Natürliche und juristische Personen, deren Produkte den Werbeverboten unterliegen, dürfen kein Sponsoring betreiben.

1. Werbeformen des Sponsoring

Die Erscheinungsformen des Sponsoring gehen über das herkömmliche mäzenatische Kultursponsoring hinaus.[659] Die wirtschaftliche Bedeutung des Veranstaltungs- bzw. Ereignissponsoring für den Rundfunkveranstalter ist weit

---

654 Die EuGH-Rechtsprechung hat in Deutschland dazu geführt, dass die Landesmedienanstalten auch Sponsorhinweise innerhalb der gesponsorten Sendungen vor und nach den Werbeunterbrechungen für zulässig halten (sog. Sponsor-Reminder).

655 Art. 17 Abs. 2 FernsehRL.

656 In Deutschland ist Sendungssponsoring in § 2 Abs. 2 Nr. 7 RStV definiert. Das Ereignis-Sponsoring - die Finanzierung einer vom Fernsehen übertragenen Veranstaltung - ist nicht erfasst (BGHZ 117, 353, 358). § 8 RStV gilt sowohl für den öffentlich-rechtlichen als auch für den privaten Rundfunk. Auf die Fremdfinanzierung muss nur noch zu Beginn oder am Ende hingewiesen werden, s. EuZW 1997, S. 173 ff.; Dörr, NJW 1997, S. 1341 (1343).

657 ABl. 1986, Nr. C 179/4 f.; ABl. 1988 Nr. C 49/53 f.

658 Appendix 1, 2 ITC Code of Programme, Sponsorship.

659 Höfling/Möwes/Pechstein, *Europäisches Medienrecht*, S. 68 f.

größer als diejenige des Sendungssponsoring.[660] Titel-, Themensponsoring und Patronatswerbung haben sich im Rundfunk etabliert. Unter Titelsponsoring versteht man die Nutzung eines Namensrechts oder einer Produktmarke im Titel einer Sendung ("Spiegel-TV", "Stern-TV").[661] Daneben kann Titelsponsoring in der Form betrieben werden, dass zusätzlich zur Titelnutzung Logos und Werbeartikel in der Sendung präsentiert werden.[662] Themen-Sponsoring ist ein neues Einsatzfeld der Werbewirtschaft. [663] Es wird nicht mehr für ein konkretes Produkt geworben, sondern für ein bestimmtes Thema. Bei der Patronatswerbung (z. B. Uhren- und Wetterpatronat) finanziert der Werbetreibende ein Programm mit einem Werbehinweis, allerdings ohne einen redaktionellen Einfluss geltend zu machen.[664] Traditionelles Presenting-Sponsoring wird immer mehr durch Sponsoring ganzer Programme ersetzt (sog. "Channel Sponsoring"). Aufgrund liberalisierter Werberichtlinien und neuer Kreativkonzepte integrieren die Unternehmen immer häufiger Programmsponsoring in ihre Kommunikationsstrategie.[665] Darüber hinaus kann die Nutzung eines bestimmten Produkts

---

660 Zur Unterscheidung zwischen den Sponsoringvarianten: Hartstein/Ring/Kreile, *Kommentar zum Rundfunkstaatsvertrag*, § 7 Rn. 16 f.

661 In den Fernsehwerberichtlinien der Landesmedienanstalten vom 10.02.2000 gilt Verlags-TV nicht als Werbung, wenn dort nicht "direkt" auf die aktuelle oder nächste Ausgabe der entsprechenden Zeitschrift hingewiesen wird. Die Druckerzeugnisse gelten auch nicht als Begleitmaterialien, auf die in den Verlags-TV-Sendungen hingewiesen werden dürfte: epd-medien Nr. 4/2000, S. 8.

662 Zur rechtlichen Problematik des Titelsponsoring: Hackbarth, ZUM 1998, S. 974 ff. (976 f.). Zur Forderung nach gesetzlicher Regelung im 4. RändStV: epd-medien Nr. 6/1998, S. 8. Nach den Fernsehwerberichtlinien der Landesmedienanstalten vom 10.02.2000 ist Titelsponsoring erlaubt, wenn bei der Erwähnung im Titel "keine werblichen Effekte in den Vordergrund rücken" und die Sponsoring-Vorschriften beachtet werden: epd-medien Nr. 4/2000, S. 7/8 (Kritik: Der Werbeeffekt ergibt sich bereits aus dem Titelnamen).

663 Titelsponsoring wird zwar im RStV nicht ausdrücklich erwähnt, kann aber als Unterfall des üblichen SendungsSponsoring verstanden werden, wenn die Voraussetzungen des § 8 RStV erfüllt sind. Sofern Titelsponsoring nicht unter § 8 RStV fällt, ist die Zulässigkeit am Verbot der Schleichwerbung zu messen. Zur Zulässigkeit des Themen-Sponsoring im Fernsehen und zur Abgrenzung zwischen instrumentaler und medialer Werbung: Bülow, CR 1999, S. 105 (108); Engels/Giebel, ZUM 2000, S. 265 (281); Kreile, ZUM 2000, S. 194 (199).

664 Volpers/Herkströter/Schnier, *Die Trennung von Werbung und Programm*, S. 65. In der Fernsehwerberichtlinien der Landesmedienanstalten vom 10.02.2000 ist Grafiksponsoring (Zeiteinblendungen, Spiel- und Messstände) erlaubt, "wenn es im direkten funktionalen Zusammenhang mit der Einblendung steht". Grafiksponsoring stellt kein Verstoß gegen das Trennungs- und Kennzeichnungsgebot dar, solange die Einblendung aus Gründen des Quellennachweises gerechtfertigt ist. Zu den Werbeverstößen bei n-tv ("Milleniums-Uhr"/Werbespot der Heizungsfirma Vaillant): FK Nr. 5/2000, S. 14/15.).

665 Brutto-Umsätze mit Programmsponsoring in Deutschland: 1995/67 Mio., 1996/102 Mio., 1997/111 Mio., 1998/152 Mio. (Quelle IP Deutschland, in: epd-medien Nr. 67/1997, S. 9).

des Sponsors damit gekoppelt werden, dass der Sponsor seinem Kunden einen Film in Pay-per-View bezahlt (sog. "Movie Sponsoring"). Diese Art von individualisiertem Sponsoring führt dazu, dass der Zuschauer seinen ursprünglichen Wunsch nach einem werbefreien Programm aufgibt. Noch nicht technisch ausgereift ist das sog. "Advanced Presenting Sponsoring", das besonders bei Sportübertragungen an Bedeutung gewinnt. Danach werden durch eine elektronische Benutzerführung einzelne Feeds einer Multifeed-Übertragung, u. a. interaktive Services, präsentiert.[666]

2. Programmeinfluss des Sponsors

Der Sponsor darf keinen Einfluss auf den Inhalt und den Programmplatz der Sendung nehmen.[667] Die Verantwortung einschließlich der redaktionellen Unabhängigkeit des Rundfunkveranstalters muss gegenüber dem Sponsor gewahrt bleiben. Um eine derartige Einflussnahme zu verhindern, darf der Sponsor weder bestimmte Vorgaben auf den Inhalt noch auf den Programmplatz machen. Die Grenzziehung ist schwierig.[668] Dies zeigt sich beispielsweise beim Themen-Sponsoring, wo der Sponsor das Thema nach eigenen kommunikationspolitischen Interessen auswählen kann. Dem Sponsor ist lediglich die Mitgestaltung bzw. die inhaltliche Einflussnahme auf die Art und Weise der Darstellung verboten. Die abstrakte Gefahr der Einflussnahme wird in den europäischen Regelungsmaterien hingenommen. Neuere Entwicklungen des Business-TV[669] oder verbandseigene Sendungen ("Greenpeace-TV") lassen erkennen, dass die Produktionsgesellschaften, etwa bei der Themenauswahl, an redaktioneller Unabhängigkeit verlieren. Die Rundfunkveranstalter haben zumeist keine Kenntnis von den vertraglichen Mitgestaltungsrechten des Sponsors.

3. Vereinbarkeit mit Art. 10 EMRK

Die vielfältigen Einschränkungen des Sponsoring müssen im Einklang mit *Art. 10 Abs. 1 EMRK* stehen. Die Werberestriktionen des Sponsoring verfolgen das Ziel, den Einfluss des Sponsors auf den Inhalt, die Gestaltung und den Programmplatz der Sendung zu verhindern, wenn dieser die Sendung ganz oder teilweise finanziert. Darin ist eine Beschränkung der Meinungsäußerungs- und Rundfunkveranstalterfreiheit zu sehen. Dennoch können diese Rechte nicht grenzenlos gesehen werden, sondern es sind auch die Interessen der Zuschauer

---

666 Bei einer Formel 1 Übertragung, die auf sechs Feeds ausgestrahlt wird, kann z. B. der Boxengassen-Feed exklusiv von einer Reifenfirma angeboten werden.

667 Art. 17 FernsehRL; Art. 17, 18 FsÜ.

668 Henning-Bodewig, AfP 1991, S. 487; ders. ZUM 1997, S. 633 (641); Bork, ZUM 1988, S. 322.

669 Zum Unternehmens-TV: Horizont 31/98 vom 30.07.1998, S. 38.

zu wahren.[670] Überwiegend wird die Namensnennung des Sponsors vereinbar mit *Art. 10 EMRK* gehalten. Die Pflicht zur Nennung des Sponsors wird als "flankenschützende Maßnahme" in Verbindung mit dem Verbot zur Schleichwerbung gesehen.[671] Gleichwohl muss die Pflicht zur Nennung des Sponsors in einer demokratischen Gesellschaft notwendig sein. Der *EGMR* hat mehrfach entschieden, dass zulässige Beschränkungen dann als nicht notwendig angesehen werden, wenn eine betreffende Information aus anderen Gründen bereits der Öffentlichkeit zugänglich gemacht worden ist.[672] Die Sponsornennung dient allerdings nicht nur dem Verbraucherschutz, sondern auch dem Eigeninteresse des Sponsors. Wird der Sponsor genannt, hat dies die gewünschte publizierende Wirkung.

Das Verbot der Einflussnahme des Sponsors auf die redaktionelle Gestaltung der Sendung ist konventionsrechtlich umstritten. Teilweise werden diese Beschränkungen für unvereinbar mit *Art. 10 Abs. 2 EMRK* gehalten.[673] Im Vergleich zum Sponsoringverbot für Nachrichtensendungen und Sendungen zur politischen Information zeigt sich, dass nicht jeder Einfluss des Sponsors auf den Sendeinhalt ausgeschlossen ist, sondern nur derjenige, bei dem die Verantwortung und die redaktionelle Unabhängigkeit des Rundfunkveranstalters beeinträchtigt wird. Ein allumfassender Einfluss des Sponsors gefährdet die Rundfunkveranstalterfreiheit, zu der auch gehört, Programme unabhängig veranstalten zu können. Der unbeschränkte Einfluss auf den Programminhalt würde dazu führen, dass zum Erwerb von Produkten des Sponsors angeregt wird, was gerade als Schleichwerbung verboten ist. Dem Sponsor bleibt allerdings unbenommen, dasjenige Programm auszusuchen, in dessen Umfeld er sich die beste Förderung verspricht. Dies wird regelmäßig der Fall sein, wo zwischen Sponsor und gesponsortem Ereignis eine gewisse Affinität besteht.

Das Sponsoringverbot für Nachrichtensendungen und politische Sendungen hat seinen Grund in der unabhängigen politischen Meinungsbildung und ist durch *Art. 10 Abs. 2 EMRK* gerechtfertigt. Es soll vermieden werden, dass Objektivität und Unabhängigkeit durch den Sponsor beeinträchtigt werden. Infotainment-Sendungen (z. B. "Stern-TV", "focus-TV", "Schreinemakers-Live", "Akte") unterfallen nicht diesem Verbot, da der Unterhaltungscharakter im Vordergrund steht.

Denjenigen Personen, die mit dem Rundfunkveranstalter nicht identisch sind,

---

670 EGMR, Fall Barthold, Urteil v. 25.03.1985, Series A, vol. 90, EuGRZ 1985, S. 170 ff. (Schutz der Konsumenten); EGMR, Fall markt intern, Urteil v. 20.11.1989, Series A, 165, EuGRZ 1996, S. 302 ff. (Schutz der Konkurrenten), mit Anmerk. Callies S. 293 ff.

671 Engel, *Privater Rundfunk vor der Europäischen Menschenrechtskonvention*, S. 414 f.

672 EGMR, Fall Observer & Guardian, Series A, vol. 216, 33 ff.; EuGRZ 1995, S. 16; Fall Jacubowski, EuGRZ 1996, S. 306 ff.; Anmerk. C. Krüger, *Von Club X zu Jacubowski*, GRUR Int. 1996, S. 252/253.

673 Engel, *Privater Rundfunk vor der Europäischen Menschenrechtskonvention*, S. 415.

ist es verboten, mit dessen Einverständnis auf eigene Kosten ihre Ideen in einer Sendung zu verbreiten. Konventionsrechtlich ist dieses Verbot nicht unproblematisch. Diese Art des Sponsoring soll nach einer Literaturmeinung erlaubt sein, wenn für den Rezipienten deutlich wird, dass der Dritte ohne unlautere Methoden Einfluss auf die Tendenz der Sendung genommen oder sie gar selbst produziert hat. Allerdings darf die Sendung selbst nicht mit unlauteren Methoden vorgehen.[674] Die Auffassung übersieht, dass nicht gesichert ist, ob Rezipienten den Einfluss des Sponsors auf die Sendung erkennen. Im übrigen ist das Pluralismusgebot gefährdet, wenn Werbetreibende aus wirtschaftlichen Erwägungen heraus auf solche Sendungen Einfluss nehmen können, um für sich günstigere Rahmenbedingungen zum Absatz ihrer Produkte zu schaffen. Geht man nämlich davon aus, dass ein finanzstarker Werbetreibender in mehreren Kanälen solche Sendungen sponsorn kann, würde dies zu einer Meinungsmacht führen, die konventionsrechtlich nicht gewollt ist.

V. Werbedauer

Zeitliche Beschränkungen der Werbung können die Meinungsäußerungsfreiheit des Werbetreibenden und die Rundfunkveranstalterfreiheit einschränken.

1. Sponsoring

Die maximale Sendedauer für Sponsorhinweise ist in der Gemeinschaft mit Ausnahme des Vereinigten Königreichs nicht geregelt.[675] In Deutschland wird lediglich von einer "vertretbaren Kürze" bei der Länge des Widmungsnachweises gesprochen.[676] Fünf bis zehn Sekunden werden als zulässig erachtet.[677]

2. Teleshopping

Bei der Werbedauer für Teleshopping[678] ist es in der *FernsehRL* zu einer Differenzierung je nach Ausgestaltung gekommen.[679] Die Bestimmungen der *FernsehRL* sind wortgleich in die überarbeitete *FsÜ* übernommen worden.[680] Gemeinschaftsrechtlich wurde zunächst bezweifelt, ob *Art. 18 Abs. 3 FernsehRL a. F.* (Ein-Stundenbegrenzung für Teleshopping) mit dem Grundsatz

---

674 Ebd., S. 416.

675 § 10 lit. j. ITC Code of Programme, Sponsorship

676 § 8 Abs. 1 RStV.

677 OLG Frankfurt, ZUM 1985, S. 800 (5 Sekunden).

678 Ob Teleshopping Werbung oder Sendeform sui generis ist, hat sich durch die Revision der FernsehRL erledigt. Werbung bejahend: Degenhardt, ZUM 1995, S. 353 ff.; Schroeder, ZUM 1994, S. 471 (474); Stettner/Treisenreiter, ZUM 1994, S. 669 (674); Werbung bezweifelnd: Micklitz NJW 1990, S. 1570 (1572); grundlegend Hartstein/Ring/Kreile, *Kommentar zum Rundfunkstaatsvertrag*, § 45 Rn. 26 ff.

679 Art. 1 lit. f), 18, 18a FernsehRL; Art. 12 FsÜ in der konsolidierten Fassung.

680 Art. 1 lit. f) (Teleshopping), Art 18-19, Kapitel IV der FernsehRL; grundlegend Gersdorf, *Rundfunkfreiheit ohne Ausgestaltungsvorbehalt*, S. 10 f.

des freien Waren- und Dienstleistungsverkehrs in Einklang steht. Da weder zwingende Erfordernisse des Verbraucherschutzes noch die Lauterkeit des Handels gem. *Art. 30, 46 EGV* eingreifen, wird teilweise ein Verstoß gegen höherrangiges Recht angenommen.[681] Konventionsrechtlich wird eingewandt, dass die Beschränkungen auch bei weiter Auslegung des Ordnungsvorbehaltes und des Vorbehaltes der Rechte anderer unverhältnismäßig ist.[682] Die revidierte *FernsehRL* hat die Einstundenbegrenzung aufgehoben, enthält aber zeitliche Beschränkungen für Teleshopping-Spots, Teleshopping-Fenster und reine Teleshoppingkanäle.[683] Besonders Teleshopping-Fenster sind durch die 15-minütige Mindestdauer, die tägliche Höchstanzahl von acht Fenstern und die Gesamtsendedauer von drei Stunden pro Tag reglementiert.[684] Die zeitlichen Restriktionen sollen Vollprogramme auch bei zunehmender Programmvielfalt vor übermäßigem Werbeaufkommen schützen.[685]

3. Werbung im Einstundenzeitraum

Die Beschränkung des Werbeumfangs im Einstundenzeitraum hat unterschiedli-

---

681 Hartstein/Ring/Kreile, *Kommentar zum Rundfunkstaatsvertrag*, § 45 RStV, Rn. 24.

682 Engel, *Privater Rundfunk vor der Europäischen Menschenrechtskonvention*, S. 402/403.

683 Art. 18, 18a, 19 FernsehRL; Der RStV differenziert in Umsetzung der europäischen Vorgaben nach Teleshopping-Fenstern (§ 45a RStV), den Teleshopping-Spots, die wie normale Werbespots behandelt werden, sowie Teleshopping-Kanälen gem. § 2 Abs. 2 Nr. 1 MDStV. § 44 Abs. 3 RStV sieht vor, dass Teleshopping-Spots (i. d. R. sog. Direct Response Spots, bei der Zuschauer über eine Telefonnummer die Waren bestellen können) auf die zulässige Werbezeit angerechnet werden. Überschreitet ein Teleshopping-Spot die übliche Länge eines Werbespots (max. 90 Sek.), so unterliegt er -sofern keine Einordnung als Teleshopping-Fenster erfolgt- den Regelungen für Dauerwerbesendungen (hierzu ausführlich Kreile, ZUM 2000, S. 201). Die Abstandsregelung von 20 Minuten zwischen zwei aufeinander folgenden Werbeunterbrechungen ist nur noch eine Sollbestimmung.

684 Vgl. a. § 45a RStV. Teleshopping-Fenster (bisher im RStV als Fernseheinkaufssendungen bezeichnet) sind nur für den privaten Rundfunk gebilligte Sendeformen. Dies ergibt sich aus § 18 RStV. Sie dürfen in anderen als Teleshopping-Kanälen Teleshopping-Fenster einfügen, die nicht auf Werbezeiten angerechnet werden. Bei der Gesamtdauer von drei Stunden pro Tag werden die Teleshoppings-Spots nicht mitgerechnet. Die zulässige Dauer von Teleshopping-Fenstern wird nicht mehr auf die tägliche Gesamtdauer der Werbung in einem Programm angerechnet (§ 45 Abs. 1 RStV). Zur Kennzeichnungspflicht: § 45 Abs. 2 RStV, Ziff. 16 der Fernsehwerberichtlinien der Landesmedienanstalten vom 10.02.2000.

685 Kuch, *Digitale Zukunfttechniken und ordnungspolitischer Regelungsbedarf*, S. 45 f. (50).

che Gründe.[686] Nach den Erwägungsgründen der *FsÜ*[687] soll einerseits die Festlegung des Werbeumfangs dem Bedürfnis bestimmter Rundfunkveranstalter nachkommen, Einnahmen aus Werbung zu erzielen. Andererseits bezweckt die Werbebegrenzung die Wahrung der Unabhängigkeit des Rundfunkveranstalters sowie den Erhalt des Gesamtzusammenhangs der Programme. Die Sendezeit, die für Werbung verwendet werden darf, soll gewährleisten, nicht übermäßig lang zu sein, ohne die Funktion des Rundfunks als Mittel der Information, der Bildung, der sozialen und kulturellen Entwicklung und der Unterhaltung zu beeinträchtigen. Das Gleichgewicht wird nicht dadurch behindert, dass eine übermäßige Konzentration von Spotwerbung in der sog. "Prime-Time" geschaltet wird.[688] Überwiegend wird konventionsrechtlich vertreten, dass die Begrenzung des Werbeumfangs unter einer weiten Auslegung des Ordnungsvorbehalts und des Vorbehalts der Rechte anderer gerechtfertigt ist. Jedoch wird darin kein geeignetes Instrument gesehen, zu verhindern, dass die Rundfunkveranstalter ganze Sendungen zu Werbeveranstaltungen erklären. Folglich ist nach dieser Auffassung die Werbehöchstgrenze in einer Stunde nicht notwendig in einer demokratischen Gesellschaft.[689]

4. Werbegrenze für öffentlich-rechtliche Rundfunkveranstalter

Auf europäischer Ebene wird bei Werbebeschränkungen nicht zwischen öffentlich-rechtlichen und privaten Rundfunkveranstaltern differenziert. Vielmehr steht es jedem Mitgliedstaat offen, durch eine gleiche Wettbewerbssituation die Werbeeinnahmemöglichkeiten der Rundfunkveranstalter zu schützen. Die Mitgliedstaaten haben hiervon unterschiedlich Gebrauch gemacht. Der *RStV* beschränkt beispielsweise in Deutschland die im öffentlich-rechtlichen Rundfunk zulässige Werbung werktäglich auf 20 Minuten.[690] Zudem gilt für den Rundfunk die 20-Uhr-Werbegrenze. Werbung darf im öffentlich-rechtlichen Rundfunk an Sonntagen und an im gesamten Bundesgebiet anerkannten Feier-

---

686 Art. 18 Abs. 2 FernsehRL, Art. 12 Abs. 2 FsÜ. Der Beginn der für die Werbezeitberechnung maßgeblichen Stunde muss nicht unbedingt auf die volle Stunde gelegt werden. In § 45 Abs. 2 RStV heißt es: *gerechnet ab einer vollen Stunde.* Gleichwohl orientiert man sich an der englischen Übersetzung der FernsehRL *given clock hour.* Damit können die privaten Rundfunkveranstalter mit täglich wechselnden Minutenzeitpunkten Reklameinseln gewinnbringender platzieren: epd-medien Nr. 16/2000, S. 10.

687 Erwägungsgrund 166, 167 der FsÜ, in: Höfling/Möwes/Pechstein, *Europäisches Medienrecht*, S. 132/133.

688 epd-medien Nr. 4/2000, S. 7.

689 Engel, *Privater Rundfunk vor der Europäischen Menschenrechtskonvention*, S. 410/411.

690 § 15 RStV. Auch die Werbemenge für den privaten Rundfunk ist geregelt (§ 45 RStV). Allerdings darf der private Rundfunk den Zuschauern mehr Werbung zeigen als der öffentlich-rechtliche Rundfunk.

tagen nicht ausgestrahlt werden.[691] Dies gilt nicht für Sendungssponsoring. Derzeit wird mit gegensätzlichen politischen Zielsetzungen diskutiert, ob im Interesse von Programmvielfalt auf TV-Werbung und Sponsoring im öffentlich-rechtlichen Rundfunk verzichtet oder die Mischfinanzierung mit der Option einer Öffnung der 20-Uhr-Werbegrenze erweitert werden soll.[692] Die Befürworter eines werbefreien öffentlich-rechtlichen Rundfunks übersehen, dass ein öffentlich-rechtliches Werbeangebot einer Medienkonzentration entgegenwirkt und ein notwendiges Korrektiv für den Werbemarkt bietet. Außerdem wird durch ein Werbeverbot die politische Einflussnahme auf den öffentlich-rechtlichen Rundfunk verstärkt. Konventionsrechtlich fallen solche einseitig ausgerichteten Regelungen nicht unter den Schutz der Rechte anderer. Vielmehr hat der deutsche Gesetzgeber durch seine Werbebeschränkungen eine funktionsgerechte Mischfinanzierung bezweckt, um die Konkurrenz- und Wettbewerbsfähigkeit der privaten Rundfunkveranstalter zu erhalten. Damit dienen die Regelungen dem öffentlichen Interesse und fallen unter die Aufrechterhaltung der Ordnung i. S. v. *Art. 10 Abs. 2 EMRK*. Sie sind für eine demokratische Gesellschaft notwendig.[693]

VI. Fernsehwerberecht und Jugendschutz

Der europäische medienspezifische Jugendschutz hatte anfänglich in der inhaltlichen Diskussion keinen hohen Stellenwert. Erst nach 1989 intensivierte man die Gespräche. Unter anderem verabschiedete das Ministerkomitee des Europarates verschiedene Empfehlungen zum Jugendschutz und die Kommission forderte 1995 zum wirkungsvolleren Schutz von Minderjährigen auf.[694] Im Zuge der Digitalisierung des Fernsehens hat die Neufassung des *Art. 22 FernsehRL* keinen europaweiten "V(iolence)-Chip" festschreiben können, der die verpflichtende Kennzeichnung potentiell jugendgefährdender Sendungen erkennt und sperrt.[695] Stattdessen wurde die Kommission verpflichtet, binnen eines Jahres eine Studie über die Vor- und Nachteile technischer Systeme der

---

691 § 15 RStV. Zur Verfassungsmäßigkeit: BVerfG, NJW 1992, S. 3285, Hartstein/ Ring/ Kreile, *Kommentar zum Rundfunkstaatsvertrag*, § 15 RStV, Rn. 6.

692 Die VPRT ist gegen eine Ausweitung der Werbung bei ARD/ZDF, weil damit das öffentlich-rechtliche Programmprofil weiter verwischt und die Legitimation eines gebührenfinanzierten Rundfunks zusätzlich gefährdet werde: FK Nr. 37/1999, S. 11. Der BR-Rundfunkrat plädiert u. a. wegen der Gefahr eines Oligopols bei den privaten Rundfunkveranstaltern für eine Mischfinanzierung: FK Nr. 39/40/1999, S. 12; ARD-Arbeitssitzung vom 31.01/01.02.2000 zum Verbot von Werbung in den öffentlich-rechtlichen Programmen: FK Nr. 05/2000, S. 16/17.

693 Engel, *Privater Rundfunk vor der Europäischen Menschenrechtskonvention*, S. 390 ff. (410).

694 Bundschuh, Fernsehen und Jugendschutz in Europa, S. 136.

695 Art. 22 Abs. 3 FernsehRL; Jugenschutz durch technische Systeme: Ridder, MP 2000, S. 213 (218 f.).

elterlichen Kontrolle des Fernsehkonsums Minderjähriger vorzulegen.[696]
Die europäischen Werbebeschränkungen zum Jugendschutz sollen Mindestanforderungen bieten, um die körperliche, geistige und sittliche Entwicklung der Minderjährigen nicht zu gefährden.[697] Dies gilt nicht nur für Fernsehprogramme[698], sondern auch für die Fernsehwerbung und das Teleshopping.[699] Während das *FsÜ* diesen Bereich nur rudimentär und generalklauselartig gehalten hat, beinhaltet die *FernsehRL* genauere Bestimmungen.[700] Grundsätzlich soll die Fernsehwerbung keine direkten Kaufappelle an Kinder und Jugendliche richten. Die Unerfahrenheit und Leichtgläubigkeit dürfen nicht ausgenutzt werden. Weiterhin ist die Aufforderung an Kinder und Jugendliche verboten, Eltern oder Dritte zum Kauf der geworbenen Ware oder Dienstleistung zu bewegen. Insbesondere darf das Vertrauen der Kinder und Jugendlichen zu Eltern, Lehrern und anderen Vertrauenspersonen nicht ausgenutzt werden. Die vorgenannten Anforderungen betreffen auch das Teleshopping. Teleshopping darf Minderjährige nicht dazu anhalten, Kauf- oder Miet- bzw. Pachtverträge für Waren oder Dienstleistungen zu schließen.[701]
Teilweise wird in der Generalklausel des *Art. 7 FsÜ* ein Verstoß gegen das Gebot der Vorhersehbarkeit als Teil des Gesetzesvorbehaltes des *Art. 10 Abs. 2 EMRK* gesehen.[702] Die fernsehwerbespezifischen Jugendschutzbestimmungen schützen den Verbraucher und dienen der Moral.[703] Bezüglich der Moral besteht allerdings die Schwierigkeit, dass es keinen einheitlichen Moralbegriff innerhalb der Konventionsstaaten gibt und den Staaten ein erheblicher Beurteilungsspielraum verbleibt, wie die Entscheidungen zum Presserecht zeigen.[704] Aufgrund kultureller Eigenart und unterschiedlicher religiöser Wertvorstellun-

---

[696] Art. 22b Abs. 2 FernsehRL; Deutschland hat in Umsetzung europäischen Vorgaben den Jugendschutz neu geregelt. Hierzu gehören im Wesentlichen folgende Punkte: 1. eine Kennzeichnungspflicht für jugendgefährdende Sendungen (§ 3 Abs. 4 RStV), 2. Neuregelungen zu indizierten Filmen (§ 3 Abs. 5 RStV), 3. die Möglichkeit, in Einzelfällen für ganze Sendeformate zeitliche Ausstrahlungsbeschränkungen vorzusehen (§ 3 Abs. 7 RStV) und 4. Sonderregelungen für das digitale Fernsehen (§ 3 Abs. 5 RStV). § 7 Abs. 1 S. 2 RStV enthält darüber hinaus eine jugendspezifische generalklauselartige Regelung. Unterbrechungsverbote für Kindersendungen sind in §§ 14 Abs. 1 und 44 Abs. 1 RStV geregelt.

[697] Zum Europäischen Kinder- und Jugendschutz: Isensee/Axer, *Jugendschutz im Fernsehen*, S. 11 f.; epd-medien Nr. 82/1999, S. 7 f.

[698] Art. 22 FernsehRL, Art. 7 Abs. 2 FsÜ; zum Europäischen Kinder- und Jugendschutz: Issensee/Axer, *Jugendschutz im Fernsehen*, S. 11.

[699] Vgl. Erwägungsgründe der FernsehRL.

[700] Art. 7 FsÜ, Art. 16 FernsehRL.

[701] Art. 16 Abs. 2 FernsehRL.

[702] Engel, *Privater Rundfunk vor der Europäischen Menschenrechtskonvention*, S. 427.

[703] Ebd., S. 427/428; Probst, *Art. 10 EMRK - Bedeutung für den Rundfunk in Europa*, S. 69 f.

[704] EGMR, Fall Müller, Urteil v. 24.05.1988, Series A, vol. 133, EuGRZ 1979, S. 202; EGMR, Fall Handyside, Urteil v. 07.12.19976, Series A, vol 24, 41, Ziff. 43.

gen entsteht ein auffallender Unterschied zwischen den nordischen und romanischen Ländern.[705] Deshalb fallen die Verstöße national unterschiedlich aus.

VII. Inhaltlich irreführende Werbung

Gemeinschaftsrechtliche Mindestanforderungen bestehen hinsichtlich einer inhaltlich irreführenden Werbung, die jedoch die Mitgliedstaaten nicht daran hindern, für einen weitreichenden nationalen Schutz zu sorgen.[706] Als irreführende Werbung wird bezeichnet:

> "jede Werbung, die in irgendeiner Weise - einschließlich ihrer Aufmachung - die Personen, an die sie sich richtet oder die von ihr erreicht werden, täuscht oder zu täuschen geeignet ist und die infolge der ihr innewohnenden Täuschung ihr wirtschaftliches Verhalten beeinflussen kann oder aus diesen Gründen einen Mitbewerber schädigt oder zu schädigen geeignet ist."[707]

Zur Beurteilung der Irreführung von Werbung wird auf den Gesamtzusammenhang abgestellt.[708] Der Anwendungsbereich der Richtlinie ist mit Ausnahme der Werbung durch private und allgemeinpolitische Werbung uneingeschränkt. Aufgrund der unterschiedlichen Rechtstraditionen und ausreichender materieller Kriterien hat die Richtlinie allerdings nur eine Teilharmonisierung bewirkt.[709] Im Vergleich zu *FernsehRL* und *FsÜ* fallen die allgemeineren Mindestanforderungen zur inhaltlichen Gestaltung der fernsehspezifischen Werbung ebenfalls unter den Gesetzesvorbehalt des *Art. 10 Abs. 2 EMRK*, da die Werbebeschränkungen den Verbraucherschutz gewährleisten und dem Interesse des Konkurrenten dienen.[710]

VIII. Vergleichende Werbung

Weder in *FernsehRL* noch *FsÜ* finden sich Beschränkungen für eine vergleichende Werbung im Rundfunk. Die Kommission unterbreitete unter Verweis auf *Art. 100a EGV a. F. (= Art. 95 EGV)* einen ersten Richtlinienentwurf zur

---

705 KOM (96) 483 endg., S. 41.

706 RiL 84/450/EWG des Rates v. 10.09.1984 zur Angleichung der Rechts- und Verwaltungsvorschriften der Mitgliedstaaten über irreführende Werbung, ABl. 1984 Nr. L 250/17 ff.

707 Art. 2 Nr.2 IrreführungsRL.

708 Art. 3 IrreführungsRL; vgl. zum europäischen Verbraucherleitbild: Sack, WRP 1999, S. 399 ff.

709 EuGH, Urteil v. 13.12.1990, Rs. C-238/89 - Pall, Slg. 1990, I - 4827 (4850); EuGH, Urteil v. 02.02.1994, Rs. 515/92 - Clinique, Slg. 1994, I - 317 (335).

710 Concurring opinion v. *Richter Gölkükli* zu Fall markt intern, Urteil v. 20.11.1989, Series A, vol. 165, EuGRZ 1996, S. 302 ff.

vergleichenden Werbung, um die Werberegeln weiter zu harmonisieren.[711] Ein geänderter Vorschlag[712] konnte nicht die Zustimmung des Europäischen Parlaments finden.[713] Der gemeinsame Standpunkt des Ministerrates[714] führte dann zur Einleitung eines Vermittlungsverfahrens. Ein Kompromiss wurde erzielt, der die Änderung der Richtlinie zwecks Einbeziehung der vergleichenden Werbung zur Folge hatte.[715] Danach umfasst der Begriff "vergleichende Werbung" solche Werbeformen, die unmittelbar oder mittelbar einen Mitbewerber oder dessen Produkte und Angebote benennen oder zeigen.[716] Die namentliche Nennung des Vergleichsobjekts ist nicht erforderlich, sodass auch eine indirekte Bezugnahme auf ein Konkurrenzprodukt stets vergleichende Werbung ist. Vergleiche in der Werbung werden nur zugelassen, wenn die Werbung nicht irreführend und die Verwechslung von Marken ausgeschlossen ist. Verboten ist Werbung, die Konkurrenzprodukte verunglimpft oder herabwürdigt.[717] Zudem dürfen nur tatsächlich vergleichende Produkte oder Dienstleistungen einander gegenüberstehen. Damit muss die Werbung objektiv bleiben und überprüfbare repräsentative und relevante Merkmale vergleichen. Die Erwägungsgründe zur Irreführungsrichtlinie führen aus, dass die Verbraucher aus dem Binnenmarkt den größtmöglichen Vorteil ziehen sollen. Da die Werbung in der Gemeinschaft ein wichtiges Instrument ist, um Märkte für Erzeugnisse und Dienstleistungen zu erschließen, müssen Inhalt und Form der Werbung einheitlich sein und die Bedingungen für vergleichende Werbung in den Mitgliedstaaten harmonisiert werden. Es gilt, den freien Waren- und Dienstleistungsverkehr nicht zu behindern und Wettbewerbsverzerrungen zu vermeiden.[718] Mithin bietet die Irreführungsrichtlinie einen Minimalschutz, den die Mitgliedstaaten nicht unterschreiten dürfen. Ihnen bleibt unbenommen, einen weiterreichenden Schutz zu gewähren.[719] Ein Maximum des Irreführungsschutzes wird durch die Grundsätze zum freien Waren- und Dienstleistungsver-

---

711 Entwurf des Rates v. 22.05.1991 über vergleichende Werbung und zur Änderung der RiL 84/450 EWG über irreführende Werbung, ABl. 1991 Nr. C 180/15 f.

712 ABl. 1994 Nr. C 136/4 f.

713 AfP 1997, S. 464 (465).

714 ABl. 1996 Nr. C 219/14 f.

715 RiL 97/55/EG des EP und des Rates vom 06.10.1997 zur Änderung der RiL 84/450/EWG über irreführende Werbung zwecks Einbeziehung der vergleichenden Werbung, ABl. 1997 Nr. L 290/18, GRUR Int. 1997, S. 985-987; Tilmannn, GRUR 1997, S. 790 ff.; Gloy/Bruhn, GRUR 3-4/1998, S. 226 ff. Zur Angleichung der Richtlinie trotz noch fehlender Umsetzung: WRP 1999, S. 251.

716 RiL 97/55/EG, Art. 2 Nr. 2a (Legaldefinition).

717 RiL 97/55/EG, Art. 3a (Zulässigkeitsbedingungen); Diese Bedingungen müssen nach dem 11. Erwägungsgrund der Richtlinie kumulativ erfüllt sein und uneingeschränkt eingehalten werden.

718 Sinngemäß Erwägungsgründe 2 und 3 zur RiL 97/55/EG.

719 Art. 7 IrreführungsRL.

kehr festgelegt. Diese Vorschriften setzen der Öffnungsklausel des *Art. 7* Grenzen. Die Irreführungsrichtlinie hat insbesondere Einfluss auf die inhaltliche Gestaltung des europäischen Fernsehwerberechts, v.a. auf die Frage, ob derartige Beschränkungen mit *Art. 10 EMRK* vereinbar sind. Teilweise wird vertreten, dass "wahre" vergleichende Werbung zugelassen werden muss, wenn sie nicht herabsetzend ist und dem Vorbehalt des guten Rufes gem. *Art. 10 Abs. 2 EMRK* entspricht.[720] Demgegenüber haben Vertragsstaaten, in denen die EMRK unmittelbare Geltung hat, ein absolutes Verbot vergleichender Werbung mit *Art. 10 EMRK* für vereinbar gehalten.[721]

Zwischenergebnis

1. Eine umfassende Rundfunkkompetenz der Gemeinschaft gibt es nicht. Der EGV enthält keine ausdrückliche Ermächtigung.

2. In der europäischen Medienordnung werden grenzüberschreitende Werbesendungen durch die Grundfreiheiten des *EGV* und das Kommunikationsgrundrecht des *Art. 10 EMRK* geschützt. *FernsehRL* und *FsÜ* regeln noch überwiegend traditionellen Werbeformen.

3. Die rechtlichen Rahmenbedingungen von *FernsehRL* und *FsÜ* sind im wesentlichen deckungsgleich. Unterschiede im Fernsehwerberecht bestehen beim Werbebegriff. Das *FsÜ* ist weiter gefasst und schützt auch die Ideenwerbung. Die *FernsehRL* enthält keine vergleichbare Bestimmung zu Art. 16 *FsÜ*. Soweit beide Regelungswerke kollidieren, räumt *Art. 27 FsÜ* dem Gemeinschaftsrecht Vorrang ein.

4. Die revidierte *FernsehRL* hat die Werberegelungen an die Fernsehwirklichkeit angepasst und liberalisiert. Die konsolidierte Fassung des *FsÜ* hat im Wesentlichen die Regelungen übernommen.

5. Um den Binnenmarkt in der Gemeinschaft zu verwirklichen, hat der *EuGH* die Ausstrahlung von grenzüberschreitenden Fernsehsendungen als solche, einschließlich jener zu Werbezwecken, als Dienstleistung qualifiziert. Damit ist der Rundfunk im Spannungsfeld zwischen Kultur und Wirtschaft ökonomisiert.

6. Jeder Rundfunkveranstalter ist nur dem Gesetz desjenigen Staates verpflichtet, dessen Rechtshoheit er unterworfen ist. Im Gemeinschaftsrecht bleibt es den Mitgliedstaaten unbenommen, strengere und ausführlichere (Werbe-)Bestimmungen als in der *FernsehRL* vorzusehen. Sie dürfen allerdings nicht den europäischen Mindeststandard unterwandern.

7. Die Regelungen für den öffentlich-rechtlichen Rundfunk, die seinen Funktionsumfang und seine Finanzierung sichern, bleiben primär Angelegenheiten der Mitgliedstaaten. Die europäische Aufgabe der Prüfung liegt lediglich darin zu kontrollieren, ob der Auftrag mit der Definition der Rundfunkaufgaben

---

[720] Engel, *Privater Rundfunk vor der Europäischen Menschenrechtskonvention*, S. 426; Presylmayr, EuGRZ 1985, S. 221 ff. (224).

[721] OLG Wien, Urteil v. 20.07. 1988, in: (Ö)WBL 1989, S. 92.

übereinstimmt.

8. Die Empfangsfreiheit von Fernsehsendungen in der Gemeinschaft ist durch die Grundfreiheiten des *EGV* und die *EMRK* geschützt. Eine Behinderung der Weiterverbreitung ist in begrenzten Fällen des öffentlichen Interesses möglich.

9. Der freie Dienstleistungsverkehr umfasst ein Diskriminierungs- und darüber hinausgehendes Beschränkungsverbot. Im europäischen Fernsehwerberecht können Verbraucher-, Gesundheits-, Jugendschutz und die Sicherung des Meinungspluralismus Beeinträchtigungen rechtfertigen, wenn die im öffentlichen Interesse liegenden Ziele verhältnismäßig sind.

10. Die in *Art. 10 EMRK* garantierte Informationsfreiheit schließt auch die kommerzielle Vermittlung von Informationen ein. Beschränkungen fernsehspezifischer Werbung aus öffentlichem Interesse müssen in einer demokratischen Gesellschaft notwendig sein.

11. Das Verhältnis zwischen *EGV* und *EMRK* wird durch *Art. 6 Abs. 2 EUV* auf eine neue Grundlage gestellt. Der Grundrechtskatalog der *EMRK* wird vom *EuGH* als Hüter des Gemeinschaftsrechts in seiner materiellrechtlichen Prüfung zur Ermittlung einzelner Grundrechte und Schranken berücksichtigt. Eine Grundrechtscharta in der Gemeinschaft wird das Kommunikationsgrundrecht auf eine neue Grundlage stellen.

Zweiter Teil: Neue audiovisuelle Dienste und neue Werbeformen

Erster Abschnitt: Technische Anforderungen und Erscheinungsformen

A. Digitalisierung der Übertragungswege

In der Vergangenheit war die Struktur des Rundfunks dadurch gekennzeichnet, dass der Rezipient lediglich passiver Konsument der ihm dargebotenen Kommunikationsformen und -inhalte war. Der Rundfunkbegriff umfasste die klassischen Formen der Massenkommunikation wie Radio und Fernsehen. Diese in einer "Einbahnstraße" verlaufende Kommunikationsstruktur wurde durch die Digitalisierung tiefgreifend verändert. Heute wachsen im Zuge der Globalisierung der Märkte die Medien auf der Grundlage innovativer Telekommunikations-, Rundfunk- und Computertechnologien zu einem Verbundsystem zusammen. Die Konvergenz der neuen Technologien erspart jeweils eine getrennte technische Infrastruktur. Die Gesamtheit der damit verbundenen technischen Entwicklungen wird mit dem Begriff Digitalisierung, die Gesamtheit der davon zu erwartenden gesellschaftlichen Entwicklungen mit dem Begriff der Informationsgesellschaft zusammengefasst.

Der technologische Fortschritt liegt in der digitalen Verarbeitung, Speicherung, Vervielfältigung und des Transports von Text, Ton, Bild, Musik und anderen Daten.[722] Der Datencontainer kann gleichzeitig Teletext, Computersoftware oder auch Fernseh- und Hörfunksignale enthalten. Dadurch können vor allem die Nutzungspotentiale digitaler Übertragungssysteme erweitert werden. Die effizientere Nutzung der Frequenzressourcen bietet zusätzliche Gestaltungsfreiräume für neue multimediale Dienste. Datenkompression und -reduktion im Rundfunk haben maßgebliche Auswirkungen auf die Kabel- und Satellitenübertragung.[723] Der bisher für die Übertragung benötigte Bandbreitenbedarf wird erheblich verringert. Auf einem analogen Kanal können im Wege digitaler Übertragungstechnik terrestrisch vier bis sechs Fernsehprogramme ausgestrahlt werden, über Kabel und Satellit bis zu zehn. Der Unterschied zwischen den digitalen Übertragungsformen liegt dann nur noch im portablen und mobilen Empfang. Der Vorteil der digitalen Verbreitung liegt in der Reduzierung der Übertragungskosten für Programmanbieter und in der flexibleren Nutzung.[724]

---

[722] Zur neuen Technologie: Kresse/Heinze, AfP 1995, S. 574 f.; Gersdorf, *Der verfassungsrechtliche Rundfunkbegriff im Lichte der Digitalisierung der Telekommunikation*, S. 17 - 24; Hege, *Offene Wege in die digitale Zukunft*, S. 51 f. Zur Rangfolge der Kabelbelegung und Dienstleistungsfreiheit: Dörr/Charissé, AfP 1999, S. 18 f. Zur Kapazitätsverteilung im deutschen dualen Rundfunksystem: Sporn, *Vielfalt im digitalen Rundfunk*, S. 19 f.

[723] Zur Attraktivität des digitalen terrestrischen Fernsehens: Initiative "Digitaler Rundfunk" der Bundesregierung, Bericht der Arbeitsgruppe, epd-medien Nr. 66/1998, S. 21 f. (27); Reimers, ZUM Sonderheft 1995, S. 523 f. (525).

[724] Zu den Folgen der Digitalisierung: Rosenthal, *Die Kompetenz der Europäischen Gemeinschaft für den rechtlichen Rahmen in der Informationsgesellschaft*, S. 25 (27).

Programmanbieter oder Netzbetreiber nutzen die veränderte Präsentationsstruktur und bieten Programmpakete oder -bouquets (sog. "packaging") an.[725] Bouquets haben zum Ziel, traditionelle Vollprogramme mit Spartenkanälen und / oder neuen audiovisuellen Diensten zu ergänzen. Die Vorteile bzw. Nutzungspotentiale moderner Information und Kommunikation sind noch nicht ausgeschöpft.
Auf nationaler und europäischer Ebene wird intensiv an einem neuen Regelungsrahmen für eine zukünftige Kommunikationsordnung nachgedacht. Der Privatinitiative und dem fairen Wettbewerb kommen entscheidende Bedeutung zu.[726] Der öffentlich-rechtliche Rundfunk ist in ein solches System zu integrieren, damit er losgelöst von den Marktgesetzen seiner Funktion nachgehen kann. Angesichts der Entscheidung der Federal Communications Commission (FCC) in den USA wird auch in der Gemeinschaft überlegt, wann die analoge terrestrische Versorgung abgeschaltet werden kann.[727] In einigen Mitgliedstaaten soll spätestens bis zum Jahre 2010 sämtliche Rundfunkübertragung von der jetzigen auf die neue digitale Norm umgestellt werden.[728] Zukünftige TV-Lizenzen werden nur noch digital sein, um die Umrüstung des terrestrischen Rundfunks auf die digitale Verbreitungstechnik voranzutreiben.[729] Das Vorhaben wird nur dann gelingen, wenn die Programme für eine gewisse Zeit simultan, also analog und digital, ausgestrahlt werden (sog. "simulcast").[730] Europäische Umstellungsinitiativen sind in absehbarer Zeit noch nicht zu erwarten, da die Marktsituation des digitalen Rundfunks in den Mitgliedstaaten

---

725 Zu den Vielfaltsgefahren von Programmpaketen: Sporn, *Vielfalt im digitalen Rundfunk*, S. 61.

726 In Deutschland führte die medienpolitische Diskussion zur Verabschiedung des 3. RändStV vom 26.08/11.09.1996 und des Informations- und Kommunikationsdienste-Gesetzes vom 22.07.1997. Das Vereinigte Königreich versucht ein einheitliches Marktkonzept für Fernsehen, Hörfunk und Printmedien zu entwickeln.

727 epd medien Nr. 69/1997, S. 11; FK 27/28/1998, S. 31.

728 Initiative "Digitaler Rundfunk" der Bundesregierung, Markteinführung des digitalen Hörfunks und Fernsehens in Deutschland: Kabinettsbeschluss vom 24.08.1998; Abschlussbericht, epd-medien Nr. 66/1998, S. 21 f.

729 Vorschlag der VPRT im Rahmen einer Arbeitssitzung zum Thema "Initiative Digitaler Rundfunk", epd-medien Nr. 26/27/1998, S. 17/18.

730 In Deutschland: Beschluss der Direktorenkonferenz der Landesmedienanstalten (DLM) vom 02.02.1999 zur Entwicklung von Digital-Video-Broadcasting (DVB). Gesamtkonzeption für die Nutzung der digitalen Kanäle, Initiative zum Analog-digital-Übergang in den Kabelnetzen: FK Nr. 6/7/1999, S. 37/38.

noch unterschiedlich ist.[731] Die Gemeinschaft möchte gleichwohl die neuen Kommunikations- und Informationstechniken als Motor des gesellschaftlichen und wirtschaftlichen Fortschritts nutzen und sichern. Aus diesem Grunde wird der Prüfstein zukünftiger europäischer Politik eine neue Kommunikationsordnung der Märkte bilden.

Digitalisierte terrestrische Übertragungswege stellen im Hinblick auf die noch nicht spezifizierten innovativen Dienste ein bedeutendes Wirtschaftspotential dar.[732] Diese neuen Dienste sind am Schnittpunkt von Telekommunikation und audiovisuellem Sektor angesiedelt, welche mittels digitaler Technologie konvergieren und getrennte Kommunikationstechniken ersetzen. Die digitalen kommunikationstechnischen Prozesse erlauben durch verschiedene Rezeptionsoptionen einen unterschiedlichen Grad an Interaktivität. Dabei wird an die technischen Gegebenheiten der Medienanwendung angeknüpft, nicht aber an die tatsächliche Nutzung.[733] Durch neue technische Vielfalt und Nutzungsmöglichkeiten entstehen neue audiovisuelle Dienste. Online- und Offline-Dienste, interaktive Dienste, entgeltliche und unentgeltliche Dienste, Abruf- und Zugriffsdienste kennzeichnen die neue Entwicklung. Alle neuen audiovisuellen Dienste haben trotz unterschiedlicher Leistungsmerkmale gemein, dass sie sich nur schwer in den Rundfunkbegriff einordnen lassen. Die begriffsjuristische Fokussierung hat erhebliche Konsequenzen für das europäische Fernsehwerberecht. Da die Regelungsnormen noch von traditionellen Werbeformen ausgehen, sind die in den europäischen Regelungsmaterien enthaltenen Werberegeln und -zeitbeschränkungen in zeitlicher und inhaltlicher Hinsicht nicht ohne weiteres auf die neuen audiovisuellen Dienste übertragbar. Der Gesetzgeber kann mit der Entwicklungsgeschwindigkeit kaum mehr Schritt halten, wenn Werbetreibende und deren Marketingabteilungen durch immer raffiniertere Werbeformen die Grenzen zwischen werblicher Kommunikation und redaktionellem Programm zu umgehen versuchen. Soweit die neuen audiovisuellen Dienste nicht dem Rundfunkbegriff unterliegen, muss auf europäischer Ebene ein System gefunden werden, das auch den neuen Werbemöglichkeiten gerecht

---

731 Zur Übersicht der Digitalkanäle in Europa, Statistisches Jahrbuch 1998, S. 171 f. In Deutschland gab es zwei digitale Sender, DF1 und Premiere Digital, die zu Premiere World zusammengelegt wurden. Digitale Programme werden seit 1997 über Kabel und seit 1996 über Satellit angeboten. Im Vereinigten Königreich existieren sechs digitale Programmpakete, die jeweils vier oder mehr Programme umfassen. Der Regelbetrieb begann November 1998 (BBC geht mit BSkyB ins digitale Zeitalter: Fernsehinformationen Nr. 16/1998, S. 549). In Schweden sind zwei digitale Programmpakete vorgesehen. Der Regelbetrieb begann Januar 1999. In Spanien werden 11 digitale Programmpakete ausgestrahlt, davon fünf mit nationalen Programmangeboten. In Frankreich gibt es nur Erprobungen für die Einführung des digitalen Rundfunks (MP 1998, S. 132 f.).

732 In Deutschland soll terrestrisches Digital-TV zunächst in Inseln gestartet werden: epd-medien Nr. 68/1999, S. 13.

733 Goertz, RuF 1995, S. 477.

wird.
Es bedarf zunächst einer Bestandsaufnahme neuer audiovisueller Dienste mit ihren rechtsspezifischen Auswirkungen. Auf der Grundlage wirtschaftlicher Eckwerte ist zu untersuchen, ob und wenn ja welche regulatorischen werblichen Maßnahmen einer Präzisierung bedürfen.

B. Kategorisierung neuer audiovisueller Dienste

Bislang konnten Telekommunikation[734] und Rundfunk[735] durch ihre individualkommunikativen Vermittlungs- und massenkommunikativen Verteildienste unterschieden werden. Durch die Konvergenz verschwimmen die Grenzen der Massen- und Individualkommunikation. Eine Bestimmung und Zuweisung erfolgt durch die unterschiedlichen Leistungsmerkmale der einzelnen Dienste. Allgemein wird je nach technischen Wesenselementen zwischen den bisherigen Verteil- und den neuen Zugriffs- bzw. Abrufdiensten unterschieden.[736]

I. Verteildienste

Für den herkömmlichen Rundfunk ist der Zugriff auf die traditionellen Vollprogramme aus einem als Verteildienst verbreiteten Angebot maßgebend. Der Rezipient verfügt über keine direkten Selektions- und Auswahlbefugnisse, sondern ist an die einseitigen zeitlichen Vorgaben des Rundfunkveranstalters gebunden. Das interaktive Element wird nur spürbar in der Programmgestaltung der Anbieter, die sich an den Einschaltquoten orientieren und somit einen gewissen Rückkopplungseffekt erzeugen.[737] Der Verteildienst ist eine "point to multipoint" Erscheinungsform der Massenkommunikation. Der Verteildienst kann auch über Pay-TV finanziert werden. Als Entgeltfinanzierungen für Programme tritt Pay-TV neben die bisherigen Finanzierungsquellen des Rundfunks.

II. Zugriffsdienste

Werden die zugriffsbereiten Sendungen nicht nur einmal ausgestrahlt, sondern im turnusmäßigen Abstand wiederholt, erhalten die Rezipienten unterschiedliche zeitliche Möglichkeiten zur Nutzung desselben Programms. Die Option der zeitlichen Disponibilität des Rezipienten wird durch den Wiederholungs-

---

[734] Telekommunikationsdienste sind Dienste, die ganz oder teilweise in der Übertragung und/oder Weiterleitung von Signalen auf dem Telekommunikationsnetz bestehen; Richtlinie 95/51/EG ABl. 1995 Nr. L 256/49. Vgl. zu den Begriffsbestimmungen, Gersdorf, *Der verfassungsrechtliche Rundfunkbegriff im Lichte der Digitalisierung der Telekommunikation*, S. 27 f.

[735] Rundfunk als ein Dienst "point to multipoint" qualifiziert: Grünbuch Audiovisuelle Politik der Europäischen Union, 1994, S. 38.

[736] Gersdorf, *Der verfassungsrechtliche Rundfunkbegriff im Lichte der Digitalisierung der Telekommunikation*, S. 25 f.

[737] Scherer, *Telekommunikationsrecht und Telekommunikationspolitik*, S. 591 f.

zyklus gewährleistet. Im Unterschied zum Verteildienst kann der Zugriffsdienst nur von einem Teil der Allgemeinheit rezipiert werden.[738] Die Ausgestaltung als Pay-TV ist ebenfalls möglich.

III. Abrufdienste

Steht ein jederzeitiger Abruf von zentral gespeicherten Informationen durch den Rezipienten im Vordergrund, so spricht man von einem Abrufdienst. Die digitale Technologie führt bei den Abrufdiensten zu einer hochentwickelten interaktiven Kommunikation. Die Rückkanaltechnik, wie sie insbesondere bei den Bestelldiensten benötigt wird, führt zu einem Dialog zwischen Programmanbieter und Rezipienten. Je nach technischem Reifegrad hat der Rezipient nicht nur die Programmauswahl, sondern kann auch Einfluss auf die technische Darbietung nehmen.[739] Um Abrufdienste zu finanzieren, können die Zuschauer gegen Entgelt bestimmte Angebote aus dem Programmkatalog abrufen. Allerdings ist das Abrufsystem für große Teile der Bevölkerung noch nicht einsatzfähig.

C. Angebotsformen

Die drei Diensttypen, die sich vor allem in der Art der Dispositionsfreiheit des Rezipienten unterscheiden, begründen eine Vielzahl von kommunikativen Angebotsformen. Die Nutzungsmöglichkeiten der digitalen Übertragungstechnik müssen aber auch die inhaltlichen Kriterien der Angebote berücksichtigen.[740] Dies hat Konsequenzen auf die Werberegulierung, da der Inhalt der übertragenen Angebote Anknüpfungspunkt für die Einordnung in das europäische Regelungsgefüge ist.

I. Ton- und Bewegtbildkommunikation

1. Video-on-Demand als Zugriffsdienst

Der Begriff "Video" bedeutet "auf Abruf" und erweckt den Eindruck einer abrufbaren elektronischen Videothek. [741] Korrekterweise handelt es sich um "TV-on-Demand".[742] Obwohl die Entwicklungsperspektive noch nicht abschätzbar ist, wird Video-on-Demand wegen der hohen technischen Anforde-

---

738 "Kein gleichzeitiger Empfang" bei Zugriffsdiensten: Degenhardt, *Bonner Kommentar zum Grundgesetz*, Art. 5 (Rn. 522).

739 Die Datendienste können programmbegleitend, nicht-programmbegleitend oder als Zusatzdienst ausgestaltet sein.

740 Gersdorf, *Der verfassungsrechtliche Rundfunkbegriff im Lichte der Digitalisierung der Telekommunikation*, S. 35 f.

741 Schauz, Video-on-Demand, S. 16/17.

742 Dörr, "'Multimedia' und der Rundfunkbegriff", in: Dittmann/Fechner/Gerald (Hrsg.), *Der Rundfunkbegriff im Wandel der Medien*, S. 122.; Gersdorf, *Der verfassungsrechtliche Rundfunkbegriff im Lichte der Digitalisierung der Telekommunikation*, S. 38.

rungen ein wegweisender Charakter beigemessen. Je nach technischem Standard kann ein hohes Niveau an interaktiver Kommunikation verwirklicht werden. Zur Realisierung von Video-on-Demand ist die Verwendung digitaler Technik unabdingbar. Dies gilt für die Datenintegration und -übertragung gleichermaßen. Der lokale Server ist mit einem Zentralserver verbunden und stellt den Kontakt zwischen dem Anbieter und dem Rezipienten her. Ist der Zentralserver im europäischen Ausland installiert, werden grenzüberschreitend Daten ausgetauscht.[743] Der Server hält auf verschiedenen Festplatten in digitalisierter und komprimierter Form Daten bereit. Für die Übertragung der Signale von der Sendezentrale zum Rezipienten ist ein Transportkanal erforderlich, wobei die Übertragungswege durch Breitbandkabel, Glasfaser, Telefon, Satellit oder terrestrisch erfolgen können. Durch eine sog. "Set-Top-Box" werden die digitalen Signale dekomprimiert und in analoge Fernsehbilder umgewandelt.[744] Im Unterschied zu einem Zugriffsdienst ist der individuelle Abruf nur durch einen schmalbandigen Rückkanal möglich.[745]

2. Near-Video-on-Demand als Zugriffsdienst

Als eine Vorform von Video-on-Demand wird das Near-Video-on-Demand bezeichnet, bei dem das gleiche Programm auf verschiedenen Kanälen zeitversetzt gesendet werden kann. Der erste Film läuft dann z. B. in einer Startfrequenz von 15 Minuten auf den ersten fünf Kanälen, der zweite Film auf den übrigen verfügbaren Kanälen in einem Abstand von 30 Minuten. Maßstab für die Anzahl der belegten Kanäle wird die Attraktivität der jeweiligen Sendung sein. Ein Vorteil für den Zuschauer wird darin gesehen, dass eine hohe zeitliche Disponibilität zur Verfügung gestellt wird. Near-Video-on-Demand bietet allerdings auch Nachteile wegen der begrenzten Filmauswahl. Im übrigen ist der Zuschauer an ein bestimmtes Programmschema gebunden, weil er in Abhängigkeit des Wiederholungszyklus' auf den Anfang des gewünschten Films warten muss.[746] Near-Video-on-Demand verkörpert am ehesten die mit der Digitalisierung verbundene Vermehrung an Distributionskapazitäten.[747]

3. Video-on-Demand als Abrufdienst

Die Anwendungsform des Abrufdienstes stellt an Video-on-Demand die höchsten technischen Anforderungen. Der Zuschauer wird zu seinem eigenen

---

[743] Ebd., S. 31 f. (40).

[744] Die Set-Top-Box kann durch eine diskriminierende Gestaltung der Zugangs- und Nutzungsbedingungen eine Wettbewerbsverzerrung herbeiführen; vgl. a. Sporn, *Vielfalt im digitalen Rundfunk*, S. 60.

[745] Grünbuch über den Schutz und den Schutz der Menschenwürde in den audiovisuellen und Informationsdiensten, KOM (96) 483 endg., 8 f.

[746] Schrape, *Digitales Fernsehen*, S. 24/25.

[747] "Verschwenderischer Zugriff": Gersdorf, *Der verfassungsrechtliche Rundfunkbegriff im Lichte der Digitalisierung der Telekommunikation*, S. 38.

Programmdirektor. Er kann zu jeder von ihm gewünschten Zeit aus einem Angebot bestimmte Programme oder Filme abrufen. Je nach technischer Ausgestaltung führt der jederzeitige Abruf von Sendungen oder Sendeteilen zu einer zeitlichen, inhaltlichen und abwicklungstechnischen Unabhängigkeit des Rezipienten.[748] Im Gegensatz zu Pay-per-Channel und Pay-per-View liegt das Bildsignal nicht ständig beim Zuschauer an, sondern wird durch einen Rückkanal auf Anforderung hergestellt. Ein technisch sehr anspruchsvolles Abrufsystem ist das Enhanced-Video-on-Demand. Dabei wird dem Zuschauer das gewünschte Programm schneller als in Echtzeit auf einen Speicher des Rezipienten gespielt. Der Zuschauer kann dann entscheiden, wann er das Programm sehen will.[749] Durch Multi-Channeling können Zuschauer z. B. Sportereignisse aus verschiedenen Perspektiven sehen. Für die verschiedenen Blickwinkel benötigt man mehrere Kameras, die über separate Kanäle zum Zuschauer gelangen. Im weitesten Sinne handelt es sich ebenfalls um Video-on-Demand.[750]

4. Pay-TV

Die digitale Übertragungstechnik ist zwar keine Voraussetzung für Pay-TV, sie eröffnet aber neue Nutzungsperspektiven. Die Betreiber von Pay-TV können eine Vielzahl von Kanälen starten und Programmpakete bilden, denen meist ein thematisches Konzept oder ein Interessengebiet zugrunde liegt. Da fernsehspezifische Werbung nur begrenzt von den Zuschauern akzeptiert wird und der Kostenanstieg der Übertragungsrechte scheinbar unaufhaltsam ist, wird Pay-TV als attraktive Finanzierungsform propagiert.[751] Pay-TV hat den Nachteil, dass der Zuschauer bei den über Kabel oder Satellit verschlüsselten Programmen weder über eine zeitliche, programminhaltliche noch über eine abwicklungstechnische Option verfügt. Das Pay-TV steht somit auf der untersten Entwicklungsstufe eines Angebots Video-on-Demand. Pay-TV ist heute gegenüber dem werbefinanzierten Rundfunk ein eigener Produktmarkt.[752] Pay-TV kann als Voll- oder Spartenprogramm durch einen Verteil-, Zugriffs- oder Abrufdienst ausgestrahlt werden.[753] Dabei muss der Zuschauer für den Empfang bzw. die Dekodierung einen bestimmten Betrag entrichten. Beim Pay-per-Channel zahlt der Abonnent ein periodisch zu entrichtendes Entgelt für ein aus einem oder verschiedenen Programmen bestehenden Bouquet. Pay-per-

---

748 Ebd., S. 40.

749 Schrape, *Digitales Fernsehen*, S. 36.

750 Breunig, *Marktchancen des digitalen Fernsehens*, S. 30.

751 Zimmer, MP 1996, S. 386 f.

752 MSG Media Service, Entscheidung der Kommission v. 09.11.1994, ABl. 1994 Nr. L 364/1 (6).

753 Fuhr/Krone, FuR 1983, S. 513 (514); Gersdorf, *Der verfassungsrechtliche Rundfunkbegriff im Lichte der Digitalisierung der Telekommunikation*, S. 37 f.

View ist eine erste Weiterentwicklung des Pay-per-Channel. Der vom Rezipienten benötigte Dekoder entschlüsselt nur diejenige Sendung, die er per Telefon bestellt hat. Die Zahlungsverpflichtung besteht folglich nur für die jeweils gesehene Sendung.[754] Pay-per-View kann auch pro Abend verkauft werden. Für Sportveranstaltungen im Pay-per-View werden häufig Saisontickets für einzelne Sendungen angeboten. In der Zukunft wird auch der Zuschauer eine Sendung per Fernbedienung bestellen können. Der Griff zum Telefon bleibt erspart. Allerdings setzt ein solches System - entsprechend einem Abrufdienst - einen Rückkanal zum Betreiber, einen Dekoder und ein automatisiertes Abrechnungssystem voraus.[755] In einem sog. "Offline-Verfahren" würde die Zentrale die Abrechnung durchführen.

II. Elektronische Textkommunikation

Die Zugriffs- und Abrufdienste können sich auch auf die Übertragung von Zusatzinformationen parallel zum eigentlichen TV-Bildsignal beziehen. Grundlage ist die Fernsehtexttechnologie. Der Zuschauer kann auf bestimmte Informationen (z. B. Nachrichten, Programmhinweise) aus einem rollierenden Angebot zugreifen, wenn diese auf dem Bildschirm angezeigt werden.[756] Hierzu zählen der Videotext als Zugriffs- und der Bildschirmtext als Abrufdienst.

1. Videotext

Beim Videotext werden die Textseiten in den Leerzeilen eines Fernsehsignals im Huckpackverfahren übertragen. Die Texte können mit Hilfe eines Zusatzgerätes dekodiert und mittels einer Drucktaste auf dem Fernsehgerät sichtbar gemacht werden.[757] Es besteht auch die Möglichkeit, statt eines Fernsehers einen Computer als Empfangsgerät einzusetzen.

2. Bildschirmtext

Beim Bildschirmtext erfolgt die Übertragung kodierter Signale über schmalbandige Telefonnetze.[758] Der Empfänger wählt über das öffentliche Telefonnetz den Speicher in der Bildschirmzentrale an und sucht sich die gewünschte Seite

---

[754] Zu Verschlüsselung und Entgelteinzug: Schrape, *Digitales Fernsehen*, S. 20/21; Zimmer, MP 1996, S. 386 f.

[755] Z. B. erfolgte bis zur Zusammenlegung beider digitaler Sender die Abrechnung von DF 1 und Premiere über Online. Die vom Zuschauer über den Rückkanal bestellte Sendung wurde dann über einen Dekoder freigeschaltet.

[756] Gersdorf, *Der verfassungsrechtliche Rundfunkbegriff im Lichte der Digitalisierung der Telekommunikation*, S. 40/41; Schrape, *Digitales Fernsehen*, S. 34/35.

[757] Fuhr/Rudolf/Wasserburg, *Recht der Neuen Medien*, S. 40; zur Entwicklung im Videotext: Zimmer, MP 1995, S. 30 f.

[758] Ebd., S. 41.

heraus. Auf dem Bildschirm des Computers erscheint dann die Information.[759]

III. Datenkommunikation

Die Datenkommunikation kombiniert alle digitalen Kommunikationsformen. Im Gegensatz zur Textkommunikation, die sich nur auf die Übertragung von Texten und Zeichen beschränkt, werden bei der Datenkommunikation zusätzlich Bewegtbilder und Ton verwendet. Data-Broadcasting und Online-Dienste kennzeichnen die Weiterentwicklung unterschiedlicher Kommunikationsformen in der Datenkommunikation.

1. Data-Broadcasting

Data-Broadcasting ist eine technische Weiterentwicklung der Fernsehtechnologie und ermöglicht zusätzliche Datenströme nicht nur durch die Austastlücke (freibleibende Bildzeilen), sondern auch durch freiwerdende Übertragungskapazitäten im Wege der Datenkompression.[760] Bei der digitalen Übertragung lässt sich Data-Broadcasting neben einem Zugriffsdienst auch als Abruf- oder Verteildienst ausgestalten. Die verschiedenen spezifischen Nutzungsanwendungen entsprechen weitestgehend dem Fernsehtext.

2. Online-Dienste

Das Wesen von Online-Diensten besteht darin, dass man über Telekommunikationsnetze Informationen von einem zentralen Server abrufen kann. Die interaktive Kommunikation ist von der jeweiligen technischen Ausgestaltung abhängig. Elektronische Dienstleistungen, die noch vor Jahren über das schmalbandige Telefonnetz angeboten wurden, können nunmehr über Computernetze bei Informations- und Datenbankdiensten abgerufen werden. Wichtige Informationsfelder sind der Bildungs- und Businessbereich.[761]

IV. Kombination von Kommunikationsformen

Angebot und Nachfrage können auf allen Märkten in neuen Formen zusammen-

---

[759] Gersdorf, *Der verfassungsrechtliche Rundfunkbegriff im Lichte der Digitalisierung der Telekommunikation*, S. 42 f. Zur Situation in Deutschland: Bildschirmtext ist zu einem T-Online-Dienst mutiert. Danach können elektronisch gespeicherte Informationen im Rahmen eines öffentlichen Textkommunikationssystems über ein schmalbandiges Telefonnetz vom Teilnehmer abgerufen werden. Der Btx-Staatsvertrag wurde durch den Mediendienstestaatsvertrag außer Kraft gesetzt (§ 23 Abs. 3 MDStV); vgl. Scherer, NJW 1983, S. 1832 ff.; Rösch, Vom Bildschirmtext über Datex-J zu T-Online, in: Wilke/Imhof (Hrsg.), *Multimedia*, S. 85 f.

[760] Schrape, *Digitales Fernsehen*, S. 34/35; Gersdorf, *Der verfassungsrechtliche Rundfunkbegriff im Lichte der Digitalisierung der Telekommunikation*, S. 41 f.

[761] Zum Bildungswesen: Raedlein, Telelearning und Lernen mit Multimedia, in: Wilke/Imhof, *Multimedia*, S. 129; zum Businessbereich: Dave, Homebanking und elektronischer Zahlungsverkehr, ebd., S. 147.

geführt werden. Direktangebote von Waren und Dienstleistungen werden überwiegend privat veranstaltet.[762] Die Bandbreite der Variationen reicht von reinen Teleshopping-Kanälen bis zum audiovisuellen Versandhauskatalog.[763] Unter dem Dach von Electronic-Shopping verbergen sich die Sonderwerbeformen des Teleshopping, Homeshopping und Teleselling.

1. Electronic-Shopping

Electronic Shopping kennzeichnet alle Vertriebsformen, bei denen das Angebot von Waren und Dienstleistungen, die Vertragsanbahnung sowie der Vertragsabschluss zwischen Anbieter und Nachfrager ohne gleichzeitige körperliche Anwesenheit einer der Vertragspartner über elektronische Medien realisiert werden kann.[764] Der Bestellvorgang kann in Abhängigkeit von den technischen Möglichkeiten über Fernseher, Computer oder Telefon erfolgen.

2. Homeshopping

Interaktives Homeshopping unterscheidet sich von den herkömmlichen Formen der Teleshopping-Programme dadurch, dass der Kauf über einen Computer oder im digitalen Rundfunk über einen elektronischen Versandhauskatalog erfolgt.[765] Um die Interaktivität im Wege einer dialogfähigen Kommunikationsstruktur herzustellen, bedarf es eines entsprechenden Abrufdienstes. Der Besteller kann sich dann individuell Produktpräsentationen abrufen, um eine Kaufentscheidung treffen zu können.[766]

3. Teleshopping

Teleshopping kann ebenfalls in verschiedenen Formen auftreten. Überwiegend wird Teleshopping in Form von "Direct-response"-Werbung ausgestrahlt. In Verkaufsshows werden die Produkte und Dienstleistungen durch Moderatoren live präsentiert, die vom Zuschauer per eingeblendeter Telefon- und Faxnummer bestellt werden können. Der Moderator ist ständig über den Absatz des dargebotenen Produkts informiert. Um ein Zapping der Zuschauer zu verhindern, werden Verkaufshows durch gewisse Programmelemente (z. B. Verlosungen, Spielshows) aufgelockert.[767]

---

762 Für den öffentlich-rechtlichen Rundfunk in Deutschland ausgeschlossen, § 18 RStV.

763 Schroeder, ZUM 1994, S. 471 f.

764 Flegel, in: *Handwörterbuch des Marketing*, S. 556.

765 Schrape, *Digitales Fernsehen*, S. 33; Gersdorf, *Der verfassungsrechtliche Rundfunkbegriff im Lichte der Digitalisierung der Telekommunikation*, S. 53.; a. A. Eberle, ZUM 1994, S. 530 (535).

766 Gersdorf, *Der verfassungsrechtliche Rundfunkbegriff im Lichte der Digitalisierung der Telekommunikation*, S. 53.

767 Ridder, MP 1995, S. 415. Zu den Erscheinungsformen: Hartstein/Ring/Kreile, *Kommentar zum Rundfunkstaatsvertrag*, § 45 RStV, Rn. 26 f.

Zweiter Abschnitt: Ökonomischer Rahmen

A. Charakterisierung der Kommunikationsmärkte

Werbung ist nicht nur ein wesentliches Element der sozialen Marktwirtschaft, sondern fördert auch den Erfolg neuer Programmangebote. Der europäische Werbemarkt ist in kleine Inlandsmärkte aufgeteilt. Aus diesem Grunde sind für die Werbewirtschaft besonders diejenigen Programmanbieter interessant, die schnell und umfassend bestimmte Bevölkerungsgruppen abdecken. Der europäische Kommunikationsmarkt bietet eine Orientierung für neue audiovisuelle Angebote. Eine verlässliche und prüfbare Einschätzung der Fragmentierung, Reichweite und Dynamik der Marktetablierung ist zwar nur bedingt möglich, gleichwohl wird den beteiligten Branchen (Programmanbieter, Werbewirtschaft, Endgeräte-Hersteller, Software-Hersteller) ein erhebliches Marktpotential zugesprochen.[768] Es steht zu vermuten, dass auf europäischer Ebene digitales Pay-TV und die Individualisierung der Nutzung einzelner Programme innerhalb von Programmbouquets wachsen wird.[769] Die Vermarktung von Programmbouquets durch die Anbieter hat den Vorteil, dass neben den bereits am Markt befindlichen Voll- und Spartenprogramme neue Special-Interest-Programme und interaktive Medienangebote unter Verwendung eines elektronischen Programmführers angeboten werden können. Die Gründe für die Kommerzialisierung der Angebotsvielfalt liegen in der Verteuerung der Fernsehübertragungsrechte. Die Werbeerlöse im Free-TV reichen zur Finanzierung von Spitzenereignissen nicht mehr aus. Darüber hinaus kann durch die zunehmende Verspartung digitaler Medienangebote und die damit verbundene zielgruppenorientierten Segmentierung der Zuschauer eine höhere Werbewirkung erzielt werden. Durch die beschränkte Reichweite wird allerdings das Interesse der Werbewirtschaft stagnieren. Gleichzeitig verliert die wettbewerbsrechtliche Ausnahmestellung des Rundfunks im Verhältnis zu den neuen audiovisuellen Diensten weiter an Gewicht.[770] Die Mitgliedstaaten sind bestrebt, ein Gleichgewicht zwischen Planungssicherheit für Anbieter und der Angebotsvielfalt für Zuschauer zu schaffen.

I. Marktsituation des digitalen Rundfunks in Europa

Die Einführung des digitalen Rundfunks über Satellit und Kabel erfolgt in Europa marktbetrieben.[771] Digitale Programme können auch in einigen Mitgliedstaaten über Kabelnetze empfangen werden. Der eigentliche Zukunft-

---

[768] Vgl. zur europäischen Dimension: Grünbuch zur Stärkung der Programmindustrie in Europa, KOM (94) 96 endg. v. 06.04.1994.

[769] epd-medien Nr. 40/1999, S. 27.

[770] Seitel, in: Brosius/Fahr/Zubayr (Hrsg.), *Meinung, Meinungsvielfalt, Meinungsrelevanz*, S. 46.

[771] Zu den Übertragungswegen: Breunig, *Marktchancen des digitalen Fernsehens*, S. 47 f.

markt wird allerdings im digitalen Satellitenfernsehen erwartet. Dieses System bietet durch die Digitalisierung und Komprimierung Platz für eine Vielzahl neuer Kanäle. Heute gibt es schon über 330 satellitenübertragene Digitaldienste in ganz Europa.[772] Bis zum Jahr 2003 werden rund 15 Millionen Anschlüsse für die digitale Technik (Kabel, Satellit) geschätzt. Eine Momentaufnahme in verschiedenen europäischen Mitgliedstaaten verdeutlicht die digitale Entwicklung.

1. Frankreich

In Frankreich dominiert der terrestrische Rundfunkempfang.[773] Die Kabel- und Satellitenpenetration findet ungünstige technische Voraussetzungen für den digitalen Rundfunk vor. Dennoch startete in Europa das digitale Fernsehen kommerziell zuerst in Frankreich mit Canal Plus.[774] Dieser Kanal hat ein weit verzweigtes Netz von Beteiligungen an Pay-TV Unternehmen aufgebaut und ist Programmlieferant für einige Kabelnetze in Europa. Canal Plus verfügt ein eigenes digitales Angebot: Canal Satellite. Der Kanal ist im Vergleich zu den weiteren französischen digitalen Anbietern TPS (Television Par Satellite, an dem u. a. TF 1, M 6 und die öffentlich-rechtlichen France Télévision und France Télécom beteiligt sind)[775], ABSat und Canal Satellite Numérique Marktführer. Im kommerziellen Bouquet TPS werden neben Spartenprogrammen öffentliche Programme ausgestrahlt. Die digitalen Angebote verfügen über elektronische Programmführer sowie mehrere interaktive Angebote. Da wirtschaftlich keine verschiedenen Systeme in Frankreich existieren können, sind die Plattformen von Canal Plus und ABSat durch Simulcrypt in der Lage, die Programme des jeweils anderen Anbieters zu empfangen. Digitales terrestrisches Fernsehen wird in Frankreich derzeit noch nicht angeboten.[776]

2. Vereinigtes Königreich

Das Vereinigte Königreich ist wie Frankreich von der terrestrischen Übertragung geprägt. Allerdings ist die Umstellung auf die digitale Technologie weiter

---

772 Europäische audiovisuelle Informationsstelle, Statistisches Jahrbuch 1998, S. 172; Kleinsteuber/Rosenbach, RuF 1998, S. 24-27.

773 70 Prozent der Haushalte empfangen nur terrestrische Programme: Zimmer, MP 2000, S. 438 (444).

774 Zu Frankreich: Breunig, *Marktchancen des digitalen Fernsehens*, S. 124; zur französischen Gesetzgebung im audiovisuellen Sektor: Pinard, in: *Juristischer Führer für audiovisuelle Medien in Europa*, S. 55 f.

775 France Télévision wollte im Jahr 2000 ins terrestrische Digitalfernsehen einsteigen: epd-medien Nr. 79/1999, S. 24/25. TPS soll die Millionenschwelle an Abonnenten Ende 2000 überschreiten. Die Zielvorgabe für das Jahr 2005 liegt bei 2,5 Mio. Haushalten: Zimmer, MP 2000, S. 438 (446).

776 Zur Situation: Zimmer, MP 2000, S. 438 (445).

fortgeschritten.[777] BSkyB ist der größte Pay-TV Anbieter, der seit Herbst 1998 auch digitale Programmpakete ausstrahlt.[778] Konkurrenzanbieter ist die Firma ONdigital.[779] Auch BBC als öffentlich-rechtlicher Rundfunkveranstalter hat umfangreiche Initiativen gestartet. Das Bouquet der BBC umfasst BBC 1 und 2, BBC News 24, BBC Choice sowie seit 1999 BBC Learning und BBC Parliament. Durch das Programm führt ein elektronischer Programmführer, den BBC in Kooperation mit Dritten veranstaltet. Weitere britische Provider sind Digital 3 & 4 und Free-to-air. Da überwiegend britische Haushalte einen terrestrischen Empfang besitzen, haben verschiedene Anbieter im Rahmen eines Konsortiums unter der Firmierung von OnDigital digitalen terrestrischen Rundfunk eingeführt, der zwar kein Radio im Bouquet hat, dafür aber eine Vielzahl von Fernsehprogrammen.[780]

3. Spanien

In Spanien besteht das Problem, dass zwei Anbieter auf dem digitalen Fernsehmarkt nicht existieren können.[781] Canal Satellite Digital hat heute etwa zwei Drittel der digitalen Pay-TV-Haushalte, der vom Telekommunikationskonzern Telefónica beherrschte Konkurrent ViaDigital ungefähr 320.000 Digitalkunden.[782] Fusionsverhandlungen zwischen beiden Pay-TV-Anbietern sind gescheitert.[783] Beide bieten sowohl Fernseh- als auch Radioprogramme in ihrem Bouquet an. Im übrigen besitzt die spanische Telefonica eine eigene Kabelplattform, sodass zwingend an eine technische Plattform gedacht wird. Seit Frühjahr gibt es einen weiteren Konkurrent Quiero TV, der zur Zeit 19 Programme anbietet.[784]

---

777 Zur britischen Gesetzgebung und rechtlichen Entwicklung im audiovisuellen Sektor: Goldberg/Prosser, in: *Juristischer Führer für audiovisuelle Medien in Europa*, S. 113 f.

778 Mit dem digitalen Programmpaket Sky Digital konnten bis mitte 2000 3,583 Mio Abonnenten gewonnen werden: Zimmer, MP 2000, S. 438 (439). Zu Vereinigtem Königreich: Initiative "Digitaler Rundfunk": epd-medien Nr. 66/1998, S. 32. Im Jahr 2000 sollen "Money-Channel" und "Hallmark-Channel" auf der Digitalform BSkyB aufgenommen werden: epd-medien Nr. 78/1999, S. 25. BSkyB ab Ende 2001 nur noch digital: epd-medien Nr. 64/1999, S. 21.

779 Zu ONdigital: Zimmer, MP 2000, S. 438 (440).

780 Der Start digitaler Kabeldienste verlief bisher schwierig, da es Lieferschwierigkeiten der Set-Top-Boxen gibt: Zimmer, MP 2000, S. 438 (442).

781 Zu Spanien: Horizont 40/1996 v. 04.10.1996, S. 60. Zur spanischen Gesetzgebung im audiovisuellen Sektor: Gómez, in: *Juristischer Führer für audiovisuelle Medien in Europa*, S. 107 f.

782 epd-medien Nr. 23/1999, S. 27; Zimmer, MP 2000, S. 438 (449). Spaniens Digital-Plattformen machen hohe Verluste: epd-medien Nr. 71/1999, S. 27.

783 epd-medien Nr. 20/1999, S. 19.

784 Zimmer, MP 2000, S. 438 (449).

4. Italien

Italien ist ebenfalls von der terrestrischen Verbreitung geprägt. Der Pay-TV Anbieter Telepiù hat für sein seit September 1996 laufendes digitales Bouquet rund 800.000 Abonnenten.[785] Nachdem nunmehr Canal Plus Anteileigner ist, wird das Canal Plus System, D+, eingesetzt. Weitere digitale Anbieter sind RAI, Mediaset und Stream.[786] Ein zwischen Telecom Italia und der RAI geplantes digitales System ist noch nicht installiert.[787] Alle Anbieter haben gemeinsam, dass sie neben Fernsehprogrammen auch Radioprogramme in ihren digitalen Bouquets anbieten.

5. Skandinavien

Skandinavien zeigt sich noch uneinheitlich.[788] In Schweden und Dänemark sind digitale Bouquets in Kabelnetze eingespeist. Beispielsweise verbreitet die schwedische Telia terrestrische Bouquets mit Special-Interest-Kanälen. Canal Digital betreibt in ganz Skandinavien ein digitales Paket über Intelsat mit einer Nokia Box und dem Canal Plus System.

6. Deutschland

Aus technologischer Sicht hat Deutschland ein hohes Entwicklungsniveau mit entsprechender Kabel- und Satellitenpenetration.[789] Dennoch ist die Entwicklung des digitalen Rundfunks nicht absehbar. Dies hat im wesentlichen zwei Gründe. Zum einen ist Deutschland kein typisches Pay-TV-Land und zum anderen ist die Einführung der "d-box" nicht erfolgreich verlaufen. Bis zum Oktober 1999 gab es nur zwei digitale Pay-TV-Anbieter Premiere Digital und DF 1. Premiere digital veranstaltete drei Kanäle im Pay-TV. Darüber hinaus gab es noch vier Pay-per-View-Kanäle. DF 1 bot zehn Spielfilm-, drei Dokumentar-, einen Kinder- und verschiedene Spartenkanäle an. DF 1 ist nunmehr als eigenständige Marke aufgegeben worden und mit Premiere zur neuen Kirch-Plattform Premiere World verschmolzen.[790] Diese Monopolstellung ist zur Zeit ungefährdet, da konkurrierende Kabelnetzbetreiber auf die Deutschen Telekom

---

[785] Ebd. Zur Situation in Italien: Breunig, *Marktchancen des digitalen Fernsehens*, S. 125. Zur italienischen Gesetzgebung im audiovisuellen Sektor, Cappello/ Mastroianni, in: *Juristischer Führer für audiovisuelle Medien in Europa*, S. 72 f.

[786] Die Plattform Stream gehört zu jeweils 50 Prozent Telecom Italia und Rupert Murdochs News Corporation.

[787] Digital-TV: Murdoch zusammen mit Telecom Italia: epd-medien 03/1999, S. 26.

[788] Zu Skandinavien: Breunig, *Marktchancen des digitalen Fernsehens*, S. 126. Zur Gesetzgebung im audiovisuellen Sektor: Schlüter, Dänemark, in: *Juristischer Führer für audiovisuelle Medien in Europa*, S. 42 f.; Lans, Schweden, in: ebd. S. 96.

[789] Zur Kabelverteilung im digitalen terrestrischen Rundfunk: Sporn, *Vielfalt im digitalen Rundfunk*, S. 19 f. Zur Rangfolge im Kabel: Dörr/Charissé, AfP 1999, S. 18 (19 f.).

[790] Premiere World hat ca. 2 Mio. Abonnenten. Ca. 1 Mio. nutzen das digitale Angebot: epd-medien Nr. 87/1999, S. 14.

angewiesen wären. Sie verfügt an den verkauften Kabelnetzen eine Sperrminorität.[791]
Der öffentlich-rechtliche Rundfunk muss sich durch die Angebotsvielfalt mit der Profilierung seines Programmangebots neuen Herausforderungen stellen. Der öffentlich-rechtliche Rundfunk darf wie der private Rundfunk digitale Programme oder Programmbouquets anbieten, damit er im Wettbewerb bestehen kann.[792] ARD und ZDF verfolgen neben der gemeinsamen Unterhaltung von Spartenkanälen unterschiedliche Strategien: Die ARD setzt den Schwerpunkt auf Hintergrundinformationen für ihr Hauptprogramm, während das ZDF sich auf den Online-Bereich konzentriert. Dem Internet wird kein entscheidender Einfluss auf Rundfunkangebote beigemessen.

II. Marktsituation anderer audiovisueller Angebote

Das wirtschaftliche Potential für die neuen audiovisuellen Angebote hängt im wesentlich von der Werbebereitschaft der Wirtschaft ab. Entscheidende Faktoren der Werbeattraktivität sind je nach Ausgestaltung der Angebote Programmentgelte, Reichweite und Potentiale an Interaktivität. Nur auf diese Weise kann der Programmanbieter Marktanteile auf dem zukünftigen Fernsehmarkt erwerben. Da zu den Marktchancen umfassende Studien[793] bestehen, sollen an dieser Stelle nur die marktrelevanten Angebote erwähnt werden.

1. Special-Interest-Kanäle

Zielgruppenorientierte Spartenprogramme können das Interesse unterschiedlicher Rezipientengruppen befriedigen. Eine derartige Programmdifferenzierung (Verspartung) zeichnet sich auf dem Unterhaltungs- und Informationssektor ab.[794] Die Veranstalter von werbefinanzierten Vollprogrammen gründen eigene Spartenkanäle zur weiteren Verwertung ihrer Programme. Die Finanzierung solcher Spartenprogramme hängt von der Reichweite der Programme und dem Nachfragepotential ab.[795] Je nach Ausgestaltung als werbefinanziertes Free-TV oder werbefreies Pay-TV haben die Spartenveranstalter die Mediennutzung und das Konsumentenverhalten in ihren Wirtschaftlichkeitserwägungen zu berücksichtigen. In der Zukunft werden Spartenprogramme die klassischen Vollprogramme nicht verdrängen können, sondern allenfalls ergänzen.[796] Eine solide Finanzierung scheint nur über Abonnement-Gebühren möglich zu sein, da es

---

[791] Zur Allianz im Pay-tv-Geschäft zwischen der Deutschen Telekomm und der Kirch-Gruppe: Financial Times Deutschland v. 12.10.2000, S. 3.

[792] Hartstein/Ring/Kreile, *Kommentar zum Rundfunkstaatsvertrag*, § 19, Rn. 17 f.

[793] Vgl. zur deutschen u. internationalen Situation: Breunig, *Marktchancen des digitalen Fernsehens*, S. 121.

[794] Zur Spartennutzung im deutschen Fernsehen 1998/1999: Gerhards/Grajczyk/Klingler, MP 1999, S. 390 f. u. MP 2000, S. 458.

[795] Zu den Spartenkanälen: Schrape, *Digitales Fernsehen*, S. 106-111.

[796] Breunig, *Marktchancen des digitalen Fernsehens*, S. 133/134.

bisher noch an einer entsprechenden Reichweite fehlt.[797] Gleichwohl sieht die Werbewirtschaft in den Spartensendern ein interessantes Umfeld. Dort können Branchen, die bisher nicht geworben haben, ihre Zielgruppen finden und erreichen. Zwar hinkt wegen der unterschiedlichen Rahmenbedingungen ein Vergleich zum (außer)europäischen Ausland, jedoch werden dort aus Finanzierungsgründen die digitalen TV-Angebote durchweg als Pay-TV gestartet.[798] Ein wirtschaftlicher Erfolg von Pay-TV-Spartenkanäle wird nur erzielt werden können, wenn kaufkräftige Zielgruppen zur Verfügung stehen.[799]

2. Video-on-Demand

Anbieter von Video-on-Demand benötigen eine sehr anspruchsvolle, aber auch kostenintensive technische Infrastruktur. Damit ein solches System funktionieren kann, ist ein Zusammenspiel verschiedener Komponenten unerlässlich. Aufgrund der technischen Komplexität von Video-on-Demand sind die Aussagen zu den Markt- und Wirtschaftlichkeitschancen nur spekulativ.[800] In Europa soll nach einer Prognose des Marktforschungsinstituts Dataquest das Vereinigte Königreich bis zum Jahr 2001 der größte Markt für interaktive Angebote werden. Dort wird ein Marktvolumen auf 2,9 Milliarden Dollar im Jahre 2001 angenommen.[801] Nach der PROGNOS-Studie[802] entstehen für deutsche Veranstalter eines Video-on-Demand-Dienstes jährliche Kosten von ca. 300 DM pro angeschlossenem Haushalt. Der Betreiber würde bei Gebühren von 6 DM pro Film erst ab dem 50. Film seine Aufwendungen wieder eingespielt haben, wobei aktive Videoverleiher 84 Filme pro Jahr ausleihen. Die Senkung der Gebühr für ein Video-on-Demand-Angebot könnte durch eine Mischfinanzierung erfolgen, wenn vor der Rezeption des Films Werbung zugelassen wird. Den für den Video-on-Demand-Betreiber entstehenden Differenzbetrag müsste dann der Werbekunde bezahlen. Nach ersten Untersuchungen zeigt sich, dass bei Video-on-Demand eine Korrelation zwischen Haushaltsnettoeinkommen und der Akzeptanz von Werbung besteht. Je mehr Geld in einem Haushalt vorhanden ist, desto größer ist das Interesse an Werbung zur Filmpreisreduktion.[803] Die zukünftigen Entwicklungsperspektiven von Video-on-Demand sehen nach PROGNOS bis zum Jahr 2000 eine technische Marktreife vor. Das bedeutet, dass bei der Übertragung über Breitbandnetze der entsprechende Verbreitungs-

---

[797] Ebd., S. 132.

[798] Ebd., S. 127/128.

[799] Ebd., S. 132.

[800] Bei den in den USA durchgeführten Pilotprojekten zum digitalen und interaktiven Fernsehen erwiesen sich die Video-on-Demand Angebote als wenig erfolgreich. Dazu: Schrape, *Digitales Fernsehen*, Kurzbeschreibung internationaler Projekte, Anhang A 2-A 8; Wilke/Imhof, *Multimedia*, S. 193-196.

[801] tendenz IV/1997, S. 23.

[802] Schrape, *Digitales Fernsehen*, S. 42/112 (bezogen auf die Bundesrepublik Deutschland).

[803] Schauz, *Video-on-Demand*, S. 154/154.

kanal für Video-on-Demand und andere On-Demand-Angebote gesichert sein muss. Mittelfristig soll es zu einer Vergrößerung des Angebots durch die Vernetzung lokaler Video-Server und den Anschluss an Zentrale Server kommen. Langfristig ist die Integration in ein interaktives Mediensystem vorgesehen.[804]

3. Teleshopping

Die ökonomische Entwicklung des Teleshopping-Marktes orientiert sich an der Akzeptanz beim Zuschauer.[805] Teleshopping-Sendungen sind nämlich eine Mischung aus Werbung und Verkaufsshow, die einen spontanen Kaufentschluss hervorrufen müssen. Je nach Ausgestaltung als Einkaufssendung, Direct-Response-Television-Werbespot oder Verkaufsshow steht der Kaufentschluss im engen zeitlichen Zusammenhang mit der Ausstrahlung. Mittels Rückkanal über Telefon wird sich ein Kunde nur selten entschließen, zu einem späteren Zeitpunkt das Produkt zu kaufen. Durch die Digitalisierung werden die Grenzen zwischen Teleshopping-Programmen und elektronischen Versandhäusern verschwimmen. Für Europa ist das Vereinigte Königreich auf diesem Sektor führend, weil es als Brückenkopf für paneuropäische Aktivitäten weltweit operierender Teleshopping-Kanäle dient. Ansonsten ist Teleshopping in der Gemeinschaft unterentwickelt.[806] In Deutschland waren erste Anfänge des Teleshopping durch die Einführung von Btx (heute: T-Online) möglich.[807] Wirbel löste 1995 der Teleshoppingkanal HOME-ORDER-TELEVISION (H.O.T.) aus, der von der Arbeitsgemeinschaft der Landesmedienanstalten (ALM) nicht genehmigt wurde. Zugrunde lag ein zwischen der Bayerischen Landeszentrale für neue Medien (BLM) und QUELLE SCHICKEDANZ AG & Co. abgeschlossener öffentlich-rechtlicher Vertrag für eine landesweite Zulassung.[808] Die technische Reichweite von H.O.T. betrifft ca. 18,5 Mio Haushalte in Deutschland, Österreich und der Schweiz.[809] H.O.T. ist seit 1999 in der Gewinnzone.[810] Dies hängt im wesentlichen mit den neuen Werbeformen zusammen. Kunden können bei der MediaGruppe München (MGM) Kombinationen von Spots, Sponsoring, Videotext und reinen Verkaufssendungen buchen. Die Waren können auch über Computer abgerufen werden. Der Konkurrent QVC erreicht

---

[804] Schrape, *Digitales Fernsehen*, S. 42.

[805] Flockerzi, Teleshopping, in: Wilke/Imhof (Hrsg.), *Multimedia*, S. 119.

[806] Ebd., S. 122-125.

[807] Marketing-Journal 1981, S. 594.

[808] Gersdorf, AfP 1996, S. 196.

[809] epd medien Nr. 81/98, S. 15.

[810] Im Geschäftsjahr 1998 hatte H.O.T. einen Gesamtumsatz von 190 Mio. DM, im Jahre 1999 einen Gesamtumsatz von 350 Mio. DM: epd-medien Nr. 81/1998, S. 15 u. Nr. 3/2000, S. 13/14.

weniger Haushalte.[811] Zur Zeit können über ASTRA die beiden Teleshopping-Kanäle empfangen werden. Die Betreiber verzichten immer mehr auf meinungsbildende Unterhaltungs- und Showelemente, um nicht unter den Rundfunkbegriff zu fallen.[812]

4. Pay-TV

Pay-per-Channel, Pay-per-View und Video-on-Demand ermöglichen den Rezipienten gegen Bezahlung einen Genuss von werbefreien Programmen.[813] Von allen Mitgliedstaaten kann das Vereinigte Königreich auf eine längere zeitliche Entwicklung zurückblicken. Der digitale Sender BSkyB bietet analoge Pay-TV-Programme und Bouquets an.[814] Near-Video-on-Demand und Pay-per-View setzt BSkyB bisher nur testweise ein. Seit Oktober 1998 hat BSkyB seine Plattform Skydigital mit 140 Kanälen gestartet.[815] In Deutschland wurde Pay-TV in Form von PREMIERE und DF1 ausgestrahlt. Während Pay-per-Channel-Veranstalter PREMIERE noch überwiegend die analoge Technik nutzte, war DF1 der erste kommerzielle digitale Spartensender auf dem deutschen Pay-TV-Markt.[816]Der Sender startete 1995.[817] Er bestand bis zur Fusion mit PREMIERE aus sieben Programmpaketen.[818] PREMIERE bot überwiegend Spielfilme, Sport- und Musikveranstaltungen an.[819] PREMIERE DIGITAL wurde seit Frühjahr 1997 über den Satelliten ASTRA 1F abgestrahlt.[820]. Beide Kanäle sind zu PREMIERE-WORLD zusammengeführt worden. PREMIERE-WORLD ist analog und digital als Pay-TV empfangbar. Nach der PROGNOS-Studie "Medien 2010" wird voraussichtlich in den nächsten drei bis fünf Jahren in Deutschland das Akzeptanzpotential für digitale Pay-TV-Spartenprogramme bei 20 % der

811 Der Sender wird als Mediendienst eingestuft: epd medien Nr. 78/1998, S. 13. Zum Umsatz von QVC: epd-medien Nr. 97/1999, S. 20.

812 Zur rechtlichen Auseinandersetzung mit H.O.T.: Schippan, NJW 1997, S. 3205 ff.

813 Pay-TV wurde 1957 in den USA eingeführt: tendenz IV/1996, S. 29.

814 Breunig, *Marktchancen des digitalen Fernsehens*, S. 123.

815 epd medien Nr. 78/1998, S. 23.

816 DF 1 startete auf der Basis einer Erprobungsklausel: Art. 35a BayMG.

817 Marktpenetration des digitalen Fernsehens in USA und Westeuropa: USA 4,75; Frankreich 2,0; Italien 0,3; Niederlande 0,9; Spanien 0,3; Deutschland 0,1; s. Schrape, tendenz IV/97, S. 32/33 (Stand 4/1997); zur Chronologie zum Digital-TV in Deutschland, tendenz IV/1997, S. 7.

818 DF 1 hatte 1998 ca. 280000 Abonnenten: epd-medien Nr. 2/1999, S. 10.

819 Zimmer, MP 1996, S. 386 f. (399): Bezahlfernsehen in Deutschland und im internationalen Vergleich.; s.a. Positionspapier der CLT-UFA. Internationaler Vergleich zwischen Großbritannien, Italien; Frankreich, USA und Deutschland zum Pay-TV: epd medien Nr. 71/1997, S. 27 ff.

820 BLM-Pressemitteilung P04/97 vom 24.01.1997: Die Zahl der Abonnenten hat sich nach Wiederaufnahme der Vermarktung am 15.07.1998 von 120 000 auf 200 000 erhöht, FK Nr. 34/1998, S. 22 u. FK 41-42/98, S. 13. Premiere Digital hatte zum Jahreswechsel 1998/1999 ca. 400 000 Abonnenten: epd-medien Nr. 2/1999, S. 10.

Erwachsenen liegen.[821] Optimistische Prognosen gehen davon aus, dass Pay-TV nach der Jahrtausendwende kaum über vier Millionen Abonnenten haben wird. Entscheidend für die Entwicklungsperspektive wird sein, ob die Kunden einen deutlichen Mehrwert beim Pay-TV erkennen können.[822] Anbieter digitalen Pay-TV's müssen in Zukunft Online-Angebote in ihr Programmangebot integrieren, um einen höheren Verbreitungsgrad und eine erhöhte Zuschauerakzeptanz zu erreichen. Bei der Markterschließung von digitalem Pay-TV wird der Kabelausbau und die Satellitenübertragung von großer Bedeutung sein. Zudem bedarf es eines einheitlichen und zugangsoffenen Dekoders.[823]
In Europa sind Pay-per-View-Dienste für Spielfilme noch überwiegend mit reiner analoger Technik empfangbar.[824] Da Pay-per-View seine Wirtschaftlichkeit erst mit einer Vielzahl von Kanälen pro Dienst erreichen kann, ist der analoge Pay-per-View-Markt uninteressant geworden. Nur mit Hilfe der digitalen Übertragungstechnik lassen sich mehrere Kanäle auf einem Platz unterbringen. Trotz allem wird es für die Pay-per-View-Betreiber schwierig werden, sich im Wettbewerb mit den Videotheken zu behaupten. Zwar schwanken die tatsächlichen Kosten für Pay-per-View-Spielfilme in Europa, jedoch liegen sie deutlich über der Videomiete. Die Auswahl aktueller Filme in einer Videothek wird Pay-per-View niemals erreichen können.
Die Marktentwicklung von Pay-TV für die Werbewirtschaft ist nur schwer abschätzbar. Schließlich liegt der Hauptgrund für den Einstieg ins Pay-TV darin, dass kaum Werbung vorkommt. Wegen der nur geringen Werbemöglichkeiten wird der Pay-TV-Markt nur ein Randthema für den Werbemarkt sein. Gleichwohl wird der Ausbau des Bezahlfernsehens nicht ohne Werbung zu finanzieren sein. Bei zunehmender Attraktivität der Pay-TV-Angebote könnte nämlich die Werbekraft der Free-TV-Programme sinken und somit den Ausbau digitaler Vollprogramme verhindern. Pay-TV wird zwar von der klassischen Werbung verschont bleiben können, schließt aber die geschickte Implementierung von Werbung im Programm nicht aus.

B. Entwicklungsperspektiven

Die digitalen Umwälzungen verursachen eine stetig steigende Anzahl von Special-Interest-Kanälen und neuen audiovisuellen Angeboten. Es ist zu erwarten, dass die Verwertung der Fernsehrechte zunächst digital im Pay-TV oder

---

821 Volpers/Herkströter/Schnier, *Die Trennung von Werbung und Programm im Fernsehen*, S. 49, vgl. Horizont vom 21.08.1997, S. 33; Horizont vom 15.05.1997, S. 50.

822 Studie "Consumer Technology Survey", epd-medien Nr. 85/1999, S. 20.

823 Zu den Parametern der Marktentwicklung: Grimme-Studie 1999 über die Entwicklungsperspektiven von digitalem Bezahlfernsehen in Deutschland: epd-medien Nr. 85/1999, S. 33 f.

824 Auflistung der europäischen Pay-per-View-Veranstalter 1997-1998, Statistisches Jahrbuch 1998, S. 181.

Pay-per-View erfolgt, bevor die Filme im Free-TV zu sehen sind. Die Sparten im Pay-TV-Markt können wirtschaftlich im Wettbewerb nur bestehen, wenn attraktive Programminhalte wie Spielfilme, Sportübertragungen und ähnliche aktuelle Veranstaltungen ausgestrahlt werden, die das Free-TV nicht mehr befriedigen kann. Der Bestand der werbefinanzierten analogen Vollprogramme wird durch die neuen audiovisuellen Angebote nicht gefährdet werden, da sie über eine größere technische Reichweite verfügen und eine Art "inhaltliche Grundversorgung" wahrnehmen. Eine bedingte Selbstreinigung des Marktes ist durch die Reduzierung sog. "Zweitverwertersender" absehbar. Die Beteiligung des öffentlich-rechtlichen Rundfunks an neuen digitalen Programmformen ist noch ungewiss. In Deutschland ist jedoch bereits im RStV eine Bouquet-Ermächtigung enthalten, die dem öffentlich-rechtlichen Rundfunk Handlungsspielräume eröffnet.[825]
Die Wirtschaftlichkeit und die Durchsetzbarkeit neuer audiovisueller Angebote hängt von einer nur schwer einschätzbaren Kosten- und Reichweitenentwicklung der digitalen Technologie ab. Darüber hinaus kommt es wesentlich auf die Zuschauerakzeptanz an. An diesen Parametern wird sich die Werbewirtschaft orientieren. Die Angebotsvielfalt bietet für die Werbewirtschaft neue Präsentations- und interaktive Dialogformen. Die zukunftsweisende interaktive Werbung wird den Werbetreibenden neue Vertriebsstrukturen eröffnen. Somit schließt sich der Kreis, dass der audiovisuelle Sektor nicht ohne die Werbewirtschaft und umgekehrt die Werbewirtschaft nicht ohne den audiovisuellen Sektor auskommen kann.

Dritter Abschnitt: Rundfunkbegriff und neue audiovisuelle Dienste

A. Europäischer Rundfunkbegriff

Neue audiovisuelle Dienste bedingen die Einordnung und Anpassung bisheriger Regulierungen an die technologische Entwicklung. Maßgebend ist die Auslegung des europäischen und nationalen Rundfunkbegriffs. Der europäische Rundfunkbegriff ist nicht einheitlich zu sehen, sondern umschreibt lediglich den Anwendungsbereich von *FernsehRL* und *FsÜ*. Das bedeutet allerdings nicht, dass die europäischen Vorgaben keine Bedeutung für die nationale Rundfunkregulierung haben.[826]

I. Begriffsbestimmungen in FernsehRL und FsÜ

Die maßgeblichen europäischen Regelungswerke, die ausschließlich die Ausübung der Fernsehtätigkeit betreffen, enthalten keine exakten Definitionen.

---

825 S. Erster Teil dieser, Zweiter Abschnitt, D. IX. 2.: Mediale Funktionsausweitung und Beihilfe; Ziemer, in: ZDF Jahrbuch 1997, S. 63 (66).

826 Rüggeberg, Der Rundfunkbegriff in anderen Ländern: Dittmann/Fechner/Sandner (Hrsg.), *Der Rundfunkbegriff im Wandel der Medien*, S. 61 ff.

Im Gemeinschaftsrecht werden lediglich Negativabgrenzungen vorgenommen. Die Rechtsprechung des *EuGH* hat sich noch nicht mit der Ausgestaltung eines europäischen Rundfunkbegriffs befasst. Aus diesem Grunde ist ein Rückgriff auf die Schlüsselbegriffe notwendig. Der Begriff der *Fernsehsendung* enthält in *Art. 1 lit. a) FernsehRL* folgende Legaldefinition:

> *Fernsehsendung*: die drahtlose oder drahtgebundene, erdgebundene oder durch Satelliten ermittelte, unverschlüsselte oder verschlüsselte Erstsendung von Fernsehprogrammen, die zum Empfang durch die Allgemeinheit bestimmt ist. Der Begriff schließt die Übermittlung an andere Veranstalter zur Weiterverbreitung an die Allgemeinheit ein. Nicht eingeschlossen sind Kommunikationsdienste, die auf individuellen Abruf Informationen oder andere Inhalte übermitteln, wie Fernkopierdienste, elektronische Datenbanken und ähnliche Dienste.

Im Vergleich zur *FernsehRL* differenziert das *FsÜ* zwischen "Verbreitung" und "Weiterverbreitung" von Fernsehprogrammen. Die konsolidierte Fassung hat an den Begriffsbestimmungen nichts geändert. Diese Unterscheidung ist allerdings durch die fortschreitende technische Entwicklung bedeutungslos geworden. *Art. 2 lit. a) und b) FsÜ* verstehen unter

- "Verbreitung" die Erstausstrahlung von Fernsehprogrammen, die zum Empfang durch die Allgemeinheit bestimmt sind, über terrestrische Sender, über Kabel oder über Satelliten jeder Art in verschlüsselter oder unverschlüsselter Form. Der Ausdruck schließt Fernmeldedienste, die auf individuellen Abruf geleistet werden, nicht ein.

- "Weiterverbreitung" den Empfang und - ungeachtet der eingesetzten technischen Mittel - die gleichzeitige, vollständige und unveränderte Weiterverbreitung von Fernsehprogrammen oder wichtigen Teilen solcher Programme, die von Rundfunkveranstaltern für den Empfang durch die Allgemeinheit verbreitet werden.

In beiden Regelungsmaterien spielen die Distributionswege keine Rolle. Die verschiedenen Übertragungsmöglichkeiten werden nicht nach Art der Technik unterschiedlich in den Begriffsbestimmungen behandelt.[827] Der grenzüberschreitende Charakter der Fernsehprogramme ist nur der Formulierung "Empfang durch die Allgemeinheit" zu entnehmen. Im Gegensatz zur *FernsehRL* schließt das *FsÜ* inländische Fernsehprogramme vom Anwen-

---

[827] Vgl. zum Unterschied zwischen Fernmeldesatellit und Rundfunksatellit: Martin Pérez de Nanclares, *Die EG-Fernsehrichtlinie*, S. 90 f. (Rn. 95); Ring, *Medienrecht*, Bd. IV, E-I, 6 f.

dungsbereich aus.[828] Verschlüsselung und Entgeltfinanzierung können grundsätzlich nichts daran ändern, dass sie dem europäischen Rundfunkbegriff unterfallen.[829] Allerdings ist die Art des Zugriffs zu beachten. Dies ergibt sich aus der Einschränkung der Begriffsbestimmungen zu den Kommunikationsdiensten, die auf individuellen Abruf Informationen oder andere Inhalte übermitteln. Solche Abrufdienste sind aus dem europäischen Rundfunkbegriff ausgeklammert. Ausdrücklich werden Fernmelde-, Fernkopierdienste (Faxgeräte), elektronische Datenbanken und andere ähnliche Dienste erwähnt. Die Definitionen in *FernsehRL* und *FsÜ* zeigen, dass der europäische Gesetzgeber bei ihrer Normierung von klassischen Verteilangeboten ausgegangen sind bzw. es den Mitgliedstaaten lediglich um eine Harmonisierung einzelner Erscheinungsformen des Rundfunks gegangen ist.[830]

II. Revision des europäischen Rundfunkbegriffs

In der Debatte über die Revision der *FernsehRL* wurde der europäische Rundfunkbegriff kontrovers diskutiert. Es ging im wesentlichen um Verschärfungsvorschläge zur *FernsehRL*, wonach man den bisher eng gefassten Rundfunkbegriff auf neue audiovisuelle Dienste ausdehnen wollte. Der Gemeinsame Standpunkt des Rates hatte es jedoch nicht für notwendig erachtet, neue audiovisuelle Dienstleistungen im Anwendungsbereich der *FernsehRL* zu berücksichtigen. Vielmehr war beabsichtigt, auf Gemeinschaftsebene durch ein Grünbuch eine Diskussion stattfinden zu lassen.[831] Die Kommission hatte stets in ihren Vorschlägen einen extensiven Rundfunkbegriff abgelehnt, um den technischen Fortschritt neuer audiovisueller Dienste nicht zu gefährden.[832] In einem geänderten Vorschlag führte die Kommission aus:

> "Die Aufnahme einer Definition des Begriffs "Fernsehprogramm" ist keinesfalls als Ausweitung des Anwendungsbereichs der Richtlinie auf die neuen Dienste wie Video-on-Demand, Online- oder Internet-ähnliche Dienste auszulegen. Jeder rechtliche Rahmen für die neuen audiovisuellen Dienste muss mit dem primären Ziel dieser Richtlinie, einen Rechtsrahmen für den freien Verkehr von Diensten zu schaffen, vereinbar sein."[833]

Das Europäische Parlament hatte in einem Bericht des Ausschusses für Kultur,

---

828 Art. 3 FsÜ, Art. 20 FernsehRL.

829 Ring, ZUM 1990, S. 279 ff.; Martin Pérez de Nanclares, *Die EG-Fernsehrichtlinie*, S. 92 m. w. N.

830 Gersdorf, *Der verfassungsrechtliche Rundfunkbegriff im Lichte der Digitalisierung der Telekommunikation*, S. 68 f. (71).

831 Gemeinsamer Standpunkt (EG) Nr. 49/96 vom 08.07.1996, ABl. 1996 Nr. C 264/52 (63).

832 Erster Vorschlag der Kommission zur Änderung der FernsehRL vom 01.05.1995, ABl. 1995 Nr. C 184/4 (5).

833 Geänderter Vorschlag der Kommission vom 07.05.1996, ABl. 1996 Nr. C 221/10 (11).

Jugend, Bildung und Medien geäußert:

> "Wir gehen von dem Standpunkt aus, dass diese "neuen Dienste" einstweilen noch zum Bereich der virtuellen Realität gehören und dass es gewiss sehr gewagt ist, ihrer technischen und noch mehr wirtschaftlichen Entwicklung vorzugreifen.
> Andererseits spielt die Entwicklung dieser neuen Kommunikationsmedien kulturell, gesellschaftlich und wirtschaftlich eine herausragende Rolle.
> Zur Förderung ihrer Entwicklung unterstützen wir die Option, sie ausdrücklich aus der in Artikel 1 Buchstabe a genannten Definition auszuschließen."[834]

Die Befürworter eines engen Rundfunkbegriffs begründeten ihre Ansicht u. a. damit, dass sich die Behinderung neuer audiovisueller Dienste negativ auf die Schaffung neuer Arbeitsplätze auswirke. Eine enge Definition würde dazu führen, dass diese neuen audiovisuellen Dienste rechtlich der Quotenregelung *(Art. 4 FernsehRL)* unterlägen. Ein weiter Begriff könne Europa auf die "Kriechspur" führen.[835] Dennoch hatte das Europäische Parlament durch den Ausschuss für Kultur, Jugend, Bildung und Medien eine weitere Empfehlung zum Gemeinsamen Standpunkt des Rates abgegeben, einen weiten Rundfunkbegriff in die *FernsehRL* einzuführen. *Art. 1 lit. a) FernsehRL* erhielt sodann folgende ergänzende Fassung:

> "Der Begriff schließt ebenfalls die Übermittlung von Fernsehprogrammen, die individuell entweder gleichzeitig oder sequentiell abrufbar sind und deren Inhalte vollständig oder im wesentlichen mit Fernsehsendungen vergleichbar sind, ein.
> Nicht eingeschlossen sind der interaktive Informationsaustausch zwischen Einzelpersonen, sowie Online- und vergleichbare Dienstleistungen. Nicht eingeschlossen sind ferner Kommunikationsdienste, die auf Abruf Informationen oder andere Inhalte an Einzelpersonen übermitteln, wie elektronisches Publishing, Fernkopierdienste, elektronische Datenbanken und ähnliche Dienste."[836]

Der Paradigmenwechsel des Europäischen Parlaments stand vor dem Hintergrund, dass die Mitgliedstaaten zur Verwirklichung eines europäischen Rechts-

---

834 Bericht des Ausschusses für Kultur, Jugend, Bildung und Medien vom 26.01. 1996, Dok. A4-0018/96, PE 213.974/end., S. 33 f.

835 Hoppenstedt zu Bericht Dok. A4-0018/96, PE 197.204.

836 Empfehlung für die zweite Lesung betreffend den Gemeinsamen Standpunkt vom 31.10.1996, Dok. A4-0346/96, PE 219.404/end., S. 9.

rahmens bereits frühzeitig auf die mit dem Rundfunk vergleichbaren Dienstleistungen einwirken wollten, um jeder Verletzung grundlegender Prinzipien und der Entstehung tiefgreifender Ungleichgewichte vorzubeugen.[837] Ein transnational garantierter Schutzstandard sollte durch die weitgehende Einbeziehung der neuen audiovisuellen Dienste gesichert werden. Die Empfehlung konnte sich jedoch in Zweiter Lesung des Europäischen Parlaments nicht durchsetzen.[838] Nach dem Vermittlungsverfahren ist man wieder zum ursprünglichen Vorschlag zurückgekehrt. Die neuen audiovisuellen Dienste wurden nicht in die Revision der *FernsehRL* einbezogen. Die ablehnende Haltung hat ihren Niederschlag in den Erwägungsgründen zu der revidierten *FernsehRL* gefunden. Danach muss jeder legislative Rahmen für neue audiovisuelle Dienste mit dem vorrangigen Ziel dieser Richtlinie, nämlich der Schaffung eines rechtlichen Rahmens für den freien Dienstleistungsverkehr, in Einklang stehen.[839] Die Mitgliedstaaten haben auf die Fernsehtätigkeit vergleichbarer Dienste einzuwirken, um die Freizügigkeit und den Wettbewerb zu gewährleisten.[840]

III. Gemeinschaftsrechtliche Einordnung audiovisueller Dienste

Das Gemeinschaftsrecht hat durch eine Vielzahl von sekundärrechtlichen Vorgaben einen europäischen Rechtsrahmen für Rundfunk und Telekommunikation geschaffen. Es besteht eine umfangreiche Rechtsprechung des *EuGH* zu einem ungehinderten freien Empfang von Fernsehsendungen, nicht aber zu den neuen audiovisuellen Diensten. Die Regelungslücken, die sich als Behinderungen zu einem konvergierenden Umfeld verschiedener Branchen auswirken können, betreffen u. a. den Bedarf an Definitionen zur Abgrenzung bereichsspezifischer Vorschriften. Zweifelhaft ist die begriffliche Einordnung der neuen audiovisuellen Dienste. Unklar ist auch, ob und inwieweit europäische rundfunkspezifische Grundsätze auf die neuen audiovisuellen Dienste übertragen werden können.

1. Definitionsansätze im Telekommunikationsrecht

Der ordnungspolitische Rahmen für eine Liberalisierung des Telekommunikationsmarktes ist seit Anfang 1998 abgeschlossen.[841] Mit der Veröffentlichung

---

[837] Empfehlung für die zweite Lesung betreffend den Gemeinsamen Standpunkt vom 31.10.1996, Dok. A4-0346/96, PE 219.404/end., Erwägungsgründe 5, 6a.

[838] AfP 1997, S. 465.

[839] FernsehRL 97/36/EG vom 30.07.1997, Erwägungsgrund 7.

[840] FernsehRL 97/36/EG vom 30.07.1997, Erwägungsgrund 8.

[841] Überblick: Europarechtliche Vorgaben für die Liberalisierung von Telekommunikationsnetzmärkten und die Umsetzung in nationales Recht, ArchivPT 1996, S. 239 ff.; Ordemann, ArchivPT 1997, S. 109 f. Zum Stand der Entwicklung des Telekommunikationsrechts: Bartosch, EuZW 1999, 421 f. u. 2000, S. 389 f.; Scherer, CR 2000, S. 35 f. Zum Stand der Umsetzungen: Mitteilung der Kommission vom 29.05.1997, KOM (97) 236 endg.; Mitteilung der Kommission vom 08.10.1997, KOM (97) 504 endg.

des Grünbuchs über die Entwicklung des Gemeinsamen Marktes für Telekommunikationsdienstleistungen und Kommunikationsgeräte wurde der Harmonisierungsrahmen festgelegt.[842] Heute kann die Gemeinschaft auf ein umfangreiches Gesetzgebungspaket zurückblicken. Dabei ist festzustellen, dass sich das europäische Telekommunikationsrecht durch das Zusammenwachsen der Infrastrukturen aus Medien, Telekommunikation und Informationstechnologie zum europäischen Kommunikationsrecht wandelt.[843] Die Umsetzung ist in einzelnen Mitgliedstaaten[844] noch nicht abgeschlossen. Die Kommission beobachtet laufend den jeweiligen Stand der Umsetzung der Telekommunikationsrichtlinien und erstattet dem Rat hierüber Bericht.[845]

1.1. Telekommunikationsrichtlinie

Um einen stufenweisen offenen Netzzugang für alle Telekommunikationsdienste zu gewährleisten, verabschiedete der Rat 1990 die "Richtlinie zur Verwirklichung des Binnenmarktes für Telekommunikationsdienste".[846] Aus der Definition der Telekommunikationsdienste sind "Rundfunk und Fernsehen" ausgenommen, da sie sich als Massenmedien an die Allgemeinheit richten.[847]

1.2. Diensterichtlinie

Parallel zur schrittweisen Liberalisierung des Telekommunikationsmarktes

---

842 Auf dem Wege zu einer dynamischen europäischen Volkswirtschaft - Grünbuch über die Entwicklung des gemeinsamen Marktes für Telekommunikationsdienstleistungen und Telekommunikationsgeräte, KOM (87) 290 endg., 30.07.1987; Die Richtlinie des Rates vom 28.06.1990 zur Verwirklichung des Binnenmarktes für Telekommunikationsdienste durch Einführung eines offenen Netzzugangs-ONP-Rahmenrichtlinie (90/387/EWG, ABl. 1990 Nr. L 192/1) hat den Rechtsrahmen konkretisiert. Der fünfte Bericht der Kommission über die Umsetzung des Reformpakets für den Telekommunikationssektor an das Parlament, den Rat, den Wirtschafts- und Sozialausschuss ist abrufbar unter: http://www.ispo.cec.be.

843 Über die Harmonisierung europäischer Lizenz- und Frequenzzuteilung, den Netzzugang und Zusammenschaltung in "The 1999 Communications Review"; vgl. Bartosch, EuZW 2000, S. 389 (390 f.).

844 Luxemburg, Spanien, Irland, Portugal und Griechenland erhielten unterschiedlich lange Übergangsfristen zur vollständigen Liberalisierung ihrer Märkte.

845 Vgl. KOM (98) 594 endg. v. 25.11.1998. Der fünfte Bericht 2000 ist abrufbar unter: http://www.ispo.cec.be.

846 RiL 90/387/EWG vom 28.06.1990 - Open Network Provision, ABl. 1990 Nr. L 192/1 i. d. Fassung der RiL 97/51/EG vom 06.10.1997, ABl. 1997 Nr. L 295/23.

847 Art. 2 Nr. 4, RiL 90/387/EWG.

verabschiedete die Kommission die "Diensterichtlinie"[848], deren Kompetenzgrundlage vom *EuGH* bestätigt wurde.[849] Nach dieser Richtlinie müssen Telekommunikationsdienste mit Ausnahme des Sprachtelefondienstes für die Allgemeinheit und die ausdrücklich vom Geltungsbereich der Richtlinie ausgenommenen Dienste für den Wettbewerb geöffnet werden. Die Ausstrahlung von Rundfunk- und Fernsehprogrammen wird vom Anwendungsbereich dieser Richtlinie nicht berührt. Sprachtelefon- und Universaldienste im Telekommunikationsbereich sind eigenständig geregelt.[850]

1.3. Kabelfernsehrichtlinie

Die Richtlinie über den Zugang zu den Kabelfernsehnetzen lässt schon eher eine ordnungspolitische Einordnung der neuen audiovisuellen Dienste erkennen.[851] Diese Richtlinie hebt die Einschränkungen bei der Nutzung von Kabelnetzen für nichtvorbehaltene Dienste auf, indem sie sowohl den Netzbetreibern als auch allen Anbietern neuer audiovisueller Dienste, die bisher auf die Nutzung der meist unter Kontrolle der staatlichen Fernmeldeorganisationen stehenden Netze beschränkt waren, die Nutzung der Kabelfernsehnetze für die Erbringung ihrer Telekommunikations- und Multimediadienste ermöglicht. Die Begriffe "Interaktives Fernsehen", "Video auf Abruf" und sonstige "Multi-Media-Dienste" werden ausschließlich dem Recht der Telekommunikation unterworfen. Nicht erwähnt wird das entgeltpflichtige Fernsehen in Form des zeitgleichen oder zeitverschobenen Zugriffs auf Programmbouquets durch den Zuschauer.[852] Es ist bei entgeltpflichtigem Fernsehen von Rundfunk auszugehen.

Die Kommission hat mittlerweile eine neue Kabelfernsehrichtlinie erlassen, die eine Verschärfung der umgesetzten Kabelfernsehrichtlinie von 1995 herbei-

---

848 Richtlinie der Kommission vom 28.06.1990 über den Wettbewerb auf dem Markt für Telekommunikationsdienste (90/388/EWG, ABl. 1990 Nr. L 192/10); Richtlinie der Kommission vom 13.03.1996 zur Änderung der Richtlinie 90/388/EWG hinsichtlich der Einführung des vollständigen Wettbewerbs auf den Telekommunikationsmärkten (96/19/EG, ABl. 1996 Nr. L 74/13).

849 EuGH, Urteil vom 17.11.1992, Rs. - 271/90, 281/90, 289/90 - Kommission/Spanien, Slg. 1992, I - 5833 (Rn. 21).

850 RiL 95/62/EG vom 13.12.1995; ABl. 1995 Nr. L 321/6 - Sprachtelefondienst.

851 RiL 95/51/EG vom 18.10.1995 zur Änderung der Richtlinie 90/388/EWG hinsichtlich der Aufhebung der Einschränkung bei der Nutzung von Kabelfernsehnetzen für die Erbringung bereits liberalisierter Telekommunikationsdienste, ABl. 1995 Nr. L 156/49; nunmehr Richtlinie 99/64/EG vom 23.06.1999 zur Änderung der Richtlinie 90/388/EWG im Hinblick auf die Organisation ein und demselben Betreiber gehörender Telekommunikations- und Kabelfernsehnetze in rechtlich getrennten Einheiten, ABl. 1999 Nr. L 175/39.

852 Vgl. Classen, Der Rundfunk zwischen Wirtschaft und Kultur, in: Dittmann/ Fechner/ Sander, *Der Rundfunkbegriff im Wandel der Medien*, S. 53 f. (55).

geführt hat.[853] Bislang wurde angeordnet, dass Fernmeldeorganisationen[854], die gleichzeitig auch die Kabelfernsehnetze betreiben, bei Überschreitung eines bestimmten Umsatzes verpflichtet sind, für den Betrieb der Netze und über diese verbreiteten Dienste getrennt Rechnung zu legen. Die Kommission hat die separate Rechnungslegung unter wettbewerbsrechtlichen Gesichtspunkten als nicht hinreichend angesehen. Nunmehr ist durch die neue Kabelfernsehrichtlinie angeordnet, dass jede Fernmeldeorganisation im Falle einer marktbeherrschenden Stellung für die Bereitstellung öffentlicher Fernmeldenetze und für die Erbringung von Sprachtelefondiensten verpflichtet ist, die ihm gehörenden Kabelfernsehnetze in einer von dem Betrieb des schmalbandigen Telefonkabelnetzes getrennten rechtlichen Einheit bereitzustellen.[855] Die rechtliche Trennung von Telefonkabel- und Kabelfernsehnetzen fördert bei technischer Weiterentwicklung den Wettbewerb der verschiedenen Infrastrukturen. Eine eindeutige Zuordnung der audiovisuellen Dienste bleibt nach der neuen Kabelfernsehrichtlinie offen.

1.4. Lizenzierungsrichtlinie

Um divergierende Genehmigungserfordernisse in den Mitgliedstaaten für die verschiedenen Dienste und Programme zu harmonisieren, wurde zur weiteren Liberalisierung des Telekommunikationssektors die Lizenzierungsrichtlinie erlassen.[856] Nach dieser Richtlinie stellen die Mitgliedstaaten sicher, dass Telekommunikationsdienste und/oder Telekommunikationsnetze genehmigungsfrei oder aufgrund von Allgemeingenehmigungen erbracht werden können, die erforderlichenfalls durch Rechte und Pflichten, die Einzelgenehmigungen erfordern, ergänzt werden. Einzelgenehmigungen werden nur erteilt, wenn die Genehmigungsträger Zugang zu Funkfrequenzen oder Nummern erhalten, wenn sie besondere Rechte genießen oder besonderen Verpflichtungen unterworfen sind.[857] Im Zusammenhang mit den Begriffsbestimmungen wird auf die ONP-Richtlinie[858] und die Zusammenschaltungsrichtlinie[859] verwiesen. Danach sind Telekommunikationsdienste mit Ausnahme des Rundfunks solche Dienste, die ganz oder teilweise aus der Übertragung und Weiterleitung von Signalen auf dem Telekommunikationsnetz durch Telekommunikationsverfahren bestehen.

---

853 Richtlinie 1999/64/EG der Kommission v. 23.06.1999 zur Änderung der Richtlinie 90/388/EWG im Hinblick auf die Organisation des gleichen Betreibers gehörender Telekommunikations- und Kabelfernsehnetze in rechtlich getrennten Einheiten, ABl. 1999 Nr. L 175/39.

854 Zur Definition: Art. 1 Abs. 1 Dienste-Richtlinie 90/388/EWG.

855 Zur Entstehungsgeschichte und Rechtsgrundlage der neuen Kabelfernsehrichtlinie: Bartosch, NJW 1999, 3750 f.

856 RiL 97/13/EG v. 10.04.1997, ABl. 1997 Nr. L 117/15.

857 Art. 1 Abs. 1 der RiL 97/13/EG.

858 Art. 2 Nr. 3 der RiL 90/387/EWG i. d. Fassung der RiL 97/51/EG.

859 Art. 2 Abs. 1 der RiL 97/33 vom 30.06.1997, ABl. 1997 Nr. L 199/32.

1.5. Zusammenschaltungsrichtlinie

Die Zusammenschaltungsrichtlinie[860] erfasst nicht die Zusammenschaltung zwischen dem schmalbandigen öffentlichen Telefonnetz und den Breitbandkabelnetzen, sofern diese der Übertragung von Rundfunksignalen dienen.[861] Die Zusammenschaltung wird als Schlüsselelement in einem sich liberalisierenden Umfeld angesehen, das neuen Marktanbietern den Zugang zu den vorhandenen Endbenutzern ermöglicht. In der Richtlinie werden harmonisierte Grundsätze für die Zusammenschaltung und die Interoperalität von Netzen und Diensten festgelegt. Der individuelle Abruf steht im Vordergrund.

1.6. Fazit

Die Richtlinien zur Harmonisierung des Telekommunikationssektors zeigen, dass sie noch keine eindeutigen Definitionen für die neuen audiovisuellen Dienste bieten. Vielmehr lässt sich nur als Gemeinsamkeit feststellen, dass alle sog. "point to point" Dienste sich nicht auf den europäischen Rundfunkbegriff erstrecken. Bestehende rechtliche Definitionsansätze im Rundfunk sind zur Auslegung heranzuziehen, um gleiche Rahmenbedingungen für gleiche Dienste zu schaffen.

2. Neuere Definitionsansätze der Kommission

Die Gleichzeitigkeit der Informationsübertragung an die Allgemeinheit ist ein charakteristisches Merkmal des klassischen Rundfunks. In einem ersten Bericht der Kommission zur *FernsehRL* sind alle Dienste, die das rundfunkspezifische Merkmal der "Allgemeinheit" aufweisen und für jedermann über terrestrische Frequenzen, Kabel oder Satellit zugänglich sind, dem Rundfunk zuzuordnen.[862] Danach ist die Gleichzeitigkeit des Empfangs kein entscheidendes Kriterium, sondern es muss lediglich für den Rezipienten die Möglichkeit der Kenntnisnahme von Programminhalten bestehen. Verteil- und Zugriffsdienste werden deshalb dem Rundfunk zugeordnet, Abrufdienste nicht. Im Grünbuch über den Jugendschutz wurden konkrete Eingruppierungen vorgenommen.[863] Die Pay-per-View-Dienste werden als "point-to-multipoint"-Kommunikation (d. h. die Übertragung von einem Sendepunkt zu mehreren Empfangspunkten) dem Rundfunk zugerechnet, da die Ausstrahlung an das Publikum erfolgt (selbst dann, wenn dieses auf die Fernsehzuschauer beschränkt ist, die über eine

---

860 RiL 97/33/EG vom 30.06.1997, ABl. 1997 Nr. L 199/32 - Zusammenschaltungsrichtlinie.

861 Zu den Regelungslücken zwischen Fernsehkabelnetzen und Internetinfrastruktur: Bartosch, ZUM 1998, S. 209 f. (219); Scherer, AfP 1996, S. 213 f. (215).

862 Art. 26 RiL 89/552/EWG; KOM (95) 86 endg. vom 31.05.1995, S. 29; mittlerweile 2. Bericht über die Anwendung der RiL 89/552/EWG, epd-medien Nr. 90/1997, S. 18.

863 Grünbuch über den Jugendschutz und den Schutz der Menschenwürde in den audiovisuellen und den Informationsdiensten, KOM (96) 483 endg. vom 16.10.1996.

entsprechende Empfangstechnik verfügen).[864] Near-Video-on-Demand wird als spezielle Variante des Pay-TV/Pay-per-View gleichfalls dem Rundfunk zugeordnet.[865] Bei Video-on-Demand hat die Kommission eine Klassifizierung als Individual- oder Massenkommunikation vermieden.[866] Vielmehr wird lediglich auf die nationale Rechtslage verwiesen, wonach Video-on-Demand entweder den Regelungen des Rundfunks oder der Telekommunikationsdienste unterfällt. In bestimmten Fällen sei eine Kombination beider Regelungsmaterien vorstellbar.[867] Nach einer Untersuchung in den Mitgliedstaaten wird teilweise Video-on-Demand als ein Mehrwert-Telekommunikationsdienst behandelt.[868] Ausnahmen bilden Frankreich und das Vereinigte Königreich, wo audiovisuelle Kommunikationsdienste als Rundfunk angesehen werden.[869] Die terminologischen Unklarheiten konnten auch durch die Lizenzierungsrichtlinie nicht beseitigt werden.[870]

2.1. Pay-TV-Richtlinie

In der Richtlinie der Kommission über den rechtlichen Schutz von zugangsbeschränkten Rundfunkdiensten und Diensten der Informationsgesellschaft werden Pay-TV, Video-on-Demand, Music-on-Demand, Electronic-Publishing und andere Online-Dienste, die zum Empfang für die Allgemeinheit bestimmt sind, als Teledienste bezeichnet.[871] Art. 1 der Pay-TV-Richtlinie definiert den Anwendungsbereich. Erfasst werden Rundfunkdienste, Dienste der Informationsgesellschaft und die Vermittlung des Zugangs zu diesen Diensten, soweit sie durch “Conditional Access”-Kontrollsysteme geschützt sind. Die Definition der Fernsehsendung ist der *FernsehRL* entnommen. Dienste auf Abruf fallen nicht unter die Definition des Rundfunks. Sie sollen der Begriffsbestimmung der “Dienste der Informationsgesellschaft” zugeordnet werden. Dabei handelt es sich bei diesen Diensten um “elektronisch auf individuellen Abruf eines

---

864 Ebd., S. 33 (49).

865 Ebd., S. 49 mit dem Hinweis auf das Vereinigte Königreich, wo die Independent Television Commission den Pay-TV-Diensten flexiblere Regelungen als dem unverschlüsselten Fernsehen einräumt.

866 Ebd., S. 49.

867 Ebd., S. 50. Im Vereinigten Königreich wurde für das VOD-System eine Telekommunikationslizenz erteilt. Die ITC kontrolliert den Inhalt.

868 Grünbuch zur Konvergenz der Branchen Telekommunikation, Medien und Informationstechnologie und ihren ordnungspolitischen Auswirkungen, KOM (97) 623 endg. vom 03.12.1997, Studie von Squire-Sanders-Dempsey, 19 Rn. 48.

869 Deutschland hat VOD-Dienste den sog. “Telediensten” zugeordnet.

870 Vgl. Oberst, CTLR 1997, S. 216.

871 AfP 1997, S. 794; Richtlinienvorschlag für den Rechtschutz von CA-Diensten vom 07.09.1997, DN: IP/97/627 (vorläufige Version); ABl. 1998 Nr. L 320/54-57. Zur Harmonisierung des Rechtsschutzes verschlüsselter Pay-TV-Dienste: Beucher/Engels, CR 1998, S. 101 f.

Empfängers" erbrachte Teledienste. Hierzu zählen Video-on-Demand und Audio-on-Demand (die nicht unter die Rundfunkdefinition fallen), unabhängig davon, welches Endgerät der Empfänger benutzt.[872] Die Richtlinie über ein Informationsverfahren auf dem Gebiet der Normen und technischen Vorschriften wird in der Pay-TV-Richtlinie berücksichtigt.[873]

2.2. Elektronischer Geschäftsverkehr im Binnenmarkt

Für die Entwicklung des grenzüberschreitenden Handels mit Waren und Dienstleistungen ist die Entwicklung des elektronischen Geschäftsverkehrs von herausragender Bedeutung. Unter Berücksichtigung der Fernabsatzrichtlinie[874], die dem Verbraucher vor Abschluss eines Vertrages im Fernabsatz einen Anspruch auf bestimmte Informationen über Waren, Dienstleistungen und die Identität des Lieferers einräumt, hat sich die Kommission sich auch zum Ziel gesetzt, einen Rechtsrahmen im "Electronic Commmerce" zu schaffen, um wesentliche Hindernisse in diesem Bereich zu beseitigen.[875] Der von der Kommission im Jahre 1999 vorgeschlagene Richtlinienentwurf "über bestimmte rechtliche Aspekte des elektronischen Geschäftsverkehrs im Binnenmarkt"[876] sollte aktuelle Rechtsprobleme in horizontaler Hinsicht in der Gemeinschaft (z. B. Verantwortlichkeit im Netz) und der Förderung der Informationsgesellschaft dienen.[877] Die Richtlinie ist im Juni 2000 verabschiedet worden.[878] Der Anwendungsbereich bezieht sich auf "Dienste der Informationsgesellschaft", die gegen Entgelt elektronisch im Fernabsatz und auf individuellen Abruf eines Empfängers Dienstleistungen erbringen.[879] Damit ist auch die Online-Werbung erfasst.

---

872 Richtlinienvorschlag für den Schutz von CA-Diensten vom 07.09.1997, DN: IP/97/627, S. 11.

873 RiL 83/189/EWG.

874 Richtlinie 97/7/EG des EP und des Rates vom 20.5.1997 über den Verbraucherschutz bei Vertragsabschlüssen im Fernabsatz, ABl. 1997 Nr. L 144/19 ff.; NJW 1998, S. 212 ff.; CR 1997, S. 575. Zu den Auswirkungen der Fernabsatzrichtlinie auf Telefon- und E-Mail-Werbung: Vehslage, GRUR 1999, S. 656.

875 Europäische Initiative für den elektronischen Geschäftsverkehr, KOM (97) 157 endg. v. 16.04.1997.

876 Kom (98) 586 endg. v. 18.11.1998, ABl. 1999 Nr. C 30/4 f. Geänderter Vorschlag v. 17.08.1999, Kom (1999) 427 endg.; Zur Zukunft des E-commerce in Europa: Schmittmann, AfP 1999, S. 239.

877 Zur Analyse einzelner Elemente des Richtlinienvorschlages E-commerce: Waldenberger, EuZW 1999, S. 296 f.; Klotz, ZUM 1999, S. 443 (449); Landfermann, ZUM 1999, S. 795; Probleme zum Verbraucherschutz: Lehmann, EuZW 2000, S. 517 f.

878 Richtlinie 2000/31/EG v. 08.06.2000, ABl. Nr. L 178/1 ff., vgl. a. EuZW 2000, S. 528 f.

879 Vgl. Kapitel I, Art. 2a der RiL 2000/31/EG.

Mit der Begriffsbestimmung, die sich an die Transparenz-Richtlinie[880] anlehnt, werden alle Online-Dienste erfasst. Unentgeltliche Dienste, die sich durch Werbung finanzieren, fallen gleichfalls unter die Dienste der Informationsgesellschaft.[881] Die Kommission sieht im "individuellen Abruf" das Abgrenzungskriterium zum Rundfunk.[882] Damit erstreckt sich der Anwendungsbereich der Richtlinie nicht auf "Internet-Rundfunk", wenn es sich dabei nur um eine zusätzliche Übertragung von einer integralen oder unveränderten Zusammenstellung von bereits drahtlos, über Draht bzw. Kabel oder per Satellit ausgestrahlten Fernsehprogrammen handelt.[883] Allerdings wird die Legaldefinition "Dienste der Informationsgesellschaft" einen Kompetenzstreit zwischen Mitgliedstaaten und Kommission hervorrufen, da Video-on-Demand unabhängig vom Übertragungsweg nicht dem Rundfunk zugeordnet wird.

2.3. Fazit

Entsprechend den Vorgaben in der *FernsehRL* ordnet die Kommission alle "point to multipoint" Dienste, die von einem Sender aus einer Vielzahl von Endgeräten gleichzeitig verschlüsselt oder unverschlüsselt zugeleitet werden, dem Rundfunk zu. Alle übrigen "point to point" Dienste, die durch eine individuelle Bestimmung des Sendezeitpunktes gekennzeichnet sind, fallen aus dem Rundfunk heraus. Video-on-Demand wird nicht dem Rundfunk zugeordnet.

B. Verfassungsrechtlicher Rundfunkbegriff

Da Deutschland in der Regulierung neuer audiovisueller Dienste eine Vorreiterrolle übernommen hat, kann ein Vergleich zwischen dem Rundfunkbegriff auf europäischer und deutscher Ebene Aufschlüsse für die zukünftige Reichweite und Regelungsdichte der neuen audiovisuellen Dienste in der Gemeinschaft geben. Ob eine Übertragung der Regelungssystematik auf die europäische Ebene sinnvoll erscheint, ist zu prüfen. Angesichts der Komplexität kann an dieser Stelle nur kursorisch auf die verfassungsrechtlichen bzw. einfachgesetz-

---

[880] Art. 1 Abs. 2 der Richtlinie 98/84/EG, ABl. 1998 Nr. L 320/54 ff., geändert durch die Richtlinie 98/48/EG, ABl. 1998 Nr. L 217/18. Diese Richtlinie verfolgt den Zweck, infolge von Lücken bei der Angleichung technischer Normen und Vorschriften in den Mitgliedstaaten entstandene Handelsschranken abzuschaffen. Der Begriff "Dienste der Informationsgesellschaft" umfasst z. B. Online-Dienste, interaktive Unterhaltung, virtuelles Teleshopping und andere Dienste im Business-Bereich.

[881] KOM (98) 586 endg., 17 (Fn. 14).

[882] *Waldenberger* folgt der h. M. in Deutschland, wonach der Rundfunk und Dienste der Informationsgesellschaft durch das Merkmal der Programmeigenschaft abgegrenzt werden sollten: EuZW 1999, S. 297; kritisch Spindler, ZUM 1999, S. 780 m. w. N.

[883] Vgl. Brisch, CR 1999, S. 235 (236 f.).

lichen Vorgaben eingegangen werden.[884]

I. Verfassungsrechtliche Vorgaben

Definitionen des Rundfunks finden sich in den Landesmediengesetzen und im *RStV*. Im Verhältnis zueinander bieten die einfachgesetzlichen Begriffsbestimmungen nur eine Interpretationshilfe für den verfassungsrechtlichen Rundfunkbegriff.[885] Das *BVerfG* hat in ständiger Rechtsprechung den Rundfunk als Massenkommunikation[886] und damit als Mittel zur Meinungsbildung eingeordnet. Der Rundfunk vertritt eigene Auffassungen, entweder in Form von Kommentaren oder in Form eines notwendigen publizistischen Auswahl-, Deutungs- und Aufbereitungsprozesses.[887] Gleichzeitig eröffnet der Rundfunk Einzelpersonen und gesellschaftlichen Gruppen ein meinungsbildendes Forum. Angesichts seiner Möglichkeit der zeitgleichen Versorgung mit vorselektierter und gestalteter Informationen nahezu der gesamten Bevölkerung, wird dem Rundfunk die Eigenschaft zugeschrieben, ein eminenter Faktor und unentbehrliches Mittel für die öffentliche Meinungsbildung zu sein.[888]

Der Rundfunk kann seine Funktion nur wahrnehmen, wenn er frei von staatlicher Einflussnahme ist.[889] Der dienende Charakter erschöpft sich aber nicht nur in einem Abwehrrecht gegenüber dem Staat, sondern soll auch sicherstellen, dass der Meinungspluralismus gewahrt ist. Das *BVerfG* sieht in der Rundfunkfreiheit ein Funktionsgrundrecht, das nicht die subjektive Rundfunkveranstalterfreiheit verwirklichen will, sondern objektiv der Sicherung der Meinungsvielfalt dient.[890] Die Zielsetzung einer programmlichen Vielfalt und die damit verbundene Integrationsfunktion des Rundfunks[891] ist gleichfalls - wenn auch mit anderen dogmatischen Ansätzen - ein entscheidendes Leitmotiv von *EuGH* und *EGMR*.[892]

Das *BVerfG* hat den Landesgesetzgebern für die aus den Wesenselementen des Rundfunks abzuleitenden Vielfaltssicherungsmaßnahmen weitgehenden Freiraum gelassen. Der dienende Charakter gebietet nach dieser Rechtspre-

---

[884] In diesem Abschnitt sollen lediglich die Gemeinsamkeiten und Unterschiede zum europäischen Rundfunkbegriff herausgearbeitet und die neuere Gesetzesentwicklung kurz dargestellt werden. Zum Rundfunkbegriff vertiefend: Gersdorf, *Rundfunkbegriff*, S. 1 ff. (57 f.); Bullinger, AfP 1996, S. 1 f.; Müller-Using/Lücke, Archiv PT 1995, S. 33 f.

[885] BVerfGE 73, 118 (154) - Baden Württemberg-Beschluss.

[886] BVerfGE 12, 205 ff. (208, 260); Ladeur, AfP 1998, S. 141 f.

[887] BVerfG MMR 1998, S. 202 (207).

[888] BVerfGE 12, 205 ff. (242, 260); 31, 314 ff. (325); 57, 295 ff. (319); 83, 238 ff. (295).

[889] BVerfGE 35, 202 (222 f.).

[890] BVerfGE 57, 295, 319; 83, 238, 295 f., 87, 181, 197; 90, 60, 87.

[891] BVerfG MMR 1998, S. 202 (206 f.) - Kurzberichterstattungsurteil; NJW 1998, S. 1627 ff.

[892] Vourhoof, *Art. 10 der Europäischen Menschenrechtskonvention*, iris Sonderausgabe 1995, S. 3 ff.

chung die Schaffung einer positiven Ordnung, die die Meinungsvielfalt gewährleistet und sicherstellt.[893] Eine eindeutige Zuordnung neuer Erscheinungsformen hat das *BVerfG* nicht vorgenommen und dem Ausgestaltungsvorbehalt der Bundesländer den Vorrang eingeräumt. In der Erkenntnis, dass die Begrifflichkeit der Gewährleistungsfunktion gewichen ist, hat das *BVerfG* dennoch ausgeführt:

> "Der in Art. 5 Abs. 1 S. 2 GG verwendete Begriff Rundfunk lässt sich nicht in einer ein für allemal gültigen Definition erfassen.....Soll die Rundfunkfreiheit in einer sich wandelnden Zukunft ihre normative Wirkung bewahren, dann kann es nicht angehen, nur an eine ältere Technik anzuknüpfen, den Schutz des Grundrechts auf diejenigen Sachverhalte zu beschränken, auf welche diese Technik bezogen ist, und auf diese Weise die Gewährleistung in Bereichen obsolet zu machen, in denen sie ihre Funktion auch angesichts der neuen technischen Möglichkeiten durchaus erfüllen könnte. Zur Gewährleistung freier und individueller Meinungsbildung bedarf es vielmehr der dargestellten Schutzwirkungen des Art. 5 Abs. 1 S. 2 GG auch bei den rundfunkähnlichen Kommunikationsdiensten."[894]

Im "Niedersachsen-Urteil" hatte das *BVerfG* erstmals die Vorstellung geäußert, dass es eine abgestufte, sich je nach dem Ausmaß der Beeinflussung der Meinungsbildung unterscheidende, normative Regulierung von Rundfunkprogrammen für möglich halte.[895] Gleichwohl wurden im "Baden-Württemberg-Beschluss" die Abruf- und Zugriffsdienste sowie alle sonstigen ähnliche Dienste aufgrund der gleichen Übertragungstechnik ohne Differenzierung dem Rundfunk zugeordnet.[896] Diese Sichtweise hat das *BVerfG* mittlerweile aufgegeben und Unterschiede zwischen Rundfunk und den neuen audiovisuellen Diensten eingeräumt. Unabhängig von der Technik komme es vielmehr darauf an, ob diese funktionell an die Stelle des klassischen Rundfunks träten oder nicht.[897] Wann eine rundfunkrechtliche Zuordnung erfolgt, hängt von Erfüllung der Begriffsmerkmale ab.

1. Begriffselemente

In Umsetzung der verfassungsrechtlichen Vorgaben hat der Rundfunkbegriff des *§ 2 RStV 1996* folgende Wesensmerkmale: Allgemeinheitskriterium, Darbietungen aller Art und die Verbreitung mittels elektromagnetischer Schwingungen. Das erste Element kennzeichnet die Adressierung an die

---

893 BVerfGE 57, 295 (320); 73, 118 (153).
894 BVerfGE 73, 118, 121.
895 BVerfGE 73, 118 (202).
896 BVerfGE 74, 297 ff. (350).
897 BVerfGE 83, 238 ff. (302 f.).

Massen, das zweite das Wirkungspotential und das dritte dient als technisches Element der Unterscheidung der verschiedenen Massenmedien.

1.1. Bestimmung an die Allgemeinheit

Im Gegensatz zu den Freiheiten der Individualkommunikation gem. *Art. 5 Abs. 1 S. 1 GG* beinhalten die durch *Art. 5 Abs. 1 S. 2 GG* geschützten Freiheiten Vorgänge der Massenkommunikation, die an die Allgemeinheit gerichtet sind. Das rundfunkspezifische Merkmal "Bestimmung an die Allgemeinheit" beschreibt die besondere Einwirkungskraft des Rundfunks auf den Prozess der Meinungsbildung. Der zahlenmäßig nicht begrenzte Adressatenkreis manifestiert den Öffentlichkeitsbezug. Nicht an die Allgemeinheit wenden sich solche Sendungen, die an einen individuell bestimmten Empfängerkreis bzw. an eine geschlossene Benutzergruppe mit möglichst untereinander geknüpften Beziehungen gerichtet sind.[898] Die Einordnung von Pay-TV als Rundfunk konzentriert sich im wesentlichen auf dieses Merkmal. Es knüpft weder an die Art des kommunikativen Inhalts an, noch entfällt es durch Spezifizierung als Spartenprogramm. Pay-TV ist für jedermann bestimmt und zugänglich, sofern dieser für die Rezeption entweder im Abonnement oder für die einzeln empfangbaren Sendungen bezahlt. Die Kodierung der Programmsignale, die beim Empfänger durch ein Zusatzgerät entschlüsselt werden, dienen lediglich zur Absicherung der Bezahlung durch den Teilnehmer. Kodierte und entkodierte Programmsignale sind zwar nicht mehr identisch, jedoch müssen auch bei den sonstigen herkömmlichen Rundfunkprogrammen die technisch übermittelten Programmsignale für die audiovisuelle Rezeption umgewandelt werden.[899] Die vertragliche Leistungsbeziehung zwischen Anbieter und Rezipienten dient ausschließlich als Finanzierungsmittel.[900] Verschlüsselung und Entgeltpflicht schließen die Allgemeinheit nicht aus, sondern es kommt nur auf den für die Meinungsbildung wesentlichen Publizitätseffekt an.[901]

1.2. Darbietungen

Erst die Verbreitung der Darbietungen bewirkt den Vorgang der Massenkommunikation und setzt das Potential zur Beeinflussung der öffent-

---

[898] Bericht der Rundfunkreferenten der Länder zur Veranstaltung privater Rundfunksendungen und des Rundfunkbegriffs ("Schlierseepapier") vom 29.05.1975, in: Ring, *Medienrecht* Bd. II, D-I; vgl. Hesse, Rundfunkrecht, S. 87.

[899] Ring, ZUM 1990, S.279 (280); a. A. Schwarz-Schilling, ZUM 1989, S. 490; zum Allgemeinheitskriterium: Gersdorf, *Der verfassungsrechtliche Rundfunkbegriff im Lichte der Digitalisierung der Telekommunikation*, S. 112 (113).

[900] Vgl. BVerfGE 74, 297, 344 f.

[901] Hartstein/Ring/Kreile, *Kommentar zum Rundfunkstaatsvertrag*, § 2 RStV, Rn. 11.

lichen Meinungsbildung frei. Unter "Darbietungen"[902] sind solche Kommunikationsangebote zu verstehen, die an der öffentlichen Meinungsbildung mitwirken. Umfasst werden nach überwiegender Auffassung sämtliche - auch werbende - Inhalte, welche für die private und öffentliche Meinungsbildung geeignet und bestimmt sind.[903] Andere messen dem Kriterium der Meinungsmacht weniger große Bedeutung zu, da die Rundfunkfreiheit ohnehin nur Äußerungen umfasst, die sich an die Allgemeinheit richten und somit die öffentliche Meinungsbildung jeden beliebigen Sachbereich erfassen kann. Bereits eine potentielle Relevanz der Darbietung für den Meinungsbildungsprozess ermöglicht eine Einordnung unter den Rundfunkbegriff.[904] Da es auf die Art und Weise der Informationsbearbeitung ankomme, würden auch Werbesendungen nicht dem Rundfunkbegriff zugeordnet werden können. Die Ausstrahlung der Werbesendungen erfolge ausschließlich aufgrund einer vertraglichen Verpflichtung zwischen Rundfunkveranstalter und Werbetreibendem, ohne dass der Rundfunkveranstalter eine inhaltliche Auswahlentscheidung treffen könne. Mithin unterfielen Werbesendungen nicht dem Rundfunkbegriff.[905]

1.3. Fernmeldetechnische Übertragung

Das Erfordernis fernmeldetechnischer Übertragungsvorgänge ist entwicklungsoffen zu verstehen. Danach werden alle Übertragungswege zur Verbreitung von Rundfunkdarbietungen erfasst, die unter Benutzung elektromagnetischer Schwingungen längs oder mittels eines Leiters oder ohne Verbindungsleitung ausgestrahlt werden. Dazu zählen neben terrestrischen Frequenzen, Satellitenkanäle und dem breitbandigen Kabelnetz auch die Glasfasertechnik und die Verbreitung von Darbietungen über das schmalbandige Telefonnetz.[906]

II. Einfachgesetzlicher Rundfunkbegriff

Da der verfassungsrechtliche Rundfunkbegriff aufgrund seiner Unschärfe nur unzureichende Abgrenzungskriterien enthält, ist der einfache Gesetzgeber nicht daran gehindert, einen bestimmten Teil der neuen audiovisuellen Dienste, einer gesonderten gesetzlichen Regelung zu unterwerfen.[907] Mittels besonderer Gesetze kann der Landesgesetzgeber eine Ausgestaltung des Schutzbereichs der Rundfunkfreiheit wahrnehmen. Insbesondere kann definiert werden, was unter

---

902 Ebd., § 2 RStV, Rn. 5-10; "Rundfunk als Faktor und Medium der öffentlichen Meinungsbildung": BVerfGE 12, 205, 260; 31, 315, 325 f.; 35, 202, 222; 57, 295, 320; 59, 231, 257; 59, 231, 257; 60, 53, 64; 73, 118, 152; 74, 297, 323 f.; 83, 238, 296.

903 Hochstein, NJW 1997, S. 2978; Bermanseder, ZRP 1997, S. 331 f.

904 Hoffmann-Riem, AfP 1996, S. 12.

905 Jarass, AfP 1998, S. 134 f.

906 Gersdorf, *Der verfassungsrechtliche Rundfunkbegriff im Lichte der Digitalisierung der Telekommunikation*, S. 119 f.; Hartstein/Ring/Kreile, *Kommentar zum Rundfunkstaatsvertrag*, § 2 RStV, Rn. 7.

907 Hoffmann-Riem, AfP 1996, S. 13.

Rundfunk oder neuen Diensten zu verstehen ist, selbst wenn beide Erscheinungsformen unter den verfassungsrechtlichen Rundfunkbegriff fallen. Trotz Verwendung eines zuvor definierten Rundfunkbegriffs kann nicht auf einen allgemein gültigen Rundfunkbegriff geschlossen werden.[908] Sowohl die Länder als auch der Bund haben von ihrer jeweiligen Gesetzgebungskompetenz Gebrauch gemacht, wie sich gerade im Informations- und Kommunikationsgesetz (IuKDG) gezeigt hat.

C. Informations- und Kommunikationsdienstegesetz (IuKDG)[909]

Das *IuKDG*[910] ist dreigeteilt. Leitprinzip des Artikelgesetzes ist "Deregulierung geht vor Regulierung". Es bezweckt einheitliche wirtschaftliche Rahmenbedingungen für verschiedene Nutzungsmöglichkeiten der elektronischen Informations- und Kommunikationsdienste. Unterschieden wird zwischen Tele-, Mediendiensten und dem Rundfunk.[911] Letzterer betrifft die herkömmlich mit entsprechender Lizenz verbreitete meinungsrelevante Verteilkommunikation und unterliegt dem *RStV* der Länder.

I. Teledienstegesetz

Das Teledienstegesetz des Bundes (TDG) regelt die Individualkommunikation soweit nicht die redaktionelle Gestaltung der Meinungsbildung im Vordergrund steht.[912] Solche Datendienste (z. B. Elektronische Post, Telebanking, -arbeit, -medizin, -learning, -spiele, Wetter-, Börsenkanäle), die durch die Möglichkeit der Interaktion geprägt sind, haben das Privileg der Zulassungs- und Anmeldefreiheit.[913] Die Werbung ist im wesentlichen durch die datenschutzrechtlichen Vorschriften berührt. So dürfen Teledienste bestimmte personenbezogene Daten für Zwecke der Werbung oder Marktforschung nur weitergeben, wenn eine ausdrückliche Einwilligung des Betroffenen vorliegt.

II. Mediendienste-Staatsvertrag

Im Mediendienste-Staatsvertrag der Länder *(MDStV)* ist die Massenkommunikation geregelt. Hiernach sind solche Dienste betroffen, die

---

908 Jarass, AfP 1998, S. 134.

909 Ausgewählte Beiträge: Müller-Using/Lücke, ArchivPT 1997, S. 101; Knothe, AfP 1997, S. 494; Bröhl, CR 1997, S. 73; Kuch, ZUM 1997, S. 225; Engel-Flechsig, ZUM 1997, S. 231; Kröger/Moos, ZUM 1997, S. 462; Kröger/Moos, AfP 1997, S. 675; Engel-Flechsig/Maennel/Tettenborn, NJW 1997, S. 2981; von Heyl, ZUM 1998, S. 115; Schwarz, *Recht im Internet*, Ziff. 10.

910 Informations- und Kommunikationsdienste-Gesetz vom 22.07.1997, BGBl. I S. 1870 f.

911 Hochstein, Die Entwicklung der digitalen Mediendienste aus praktischer Sicht, in: Prütting u. a., *Die Zukunft hat schon begonnen*, S. 1 (11); ders. NJW 1997, S. 2977 (2979).

912 § 2 Abs. 1 u. 2 TDG.

913 § 4 TDG.

wegen ihrer inhaltlichen Begrenzung auf Angebote nur in geringem Umfang der öffentlichen Meinungsbildung dienen oder denen die Suggestivkraft der bewegten Bilder fehlt.[914] Werbung und Sponsoring gehen nicht wesentlich über die bisherige Rechtslage hinaus. Gem. *§ 9 MDStV* darf Werbung, die sich auch an Kinder oder Jugendliche richtet oder bei der Kinder oder Jugendliche eingesetzt werden, nicht deren Interessen schaden oder ihre Unerfahrenheit ausnutzen. Das Trennungsgebot zwischen Angebot und Werbung ist einzuhalten. Schleichwerbung ist verboten.[915] Für Sponsoring bei Fernsehtext gelten die Bestimmungen des *RStV*. Als Abgrenzung zum Rundfunk verbleibt nur der Inhalt der Mediendienste, da ansonsten die übrigen rundfunkspezifischen Merkmale erfüllt sind. Neben den Verteildiensten mit geringer meinungsbildender Relevanz (z. B. bestimmte Formen des Fernseheinkaufs, Fernsehtext) werden auch Abrufdienste erfasst, soweit sie nicht dem Teledienstegesetz des Bundes unterworfen sind und der Nutzer den Zeitpunkt des Abrufs von Angeboten (Text-, Ton- und Bilddarbietungen) aus einem Datenspeicher selbst bestimmen kann.[916] Es sind allerdings solche Abrufdienste aus dem Geltungsbereich der Mediendienste ausgeschlossen, bei denen es lediglich um eine reine Übermittlung von Daten geht. Da den ebenfalls zulassungs- und anmeldefreien Mediendiensten wegen ihrer Nähe zum Rundfunk ein gesteigerter Regelungsbedarf zukommt, sind die Vorschriften inhaltsorientierter und umfassender als die der Teledienste.[917] Vor dem Hintergrund eines sich verändernden Rundfunk- und Werbemarktes wird die zukünftige Regulierung in einem neuen *MDStV* gesehen, der sich an den liberalen Bestimmungen orientiert und Wettbewerbsnachteile beseitigt. Die privaten Rundfunkveranstalter möchten sich aus dem Rundfunkbegriff lösen und die Aufhebung sämtlicher Werbebeschränkungen erreichen.[918] Eine Entlassung der privaten Rundfunkveranstalter aus dem verfassungsrechtlichen Rundfunkbegriff wird sich weder rechtlich noch politisch durchsetzen lassen.

III. Einordnung neuer audiovisueller Dienste

Die rechtlichen Rahmenbedingungen des *IuKDG* bergen noch einige Abgren-

---

914 Begründung zu § 2 Abs. 2 MDStV. Zur Problematik: Eberle, ZUM 1995, S. 249 (254); kritisch Bullinger/Mestmäcker, *Multimediadienste*, 55 (154).

915 Manssen, *Telekommunikation und Multimediarecht*, D § 9.

916 Begründung zu § 2 Abs. 2 MDStV; zum Fernsehtext §§ 2 Abs. 2 Nr. 3, 22 MDStV.

917 Z. B. §§ 7, 9, 10 MDStV zu Sorgfaltspflichten, Werbung, Sponsoring und Gegendarstellungsrechte.

918 epd-medien Nr. 88/1999, S. 10.

zungsschwierigkeiten in sich.[919] Ob sie eine tragfähige Plattform für wirtschaftliche Nutzungsmöglichkeiten neuer audiovisueller Dienste bieten, wird erst die Praxis in der Zukunft zeigen. Schon heute lässt sich absehen, dass die Zuordnung zu einer Regelungsmaterie mit erheblichen rechtlichen und wirtschaftlichen Konsequenzen verbunden ist. Das *IuKDG* dürfte zwar Kompetenzkonflikte zwischen Bund und Ländern verringern, jedoch Anbieter neuer audiovisueller Dienste in ihrem Investitionsbedürfnis verunsichern.

1. Textdienste

Der *MDStV* nimmt in *§ 2 Abs. 2 Nr. 3* "Verteildienste in Form von Fernsehtext, Radiotext und vergleichbaren Textdiensten" auf. Damit unterliegen solche Textdienste, die nur ein geringes Maß an Meinungsrelevanz aufweisen und denen die Suggestivkraft der bewegten Bilder fehlt, nicht mehr dem *RStV*.[920] Sobald allerdings das Kriterium der Geringfügigkeit der publizistischen Wirkung überschritten wird, erfüllt der Textdienst den verfassungsrechtlichen Rundfunkbegriff.[921] Bei individueller Nutzung der Textdienste kann auch das *TDG* betroffen sein.[922] Die gleichsam adressierten wie auch interaktiven nutzbaren Textdienste lassen sich deshalb nur einzelfallbezogen und nicht kategorisierend einordnen.[923]

2. Data-Broadcasting

Gemäß *§ 2 Abs. 2 Nr. 2 MDStV* werden solche Verteildienste den neuen Mediendiensten zugeordnet, "in denen Messergebnisse und Datenermittlungen in Text oder Bild mit oder ohne Begleitton verbreitet werden". Diese Anwendungskategorie deckt sich mit den bisher unter den Bildschirmtext-Staatsvertrag fallenden Abrufinformationen für die Rezipienten. Data-Broadcasting ist in verschiedenen Nutzungsanwendungen möglich. Diese Datendienste können

---

919 Bspw. kommt es für die Zuordnung von Business-TV-Angeboten zu einem der drei Regelungssysteme auf den Adressatenkreis (Allgemeinheit) und die Inhalte (Darbietung/publizistische Relevanz der Angebote) an. Zur rundfunkrechtlichen Beurteilung von Firmen- und Kunden-TV aus Sicht der LfR Nordrhein-Westfalen: epd-medien Nr. 80/1999, S. 19 f. Ob öffentlich ausgestrahltes Firmen-TV als Firmenpräsentation gekennzeichnet werden muss und auf die Werbezeit angerechnet wird, ist noch ungeklärt: epd-medien Nr. 10/2000, S. 14/15. *Lammek/Dreyer* sehen in Firmen-TV einen anmelde- und zulassungsfreien Teledienst, in der Ausstrahlung von Kunden-TV rundfunkrechtliche Aspekte erfüllt, CR 1999, S. 638 (644).

920 § 22 MDStV.

921 § 2 Abs. 1 RStV.

922 § 2 Abs. 2 Nr. 2 TDG "...Angebote zur Information oder Kommunikation, soweit nicht die redaktionelle Gestaltung zur Meinungsbildung für die Allgemeinheit im Vordergrund steht." (z. B.: Verkehrs-, Wetter- und Börsendienste).

923 Zur Abgrenzung zwischen MDStV und TDG: Gounalakis, NJW 1997, S. 2993 f. (2994); von Heyl, ZUM 1998, S. 115 f. (116).

beiden Regelungskomplexen *(MDStV/TDG)* unterworfen sein. Wenn die fernsehmäßigen Datendienste geringe publizistische und meinungsbildende Relevanz entfalten, indem diese z. B. programmbezogen sind, handelt es sich um einen Mediendienst. Kennzeichnend ist hier die an die Allgemeinheit gerichtete Darbietung. Der Zeitpunkt der Verbreitung wird vom Anbieter festgelegt. Auch bei einem individualkommunikativen Charakter ist von einem Mediendienst auszugehen, wenn der Zeitpunkt des Abrufs der Angebote (Text, Ton, Bild) von dem Nutzer selbst bestimmt werden kann. Liegen die Schwerpunkte in individuell, autonom und interaktiv ausgestalteten Abrufangeboten, deren "stückweise" Verbreitung von Informationen ohne öffentliche Meinungsrelevanz im Vordergrund steht, so sind solche Datendienste den Telediensten zuzurechnen. Unabhängig von der Eingruppierung als Medien- oder Teledienst kommt es für den verfassungsrechtlichen Rundfunkbegriff nur darauf an, dass die Datendienste für die Allgemeinheit geeignete und bestimmte Darbietungen enthalten, die zur Rezeption zur Verfügung stehen.[924]

3. Near-Video-on-Demand

Near-Video-on-Demand wird als Zugriffs- oder Abrufdienst in der Form des Pay-TV oder Pay-per-View ausgestrahlt.[925] Da es nicht auf die Gleichzeitigkeit ankommt, ist es unerheblich, ob das Programm mit publizistischer Relevanz zeitversetzt verbreitet und empfangen wird.[926] Die wesentlichen Rundfunkmerkmale (Allgemeinheitskriterium, Darbietung, Verbreitung) sind demnach bei Near-Video-on-Demand erfüllt.

4. Video-on-Demand

Bei Video-on-Demand kann der Rezipient individuell Beiträge, Programme oder Filme von einem Video-Server gegen Entgelt abrufen. Die abgerufenen Darbietungen richten sich somit nicht an die Allgemeinheit, sondern nur an den einzelnen Rezipienten. Dies entspricht der Situation des Videoverleihs. Es handelt sich um einen Abrufdienst ohne Rundfunkqualität.[927] Nach den gesonderten rechtlichen Rahmenbedingungen für On-Demand-Dienste fallen solche Abrufdienste grundsätzlich in den Anwendungsbereich des *MDStV*.[928] Darunter werden alle Abrufdienste subsumiert, bei denen Text-, Ton- oder

---

[924] Gersdorf, *Der verfassungsrechtliche Rundfunkbegriff im Lichte der Digitalisierung der Telekommunikation*, S. 162 f. (164).

[925] *Gersdorf* will Near-Video-on-Demand nur als Zugriffsdienst für Ton- und Bewegtbildsendungen gelten lassen, um strukturelle Unterschiede zum Video-on-Demand als speziellem Abrufdienst nicht zu verwischen. Eine Differenzierung zwischen Near-Video-on-Demand und Video-on-Demand als Abrufdienst ist lediglich über die zeitliche Verfügbarkeit möglich; ebd., S. 38/39.

[926] BVerfGE 74, 297 ff, 351.

[927] BVerfGE 74, 351 f. (kein "rundfunkähnlicher Kommunikationsdienst").

[928] § 2 Abs. 1 u. 2 Nr. 4 MDStV.

Bilddarbietungen auf Anforderung aus elektronischen Speichern zur Nutzung übermittelt werden. Soweit der individuelle Leistungsaustausch oder die reine Übermittlung von Daten im Vordergrund steht, ist das *TDG* einschlägig.[929] Dies gilt insbesondere für Telespiele.

5. Teleshopping

Die Grenzziehung zwischen den einzelnen neuen audiovisuellen Diensten kann je nach redaktionell gestaltetem Inhalt fließend sein. Ein Problemkreis besonderer Art ist das Teleshopping. Nach der Legaldefinition des *§ 45 Abs. 3 RStV* muss es sich um direkte Verkaufsangebote handeln, die unmittelbar auf den Vertragsschluss durch den Rezipienten hinwirken. Gleichzeitig wird unmittelbar die Gelegenheit zu diesem Vertragsabschluss nachgewiesen.[930] Sofern Teleshopping als Finanzierungsinstrument in Voll- oder Spartenprogramme integriert ist, wird diese Gestaltungsform vom Rundfunkbegriff des *Art. 5 Abs. 1 S. 2 GG* erfasst.[931] Zweifelhaft ist allerdings, ob Teleshopping kommunikative Funktionen erfüllt. Dieses Problem zeigt sich besonders bei reinen Teleshopping-Kanälen, die keine derartige Finanzierungsfunktion für ein Fernsehprogramm haben. Es handelt sich vielmehr um Werbung ohne Programm, die ultimative Form des Werbefernsehens. In negativer Abgrenzung zu den übrigen Kategorien ist Teleshopping ein Teledienst[932], und zwar in Form der Interaktivität bzw. falls nicht die redaktionelle Gestaltung zur Meinungsbildung für die Allgemeinheit im Vordergrund steht. Reine Teleshopping-Kanäle als Verteildienst, die durch ihre Präsentation und Moderation nur eine geringe Meinungsrelevanz ausweisen, sind allgemein den Mediendiensten zuzuordnen.[933] Eine Behandlung nach den materiell geringeren Anforderungen des *MDStV* setzt allerdings voraus, dass ein Angebot nicht dem Rundfunk unterfällt.[934] Eine Mutation zum Rundfunk ist dann vollzogen, wenn sich Elemente klassischer Fernsehangebote mit Unterhaltungswert ohne Produktbezug in die Fernseheinkaufssendung einmischen.[935] Wird das Angebot durch ausführliche Informationen (Infomercials) über Konsumgüter begleitet, werden Studiogäste befragt und ein Produktbewusstsein beim Zuschauer erzeugt, ist die Einordnung als Mediendienst, der dem Rundfunk zuzuordnen ist, nicht zu beanstanden.[936] Wenn die Art und Weise der Darbietung dem Rezipienten das Programm als Alternative zum normalen Voll- oder Spartenprogramm erscheinen lässt, sind

[929] § 2 Abs. 2 Nr. 2 u. Abs. 4 Nr. 3 TDG.
[930] Micklitz, NJW 1990, S. 1569 (1571).
[931] Gersdorf, *Der verfassungsrechtliche Rundfunkbegriff im Lichte der Digitalisierung der Telekommunikation*, 166 f. (167); Schroeder, ZUM 1994, S. 471 (475).
[932] § 2 Abs. 2 Nr. 2 TDG.
[933] § 2 Abs. 2 Nr. 1 MDStV.
[934] § 20 Abs. 2 RStV (Zulassung).
[935] Eine solche Differenzierung kennt die FernsehRiL nicht.
[936] VG Stuttgart, ZUM 1998, S. 177 ff.

die Begriffselemente des Rundfunks erfüllt.[937] Die materiellen Kriterien entsprechen den Bedingungen der bislang durch öffentlich-rechtliche Verträge zugelassenen Fernseheinkaufsanbieter.[938]
Der neue Ordnungsrahmen hat ungewollt für die Fälle reiner Teleshopping-Kanäle eine Grauzone geschaffen. Zwar sieht § 20 Abs. 2 RStV eine Zuordnung zum Rundfunk vor, wenn dies im Einvernehmen aller Landesmedienanstalten geschieht; jedoch hat es der Gesetzgeber versäumt, verbindliche Kriterien bzw. Vermutungsregelungen für die Frage aufzustellen, wann Darbietungen nur in einem geringen Maße zur öffentlichen Meinungsbildung beitragen und wo die Schwelle zum Rundfunk überschritten ist. Die schwierigen Abgrenzungsprobleme und rechtlichen Folgewirkungen (z. B. Zulassung) haben dazu geführt, dass Anbieter ihr Investitionsrisiko nicht mehr abschätzen können.

6. Fazit

Der verfassungsrechtliche Rundfunkbegriff wird durch die verfassungsgerichtliche Ausgestaltung des *Art. 5 GG* bestimmt. Eine abschließende Definition des Rundfunkbegriffs kann das *BVerfG* nicht geben, da es notwendig ist, den Rundfunkbegriff für technische Innovationen offen und dynamisch zu gestalten. Das *IuKDG* orientiert sich an der Meinungsrelevanz der neuen audiovisuellen Dienste und versucht mit einer abgestuften Regelungsdichte den Anforderungen der Kommunikationstechnologie gerecht zu werden. Gleichwohl bleiben die Grenzen neuer audiovisueller Dienste fließend.

D. Europäischer und verfassungsrechtlicher Rundfunkbegriff: ein Vergleich

Die europäischen Regelungswerke klammern Abrufdienste, die durch eine individuelle Bestimmung des Sendezeitpunktes gekennzeichnet sind, aus dem Rundfunkbegriff aus. Lediglich "point-to-multipoint" Verbindungen werden dem Rundfunk zugeordnet. Die "point-to-point" Verbindungen unterliegen dem freien Wettbewerb der Telekommunikationsdienste.
Die verfassungsrechtliche Rechtsprechung misst hingegen dem individuellen Abruf einer Sendung keine so entscheidende Bedeutung bei. Vielmehr ist das rundfunkspezifische Merkmal der "Allgemeinheit" dann erfüllt, wenn die Sendung verschlüsselt oder unverschlüsselt für jedermann über Kabel oder Satellit empfangbar ist. Auf die Gleichzeitigkeit des Zugriffs kommt es nicht an. Sofern "rundfunkähnliche Kommunikationsdienste" dem Rezipienten unterschiedliche Formen von Selektions- und Auswahlmöglichkeiten zur Verfügung

---

[937] Volpers/Herkströter/Schnier, *Die Trennung von Werbung und Programm im Fernsehen*, S. 133; Degenhardt, ZUM 1995, S. 353 ff. (356); Schippan, NJW 1997, S. 3205 f.; Mayer/Motz, ZUM 1998, S. 133 f.

[938] Vgl. Vertrag zwischen BLM und H.O.T. vom 25.08.1995: epd-medien Nr. 73/1995, S. 25 f. Zu den ergangenen Gerichtsentscheidungen Schippan: NJW 1997, S. 3205 f.

stellen, die sich auf das Ein- und Ausschalten beschränken, ist eine vergleichbare Situation zum Rundfunk gegeben. Steht die Individualkommunikation im Vordergrund, sind die neuen audiovisuellen Dienste dem differenzierten Ordnungsrahmen des *IuDKG* unterstellt. Das Abgrenzungsmerkmal des "individuellen Abrufs" wird durch die "Meinungsrelevanz" von Rundfunkprogrammen ersetzt.[939]

Weder der verfassungsrechtliche noch der einfachgesetzliche Rundfunkbegriff können ein Ausgestaltungsmodell für den europäischen Rundfunkbegriff sein. Die deutschen begrifflichen Ausgestaltungen sind mangels eindeutig abtrennbarer Regelungsbereiche nicht auf einen europäischen Rundfunkbegriff übertragbar. Im Falle einer Definition des europäischen Rundfunkbegriffs würde jedoch die *FernsehRL* zu einer gemeinschaftskonformen Anwendung zwingen. Zwar bestand bisher noch nicht die Notwendigkeit, den europäischen und somit allgemeingültigen Rundfunkbegriff zu definieren, aber ein rechtliches Bedürfnis existiert nach wie vor.[940]

Dritter Teil: Neue elektronische Werbeformen

Erster Abschnitt: Neue Werbetechniken und europäische Konformität

A. Neue Werbetechniken

Werbespots erreichen durch die Informationsüberflutung (sog. "clutter") immer weniger Personen.[941] Werbetreibende schalten aus diesem Grunde immer mehr Werbespots, um Aufmerksamkeit zu erzielen.[942] Da die Grenzen der Akzeptanz für herkömmliche Werbung erreicht ist, suchen die Werbestrategen neue Werbeformen und Sendeformate, um den Anforderungen an eine Segmentierung des Werbemarktes zu genügen. Nur mit auf bestimmte Konsumentengruppen zugeschnittener Werbung, die mit dem beworbenen Produkt Lebensstile und Moden repräsentiert, lässt sich zukünftig das Interesse beim Zuschauer wecken.[943] Die optimale Werbeakzeptanz ist dann erreicht, wenn die Zuschauer entweder aktiv in das Programm einbezogen werden oder Werbung in das Programm integriert wird. Erstere Variante ("interaktive Werbebotschaft mit

---

939 Zur Breitenwirkung, Aktualität und Suggestivkraft: BVerfGE 90, 60 (87)

940 Vgl. Dritter Teil dieser Arbeit, Zweiter Abschnitt, A.I. 1.2.2.: Grünbuch zur Konvergenz.

941 Im deutschen Fernsehen ist die Zahl der Werbespots von 162.000 im Jahre 1986 auf 1,3 Mio. im Jahre 1997 gestiegen, obwohl die durchschnittliche Fernsehdauer bei 170 Minuten am Tag stagniert: epd-medien Nr. 45/1997, S. 17. Zur Zulässigkeit der Ausblendung von Werbung im Privatfernsehen durch sog. Werbeblocker ("Fernsehfee"): epd-medien Nr. 78/1999, S. 15/16; NJW 2000, S. 2029.

942 Schrape, *Digitales Fernsehen*, S. 100-105.

943 Zur hohen Akzeptanz der Fernsehwerbung in Deutschland als Teil des modernen Lebens: Hofsümmer/Horn, MP 1999, S. 443. Zu den kulturtheoretischen Ansätzen bei der Werbung: Ladeur, ZUM 1999, S. 673 m. w. N.

Responsmöglichkeit") versetzt den Zuschauer in die Lage, die Fortsetzung eines Werbespots per Fernbedienung mitzubestimmen.[944] Letztere Variante des Integrationsprozesses ist aufgrund der rechtlichen Grenzen schwieriger umzusetzen.
Herkömmliche Werbung leistet für den Werbetreibenden einen unverzichtbaren Beitrag zu seinem Markterfolg. Da Werbeverzicht für die werbenden Unternehmen ein Marktanteilsverlust bedeuten kann, ist Werbekontinuität in den Medien, insbesondere im Rundfunk, unverzichtbar. Die digitale Übertragungstechnik bietet der werbetreibenden Wirtschaft in Zukunft nicht nur ein Mehr an Werbung, sondern auch andere Werbemöglichkeiten. Die sich in Auflösung befindlichen Grenzen der Massen- und Individualkommunikation können somit auch für die Entwicklung neuer Werbeformen genutzt werden. Dies wird besonders durch den Einsatz virtueller Werbetechniken deutlich, die reale Werbung durch virtuelle Werbebilder austauscht bzw. aufdringliche Werbung elektronisch unkenntlich machen kann. Interaktive Werbung eröffnet neue Dialogformen mit den Rezipienten. Digitale Bildverarbeitungs- und Sendungstechniken (z. B. Split-Screening) verbessern die Verbreitung. Weitere technische Varianten sind in der Planung, um besser bestimmte Zielgruppen anzusprechen und deren Aktivierungsgrade zu erhöhen.[945] Nicht nur die Handlung bzw. Fortsetzung des Werbespots wird bestimmbar sein, sondern der Zuschauer wird auch einen Werbespot seiner Wahl auswählen können.

I. Virtuelle Werbung

Die virtuelle Werbung setzt zwar digitale Bildverarbeitungstechniken voraus, kann aber auch analog empfangen werden. Dabei werden u. a. in Sportübertragungen Werbemotive (Logos, Marken etc.) künstlich eingeblendet, obwohl sie weder in der Realität noch in ausgestrahlten Filmen vorhanden sind. Die Slogans auf den Banden im Stadion können somit auf elektronischem Wege ständig ausgewechselt werden.[946] Die Vorteile der virtuellen Werbung liegen in der zusätzlichen Einnahmequelle für Programmanbieter und in der Vermeidung eines Streuverlusts für den Werbetreibenden. Im Grunde handelt es sich nicht um eine neue Werbeform, sondern um zielgruppenorientiertes Product Placement.[947] Das virtuelle Product-Placement nutzt die digitalen Bildverarbeitungs-

---

[944] epd-medien Nr. 68/1997, S. 4, DF 1 startete "interaktive" Werbung durch Maggi-Spots am 25.08.1997.

[945] DSF-Katalog über interaktive Werbung: epd-medien Nr. 68/1997, S. 15 (29-31).

[946] Nach § 7 Abs. 6 RStV ist die Einfügung virtueller Werbung in Sendungen zulässig, wenn am Anfang und am Ende der betreffenden Sendung darauf hingewiesen wird und durch sie eine am Ort der Übertragung ohnehin bestehende Werbung ersetzt wird. Die virtuelle Werbung darf sich in ihrer Gestaltung (statisch, bewegt) nicht von der am Ort der Übertragung ohnehin bestehenden Werbung unterscheiden: FK Nr. 50/51/1999, S. 16.

[947] Volpers/Herkströter/Schnier, *Die Trennung von Werbung und Programm im Fernsehen*, S. 93.

techniken. Mit der Veränderung des Filmmaterials werden Markenartikel je nach Zielgruppe ausgetauscht. Die werbewirksame Platzierung des Markenprodukts in den filmischen Handlungsablauf tritt in den Hintergrund. Es geht vielmehr um eine gezielte Form der Kommunikation. Diese technischen Möglichkeiten werden besonders in Spartenkanälen genutzt. Im interaktiven Fernsehen kann durch individualisiertes Placement noch genauer die Zielgruppe erreicht werden.[948]

II. Info- und Storymercials

Der Unterhaltungs- und Informationsgehalt der Werbung kann durch sog. "Info- und Storymercials" gesteigert werden. Langformatige Informationsfilme über Produkte oder "Minispielfilme" über die Fortsetzung eines Commercials werden typischerweise als Werbeunterkanäle in digitalen Programmbouquets ausgestrahlt. Diese Kanäle können vom Programmveranstalter zum Zwecke der Ausstrahlung firmenproduzierter Programme vermietet werden. Per "crawl" bzw. "cross promotion" erfolgt der Hinweis, dass entsprechende Produktbeschreibungen oder Geschichten, in deren Verlauf immer wieder Produkte der Marke erscheinen, abrufbar sind. Aber auch über eine Menüsteuerung im digitalen Programmpaket kann der Zuschauer den gewünschten Werbeunterkanal aufrufen.[949] Werbeunterkanäle bieten dem Werbetreibenden eine Plattform der Interaktivität. Sämtliche Reaktionen des Zuschauers innerhalb eines Werbeunterkanals können ausgewertet und zielgruppengerecht umgesetzt werden.[950]
Unter Infomercials versteht man von Werbetreibenden vorproduzierte Werbefilme, die in einem informierenden Programmstil neue Produkte bzw. Produktlinien mit einem hohen Erklärungsbedarf vorstellen und ebenfalls mit einer zuvor eingeblendeten Bestellnummer vom Zuschauer gekauft werden können. Sie dienen hauptsächlich als Programmfüller und werden nicht in Werbeblöcken, sondern in ca. halbstündigen Sendungen präsentiert.[951] Durch eine Menüsteuerung[952] sind über eigene Werbeunterkanäle die Produktinformationen abrufbar. Solche Werbefilme sind als Dokumentation (sog. "Documercials") oder mit Comedy-Elementen (sog. "Sitcommercials") sendbar.[953] Durch Infomercials wird die Werbung an das Programm angeglichen.
Im Unterschied zu Infomercials handelt es sich bei Storymercials um unterhalt-

---

948 Ebd., S. 95.
949 Breunig, *Marktchancen des digitalen Fernsehens*, S. 35.
950 Volpers/Herkströter/Schnier, *Die Trennung von Werbung und Programm im Fernsehen*, S. 98/99.
951 Gersdorf, *Der verfassungsrechtliche Rundfunkbegriff im Lichte der Digitalisierung der Telekommunikation*, S. 51-53.
952 In Deutschland: Tele-Online-Navigations-Instruments (T.O.N.I.). Zur Funktionsweise: Holznagel, *Rechtliche Rahmenbedingungen des digitalen Fernsehens*, S. 37 ff. (45).
953 Bachem, *Fernsehen in den USA*, S. 214 f.

same Geschichten über alltägliche Konsumgüter.[954] Die Präsentation der Storymercials kann in unterschiedlichen Formen auftreten. Einzelne Werbespots können sich zu einer Miniserie oder einem Kurzspielfilm zusammenreihen, in deren Fortsetzung immer wieder Produkte der Marke erscheinen. Dies ist auch als "Direct-response-option" möglich, um den Zuschauer an die Story zu binden. Die Spots können ohne Fortsetzungszusammenhang ebenfalls dramaturgisch verändert und über einen Werbeunterkanal abgerufen werden.[955]
Info- und Storymercials lassen erkennen, dass der Verwirklichungsgrad nicht nur von der rechtlichen und technischen Ausformung, sondern auch von der Zuschauerakzeptanz abhängt. Ob das Trennungsprinzip zwischen Werbung und Programm für Info- und Storymercials durchsetzbar ist, muss wegen der starken Lobby der werbetreibenden Industrie bezweifelt werden.[956]

III. Splitscreen

Im Rahmen der Aufteilung des TV-Bildschirms bedeutet Split-Screening die gleichzeitige Ausstrahlung redaktioneller und werblicher Inhalte. Die graphische Teilung des Bildschirms lässt sich international beobachten.[957] Digitale Bildverarbeitungstechniken werden für die Teilung des Bildschirms nicht notwendigerweise vorausgesetzt. Private Rundfunkveranstalter nutzen immer häufiger die Teilung von Werbe- und Programmfenstern. Oftmals wird der Sendeabspann nicht mehr als Vollbild gestaltet, sondern in einem Teil als Standbild eingeblendet, während auf der anderen Hälfte ein Programmhinweis läuft. Gerade bei Sportübertragungen ist Split-Screening geeignet, uninteressante Spielunterbrechungen zu überbrücken.[958]

IV. Interaktive Werbespots

Der Dialog zwischen Werbetreibenden und Zielgruppen führt zu einer wechselseitigen Beeinflussung, da durch die mediale Rückkopplung den konkreten Wünschen des Rezipienten Rechnung getragen werden kann.[959] Zu den Werbeangeboten, die sich auch auf die Rückkanalmöglichkeiten stützen, gehören interaktive Werbespots. Der technische Realisierungsgrad von interaktiven

---

[954] epd medien Nr. 68/1997, S. 29.

[955] werben & verkaufen vom 18.04.1997, 72 (75). Dokumentation: Ein ganzer Sender wird von einem Werbetreibenden präsentiert: epd medien Nr. 68/1997, S. 29/30.

[956] *Volpers* vom Institut für Medienforschung Göttingen auf dem Kölner Medienforum vom 11.06.1997: epd-medien Nr. 45/1997, S. 17 f.

[957] Herkströter, MP 1998, S. 106 f. (107).

[958] Nach § 7 Abs. 4 RStV ist eine Teilbelegung des Bildschirms mit Werbung durch "eindeutige optische Mittel" kenntlich zu machen. Eine eindeutige Kennzeichnung liegt insbesondere vor, wenn das Werbefenster während des gesamten Verlaufs durch den Schriftzug "Werbung" vom redaktionellen Teil des Programms abgegrenzt ist. Es erfolgt eine vollständige Anrechnung der Bildschirmteilung auf die Dauer der Spotwerbung.

[959] Heinemann, *Dialogische Marketing-Kommunikation im interaktiven Fernsehen*, S. 101 f.

Werbespots befindet sich allerdings noch in den Anfängen. Die Zuschauer werden in die Lage versetzt, die Handlung bzw. den Verlauf des Spots durch Interaktion zu bestimmen. Per Fernbedienung bestimmt der Zuschauer, welche Turnschuhe der Sportler anziehen soll. Mit der Schuhauswahl erfolgt sodann die Wahl der Sportart, in der der Sportler mit den entsprechenden Turnschuhen aktiv werden soll. Eine weitere Spotvariante besteht darin, dass der Zuschauer das Spotmotiv selbst auswählt. Der Zuschauer kann z. B. in einem Spot einer Sportmarke bestimmen, ob er einen Spot über Schuhe, Kleidung oder Sportgeräte sehen möchte. Gleiches wurde bereits in interaktiven Werbespots bei Küchenrezepten praktiziert.[960]

B. Europäische Konformität

Virtuelle Werbetechniken, Split-Screening, Werbeunterkanäle und interaktive Werbespots sind neue werbliche Erscheinungsformen, die nur schwer in das europäische Normengefüge passen. Vorgaben zur Trennung zwischen Programm und Werbung werden durch diese neuen werblichen Kommunikationsangebote auf die Probe gestellt. Die scheinbar unaufhaltsame Entwicklung führt zu einem erheblichen Regulierungsbedarf, um eine notwendige Kohärenz herzustellen. Es ist zu prüfen, ob die europäischen fernsehspezifischen Werbevorschriften den medientechnologischen Veränderungen genügen.

I. Virtuelle Werbung

1. Trennungsgebot

Werden Fernsehbilder nachträglich dahingehend verändert, dass Werbung in Form von Marken, Logos oder anderweitigen Werbebotschaften in das Programm integriert wird, kann das Trennungsprinzip zwischen Werbung und Programm gefährdet sein. Das Trennungs- und Kennzeichnungsgebot ist ein Grundprinzip beider europäischer Regelungsmaterien. Fernsehwerbung und Teleshopping müssen als solche klar erkennbar und durch optische und/oder akustische Mittel eindeutig von anderen Programmteilen getrennt sein.[961] Jede Vermengung mit anderen nichtwerblichen Programmteilen und eine damit verbundene Irreführung des Rezipienten soll vermieden werden. Weitere Schutzmechanismen finden sich im Blockwerbegebot und dem Verbot der Schleichwerbung.

Die Mitgliedstaaten der Gemeinschaft und die Vertragsstaaten des Europarates versuchen dem Problem der virtuellen Werbung in nationalen Alleingängen zu begegnen, da ausdrückliche Ge- und Verbote fehlen. Die Regulierungsnotwendigkeit virtueller Werbung befindet sich in den einzelnen Mitgliedstaaten noch im Anfangsstadium. Deutschland lässt virtuelle Werbung im 4. *RÄndStV* einge-

---

960 werben & verkaufen vom 29.08.1997, S. 18.

961 Art. 10 Abs. 1 FernsehRL, Art. 13 FsÜ.

schränkt zu.[962] Im Vereinigten Königreich ist virtuelle Werbung bei gesponsorten Ereignissen dann zulässig, wenn der Einsatz der virtuellen Computertechnik dem Zuschauer am Anfang und am Ende jeder Sendung kenntlich gemacht und erläutert wird. Zusätzliche virtuelle Werbung als die tatsächliche ersetzte Werbung ist verboten.[963] Das französische Werberecht hat sich zwar neuer Werbeformen angenommen, jedoch noch nicht über die Zulässigkeit virtueller Werbung entschieden.[964] In der Gemeinschaft ist es erlaubt, strengere oder ausführlichere Bestimmungen in den von der *FernsehRL* erfassten Bereichen zu erlassen. Die Mitgliedstaaten haben aber mit geeigneten Mitteln dafür zu sorgen, dass die jeweils ihrer Rechtshoheit unterworfenen Rundfunkveranstalter die europäischen Fernsehwerbevorschriften einhalten. Virtuelle Werbung kann nur dann in den Mitgliedstaaten erlaubt sein, wenn nicht gegen die normierten Mindestanforderungen verstoßen wird und die Interessen der Zuschauer angemessen geschützt sind.

2. Vereinbarkeit mit dem Europäischen Fernsehwerberecht

Der Regelungsstruktur der europäischen Fernsehwerbevorschriften lässt sich entnehmen, dass der Einsatz virtueller Werbung an die Grenzen essentieller Werbeprinzipien stößt. Betrachtet man die Zielrichtung einzelner Werbevorschriften, so gelangt man zu dem Ergebnis, dass virtuelle Werbetechniken der Schleichwerbung Vorschub leisten. Die Trennung von Werbung und Programm

---

962 § 7 Abs. 6 S. 2 RStV. Die Einfügung virtueller Werbung in Sendungen ist zulässig, wenn diese am Anfang und am Ende der betreffenden Sendung kenntlich gemacht wird und durch eine am Ort der Übertragung ohnehin bestehende Werbung ersetzt wird. Es dürfen demnach keine neuen Werbeflächen geschaffen werden. Statische Werbung darf nicht durch Werbung mit Bewegtbildern ersetzt werden. Von der Erlaubnis sind Gottesdienste und Kindersendungen ausgenommen (§ 44 Abs. 1 RStV), nicht aber Nachrichtensendungen. Es erfolgt keine Anrechnung auf die Zeitgrenzen der §§ 15 und 45 RStV. Es gilt auch nicht die Abstandsregelung des § 45 Abs. 3 RStV für den Bereich der virtuellen Werbung. Urheber- und Leistungsschutzrechte bleiben unberührt. Die Werbeverbote gelten auch für den Einsatz virtueller Werbetechniken. Zum Widerspruch mit § 8 Abs. 6 RStV: epd-medien Nr. 92/1999, S. 9 f. Da virtuelle Werbung nicht als unzulässige Schleichwerbung angesehen wird, erfolgt auch keine Anrechnung der Zeitgrenzen der §§ 15 u. 45 RStV. Die Fernsehwerberichtlinien der Landesmedienanstalten vom 10.02.2000 erlauben virtuelle Werbung mit den obengenannten Einschränkungen (Ziff. 10): epd-medien Nr. 16/2000, S. 10/11. In der Literatur wird virtuelle Werbung überwiegend als unzulässig abgelehnt, da es sich um einen redaktionell nicht gerechtfertigten Verstoß gegen das Trennungsgebot handelt (Herkströter, MP 1998, S. 106 (111); Volpers/Herkströter/Schnier, *Die Trennung von Werbung und Programm im Fernsehen*, S. 156 f.).

963 ITC Sponsoring Code, Rule 13.5. i. V. m. Sponsoring Guidance Note zu Rule 13.5. Zum übrigen britischen Werberecht: Volpers/Herkströter/Schnier, *Die Trennung von Werbung und Programm im Fernsehen*, S. 170/171.

964 Zum französischen Werberecht: ebd., S. 172/173.

dient nämlich nicht nur der Lauterkeit des Wettbewerbs, sondern auch der publizistischen Aufgabe des Rundfunks. Der Werbetreibende, der Wirtschaftswerbung zum Absatz von Produkten und Dienstleistungen im Rundfunk schalten will, würde bei zulässiger virtueller Werbung unkontrollierten Einfluss auf die Programmgestaltung nehmen. Der Verbraucher wäre in seiner Entschlussfreiheit beschränkt. Eine solche Irreführung muss insbesondere dann angenommen werden, wenn der mit virtueller Werbung versetzte Beitrag im redaktionellen Teil als objektive Meinungsäußerung oder als Berichterstattung platziert ist und dem Zuschauer eine erhöhte Objektivität suggeriert wird. Virtuelle Werbetechniken verfälschen die Programmrealität. Gerade Nachrichtensendungen oder andere Programme, die nicht durch Werbung oder Teleshopping unterbrochen werden dürfen, verlieren durch den Einsatz virtueller Werbung ihre Glaubwürdigkeit. Für Zuschauer und nationale Kontrollinstanzen ist virtuelle Werbung nicht mehr erkennbar.[965] Dies ist insbesondere dann der Fall, wenn eine leere Werbefläche mit virtueller Werbung ersetzt werden soll.[966] Unter dem Aspekt eines vermeidbaren Verstoßes gegen das Trennungsprinzip kann es nicht auf die Werbebotschaft (reale oder virtuelle Werbung) schlechthin ankommen, sondern auf die durch die virtuelle Werbung veränderte Umwelt.[967] Ob eine Kennzeichnung virtueller Werbung für ihre Dauer ausreicht, um der Täuschung des Zuschauers entgegenzuwirken, muss bezweifelt werden, da gleichwohl der Gesamteindruck einer Sendung verfälscht werden kann. Die Legalisierung virtueller Werbung würde wirtschaftliche Erwägungen des Programmveranstalters unterstützen. Die Zulässigkeit virtueller Werbung in den Mitgliedstaaten verstößt als mildere Bestimmung gegen Art. 3 *FernsehRL.*

3. Vereinbarkeit mit Art. 10 EMRK

Ein Verbot virtueller Werbung wäre mit *Art. 10 Abs. 2 EMRK* vereinbar. Die Schrankenbestimmung des Kommunikationsgrundrechts dient auch dem Schutz der Rechte Anderer. Hierunter fällt u. a. der Schutz der Konsumenten und der Konkurrenten vor unfairem Wettbewerb.[968] Der Anspruch des Zuschauers und der Konsumenten auf klare Trennung zwischen kommerziellen und programmlichen Inhalten ist nicht mehr gewährleistet, wenn virtuelle Werbung im Programm implementiert wird. Der Kaufentschluss des Zuschauers würde durch den Einsatz solcher Werbung manipuliert werden. Nicht nur die Programm-

---

[965] Art. 11 Abs. 5, Art. 14 Abs. 5 FsÜ.

[966] Im Hinblick auf die Leistungsschutz- und Urheberrechte wird der Einsatz virtueller Werbung nur mit Zustimmung des Veranstalters bzw. des vom Austausch der Werbung Betroffenen möglich sein.

[967] A. A. Schaar, ZUM 1998, S. 869 ff. (875).

[968] EGMR, Fall Barthold, Urteil v. 25.03.1985, Series A, vol. 90, EuGRZ 1985, S. 170 ff. (Konsumentenschutz), EGMR, Fall markt intern, Urteil vom 20.11.1989, Serie A, vol. 165 (Konkurrentenschutz); Bossard, *Die Meinungsäußerungsfreiheit gemäß Art. 10 EMRK unter Berücksichtigung der neueren Entscheide und der neuen Medien*, S. 151 f.

wirklichkeit und die Verfälschung des Gesamteindrucks des Programms für den Zuschauer steht in Frage, sondern auch die Unabhängigkeit der Programmgestaltung. Der Werbezeit-Interessent erhöht mit virtueller Werbung die Gefahr, die Programmfreiheit des Rundfunkveranstalters zu beschneiden.[969] Mit der publizistischen Selbständigkeit des Rundfunkveranstalters geht auch das konventionsrechtlich geschützte Pluralismusgebot im Rundfunk einher.[970] Eine Kommerzialisierung des Programms wäre für die öffentliche Meinungsbildung im Rundfunk abträglich. Soweit das Trennungs- und Kennzeichnungsgebot im europäischen Fernsehwerberecht nicht ausreicht und legislatorisch eine europäische Regelung zum Verbot virtueller Werbung gefordert wird, wäre die Notwendigkeit der Maßnahme durch die Verhältnismäßigkeit des Eingriffs in das Kommunikationsgrundrecht gedeckt. Gemeinschafts- und Konventionsrecht widersprechen sich in diesem Punkt nicht.

II. Virtuelle Werbevarianten

1. Virtuelle Billboards

Sportveranstaltungen sind ein bevorzugtes Einsatzgebiet virtueller Werbung. Während die eigentliche Trikot- und Bandenwerbung als unvermeidbare Nebenfolge der Berichterstattung den europäischen werberechtlichen Bestimmungen nicht entgegensteht, unterlaufen virtuelle Billboards das Trennungsgebot. Durch die Einblendung zusätzlicher, in der Realität nicht vorhandener Werbung, erhält diese Werbepräsentation den Charakter eines gezielten Placements. Virtuelle Billboards erleichtern insbesondere die Werbebotschaften der Bandenwerbung bei der Übertragung von Sportveranstaltungen aus dem Ausland. Nicht käufliche ausländische Produkte können durch im Inland käufliche Produkte ersetzt werden.

1.1. Vereinbarkeit mit dem Europäischen Fernsehwerberecht

Das Standing Committee des Europarates hatte 1997 das Problem der Einhaltung des Trennungsgrundsatzes durch den Einsatz virtueller Werbung bei Sportveranstaltungen auf der Tagesordnung und unverbindliche Empfehlungen an die Mitgliedstaaten ausgesprochen. Zu den Grundsätzen der Ausstrahlung virtueller Werbung wurde ausgeführt:

> "......Furthermore, without prejudice to any other indications which might be necessary in the future, it should be stressed at this stage that:
>
> - the presence of virtual advertising messages during the broadcast of

---

[969] A. A. Engel, *Privater Rundfunk im Lichte der Digitalisierung der Telekommunikation*, S. 406 f.

[970] Dörr, "Multimedia und die Rundfunkfreiheit des Art. 10 EMRK", in: Ziemske/Langheid/Wilms (Hrsg.), *Festschrift für Kreile*, S. 1417 f. (1424).

sports events should be indicated to the viewers, by appropriate means, at the beginning and the end of the programme concerned;

- in no case should virtual advertising messages transform the perception or the understanding of the event, or be detrimental to it´s visibility."[971]

Mit den Empfehlungen ist noch nichts über die Zulässigkeit von virtuellen Billboards gesagt, sondern es soll lediglich durch eine Kennzeichnung die Irreführung des Zuschauers ausgeschlossen werden. Hierbei sind bestimmte vertragliche Aspekte zu berücksichtigen. Zum einen umfassen Übertragungsrechte des Rundfunkveranstalters nur die angelieferten Signale, sodass kein Einfluss auf die im Programm befindliche Trikot- und Bandenwerbung besteht. Zum anderen ist der Rundfunkveranstalter an einer nachträglichen Einfügung von Trikot- und Bandenwerbung wegen der vertraglichen Gestaltung mit dem Rechteinhaber gehindert, es sei denn, das Recht der Übertragung bezieht sich ausschließlich auf das Sportereignis. Sobald der Rundfunkveranstalter in eigener Regie über einen Videoprozessor computergenerierte Logos auf Billboards projizieren kann, stellt die Einfügung von virtuellen Billbords in das Programm eine Verletzung des Trennungsgebots dar.[972] Mithin sind virtuelle Billboards nicht unvermeidbare Nebeneffekte einer Sportübertragung, sondern eine vom Rundfunkveranstalter bewusst gesteuerte Kommerzialisierung des Programms. Die Verwechslungsgefahr für den Zuschauer und die Verfälschung der Realität kann nicht mit einem Kennzeichnungsgebot ausgeschlossen werden, da sonst eine Überfrachtung des Programms mit Werbung droht und das Trennungsgebot nach und nach aufgeweicht wird. Der Zuschauer wird bei der Fülle der Werbemöglichkeiten nicht mehr erkennen können, wann die Trikot- und Bandenwerbung durch virtuelle Billboards zielgruppenorientiert ersetzt und wann zusätzliche virtuelle Billboards geschaltet werden.

1.2. Vereinbarkeit mit Art. 10 EMRK

Konventionsrechtlich ist ein spezifisches Verbot virtueller Billboards durch den im öffentlichen Interesse liegenden Verbraucherschutz gerechtfertigt. Eine Irreführung des Zuschauers wird auch nicht durch eine optische und akustische Kennzeichnung ausgeschlossen, denn mit dieser Vorkehrung ist nicht gewährleistet, wo auf dem Bildschirm die virtuelle Werbung eingesetzt wurde. Der

---

971 Appendix III, Recommendation (97) 1, Concerning the use of virtual advertising notably during the broadcast of sports events vom 20./21.03.1997, vollständiger Wortlaut in: Hartstein/Ring/Kreile, *Kommentar zum Rundfunkstaatsvertrag*, § 7, Rn. 60. Die *FIFA-Regulations for the Use of Virtual Advertising* (Ziff. 6) und die *EBU-Poposed rules and principales from 01.09.1999*(Ziff. 2) sehen vor, dass virtuelle Werbung dort eingesetzt werden kann, wo üblicherweise Werbeflächen zur Verfügung stehen.

972 Volpers/Herkströter/Schnier, *Die Trennung von Werbung und Programm im Fernsehen*, S. 158 f.; Herkströter, MP 1998, S. 106 f (111).

Schutz der publizistischen Freiheit des Rundfunkveranstalters muss im Hintergrund stehen, zumal Urheber- und Leistungsschutzrechte nur im Einverständnis mit dem betroffenen Werbetreibenden, dessen Werbung ersetzt werden soll, möglich ist. In ein ausdrückliches Verbot virtueller Werbung wären virtuelle Billboards eingeschlossen.

2. Virtuelles Placement

Die Implementierung von Produkt-, Marken- oder Firmendarstellungen im Programm durch virtuelle Werbetechniken grenzt sich von virtuellen Billboards insoweit ab, als zwischen redaktioneller bzw. dramaturgischer Notwendigkeit und der Absatzförderung unterschieden wird. Mit der Veränderung des Filmmaterials werden Markenartikel zielgruppenorientiert eingesetzt bzw. ausgetauscht.

2.1. Vereinbarkeit mit dem Europäischen Fernsehwerberecht

Das Verbot sublimer Werbung in Form kurzer, nicht bewusst wahrnehmbarer Werbeeinblendungen, und das Verbot der Schleichwerbung komplettieren die Durchsetzbarkeit einer klaren Trennung zwischen Werbung und Programm. Die europäischen Regelungsmaterien gehen übereinstimmend von den gleichen Voraussetzungen für die Schleichwerbung aus.[973] Maßgeblich für eine verbotene Schleichwerbung ist die verbale oder visuelle Präsentation zu Werbezwecken unter Irreführung der Allgemeinheit über den eigentlichen Zweck. Sobald in irgendeiner Form Entgelt gezahlt wird, gilt die Vermutung der Werbeabsicht. Das Product Placement ist lediglich zulässig, wenn die Verwendung von Requisiten gerade nicht zu Werbezwecken erfolgt. In der Praxis ist es für die nationalen Kontrollinstanzen kaum möglich, den Werbezweck des verantwortlichen Rundfunkveranstalters zu klären, weil die vertraglichen Absprachen mit den Werbetreibenden dem Betriebsgeheimnis unterliegen. Virtuelles Placement vermischt durch die Manipulation des Filmmaterials Werbung und Programm, wenn für ein bestimmtes Produkt oder eine Dienstleistung zielorientiert geworben werden soll. Unabhängig von einer wirksamen Kontrolle, wird der Zuschauer die werbliche Absicht zwar optisch perzipieren, jedoch nicht aperzipieren. Die Beeinflussung zur Kaufentscheidung nimmt der Zuschauer nicht mehr wahr. Soweit es nicht um die praktisch zu vernachlässigende Variante einer kostenlosen Überlassung von Requisiten geht, wird der Verbraucher in die Irre geführt.

2.2. Vereinbarkeit mit Art. 10 EMRK

Vom Standpunkt des Verbraucherschutzes ist es konventionsrechtlich nicht zu beanstanden, wenn virtuelles Placement im Rahmen virtueller Werbetechniken

---

973 Art. 1 lit d), Art. 10 Abs. 4 FernsehRL; Art. 13 Abs. 3 FsÜ, Erläuternder Bericht zum FsÜ, Nr. 180/181.

verboten wird.[974] Der Schutz des Zuschauers vor Irreführung durch virtuelles Placement ist notwendig, um einerseits keine Werbung im Programm zu implementieren und andererseits Manipulationen des Programms auszuschließen.

3. Fazit

Virtuelle Werbung steht im offenkundigen Widerspruch zu dem rundfunkrechtlich und wettbewerbsrechtlich veränderten Gebot der Trennung von redaktionellem Programm und Werbung. Virtuelle Werbung täuscht das Publikum über die Programmrealitäten hinweg und führt zu einem erheblichen Glaubwürdigkeitsverlust des Rundfunks. Insbesondere bei der Übertragung von Sportveranstaltungen zeigt sich, dass im Ergebnis virtuelle Werbung zu einer weiteren Verteuerung der Fernsehübertragungsrechte führt und ausschließlich den Sportveranstaltern zugute kommt. Der - wenn auch etwas zurückhaltend - formulierten Forderung privater Rundfunkveranstalter, auf nationaler Ebene virtuelle Werbung einzusetzen zu dürfen und nicht auf die Werbezeiten anrechnen zu lassen, ist eine Absage zu erteilen. Der Trennungsgrundsatz als wirksame Schranke in den einschlägigen europäischen Regelungsmaterien darf nicht durch virtuelle Werbung ausgehöhlt werden.

III. Splitscreen

Gleiche Bedenken bestehen auch für das Bildschirm-Splitting, wenn während des laufenden Programms Teile des Fernsehbildschirms zur parallelen Ausstrahlung von Werbung genutzt werden. Eine räumliche Teilung des Bildschirms ohne Anrechnung auf die Werbezeit ist besonders für die privaten Rundfunkveranstalter interessant, die ihre Finanzierungsquelle Werbung bei natürlichen "breaks" in Sportveranstaltungen besser einsetzen können. Ähnliche Fälle zeigen sich bei der Einblendung von Werbelogos während der Übertragung von Sportereignissen.[975]

1. Deutsche Rezeption

Die rechtliche Beurteilung des Split-Screening ist unterschiedlich. Dies zeigen zwei Fälle aus Deutschland. Der Informationskanal *Bloomberg TV* teilt mehrfach den Bildschirm.[976] Die zuständige Landesmedienanstalt hatte die Werbepraxis untersagt, weil die Textfelder mit den üblichen Informationen dem

---

974 Herkströter, MP 1998, S. 106 f. (109).

975 Bei sog. Grafik-Sponsoring werden redaktionelle Zusatzinformationen wie Zeitmessungen oder Ergebnisdienste bei Sportübertragungen mit dem Logo oder Namen eines Unternehmens versehen. Die Ausstrahlung ist nach deutschem Rundfunkrecht zulässig, wenn diese im direkten funktionalen Zusammenhang mit der Einblendung stehen (Ziff. 19 S. 2 der Fernsehwerberichtlinien der Landesmedienanstalten vom 10.02.2000).

976 iris Nr. 09/1998, S. 13.

MDStV unterliegen, während die Bewegtbildfenster mit den Werbespots gemäß dem *RStV* zu behandeln sind. Der private Nachrichtenkanal *n-tv* zog nach und blendete in seinem redaktionellen Programm ein Laufband mit Werbung ein. Damit wollte der Sender in der Testphase der Forderung Ausdruck verleihen, dass auch ein räumlich geteilter Bildschirm das Trennungsprinzip erfüllt. Obwohl die Gemeinsame Stelle Werbung der Landesmedienanstalten einen Verstoß gegen den Trennungsgrundsatz festgestellt hatte, sendete *n-tv* mit Hinweis auf den Wirtschaftskanal *Bloomberg-TV* weiterhin Laufband-Werbung.[977] Das *VG Berlin* musste darauf hin zum Verhältnis zwischen dem gleichzeitigen Nebeneinander von Mediendienst und Rundfunkprogramm auf einem Bildschirm entscheiden. Es sei durchaus statthaft, das nebeneinander verbreitete Bewegtbild- und Textangebot zum einen nach dem Rundfunk-, zum anderen nach dem *MDStV* zu beurteilen. Selbst wenn man den *RStV* maßgeblich heranziehen würde, erfasse das Blockwerbegebot lediglich die klassische Spotwerbung, die nicht in Form von Wortfetzen ins Programm gestreut werden solle. Durch die farbliche Abgrenzung vom restlichen Fernsehbild werde der Zuschauer nicht getäuscht.[978] Das *OVG Berlin* bestätigte den Beschluss und betonte, dass ein Vorrang des *RStV* in anderen Staatsverträgen nicht normiert sei.[979]
Split-Screening ist im 4. *RändStV* erlaubt.[980] Die Vorschriften beziehen sich nicht nur auf Bewegtbilder, sondern auch auf Standbilder, Schriftbilder und feststehende Schriften. Nicht zulässig ist, dass die Werbung über das laufende Programm gelegt wird. Laufbandwerbung unterfällt nicht dem *MDStV*, sondern es kann auf dem einen Teil des Bildes der *RStV*, auf dem anderen der *MDStV* gelten. Split-Screening ist bei Gottesdienstübertragungen und Kindersendungen verboten. Nachrichtensendungen sind von dem Verbot nicht erfasst.[981] Damit wird das bisherige Gebot, dass Werbung und Programm zeitlich voneinander getrennt auszustrahlen sind, aufgehoben. Die Teilbelegung eines ausgestrahlten Bildes ist dann durch "eindeutige optische Mittel" (z. B. Schriftzug "Werbung") kenntlich zu machen. Akustische Kennzeichnung ist nicht erforderlich. Sowohl Spotwerbung in einem gesonderten Fenster als auch optisch hinterlegte Laufbandwerbung werden unabhängig von der Größe der Werbeeinblendung

---

977 FK Nr. 43/1998, S. 11 f.

978 VG Berlin, Beschluss v. 17.12.1998, ZUM 1999, S. 165. n-tv hat verkannt, dass Bloomberg-TV in einem dauerhaft geteilten Bildschirm Textbild- und Fernsehangebote sendet.

979 OVG Berlin, Beschluss v. 01.04.1999, Az.: 8 SN 26.99.

980 § 7 Abs. 4 RStV: Eine Teilbelegung des ausgestrahlten Bildes mit Werbung ist zulässig, wenn die Werbung vom übrigen Programm eindeutig optisch getrennt und als solche gekennzeichnet ist.

981 § 7 Abs. 4 S. 3 RStV. Ein fragwürdiges Ergebnis, wenn man bedenkt, dass neben dem Split-Screening auch die 20-minütige Abstandsregelung für Nachrichtensendungen quasi aufgehoben ist.

vollständig auf die Dauer der Werbung angerechnet.[982] Dies gilt auch für sog. Werbe-Crawls, in denen am Bildschirmrand durch Text-Laufzeilen zusätzliche Informationen mit werbenden Inhalten erscheinen. Die Abstandsregelung von zwischen zwei Werbeunterbrechungen findet auf die Splitscreen-Werbung keine Anwendung.[983] Ob die Teilung horizontal, vertikal oder kreisförmig erfolgen darf, wird nicht normiert. Es bleibt der vertraglichen Vereinbarung zwischen Programmveranstalter und Werbetreibenden überlassen. Ungeklärt ist, wer bei gleichzeitiger Präsenz von Werbung und Programm den Ton liefern darf. Schließlich wird die Teilbelegung mit Werbung auf die Werbung angerechnet. Gleichwohl hat auch der Zuschauer einen Anspruch darauf, dass der Programmteil versteh- und erkennbar bleibt.[984] Nach Auslegung des § 7 Abs. 4 RStV ist davon auszugehen, dass bei einem Splitscreen der Werbespot einschließlich Ton ausgestrahlt werden kann. Der Rundfunkveranstalter wird in der Regel die Splitscreen-Technik dann einsetzen, wenn das Rundfunkangebot kein überragendes Affektionsinteresse für den Zuschauer hat.[985] Die durch die Bildschirmteilung ausgelösten urheberrechtlichen Probleme können nur vertraglich geklärt werden, um einen Eingriff in das künstlerische Werk des Rechtsinhabers auszuschließen.

2. Vereinbarkeit mit dem Europäischen Fernsehwerberecht

Die Differenzierung zwischen *RStV* und *MDStV* ist zwar nicht auf europäischer Ebene übertragbar, jedoch sind in gleicher Weise Kennzeichnungs- und Trennungsprinzip in den europäischen Regelungsmaterien betroffen. Mit der Neuregelung des Split-Screening hat der Gesetzgeber keine strengere oder ausführlichere Werberegelung i. S. v. *Art. 3 FernsehRL* getroffen, sondern eine extensive Auslegung des Trennungsprinzips den Vorzug gegeben. Den Urteilsgründen des *EuGH* zum Brutto-Nettoprinzip wird entnommen, eine optische Trennung als Vereinbarkeit mit der *FernsehRL* genügen zu lassen. Der *EuGH* hatte nämlich ausgeführt, dass Beschränkungen, ohne dass der Gemeinschaftsgesetzgeber die Beschränkung klar und eindeutig formuliert hat, eng auszulegen sind.[986] Gegen eine räumliche Trennung spricht aber, dass zum Entstehungszeitpunkt von *FernsehRL* und *FsÜ* Split-Screening noch nicht bekannt war. Man ging von der Einheitlichkeit des Programms aus. In formaltechnischer Hinsicht mag zwar der Trennung zwischen Programm und Werbung genüge getan sein, jedoch ist das Gebot im Zusammenhang mit den europäi-

---

[982] §§ 15, 45 RStV.

[983] § 7 Abs. 4 S. 3 RStV verweist nicht auf § 44 Abs. 3 RStV.

[984] Hartstein/Ring/Kreile, *Kommentar zum Rundfunkstaatsvertrag*, § 7 RStV, Rn. 32e.

[985] Vgl. Kreile, ZUM 2000, S. 194 (197).

[986] EuGH, Urteil v. 28.10.1999, Rs. 06/98, Rn. 30, EuZW 2000, S. 81 (82).

schen Werbeunterbrechungsregelungen zu sehen.[987] Sie wären völlig unwirksam, wenn diese Werbepraxis zugelassen würde. Insoweit kann mit dem Trennungsgebot nur eine "zeitliche" und keine "räumliche" Trennung gemeint sein.

3. Vereinbarkeit mit Art. 10 EMRK

Konventionsrechtliche Bedenken gegen ein Verbot bestehen nicht, da das Trennungsgebot die Unabhängigkeit der Programmgestaltung schützt und der Verwechslungsgefahr des Zuschauers vorbeugt. Das Informationsbedürfnis des Zuschauers hat Vorrang vor dem Werbeinteresse des Programmveranstalters, wenn werbliche und programmliche Informationen durch die Split-Screen-Technik zusammenfallen.

IV. Info- und Storymercials

Solche Werbefilme und Mini-Movies, die vornehmlich in Werbeunterkanälen ausgestrahlt werden, haben mit Ausnahme einer Spot-Gestaltung eine längere Dauer, sodass es nahe liegt, sie als Dauerwerbesendung zu kennzeichnen. Weder in der *FernsehRL* noch im *FsÜ* findet sich eine Definition oder Regelung, wie mit Dauerwerbesendungen umzugehen ist. Über *Art. 3 FernsehRL* können allerdings die Mitgliedstaaten strengere oder ausführlichere Bestimmungen vorsehen.[988] Lediglich zur Dauer der Werbespots bestehen einzelne europäische Bestimmungen.[989]

1. Vereinbarkeit mit dem Europäischen Fernsehwerberecht

Werbesendungen, die nicht unter die klassische Spotwerbung fallen, sondern deren Werbecharakter erkennbar im Vordergrund steht bzw. deren Werbung einen wesentlichen Bestandteil der Sendung darstellt, sind mit den verschiede-

---

[987] Art. 11 Abs. 3 FernsehRL, Art. 14 Abs. 3 FsÜ; Herkströter, MP 1998, S. 106 f. (109) betreffend die deutsche Rechtslage.

[988] § 7 Abs. 5 RStV. Dauerwerbesendungen sind danach zulässig, wenn der Werbecharakter erkennbar im Vordergrund steht und die Werbung einen wesentlichen Bestandteil der Sendung darstellt. Sie müssen zu Beginn als Dauerwerbesendung angekündigt und während ihres gesamten Verlaufs als solche gekennzeichnet werden. Nach Ziff. 8 Nr. 1 der Fernsehwerberichtlinien der Landesmedienanstalten vom 10.02.2000 müssen die Sendungen mind. eine Dauer von 90 Sekunden haben. Da Dauerwerbesendungen während des gesamten Verlaufs Werbung darstellen, ist die Einfügung von Werbespots innnerhalb der Sendung zulässig (Ziff. 8 Nr. 3 der Fernsehwerberichtlinien der Landesmedienanstalten vom 10.02.2000). Dabei gibt es weder zeitliche Begrenzungen, noch gilt das Blockwerbegebot. Die quantitativen Werbezeitenregelungen (§ 16 Abs. 1, 45 Abs. 1 RStV) gelten auch für Dauerwerbesendungen. Die Einstundenzeitraumregelung des § 45 Abs. 2 RStV gilt nur für die Spotwerbung. Dauerwerbesendungen für Kinder sind unzulässig (Ziff. 8 Nr. 4).

[989] Art. 18, 18a FernsehRL; Art. 12 FsÜ.

nen Werbeformen des Teleshopping vergleichbar. In die revidierte *FernsehRL* wurden zeitliche Beschränkungen für Teleshopping-Spots, Teleshopping-Fenster und reine Teleshoppingsender eingeführt.[990] Im wesentlichen entsprechende Regelungen gelten für Eigenwerbekanäle.[991] Eine über die Dauer von Werbespots hinausgehende zeitliche Regelung lässt sich am Beispiel der Teleshoppingfenster verdeutlichen. Diese müssen, soweit sie von einem Programm gesendet werden, das nicht ausschließlich für Teleshopping bestimmt ist, eine Mindestlänge von 15 Minuten ohne Unterbrechung haben. Die maximal zulässigen acht Fenster dürfen die Gesamtsendedauer von drei Stunden pro Tag nicht überschreiten und sind zu kennzeichnen. Die Kennzeichnungspflicht betrifft auch die übrigen Ausgestaltungen des Teleshopping und der Eigenwerbekanäle, da jeweils auf Kapitel IV der *FernsehRL* verwiesen wird.[992]

Der Werbecharakter herkömmlicher Infomercials liegt in der Präsentation von Waren mit produktspezifischen Informationen, die in eine anwendungsbezogene Situation eingebettet sind. Zwar lässt sich bei Infomercials eine Trennung zwischen redaktionellem und werblichem Teil kaum erkennen; jedoch reicht eine optische Kennzeichnung während des Infomercials als Dauerwerbesendung aus, um Irritationen des Zuschauers zu vermeiden.[993] Die werbliche Erkennbarkeit ergibt sich aus dem Gesamtcharakter des Infomercials. Mit der Kennzeichnung als Dauerwerbesendung wird der Zuschauer darauf hingewiesen, dass auch das im Infomercial enthaltene Programm die Rahmenhandlung für das Produkt bietet. Es ist deshalb nicht notwendig zu wissen, wann der redaktionelle Teil aufhört und der werbliche Teil anfängt.

Storymercials als Kurzspielfilme lassen den Werbecharakter weniger erkennen. Es ist gerade bezweckt, die Werbung in die Unterhaltung zu integrieren. Weder die Erkennbarkeit noch der Trennungsgrundsatz sind gewährleistet. Eine Kennzeichnung des Storymercials als Dauerwerbesendung würde dem Verstoß abhelfen.[994] Während der gesamten Ausstrahlung des Storymercials weiß der Zuschauer, dass eine Werbebotschaft über ein Produkt vermittelt wird. Diese "Vorwarnung" des Zuschauers fällt bei Storymercials in Form von Spots und Fortsetzungsgeschichten weg, wenn sie in Werbeblocks eingefügt werden. Schaltet nämlich der Zuschauer zufällig nach der Kennzeichnung als Werbung den Werbeblock ein, wird er den Storymercial wegen seines vordergründig unterhaltenden Charakters nicht mehr als Werbung erkennen. Deshalb sollten Storymercials durchgehend als Werbesendung gekennzeichnet sein.

---

[990] Art. 18, 18a, 19 FernsehRL; Umsetzung in §§ 45, 45a RStV.

[991] Art. 19a FernsehRL.

[992] Fernsehwerbung, Sponsoring und Teleshopping (Art. 10-20 FernsehRL).

[993] A. A. Volpers/Herkströter/Schnier, *Die Trennung von Werbung und Programm im Fernsehen*, S. 154 (fehlende Erkennbarkeit).

[994] Volpers/Herkströter/Schnier; *Die Trennung von Werbung und Programm*, S. 155 (offen gelassen).

2. Vereinbarkeit mit Art. 10 EMRK

Info- und Storymercials als Dauerwerbesendungen verstoßen nicht gegen das Gebot der Trennung von Werbung und Programm, wenn sie von Anfang bis Ende als Werbesendung gekennzeichnet sind. Dadurch wird der Zuschauer vor werblichen Elementen geschützt. Die Kennzeichnung dient somit dem Schutz der Rechte Anderer i. S. v. *Art. 10 Abs. 2 EMRK*. Da Info- und Storymercials in Werbeunterkanälen vorkommen, entziehen sich die Rundfunkveranstalter zusätzlich ihrer Programmverantwortung, wenn Dritte einen Kanal mieten können und im Gesamtprogramm des Rundfunkveranstalters auf den Werbeunterkanal hingewiesen wird. Werbezeitenbeschränkungen und limitierte Sendezeiten für unabhängige Dritte bieten nur unzureichend Schutz vor einer Kommerzialisierung des Programms. In diesem Zusammenhang müssten auch auf europäischer Ebene klare Regelungen getroffen werden.

Zweiter Abschnitt: Werberegulierungsbedarf in einer neuen europäischen Kommunikationsordnung

A. Europäische Kommunikationsordnung

Die Kommunikationsmärkte befinden sich gegenwärtig in einer Transformationsphase. Der Übergang von technisch und inhaltlich separaten, national ausgerichteten zu globalen Märkten wird angesichts der Konvergenz der Netze nicht in einer Fortschreibung des Bestehenden erfolgen können. Der Übergang von einer reinen Rundfunk- zu einer neuen Kommunikationspolitik macht eine Veränderung des Regulierungsrahmens erforderlich. Die Exklusivität der Rundfunkgarantie mit seiner erhöhten Regelungsdichte bedingt aufgrund der fehlenden Übertragbarkeit auf andere Medien ein neu gestaltetes allgemeines Kommunikationsrecht mit einem abgestuften Vielfaltsicherungssystem.[995] Eine Modernisierung, Deregulierung und Abstimmung bestehender Vorschriften in den verschiedenen Teilordnungen wird als notwendig erachtet.[996] Sowohl auf europäischer als auch auf nationaler Ebene werden neue Entwicklungen im Kommunikationssektor unter Einschluss von Selbstregulierungssystemen befürwortet.[997]

Die Regulierung hat vor allem in Bereichen der Lizenzvergabe, der Konzentrationsbeschränkungen und inhaltlichen Anforderungen Einfluss auf die Umsetzung gesellschaftlicher Ziele in einem zukünftigen europäischen Kommunikationssystem. Inhaltliche Auflagen umfassen qualitative Programmstandards, Jugendschutzbestimmungen und Vorgaben zu Werbezeiten. Die Beschränkungen werblicher Kommunikation sind immer schwieriger zu rechtfertigen und konzentrieren sich überwiegend auf den Verbraucher- und Gesundheitsschutz.

---

[995] Bullinger, AfP 1996, S. 5.

[996] Hoffmann-Riem, AfP 1996, S. 15.

[997] Tettenborn, EuZW 1997, 466; EP-Stellungnahme A4-0219/97, Nr. 13-16.

Gerade im Bereich der medialen Werbung ist fragwürdig, ob einzelne Beschränkungen noch aufrechterhalten werden müssen. Eine Deregulierung erscheint medienübergreifend nötig, da die bisherigen Werberegelungen teilweise unpraktikabel sind, der Verbraucher Werbung aufgeschlossener gegenübersteht, und nationale Aufsichtsbehörden durch die Vielfalt werbeintegrierter Kommunikationsangebote ihre Kontrollfunktion nur noch unzureichend wahrnehmen können.
Im folgenden Abschnitt soll untersucht werden, ob die sektorspezifischen europäischen Regelungsvorgaben in den konvergierenden Bereichen, die an die jeweiligen Besonderheiten anknüpfen, zugunsten einheitlicher Werbegrundsätze im Rundfunk und rundfunkähnlichen Diensten aufgegeben werden können. Anhand der Regelungskompetenzen der Gemeinschaft werden die wichtigsten Gesetzgebungsvorgaben dargestellt und eine Rahmensetzung für eine zukünftige medienübergreifende Werberegulierung aufgezeigt. In den Gesamtüberblick werden die Initiativen des Europarates eingebunden.

I. Schaffung europäischer Rahmenbedingungen in der Gemeinschaft

Die Kommission hatte Mitte der 90er Jahre gemeinschaftsrechtliche Aktivitäten unternommen, um jedermann Zugang zu sämtlichen Informationen zu gewähren. Den im Grenzbereich zwischen Rundfunk und Telekommunikation angesiedelten Unternehmen neuer audiovisueller Dienste sollte für die Zukunft ein Rechtsrahmen mit Rechts- und Planungssicherheit gegeben werden. Auch einzelne Mitgliedstaaten hatten verstärkte Regulierungsbestrebungen im audiovisuellen Bereich unternommen.[998] Liberalisierungs- und Harmonisierungsmaßnahmen bestehen bereits in der Telekommunikation.[999] Im Rundfunk gibt es Rahmenbedingungen. Eine Regulierung im Computerbereich fehlt, jedoch sind einzelne Aspekte im Rahmen der Binnengesetzgebung aufgegriffen worden.

1. Ordnungspolitisches Umfeld

Der Veränderungsprozess bedingt einen europaweiten Regelungsrahmen, um die Wettbewerbsfähigkeit europäischer Unternehmen in diesen Schlüsselsektoren zu gewährleisten. Die Gemeinschaft hatte schon 1993 angefangen, gleiche

[998] In Deutschland: Informations- und Kommunikationsdienste-Gesetz des Bundes (IuKDG), BGBl. I. 1997, 1870; s. Bröhl, CR 1997, S. 73 f.; Engel-Flechsig, ZUM 1997, S. 231 f.; Hochstein, NJW 1997, S. 2977 f.; Engel-Flechsig/Maennel/Tettenborn, NJW 1997, S. 2981 f; Spindler, NJW 1997, S. 3193 ff.; MDStV der Länder, GVBL. Rh.-Pf. v. 19.09.1997, S. 333 f; Kuch ZUM 1997, S. 225 ff.; Knothe, AfP 1997, S. 494 f.

[999] Die Überarbeitung des Regulierungsrahmens in der Telekommunikation ist für 1999 vorgesehen. Die Verpflichtung ergibt sich aus Art. 22 Richtlinie 97/33/EG vom 30.06.1997, ABl. 1997 Nr. L 199/32; Art. 31 Richtlinie 98/10/EG vom 26.02.1998, ABl. 1998 Nr. L 101/24.

Standards im Rundfunksektor zu schaffen.[1000] Wesentliche Fortschritte wurden in der Verabschiedung des Aktionsplans im Jahre 1994 erzielt, der einen umfassenden Maßnahmenkatalog zur Einführung der Informationsgesellschaft in Europa festgelegt hatte.[1001] Ein weiterer dynamischer Aktionsplan diente als Mittel zur Orientierung und Transparenz für die Mitgliedstaaten.[1002] Damit die Mitgliedstaaten keine diskriminierenden Regelungen schaffen, hat die Kommission ein Anmeldeverfahren über Gesetzgebungsvorhaben vorgesehen.[1003] Im Rahmen der allgemeinen Überprüfung der gemeinschaftlichen Medienpolitik wurde 1997 eine Hochrangige Gruppe für audiovisuelle Politik eingesetzt, die einen Bericht über die zukünftigen Leitlinien im digitalen Zeitalter vorlegte.[1004] Am 30. März 1998 wurde vom Europäischen Rat das Mehrjahresprogramm der Gemeinschaft zur Förderung der Informationsgesellschaft in Europa verabschiedet.[1005] Das Programm bezweckt eine europaweite Aufklärung der Öffentlichkeit über die möglichen Auswirkungen der Informationsgesellschaft, die Optimierung des sozialen und wirtschaftlichen Nutzens und die Bedeutung

---

1000 Beschluss des Rates v. 22. Juli 1993 über einen Aktionsplan zur Einführung fortgeschrittener Fernsehdienste in Europa (93/424/EWG); RiL 95/47/EWG des Europäischen Parlaments und des Rates vom 24. Oktober 1995 über die Einführung von Normen für die Übertragung von Fernsehsignalen.

1001 *Europas Weg zur Informationsgesellschaft: Ein Aktionsplan* KOM (94) 347 endg., vom 19.07.1994; Bausteine des Aktionsplans sind: Liberalisierung des Telekommunikationssektors, Sicherstellung der gesellschaftlichen Auswirkungen der Informationsgesellschaft, berufliche Qualifikation europäischer Bürger, leistungsfähige europäische Industrie für Multimediainhalte und Ausschöpfung der Möglichkeiten von spezifischen IKT-Programmen.

1002 *Europa als Wegbereiter der globalen Informationsgesellschaft: Dynamischer Aktionsplan* KOM (96) 607 endg., vom 27.11.1996.

1003 Mitteilung der Kommission über die gesetzgeberische Transparenz im Binnenmarkt für die Dienste der Informationsgesellschaft - Richtlinienvorschlag des Europäischen Parlaments und des Rates zur Änderung der Richtlinie 83/189/EWG über ein Informationsverfahren auf dem Gebiet der Normen und technischen Vorschriften, KOM (96) 392 eng.

1004 Vgl. Mitteilung der Kommission an das Europäische Parlament und den Ministerrat - Die Politik der Gemeinschaft im audiovisuellen Bereich, künftiges Vorgehen (KOM (1998) 446 endg., veröffentlicht am 14. Juli 1998); iris Nr. 10/1998, S. 7.

1005 98/253/EG: Entscheidung des Rates vom 30. März 1998 über ein Mehrjahresprogramm der Gemeinschaft zur Förderung der Informationsgesellschaft in Europa. Am 22. März 2000 wurde der Kommission der Dritte Jahresbericht des Forums Informationsgesellschaft übergeben. Dies ist ein unabhängiges Gremium zur Beratung der Gemeinschaftsorgane. Der Bericht schlägt vor, zwischen den unterschiedlichen Belangen und Zielen im Rahmen einer europäischen Informationsgesellschaft ein Gleichgewicht zu schaffen (abrufbar unter: http://www.ispo.cec.be/policy/isf/i whatnew.html). Die Kommission hat weiterhin am 24. Mai 2000 einen Vorschlag für ein mehrjähriges Programm verabschiedet, das die Entwicklung und Nutzung europäischer digitaler Inhalte im Internet unterstützen und die Sprachenvielfalt europäischer Webesites fördern soll (abrufbar unter: http://www.europa.eu.int/comm/information society/econtent/com2000323 en.htm).

Europas innerhalb der Informationsgesellschaft. Neben den Aktionsplänen haben Richtlinien und Grünbücher auf die Notwendigkeit gemeinschaftsrechtlicher Rahmenbedingungen hingewiesen und Rechtssetzungsaktivitäten im Kommunikationssektor ausgelöst.[1006]

1.1. Europäische Regelungskompetenz

Die Gemeinschaft verfügt gem. *Art. 5 EGV* nur über eine beschränkte Verbandskompetenz. Sie darf nur die ihr übertragenen Aufgaben und Befugnisse wahrnehmen. Dies gilt auch für ihre Organe *(Art. 7 EGV)*. Alleine die Mitgliedstaaten haben prinzipielle Allzuständigkeit. Ein Regelungsmodell neuer audiovisueller Dienste auf Gemeinschaftsebene setzt zunächst voraus, dass die Terminologie stimmt. Die Grenzen zwischen "point to point"- und "point to multipoint"- Diensten sind fließend. Die Kommission verzichtet zwar im derzeitigen Entwicklungsstadium auf ordnungspolitische Vorschläge, unterbreitet jedoch Vorüberlegungen. So wurde darauf hingewiesen, dass hinreichend flexible Rahmenbedingungen notwendig sind, um Anpassungen an die technische Entwicklung zu erleichtern.[1007] Soweit nicht der grenzüberschreitende Rundfunk mit seinen europäischen Regelungsmechanismen betroffen ist, kann sich eine Kompetenz für die neuen audiovisuellen Dienste nur aus den Handlungsermächtigungen des *EGV* ergeben. Demnach müssen alle sektorspezifischen Maßnahmen die Grundfreiheiten des *EGV* und seine wirtschaftlichen Implikationen berücksichtigen.

Entscheidende Bedeutung kommt der Rechtssprechung des *EuGH* zu. Der *EuGH* besitzt die Jurisdiktionsgewalt und das Auslegungsmonopol. Bislang betraf die Rechtsprechung des *EuGH* lediglich die Verbreitung von Fernsehsignalen. Der Schutzbereich der Dienstleistungsfreiheit ist aber nicht nur auf die Verbreitung des Rundfunks beschränkt, sondern umfasst auch die Verbreitung neuer audiovisueller Dienste. Die Freiheit der Weiterverbreitung und des Empfangs ist den neuen audiovisuellen Diensten ebenso eigen wie dem Rundfunk. Beide besitzen eine grenzüberschreitende Reichweite und fallen unter den Dienstleistungsbegriff gem. *Art. 50 EGV*.

Die Mitgliedstaaten können die Dienstleistungsfreiheit beschränken, wenn zwingende Gründe des Allgemeininteresses dies erfordern. Derartige Gründe

---

[1006] Vgl. Grünbuch über den Jugendschutz und den Schutz der Menschenwürde in den audiovisuellen und den Informationsdiensten, KOM (96) 483 endg. vom 16.10.1996, S. 11; Grünbuch über die Liberalisierung der Telekommunikationsinfrastruktur und der Kabelfernsehnetze, KOM (94) 440 endg. vom 25.10.1994 und KOM (94) 682 endg. vom 25.01.1995, S. 8; Grünbuch zur Konvergenz der Branchen Telekommunikation, Medien und Informationstechnologie und ihren ordnungspolitischen Auswirkungen, KOM (97) 623 endg., S. iii.

[1007] Vgl. Grünbuch der Kommission über den Jugendschutz und den Schutz der Menschenwürde in den audiovisuellen Informationsdiensten v. 16.10.1996, KOM (96) 483 endg., S. 12.

hat der *EuGH* im Rundfunk in der Sicherung der Meinungsvielfalt und Pluralität gesehen.[1008] Einschränkungen aus zwingenden Gründen des Allgemeininteresses berühren aber auch die neuen audiovisuellen Dienste, soweit sie tatsächlich Einfluss auf die Meinungsbildung nehmen können.
Einige Beschränkungen der Dienstleistungsfreiheit sind allerdings mangels Kompetenzgrundlage den Harmonisierungsbestrebungen des Gemeinschaftsgesetzgebers entzogen. Nach dem Prinzip der beschränkten Verbandskompetenz darf die Gemeinschaft nur innerhalb der ihr im *EGV* gesetzten Ziele und zugewiesenen Befugnisse tätig werden.[1009] Die Kompetenzergänzungsvorschrift des *Art. 308 EGV* bietet der Gemeinschaft jedoch die Möglichkeit, unter bestimmten Voraussetzungen zum Zwecke der Zielverwirklichung Rechtsakte auch dann zu erlassen, wenn der Vertrag selbst keine diesbezügliche Kompetenznorm enthält. Diese subsidiäre Vorschrift lässt die implizierte Kompetenz ("implied powers") unberührt.[1010] Für den Rundfunk und die neuen audiovisuellen Dienste hat die begrenzte Einzelermächtigung zur Folge, dass die Gemeinschaft nicht allumfassend Meinungs-, Rundfunk- und Informationsfreiheit sichern kann.
Das primäre Gemeinschaftsrecht differenziert nicht zwischen Rundfunk und Telekommunikation. Beide Regelungsbereiche werden der Dienstleistung i. S. v. *Art. 49 ff. EGV* zugeordnet. Während die freie Verbreitung des Rundfunks innerhalb der Gemeinschaft durch die *FernsehRL* abgedeckt ist, ordnet sich die grenzüberschreitende Verbreitung neuer audiovisueller Dienste in den rechtlichen Rahmen des freien Binnenmarktes ein. Die neuen audiovisuellen Dienste haben wie der Rundfunk eine wirtschaftlich grenzüberschreitende Dimension.[1011] Dies gilt insbesondere für die in den audiovisuellen Diensten integrierte mediale Werbung.
Die Regelungskompetenzen der Gemeinschaft werden nicht schrankenlos gewährt, sondern es muss das Subsidiaritätsprinzip gem. *Art. 5 EGV*, beachtet werden. Den nationalen Interessen der Mitgliedstaaten ist Rechnung zu tragen. Sie dürfen nur Maßnahmen ergreifen, die aus zwingenden Gründen des Allgemeininteresses gerechtfertigt sind, und das nur dann, wenn keine anderen einschränkenden Mittel existieren, mit denen eine gleiche Wirkung erzielt werden kann.[1012] Soweit die Gemeinschaft neue audiovisuelle Dienste regelt, hat sie das Kommunikationsgrundrecht des *Art. 10 EMRK* zu berücksichti-

---

[1008] EuGH, Urteil v. 25.07.1991, Rs. 353/89 - Kommission/Niederlande, Slg. 1991, I - 4088; EuGH, Urteil v. 25.07.1991, Rs. 288/89 - Gouda/Kommissariat voor de Media, Slg. 1991, I - 4035; EuGH, Urteil v. 05.10.1994, Rs. C-23/93 - TV 10 SA/Kommissariat voor de Media, Slg. 1994, I - 4795.
[1009] Art. 5 EGV.
[1010] EuGH, Urteil v. 31.03.1971, Rs. 22/70 - AETR, Slg. 1971, 263 (282).
[1011] Bullinger/Mestmäcker, *Multimediadienste*, S. 92 f.
[1012] Art. 46 EGV.

gen.[1013]

1.2. Gemeinschaftsspezifische Initiativen

Die Gemeinschaft hat mit der *FernsehRL* die Rundfunkordnungen der Mitgliedstaaten neu strukturiert. Dies hat zur Kommerzialisierung des Medienmarktes geführt.[1014] Angesichts der durch die digitale Übertragungstechnik bedingten Umwälzungsprozesse, werden sektorspezifische Maßnahmen weiteren Einfluss auf die nationalen Regelungsstrukturen nehmen. Im Rundfunkbereich hat die revidierte *FernsehRL*[1015] Maßstäbe gesetzt. Auch im digitalen Rundfunk wurden bereits Standards festgelegt.[1016] Einzelne Grünbücher vervollständigen den Bedarf an rechtlichen, technischen und inhaltlichen Regelungsvorschlägen im audiovisuellen Sektor.[1017] Die Rolle des öffentlich-rechtlichen Rundfunks im kommunikationstechnologischen Umfeld ist durch die Protokollnotiz zum Amsterdamer Vertrag gefestigt worden.[1018]

[1013] Dörr, NJW 1995, S. 2263.

[1014] Dies betrifft insbesondere die Harmonisierung der Werberegulierung durch die FernsehRL.

[1015] FernsehRL 97/36/EG v. 30.06.1997, ABl. 1997 Nr.L 202/60; s. a. Mitteilung der Kommission an das Europäische Parlament und den Rat über die zukünftige Politik im audiovisuellen Bereich, KOM (98) 446 endg. v. 14.07.1998.

[1016] Richtlinie 98/48/EG des Europäischen Parlaments und des Rates über den rechtlichen Schutz von zugangskontrollierten Diensten und von Zugangskontrolldiensten vom 20. November 1998 (Zugangskontrollrichtlinie). Die Richtlinie ist Teil des im Aktionsplan für den Binnenmarkt und in den Kommissionsmitteilungen über den elektronischen Geschäftsverkehr vorgesehenen Maßnahmenkatalogs. Sie erfasst Fernseh- und Hörfunkprogramme sowie Dienste der Informationsgesellschaft. Umsetzungsfrist für die Richtlinie in den Mitgliedstaaten war der 28. Mai 2000; vgl. iris Nr. 08/1998, S. 4.

[1017] Grünbuch Kommerzielle Kommunikationen im Binnenmarkt KOM (96) 192 endg. v.08.05.1996; Grünbuch Konvergenz der Branchen Telekommunikation, Medien und Informationstechnologie und ihre ordnungspolitischen Auswirkungen, KOM (97) 623 endg. v. 03.12.1997; Grünbuch zu den Urheberrechten und verwandten Schutzrechten in der Informationsgesellschaft, KOM (95) 382 endg. v. 19.07.1995; Grünbuch über den Jugendschutz und den Schutz der Menschenwürde in den audiovisuellen und den Informationsdiensten, KOM (96) 483 endg. v. 16.10.1996.

[1018] Vertrag von Amsterdam vom 02.10.1997, ABl. 1997 Nr. C 340/109. Das Europäische Parlament hatte mit 348 gegen 101 Stimmen bei 34 Enthaltungen am 19.11.1997 den Mitgliedstaaten die Ratifizierung empfohlen, EuZW 1998, S. 68 f.; Hilf/Pache, NJW 1998, S. 705 f. Zur Bedeutung der Protokollnotiz zum Amsterdamer Vertrag: Dörr, *Die Spartenkanäle von ARD/ZDF und das Europarecht*, S. 64 f.

1.2.1. Grünbuch "Kommerzielle Kommunikationen im Binnenmarkt"

1.2.1.1. Zielsetzung

Das Grünbuch steht vor dem Hintergrund, dass kommerzielle Kommunikationen in einer globalen Informationsgesellschaft nicht an den jeweiligen Landesgrenzen enden. Die Kommission sieht im Binnenmarktkonzept die gemeinschaftsrechtliche Basis dafür, dass grenzüberschreitende kommerzielle Kommunikationen nicht durch ungerechtfertigte Unterschiede in nationalen Regelungen behindert werden.[1019]

1.2.1.2. Inhalte

Das Grünbuch unterscheidet zwischen unterschiedlichen Formen der Unternehmenskommunikation. Unter kommerzielle Kommunikationen fallen "sämtliche Formen von Werbung, Direktmarketing, Sponsoring, Verkaufsförderung und Öffentlichkeitsarbeit", einschließlich der mittels solcher Kommunikationsinstrumente erfolgenden (gesellschafts-) politischen Werbung.[1020] Die Differenzierung trägt den tatsächlichen Gegebenheiten Rechnung. Die weite Auslegung ist allerdings nicht statisch zu sehen, sondern lässt der Entwicklung neuer Kommunikationsformen freien Raum. Das Grünbuch richtet sich an alle "Anbieter" kommerzieller Kommunikationen, insbesondere Werbeagenturen, Mediaplaner und Werbefilmhersteller.[1021]

Die *FernsehRL* bietet Rahmenbedingungen kommerzieller Kommunikationen im Rundfunk und koordiniert das europäische Fernsehwerberecht. Das Grünbuch verweist auf den Gedanken der Kohärenz. Eine Harmonisierung nationaler Regelungen ist geboten, damit diskriminierende Maßnahmen nicht das Binnenmarktkonzept gefährden. Die Gefahr fehlender Kohärenz kann dazu führen, dass produkt- und dienstleistungspolitische Regelungen, die aus Gründen des Verbraucher- oder Gesundheitsschutzes erlassen werden, in nicht unerheblicher Weise den Werbemarkt beschränken.[1022]

Für den Übergang zur globalen Informationsgesellschaft stellen die digitalen Kommunikationskanäle einen neuen Träger für solche Dienstleistungen dar, die eine Verknüpfung von Direktmarketingtechniken mit kreativen Werbetechniken estatten. Letztlich können durch eine bessere Ausrichtung auf das Zielpublikum die grenzüberschreitenden kommerziellen Kommunikationen erleichtert

---

[1019] KOM (96) 192 endg., S. 1b.

[1020] Ebd., S. 7.

[1021] Ebd.

[1022] Stellungnahme zum Grünbuch der Kommission über kommerzielle Kommunikationen im Binnenmarkt, GRUR 1997, S. 351 f.; Henning-Bodewig, GRUR Int. 1997, S. 515 f.

werden.[1023]

1.2.1.3. Werbeselbstkontrolle

Das Europäische Parlament hatte in seiner Resolution[1024] zum Grünbuch vorgeschlagen, die Werbeselbstkontrolle zu fördern, in dem die European Advertising Standards Alliance (EASA) gestärkt wird. Diese Einrichtung ist eine kostenlose Anlaufstelle für Verbraucher, die sich über grenzüberschreitende Werbung beschweren.[1025] Weiterhin fordert das Europäische Parlament eine europäische Rahmenordnung zum unlauteren Wettbewerb, einheitliche Kriterien für einen "Code of conduct" sowie einen verbesserten Verbraucher- und Minderjährigenschutz, insbesondere in den neuen audiovisuellen Diensten. Die Kommission wurde u. a. aufgefordert, die bestehenden Regelungswerke durch eine "SLIM-Analyse"[1026] auf das nötige Maß zu reduzieren. Sie hat nach Eingang der Stellungnahmen interessierter Kreise eine Mitteilung über weitere Maßnahmen an das Europäische Parlament, den Rat und den Wirtschafts- und Sozialausschuss herausgeben.[1027] Durch die Einsetzung einer Expertengruppe soll nunmehr geprüft werden, wie sich einzelstaatliche Entscheidungen im Bereich der kommerziellen Kommunikationen auf europäischer Ebene auswirken und ob in rechtlicher Hinsicht solche nationalen, aber auch europäischen Maßnahmen, verhältnismäßig sind. Die Expertenschwerpunkte bilden die Themen "Minderjährigenschutz", "Unlauterer Wettbewerb", "Sponsoring" und "irreführende Werbung".

1.2.2. Grünbuch zur "Konvergenz"

1.2.2.1. Zielsetzung

Die Kommission hat sich zum Ziel gesetzt, eine ordnungspolitische Debatte über die rechtlichen Rahmenbedingungen einer globalen Informationsgesellschaft in den von der Konvergenz betroffenen Sektoren in Gang zusetzen. Dabei wurde auf jeglichen Ansatz einer Steuerung verzichtet. Nach Abschluss einer fünfmonatigen Konsultationsphase wurde im Juni 1998 einen Bericht

---

[1023] KOM (96) 192 endg., S. 17. Zur aktuellen Diskussion der Expertengruppe *Kommerzielle Kommunikation* über Rabatt- und Zugaberegelungen: ZAW-Jahrbuch 2000, *Werbung in Deutschland*, S. 96/97.

[1024] ZAW-Basisdienst Nr. 31 vom 21.07.1997.

[1025] Im Berichtsjahr 1997 insgesamt 41 Beschwerden, vgl. ZAW *Jahrbuch Deutscher Werberat 1998*, S. 55 ff. 1999 wurden 74 Beschwerdefälle abgeschlossen. Über Online können Beschwerden über grenzüberschreitende Werbung direkt den angeschlossenen nationalen Selbstkontrolleinrichtungen übermittelt werden. Zu den Empfehlungen eines Expertenseminars im April 1999 zu der aktuellen Situation von freiwilliger Selbstkontrolle in Europa: ZAW Jahrbuch 2000, *Werbung in Deutschland*, S. 111 f.

[1026] SLIM = Simpler Legislation in the Internal Market.

[1027] CAB 15/0012/98-DE von 03/1998.

vorgelegt, der als Entschließungsgrundlage für den Rat und das Parlament dient.[1028] Darin wurde festgehalten, dass die Konvergenz technischer Plattformen und Netzinfrastrukturen bereits Wirklichkeit geworden ist und deshalb für alle Infrastrukturen ähnliche ordnungspolitische Rahmenbedingungen gelten sollten. Aus dem Konsultationsverfahren zeichnet sich die überwiegende Auffassung ab, dass im Online-Bereich die Selbstregulierung bevorzugt werden sollte. Als Reaktion auf diese Entschließungen beabsichtigt die Kommission, einen Konvergenzaktionsplan zu erstellen.[1029]

1.2.2.2. Inhalte

In Kapitel I. werden das Wesen des Konvergenzphänomens, die Technologie- und Marktentwicklungen sowie die politische Bedeutung für Europa behandelt. Unter "Konvergenz" werden im allgemeinen sowohl traditionelle als auch neue Kommunikationsdienste verstanden, sei es in Form von Daten, Tönen oder Bildern, die mittels digitaler Technologie über zahlreiche verschiedene Netze angeboten werden können.[1030] Beispielhaft werden verschiedene Technologien beschrieben, die die plattformunabhängige Erbringung von Diensten ermöglichen. Anhand neuer audiovisueller Dienste wie Near-Video-on-Demand und Pay-per-View wird das Spannungsverhältnis zwischen Rundfunk und Individualkommunikation abgetastet.

Kapitel II. legt das Potential von Konvergenz im Sinne von weitreichenden sozioökonomischen und wirtschaftlichen Auswirkungen für Gesellschaft, Beschäftigungslage, Wachstum und Wettbewerbsfähigkeit dar.

Kapitel III. befasst sich mit bestehenden und potentiellen Schranken für die Konvergenz.[1031] Im Hinblick auf die Beschränkungen befürchtet die Kommission, dass die Entwicklung neuer audiovisueller Dienste wegen der bestehenden Schranken auf den verschiedenen Ebenen des Marktes behindert werden kann. Die Kommission fordert die Schaffung eines Umfeldes, das den Veränderungsprozess unterstützt und nicht bremst.[1032] Die ordnungspolitischen Maßnahmen müssen auf den Freiheiten des Binnenmarktes basieren, die wirtschaftlichen Gegebenheiten berücksichtigen und die Ziele des allgemeinen Interesses effek-

---

[1028] SEK (98) 1284 vom 29.07.1998: Die Kommentatoren bevorzugen überwiegend den zurückhaltenden Regelungsansatz der 1. Option, nämlich einen Regelungsrahmen für neue Dienste auf der Grundlage der gegenwärtig bestehenden Regelungen zu schaffen.

[1029] Die zweite Phase der öffentlichen Konsultation befasste sich mit dem Netzzugang im konvergierenden Umfeld, der Schaffung günstiger Rahmenbedingungen für Investitionen und Innovation sowie der Sicherstellung eines ausgewogenen Regulierungskonzepts; KOM (99) 108 endg.; Presseerklärung IP/99/164 vom 10. März 1999; abrufbar unter http://www.ispo.cec.be.

[1030] KOM (97) 623 endg, ii., Kapitel I.

[1031] KOM (97) 623 endg., S. 20-23.

[1032] Ebd.,. iii.

tiv und effizient erfüllen.[1033] Eine unterschiedliche rechtliche Behandlung der auf dem Markt angebotenen neuen audiovisuellen Dienste ist für die Kommission nur dann annehmbar, wenn die Ziele dem Verhältnismäßigkeitsgrundsatz entsprechen.

Abschnitt IV. 1 untersucht die neuen Herausforderungen für die Schaffung eines Gleichgewichts zwischen Regulierung, Wettbewerbsregeln und freien Marktkräften. Weiterhin wird geprüft, inwieweit der Konvergenzprozess jene Grundsätze in Frage stellt, die den derzeitigen rechtlichen Regelungen in den Branchen der Telekommunikation, der Medien und der Informationstechnologie zugrunde liegen.

Abschnitte IV. 2 und 3 beleuchten zahlreiche wichtige Bereiche, in denen möglicherweise Lösungen notwendig sind, um Schranken abzubauen und den Wettbewerb zu gewährleisten. Insbesondere stellt die Kommission das Betätigungsfeld des öffentlich-rechtlichen Rundfunks im Zusammenhang mit den neuen audiovisuellen Diensten zur Diskussion.

Abschnitt IV. 5 befasst sich mit der Frage, wie die derzeitigen Grundsätze in Zukunft zur Anwendung kommen können: Für jede Branche einzeln oder "horizontal" über die verschiedenen Marktsektoren. Hieran knüpft sich auch das Problem der Anzahl der Regulierungsbehörden und des Ausgleichs zwischen Gemeinschafts- und nationalen Aktivitäten.

Kapitel V. hält eine Reihe wichtiger politischer Grundsätze fest, die ein zukünftiges Regulierungsmodell zu beachten hat. Es werden im wesentlichen zwei mögliche Wege vorgeschlagen, die eine Reform der rechtlichen Rahmenbedingungen herbeiführen können: Nach der ersten Alternative bleiben zwar die vertikalen Regulierungsoptionen für Rundfunk und Telekommunikation bestehen, können aber bei Bedarf angepasst und modernisiert werden. Für die neuen audiovisuellen Dienste wird gegebenenfalls ein neues Regulierungsmodell entwickelt. Nach der zweiten Alternative wird ein einheitliches Regulierungsmodell eingeführt, das nach ökonomischen Kriterien alle bestehenden Teilrechtsordnungen integriert.

Zu den Vorschlägen hat die Kommission Stellungnahmen der Mitgliedstaaten erhalten.[1034] Die Ergebnisse sind zwischenzeitlich veröffentlicht.[1035] Die Mitgliedstaaten sind überwiegend der Auffassung, dass von einer umfassenden Neuregelung abgesehen werden sollte. Der Abschlussbericht der Kommission im Oktober 1999 zum Thema "Das digitale Zeitalter: Europäische audiovisuelle Politik" befasst sich nicht nur mit Stützungsmaßnahmen für die europäische audiovisuelle Politik, sondern gibt auch eine Standortbestimmung für den öffentlich-rechtlichen Rundfunk in der Gemeinschaft. In einem Arbeitspro-

[1033] Ebd., Kapitel IV, S. 22 f.

[1034] Arbeitsdokument (KOM 98, 1284 endg.), abrufbar unter: http.//www.ispo.cec.be/convergence/gpworkdocde.html.

[1035] KOM 99, 108 endg.

gramm für die nächsten fünf Jahre sollen Maßnahmen gebündelt werden, die eine gemeinschaftliche audiovisuelle Politik im digitalen Zeitalter ermöglichen.[1036]

1.2.2.3. Deutsche Rezeption

Der Begriff der Konvergenz beinhaltet methodisch verschiedene Verwendungsarten. Zunächst ist es durch die Überschneidung der technischen Funktionen von Rundfunk und Computer zu einer technologisch bedingten Konvergenz gekommen, die eine nutzungsbedingte Konvergenz mit sich gezogen hat. Im medialen dualen Wettbewerb hat dies dazu geführt, dass die privaten Rundfunkveranstalter weite Programmbereiche der öffentlich-rechtlichen Rundfunkveranstalter übernommen haben. Die sich dadurch abzeichnende "totale Ökonomisierung" im Binnenmarkt birgt die Gefahr in sich, dass der Rundfunk mit seinen kulturellen Aspekten in den Hintergrund gedrängt wird.[1037] Kritisch zu beurteilen ist auch die Gleichstellung von Angebots- und Nutzungs-Konvergenz. Der Rezipient wird lediglich als schützenswerter Teilnehmer am Wirtschaftsverkehr angesehen, nicht aber auch als Bürger einer Kulturgesellschaft. Meinungsvielfalt und kulturelle Identität stehen ausschließlich im Kontext zur Stellung des öffentlich-rechtlichen Rundfunks. Offensichtlich wird dies den privaten Anbietern nicht zugetraut. Im übrigen beschränkt sich die Kommission bei der Darstellung der Märkte und rechtlichen Probleme nur auf allgemeine politische Erklärungen. Die schwierige Entstehungsgeschichte ist dem Grünbuch anzumerken. Es verschließt sich einer rechtlichen Überprüfung. Nicht nur aus den vorgenannten Gründen ist das Grünbuch unzureichend. So wird der Vorschlag für verfehlt gehalten, den Rundfunk dem gleichen Regelungsrahmen zu unterwerfen wie die Telekommunikationsdienste und das Internet. Weder das Telekommunikationsrecht noch das Wettbewerbsrecht könne sicherstellen, was das Rundfunkrecht zum Schutze der Informations- und Meinungsfreiheit und zur Erfüllung der klassischen Funktionen des Rundfunks gewährleiste.[1038] Das Grünbuch sei dort zu korrigieren, wo es nicht hinreichend zwischen technischer, wirtschaftlicher und inhaltlicher Konvergenz unterscheide. Technische Konvergenz führe nicht zwingend zum Zusammenwachsen von unterschiedlichen Arten bestimmter Angebote und Dienste. Auf die technische Konvergenz folge auch "nicht automatisch" eine inhaltliche und

---

1036 KOM (99), 657 endg.

1037 Tettenborn, MMR 1998, S. 18 f. (19/21), ders., EuZW 1997, S. 462 f. (463). Die VPRT hat sich in seinem Rahmenkonzept *Medienordnung 2000 plus* für ein einheitliches Regulierungsmodell ausgesprochen und darauf hingewiesen, dass der Mediensektor den Marktgesetzen überlassen werden sollte. Die Forderung konnte sich bisher nicht durchsetzen, s. a. Ergebnisse der Birmingham-Konferenz der europäischen Audiovisual Community vom April 1998, abrufbar unter: http://europa/eu.int/eac/bg-intro en html.

1038 Resolution des ZDF-Fernsehrates zum Grünbuch der Kommission: FK Nr. 10/1998, S. 39.

rechtliche.[1039] Andere sehen im Grünbuch ein "verkürztes" Verständnis von Freiheit, da die wirtschaftlichen Interessen im Vordergrund stünden. Menschen dürften "nicht nur als Konsumenten von Informationsangeboten" definiert werden, "sondern als mündige Glieder dieser Gesellschaft".[1040] In gleicher Weise argumentiert das Europa-Gremium der Bischofskonferenzen, die im übrigen die soziale Dimension der Informationsgesellschaft anmahnen.[1041] Scharf kritisiert wurde auch, dass der öffentlich-rechtliche Rundfunk dann entbehrlich werde, wenn Privatmedien Ähnliches leisteten.[1042]

1.2.3 Grünbuch über Jugendschutz und Schutz der Menschenwürde

Der Jugendmedienschutz hat mit der Einführung des digitalen Rundfunks eine Diskussion über geeignete Kriterien und Verfahren zur Sicherung des Wohls von Kindern und Jugendlichen ausgelöst. Die zunehmende Differenzierung der Programmangebote wirft die Frage auf, inwieweit die zeitlichen Beschränkungen für bestimmte Programminhalte noch tauglich sind.

Das Grünbuch untersucht, welchen Herausforderungen sich die Gesellschaft stellen muss, wenn sie Jugendschutz und Menschenwürde angemessen schützen will.[1043] Die Kommission geht davon aus, dass die auf diesem Gebiet bisher erlassenen Rechtsvorschriften zu den traditionellen elektronischen Medien (Fernsehen und Hörfunk) den Dezentralisierungsprozess zur Individualkommunikation nicht erfassen. Langfristige Strategien und Maßnahmen sollen die Gefahr bannen, dass das wirtschaftliche, soziale und kulturelle Potential der neuen audiovisuellen Dienste nicht ausgeschöpft wird.

Unter neuen audiovisuellen Diensten werden alle mit der Einführung des digitalen Rundfunks entstandenen Angebote bis hin zu den interaktiven Diensten erfasst. Für die rechtlichen Rahmenbedingungen sind das Kommunikationsgrundrecht des *Art. 10 EMRK* und der Verhältnismäßigkeitsgrundsatz Korrektive eines Mindeststandards. Deshalb wird in Maßnahmen zum Minderjährigenschutz sowohl beim Fernsehen (sog. "Violence-Chip") als auch bei der Online-Kommunikation (PICS = "Platform for Internet Content Selection")[1044] die elterliche Kontrolle bevorzugt. Um bestimmten Aspekten des Jugendschutzes

---

1039 Stellungnahme der Bundesrepublik Deutschland: epd-medien Nr. 33/1998, S. 2 ff.

1040 Evangelisch-katholische Stellungnahme vom 22.04.1998, Dokumentation *Kommunikationskultur neuer Qualität*, in: FK Nr. 17/98, S. 41-43.

1041 Stellungnahme der Arbeitsgruppe Medienpolitik der ComECE, in: epd-medien Nr. 36/1998, 25 f. u. epd-medien Nr. 38/1998, S. 9 f.

1042 Evangelisch-katholische Stellungnahme, Ziff. 5 *Erhaltung öffentlich-rechtlicher Kommunikationsstrukturen*, FK Nr. 17/1998, S. 41-43.

1043 Grünbuch über den Jugendschutz und den Schutz der Menschenwürde in den audiovisuellen und den Informationsdiensten v. 16.10.1996, KOM (96) 483 endg.

1044 Zur Filtersoftware für das Internet: vgl. Sieber CR 1997, S. 581 f.; Hasebrink, Jugendmedienschutz im internationalen Vergleich - Untersuchungen zur Wirksamkeit von Richtlinien und V-Chip, MP 1998, S. 454 f.; Theunert/Schorb, MP 1998, S. 446 f.

und des Schutzes der Menschenwürde in den neuen Diensten Rechnung zu tragen, wird einer Kooperation zwischen den Mitgliedstaaten eine erhebliche Bedeutung zugemessen.[1045] Zu diesem Grünbuch gibt es bereits ein “Follow up” und einen Vorschlag der Kommission für eine Empfehlung des Rates zum Aufbau nationaler Selbstregulierungsorganisationen.[1046] Die Empfehlung hat einen weiten Geltungsbereich, der alle elektronischen Medien unabhängig vom Übertragungsweg erfasst. Der Rat weist ausdrücklich darauf hin, dass keine diskriminierenden Maßnahmen die Meinungsfreiheit beschränken dürfen. Vor dem Hintergrund der Entwicklung digitaler audiovisueller Dienstleistungen hat der Rat u. a. die Mitgliedstaaten aufgerufen, die Effizienz der bestehenden Systeme zum Schutz von Minderjährigen zu überprüfen und ihre Anstrengungen hinsichtlich erzieherischer und sensibilisierender Maßnahmen zu intensivieren.[1047]

1.2.4. Europäische Medienkonzentrationskontrolle

Die Wettbewerbsvorschriften des *EGV* sind ein wesentliches Instrument, um marktbeherrschende Stellungen zu verhindern sowie den Missbrauch einer bereits bestehenden marktbeherrschende Stellung auszuschließen.[1048] Da die nationalen Rundfunkordnungen die kulturpolitischen Aspekte im Vordergrund sehen und den Rundfunk nicht als reines Wirtschaftsgut betrachten, die Unternehmen aber als Adressaten wettbewerbsrechtlicher Instrumente sich in ihrer Betätigungsfreiheit eingeschränkt fühlen, kommt es auf den unterschiedlichen

---

[1045] Im RStV sind durch die Umsetzung der novellierten FernsehRL neue Jugendschutzbestimmungen eingefügt worden: § 3 Abs. 1 Nr. 5 (Sendungen unzulässig bei Verletzung der Menschenwürde), § 3 Abs. 3 (Ausstrahlung indizierter Sendungen), § 3 Abs. 4 (Kennzeichnungspflicht jugendgefährdender Sendungen), § 3 Abs. 5 (Versuchsregelung für digital verbreitete Programme des privaten Rundfunks), § 3 Abs. 9 (Pflicht der Landesmedienanstalten zur Berichterstattung über den Jugendschutz); Jugendschutz im digitalen Fernsehen in Deutschland, tendenz Nr. III/1999 S. 13 f.

[1046] Commission Communication to the European Parliament, the Council and the Economic and Social Committee on the follow-up to the Green paper on the protection of minors and human dignity in audiovisual and information services including a Proposal for a Recommendation, Kom (97) 560 endg.; Empfehlung des Rates vom 24. September 1998 zur Sicherung der Wettbewerbsfähigkeit des europäischen Industriezweigs der audiovisuellen Dienste und Informationsdienste durch die Förderung nationaler Rahmenbedingungen für die Verwirklichung eines vergleichbaren Niveaus in Bezug auf den Jugendschutz und den Schutz der Menschenwürde; iris Nr. 10/1998, S. 5/6 u. Nr. 01/1999, S. 3/4.

[1047] Schlussfolgerungen des Rates vom 17.12.1999 zum Schutz von Minderjährigen vor dem Hintergrund digitaler Entwicklungen, OJ C 8/9, 12.01.2000, s. iris Nr. 02/2000, S. 2.; s. a. Beschluss des Rates zur Bekämpfung von Kinderpornographie im Internet, 10317/1999 - C5-0318/1999 -1999/0822 (CN5), s. iris Nr. 05/2000, S. 5.

[1048] Art. 81 ff. EGV.

Ebenen immer häufiger zu Konfliktlagen.[1049]
Im übergeordneten Markt konkurrieren Sendeunternehmen miteinander um Zuschaueranteile. Die Sehbeteiligung ist ein wichtiger Maßstab für die Attraktivität und die Akzeptanz beim Zuschauer. Um eine stärkere Position im Markt zu erreichen, schließen sich immer mehr Medienunternehmen zusammen. Die Kommission hat in den letzten Jahren verschiedene Fusionskontrollen durchführen müssen und Ansätze für die Beurteilung marktbeherrschender Stellungen im Medienbereich entwickelt.[1050] Insbesondere wurde fusionsrechtlich untersucht, welcher Markt (z. B. Fernseh-, Zuschauer- oder Werbemarkt) für die Marktanteile relevant ist.

1.2.4.1. Kartellspezifische Entscheidungspraxis der Kommission

Die durch Wettbewerbskommissar *Karel van Miert* begründete und durch *Mari Monti* fortgesetzte Wettbewerbspolitik ist gekennzeichnet durch die Orientierung an Erkenntnissen der modernen ökonomischen Analyse, das harte Vorgehen gegen Kartelle und den Missbrauch marktbeherrschender Stellungen sowie den Schutz des Endverbrauchers. Davon sind auch die Entscheidungen der Kommission im Medienkartellrecht geprägt. Dies zeigt exemplarisch die Entscheidung der Kommission zur digitalen Fernsehallianz.[1051]
Der geplante Zusammenschluss von der KIRCH-GRUPPE, CLT/UFA und der DEUTSCHEN TELEKOM wurde in einem vorläufigen Positionspapier der Kommission als gemeinschaftswidrig angesehen, da sowohl die Technik-Verbindung zwischen den Unternehmen als auch der gemeinsame Betrieb der digitalen PREMIERE-Plattform unvereinbar mit dem Gemeinsamen Markt seien. Durch die marktbeherrschenden Stellungen werde wirksamer Wettbewerb in einem wesentlichen Teil der Gemeinschaft behindert.[1052] In einer Anhörung vor der Kommission haben sowohl die betroffenen Konzerne als auch andere Sendeunternehmen zum digitalen Pay-TV und der gemeinsamen Gesellschaft

---

[1049] Rosenthal, *Die Kompetenz der Europäischen Gemeinschaft für den rechtlichen Rahmen der Informationsgesellschaft*, 142 f. (Wettbewerb und Medienkonzentration).

[1050] Überblick zur europäischen Fusionskontrolle im Medienbereich: Jaestaedt/Anweiler, EuZW 1997, S. 549 f. Zur Entwicklung der Europäischen Fusionskontrolle in den Jahren 1997 und 1998: Hirsbrunner, EuZW 1999, S. 389 (392). Zur Medienkonzentration in Deutschland: Kreile, CR 1998, S. 24. Zur Untersagung in den Märkten für audiovisuelle Medien: EuG, Urteil v. 28.04.1999, Rs. T-221/95 Endemol Entertainment Holding BV/Kommission, EuZW 1999, S. 600 f. Zur Entwicklung des Europäischen Kartellrechts 1998/1999: Weitbrecht, EuZW 2000, S. 496 f.

[1051] Untersagung der Zusammenschlussvorhaben CLT-UFA/KIRCH-GRUPPE und Deutsche Telekom/BetaResearch, AfP 1998, S. 290 f.

[1052] Vorläufiges Positionspapier der Kommission vom 13.03.1998, SG (98) D/2174 - nicht veröffentlicht.

zur Verbreitung des Empfangsdekoders BetaResearch[1053] Stellung genommen. Der Beratende Ausschuss mit Kartellvertretern aus 15 Mitgliedstaaten lehnte den Zusammenschluss einstimmig ab.[1054]

Das endgültige kartellrechtliche Verbot kam nicht unerwartet.[1055] Die Kommission begründete ihre Entscheidung damit, dass mit den beiden eng verbundenen Zusammenschlüssen die Rahmenbedingungen in Deutschland für das digitale Pay-TV festgelegt werden. PREMIERE würde auf lange Sicht eine marktbeherrschende Stellung für das Pay-TV-Programm und die Vermarktung erlangen. Gleiches gelte für BetaResearch im Satelliten- und die DEUTSCHE TELEKOM im Kabelbereich. Aus unternehmerischer Perspektive wird in dem Verbot ein erheblicher Rückschlag für das deutsche digitale Bezahlfernsehangebot gesehen, da sich "die Wettbewerbssituation europäischer Film- und Fernsehunternehmen im globalen Wettbewerb durch diese Entscheidung deutlich verschlechtert habe".[1056] Die Kritiker der Untersagung übersehen allerdings, dass digitaler Rundfunk mit Pay-TV nicht gleichgesetzt werden kann.[1057] Durch eine Klage vor dem EuGH wird versucht, das von der Kommission ausgesprochene Verbot aufheben zu lassen.[1058]

Weitere medienkartellrechtliche Entscheidungen betreffen Zusammenschlüsse in den Bereichen Telekommunikation, audiovisuelle Medien und Internet.[1059] Darüber hinaus musste sich die Kommission mit dem Verkauf eines regionalen Kabelnetzes und Freistellung vom Kartellrecht in Bezug auf den Erwerb und die Nutzung von Rundfunkrechten an Sportereignissen im Rahmen des Eurovisions-Systems prüfen.[1060]

[1053] BetaResearch, ein 100%iges Tochterunternehmen der KIRCH-GRUPPE, ist Inhaber ausschließlicher und unbefristeter, für den deutschen Sprachraum erteilter Lizenzen für das BETA-Kontrollsystem.

[1054] epd-medien Nr. 35/1998, S. 7; Nr. 41/42/1998, S. 12.

[1055] Entscheidung der Kommission vom 27.05.1998, FK Nr. 22/1998, S. 8/9.

[1056] epd-medien Nr. 41/42/1998, S. 12.

[1057] Ebd., S. 3/4.

[1058] Die KIRCH-GRUPPE wirft der Kommission vor, wesentliche Formvorschriften und das geltende Wettbewerbsrecht verletzt zu haben. Die KIRCH-GRUPPE übersieht, dass die Entscheidung nahtlos an das kartellrechtliche Verbot von Media-Service-GmbH anknüpft. Darin ist für die Veranstaltung von Pay-TV der nationale Markt maßgebend, erlaubt aber grenzüberschreitende Unternehmensbündnisse (MSG-Media-Service, Entscheidung der Kommission v. 09.11.1994, ABl. 1994 Nr. L 134/1), in: FK Nr. 33/1998, S. 19; 1999 wurde die TV-Allianz Eureka zwischen der KIRCH-GRUPPE und der italienischen Mediaset genehmigt, die den Vertrieb von Fernsehrechten und -werbung europaweit steuern soll, in: epd-medien Nr. 61/1999, S. 15.

[1059] Vgl. hierzu AOL/Time Warner und CLT-UFA/Pearson, AfP 2000, S. 267; zur bundeskartellrechtlichen Entscheidung der Gründung von ProSiebenSAT.1 Media AG: BkartA, Az. B6 92000 Z 10/99.

[1060] Übersicht zum Medienkartellrecht: Hess, AfP 2000, S. 339 (341 f.).

1.4.2.3. Pluralismusrichtlinie

Eine Entschließung des Europäischen Parlaments zur Konzentration im Medienbereich war die erste Reaktion auf zunehmende Unternehmenszusammenschlüsse im Mediensektor, um Informationspluralismus und Meinungsfreiheit in der Gemeinschaft zu gewährleisten.[1061] Danach erfolgte eine weitere Entschließung zur Medienkonzentration und Meinungsvielfalt.[1062] Das Europäische Parlament wies darauf hin, dass die derzeitigen wettbewerbsrechtlichen Regelungen der Gemeinschaft noch keine Garantie für Meinungsvielfalt und Pluralismus in den Medien bieten und forderte die Kommission zur Vorlage von Untersuchungsergebnissen zur Medienfusionskontrolle auf. Weiterhin schlug das Europäische Parlament die Einsetzung eines Europäischen Medienrates vor, der Unternehmenszusammenschlüsse mit europäischer Dimension kontrolliert.

Mit dem Grünbuch "Pluralismus und Medienkonzentration im Binnenmarkt"[1063] setzte die Kommission einen neuen Prozess in Gang. Das Grünbuch schildert und prüft den jeweiligen verfassungsrechtlichen Hintergrund des Schutzes der Äußerungsfreiheit und des Medienpluralismus in den einzelnen Mitgliedstaaten.[1064] Auch die Rechtssprechung des *EGMR* zu *Art. 10 EMRK* wird in die Auslegung mit einbezogen. Die Forderung der Kommission nach Harmonisierung nationaler medienrechtlicher Beschränkungen wurde in mehreren Entschließungen des Europäischen Parlaments zum Grünbuch wiederholt.[1065] In verschiedenen Konsultationsverfahren, die die Kommission auf der Grundlage des Grünbuchs einleitete, sollte eine mögliche Gemeinschaftsinitiative ausgelotet werden.[1066]

Der Entwurf einer Richtlinie zur Medienkonzentration ("Draft EC-Directive on Media Pluralism") ist nicht zustande gekommen.[1067] Während die Fusionskontrollverordnung allgemein die Aufrechterhaltung des Wettbewerbs im Gemeinsamen Markt bezweckt, sollte die Richtlinie die Meinungsvielfalt im monomedialen Rundfunk durch ein Zuschaueranteilmodell sichern. Die Kommission hatte in ihrem Richtlinienvorschlag vorgesehen, Rundfunkveranstalter auf einen Marktanteil von 30 % und Beteiligungen zwischen Rundfunk und Printmedien auf eine Obergrenze von 10 % zu beschränken. Außerdem sollte eine Harmonisierung nationaler Eigentumsregelungen im Rundfunkbereich herbeigeführt werden. Neue audiovisuelle Dienste waren von dem Richtlinienentwurf nicht erfasst. Die Fusionskontrollverordnung sollte nach wie vor Anwendung

---

[1061] ABl. 1990 Nr. C 68/137.
[1062] ABl. 1992 Nr. C 284/44 .
[1063] Grünbuch *Pluralismus und Medienkonzentration* KOM (92) 480 endg. v. 23.12.1992; epd-medien Nr. 20/1997, S. 1.
[1064] Überblick: Dörr, NJW 1995, S. 2263 ff.; ders., NJW 1997, 1925 ff.
[1065] ABl. 1994 Nr. C 44/177; ABl. 1994 Nr. C 323/157; ABl. 1995 Nr. C 166/133.
[1066] KOM (94) 353 v. 05.10.1994; ABl. 1996 Nr. C 100/48.
[1067] Aktueller Arbeitsentwurf März 1997, s. a. Tettenborn, MMR 1998, S. 20, Rn. 30.

finden.[1068] Die Kommission hatte verkannt, dass der europäische Medienmarkt viel zu unterschiedliche Strukturen aufweist, als dass er mit einer vollharmonisierenden Richtlinie sachgerecht geregelt werden könnte.[1069] Zwei Aspekte wurden übersehen:

- Nur ein föderales System eröffnet Meinungsvielfalt.
- Einer europäischen Rundfunkordnung stehen enge Schranken der Kulturkompetenz, das Subsidiaritätsprinzip und das Gebot der Achtung der nationalen Identität der Mitgliedstaaten gegenüber.

Die Kommission sucht in weiteren Konsultationsverfahren nach neuen Wegen, die Medienkonzentration auf europäischer Ebene zu regulieren.

1.3. Dienstspezifische Initiativen

Die Kommission hat im Bereich der Informations- und Kommunikationstechnologie weitere Vorstöße unternommen, um Defizite und Regelungslücken zu schließen, die sich als Behinderungen auswirken können. Einzelne von der Kommission erarbeitete Vorgaben beschränken sich auf bestimmte Konfliktpotentiale einzelner Diensttypen.

1.3.1. Pay-TV-Richtlinie

Der Pay-TV-Anbieter kann neben seinem eigenen Programmaufwand auch den Preis als Aktionsparameter ansetzen. Programmkosten und Abonnentenzahl stehen in einem engen Zusammenhang. Die Pay-TV-Richtlinie hat zum Ziel, den Bereich der sog. "entgeltpflichtigen rundfunkähnlichen Dienste" wie Video-on-Demand und Pay-TV durch eine Richtlinie zu regeln, um besonders das Vergütungsinteresse des Diensteanbieters sicherzustellen.[1070] Der

---

[1068] Fusionskontrollverordnung, ABl. 1989 Nr. L 395/1. In Deutschland hat man sich zur Sicherung der Meinungsvielfalt für das Zuschaueranteilmodell entschieden: Art. 25 ff. RStV; dazu Hess, AfP 1997, S. 680.

[1069] Der Bundesverband Deutscher Zeitungsverleger hatte sich gegen den Entwurf der Pluralismusrichtlinie gewandt, da den Zeitungsverlagen in der Gemeinschaft eine zusätzliche Betätigung im Rundfunkmarkt untersagt werden sollte, wenn sie bereits auf den nationalen oder regionalen Pressemärkten eine starke Stellung innehaben: epd-medien Nr. 66/1997, S. 22 f.; vgl. a. Ress/Bröhmer, *Europäische Gemeinschaft und Medienvielfalt*, S. 10 ff.

[1070] AfP 1997, 794 f., Richtlinienvorschlag der Kommission vom 09.07.1997, DN: IP/97/627, KOM (97) 356; ABl. 1998 Nr. L 320/54-57. Dienste der Informationsgesellschaft, die gegen Entgelt elektronisch im Fernabsatz und auf individuellen Abruf eines Empfängers erbrachte Dienstleistungen betreffen. Kommissionsvorschlag für eine Richtlinie über bestimmte Aspekte des elektronischen Geschäftsverkehrs im Binnenmarkt, KOM (1998) endg., ABl. 1999 Nr. C 30/4. Die Richtlinie wurde im Juni 2000 verabschiedet (RiL 2000/31/EG v. 08.06.2000, ABl. Nr. L 178/ 1 ff.).

Richtlinienvorschlag erfasste alle Arten von für die Allgemeinheit bestimmten Rundfunk- und Online-Diensten der Informationsgesellschaft, soweit sie einer Zugangskontrolle ("Conditional Access") unterliegen. Weiterhin war vorgesehen, das kommerzielle Dekodiergeschäft einschließlich der Herstellung, des Imports, des Verkaufs oder der Werbung für Vorrichtungen, die den unbefugten Empfang von Diensten ermöglichen oder erleichtern, zu verbieten. Das Europäische Parlament hatte den Vorschlag der Kommission in erster Lesung gebilligt.[1071] Dem Standpunkt des Rates wurde zugestimmt.[1072] Die Richtlinie ist verabschiedet.[1073]

Grundlage für die Richtlinie ist das Grünbuch der Kommission über den rechtlichen Schutz verschlüsselter Dienste, das die Notwendigkeit einer Gemeinschaftsregelung zum Schutz gegen den unberechtigten Empfang verschlüsselter Dienste bejaht.[1074] Der Zugang wird durch ein gemietetes oder gekauftes Zusatzgerät (Dekoder) gewährleistet, das eine analoge Kodierung ("Scrambling") dekodiert ("Descrambling"). Dieses Verfahren betrifft auch das digitale Pay-TV.[1075] Die digital kodierten Sendungen lassen sich ebenfalls im Dekoder registrieren und später mit dem Anbieter abrechnen. Die Gewährleistung eines gleichwertigen Schutzniveaus für sog. CA-Dienste und -Systeme steht im Vordergrund.

1.3.2. Illegale und schädigende Inhalte im Internet

Das Grünbuch über den "Jugendschutz und den Schutz der Menschenwürde in den audiovisuellen und den Informationsdiensten" ist mit der Mitteilung der Kommission über "Illegale und schädigende Inhalte im Internet"[1076] zusammengefallen. Beide Dokumente ergänzen einander sowohl vom zeitlichen als auch vom inhaltlichen Rahmen her. Die Mitteilung beinhaltet Maßnahmen und Strategien, die spezifische Fragen des Internets (z. B. Missbrauch, technisches Umfeld) betreffen. Die Kommission verfolgt dabei das Prinzip der Selbstverantwortung durch elterliche Kontrolle. Die Weitergabe illegaler Inhalte fällt nach Ansicht der Kommission in die Zuständigkeit der Mitglied-

---

1071 Geänderter Vorschlag für eine Richtlinie des Europäischen Parlaments und des Rates über den rechtlichen Schutz der Dienste, die einer Zugangskontrolle unterliegen oder deren Gegenstand die Zugangskontrolle selbst ist; KOM (1998) 332 endg., ABl. 1998 Nr. C 203/12.

1072 Beschluss über den allgemeinen, vom Rat angenommenen Standpunkt im Hinblick auf den Erlass einer Richtlinie des Europäischen Parlaments und des Rates über den rechtlichen Schutz von zugangskontrollierten Diensten und Zugangskontrolldiensten (C4-0421/98-97/0198 (COD)), iris Nr. 11/1998, S. 6.

1073 Richtlinie 98/84 über den rechtlichen Schutz von zugangskontrollierten Diensten und Zugangskontrolldiensten, ABl. 1998 Nr. L 320/54 f.

1074 Grünbuch über den rechtlichen Schutz verschlüsselter Dienste, KOM (96) 76 endg.

1075 Hege, *Offene Wege in die digitale Zukunft*, S. 38 f.

1076 KOM (96) 487 endg.

staaten. Weitere Mitteilungen der Kommission befassen sich mit einzelnen Aspekten des Internets.[1077] In einem Zwischenbericht der Kommission wurde festgestellt, dass ein erhebliches Gefälle in den Mitgliedstaaten besteht, den Gefahren im Internet zu begegnen.[1078] Die Kommission erwägt, die Aktionsbereiche Nutzersensibilisierung, Haftung, Validierung, Anwendung und Koordinierung von Filter- und Bewertungssystemen zu harmonisieren. Eine Arbeitsgruppe, bestehend aus Vertretern von Industrie, Verbrauchern und Regierungsvertretern, soll die Aktionspläne begleiten. Seit 1999 liegt nunmehr ein erster Aktionsplan vor, der zur Durchführung verschiedener Gemeinschaftsinitiativen dient.[1079] Neben der Ratsempfehlung zum Jugendschutz und zum Schutz der Menschenwürde soll der Aktionsplan ein Instrument zur Umsetzung des europäischen Ansatzes für einen sicheren Umgang mit dem Internet darstellen.

1.3.3. Medialer geistiger und persönlicher Schutz

Hersteller und Anbieter urheber- oder leistungsschutzrechtlich geschützter Waren und Dienstleistungen müssen in der Informationsgesellschaft in der Lage sein, die Gemeinschaft als einheitlichen Binnenmarkt zu behandeln. Die Informationsgesellschaft eröffnet mehr Möglichkeiten in Bezug auf Schaffung, Zugang, Verbreitung und Nutzung von Waren und Dienstleistungen. Aus diesem Grunde sieht die Kommission eine vordringliche Aufgabe in der Angleichung nationaler Rechtsvorschriften für die Ausschließlichkeitsrechte der Genehmigung oder des Verbots der Verwendung und Vervielfältigung geschützter Werke und Dienstleistungen.[1080] Darüber hinaus hat die Kommission zum Ziel, die Privatsphäre bei der Verbreitung personenbezogener Daten in der Informationsgesellschaft zu harmonisieren. Allerdings lässt die Beschränkung der informationellen Grundfreiheiten den Zielkonflikt zwischen Binnenmarkt und Datenschutz deutlich werden.[1081] Weder das Urheberrecht noch der Datenschutz sind in der *FernsehRL* erfasst, sondern bleiben selbständigen Richtlinien vorbehalten.

1.3.3.1. Urheberrecht

Die europäischen rundfunkspezifischen Regelungsmaterien enthalten keine urheberrechtlichen Bestimmungen. Die Gemeinschaft ist den Herausforderun-

---

[1077] Aktionsplan zum Schutz des Internets, KOM (97) 583; Mitteilung über digitale Signaturen und Verschlüsselung, KOM (97) 503.

[1078] Initiativen in den Mitgliedstaaten zur Bekämpfung illegaler und schädigender Inhalte im Internet, WPIC 16/97 (Rev. 2).

[1079] Entscheidung Nr. 276/1999/EG des Europäischen Parlaments und des Rates v. 25. Januar 1999 über die Annahme eines mehrjährigen Aktionsplans der Gemeinschaft zur Förderung der sicheren Nutzung des Internet durch die Bekämpfung illegaler und schädlicher Inhalte in globalen Netzen.

[1080] Zum urheberrechtlichen Schutz von Webpages: Lehmann/Tucher, CR 1999, S. 700.

[1081] Brühann, AfP 1998, S. 345 (348).

gen der Informationsgesellschaft durch die Bereitstellung neuer audiovisueller Dienste und ihrer Auswirkungen auf die Systeme urheberrechtlicher und leistungsschutzrechtlicher Bestimmungen nachgekommen. Das Urheberrecht betreffende Maßnahmen sind Richtlinien zur Koordinierung bestimmter urheber- und leistungsschutzrechtlicher Vorschriften hinsichtlich Satellitenrundfunk und Kabelverbreiterung[1082], die Harmonisierung der Schutzdauer des Urheberrechts[1083] und zum Schutz des gewerblichen und geistigen Eigentums[1084]. Das "Grünbuch über Urheberrecht und verwandte Schutzrechte in der Informationsgesellschaft" war ein weiterer Schritt zum Vervielfältigungsschutz und der sicheren Datenübermittlung.[1085] Der Richtlinienvorschlag zur "Harmonisierung bestimmter Aspekte des Urheberrechts und verwandter Schutzrechte in der Informationsgesellschaft" soll einen einheitlichen Schutzstandard gewährleisten.[1086] Der Entwurf berücksichtigt neue Produkte und Dienste in der Informationsgesellschaft, die bestimmte urheberrechtlich relevante Inhalte aufweisen. Zielsetzung ist die Kreativität und Innovation innerhalb der Gemeinschaft zu fördern sowie das Vervielfältigungs- und Verbreitungsrecht zu harmonisieren.[1087]

1.3.3.2. Datenschutz

Das Recht auf Schutz der Privatsphäre ist in *Art. 8 EMRK* verankert. Zwar ist der Schutz personenbezogener Daten in den meisten Mitgliedstaaten verfassungsrechtlich geschützt, jedoch können die unterschiedlichen Vorschriften in den Mitgliedstaaten zu Behinderungen führen. Aus diesem Grunde strebt die Gemeinschaft eine Harmonisierung an. Der Schutz der informationellen Grundfreiheiten betrifft die Richtlinie des Europäischen Parlaments und des Rates zum Schutz natürlicher Personen bei der Verarbeitung personenbezogener

---

[1082] Richtlinie 93/83/EWG des Rates zur Koordinierung bestimmter urheber- und leistungsschutzrechtlicher Vorschriften betreffend Satellitenrundfunk und Kabelverbreitung, ABl. 1993 Nr. L 248/15.

[1083] Richtlinie 93/98/EWG des Rates v. 29.10.1993 zur Harmonisierung der Schutzdauer des Urheberrechts und bestimmter verwandter Schutzrechte, ABl. 1993 Nr. L 290/9.

[1084] Vgl. ABl. 1992 Nr. L 346/61, Verordnung (EG) Nr. 40/94 des Rates vom 20.12.1993 über die Gemeinschaftsmarke, ABl. 1994 Nr. L 11/1.

[1085] Mitteilung der Kommission über Initiativen zum Grünbuch über Urheberrechte und verwandte Schutzrechte in der Informationsgesellschaft, KOM (96) 568 endg.

[1086] Copyright and Related Rights in the Information Society - Proposal for a Directive on the Harmonisation of Certain Aspects of Copyright and Related Rights in the Information Society of 10 December 1997, KOM (97) 628 endg.

[1087] Flechsig, ZUM 1998, S. 139 f. Von der Urheberrechtsharmonisierung ausgenommen ist die Richtlinie über die Anwendung von Normen für die Übertragung von Fernsehsignalen, die eine Normbindung nahezu aufgehoben hat (ABl. 1995, Nr. L 281/51).

Daten und zum freien Datenverkehr.[1088] Die Richtlinie stützt sich zur Erreichung gemeinschaftlicher Ziele auf die Verfassungen und Gesetze der Mitgliedstaaten sowie die *EMRK*. Der Schutz der Grundrechte von Personen ist nach den Erwägungsgründen ein Erfordernis des Binnenmarktes gemäß *Art. 14 EGV*.[1089] Die Richtlinie enthält ein umfassendes System zum Schutz der Privatsphäre unabhängig von dem Sektor der Verarbeitung und der eingesetzten Technologie. Die Mitgliedstaaten sind verpflichtet ein hohes Schutzniveau bei der automatisierten Verarbeitung und Speicherung personenbezogener Daten in Datenbanken zu gewährleisten. Die Richtlinie bezweckt auch die Förderung des freien Datenaustauschs. Die Datenschutzrichtlinie[1090] hat zum Ziel, die Privatsphäre in der Telekommunikation zu schützen. Die Datenbankrichtlinie[1091] schützt Datenbanken mit eigenem schöpferischen Wert. Dieses Schutzrecht sui generis harmonisiert das für Datenbankstrukturen geltende Urheberrecht und dient dem Schutz von Investitionen zum Erwerb, zur Kontrolle und zum Schutz von Datenbankinhalten. Für den Bereich der Datenübermittlung ist ein Richtlinienentwurf vorgelegt worden, der einen sicheren Geschäftsverkehr gewährleisten soll.[1092] Das Datenschutzpaket wird besonders die Schnittstelle zur Telekommunikation, mithin die Individualkommunikation betreffen.

II. Aktivitäten des Europarats

Hauptschwerpunkte des Europarats sind die Stärkung des Rechts auf freie Meinungsäußerung und Informationsfreiheit sowie der grenzüberschreitende Informationsaustausch. Die Initiativen des Europarats im Mediensektor konzentrieren sich neben der Anpassung des *FsÜ* an die revidierte *FernsehRL* auf die Herausforderungen der globalen Informationsgesellschaft. Die 1997 auf einer Ministerkonferenz über Medienpolitik beschlossenen Resolutionen sollen

---

1088 Richtlinie 95/46/EG vom 24.10.1995, ABl. 1995 Nr. L 281/31; Umsetzungsfrist 24.10.1998; hierzu auch BT-Anfrage, BT-Dr 13/11315, S. 4 = Datenschutz-Berater 10/1998, S. 15. Zur Umsetzungsverpflichtung: Schild, EuZW 1999, S. 69; s. a. Empfehlungen R (99) 5 des Europarats zum Schutz von personenbezogenen Daten im Internet mit *Guidelines for the Protection of individuals with regard to the collection and processing of personal data on the information highways*, abrufbar unter http://www.coe.fr/cm/ta/rec/1999/99r5.htm. Zur neuesten Entwicklung des Datenschutzrechts und Werbung: Gola, NJW 1999, S. 3753 f. (3759) m. w. N.

1089 Erwägungsgrund 3.

1090 Am 24.10.1995 wurde die Datenschutzrichtlinie 95/46/EG, ABl. 1995, Nr. L 231/31 f., verabschiedet, zwei Jahre später die Telekom-Datenschutzrichtlinie 97/66/EG, ABl. 1998 Nr. L 24/1 f.; AfP 1998, S. 284 f.; Schild, EuZW 1999, S. 69 f.

1091 Richtlinie über den Schutz von Datenbanken v. 27.03.1996, s. Gaster, CR 1999, S. 669 m. w. N.; ABl. Nr. L 77, S. 20; vgl. a. Richtlinie 93/83/EWG zur Koordinierung bestimmter urheber- und leistungsschutzrechtlicher Vorschriften betreffend Satellitenrundfunk und Kabelverbreitung, ABl. 1993 Nr. L 248/15.

1092 Mitteilung der Kommission, KOM (97) 503 endg.; vgl. a. Verbraucherschutz: sog. Fernabsatzrichtlinie 97/7/EG v. 20.05.1997, ABl. 1997 Nr. L 144/19.

demokratische Mediensysteme in Europa etablieren.[1093] Die Grundprinzipien für die Vertragsstaaten betreffen nicht nur den Zugang zu neuen Kommunikationsdiensten, sondern auch die politische und kulturelle Vielfalt. Zur Medienkonzentration hat ein Expertenausschuss Maßnahmen empfohlen, die vom Ministerkomitee am 19. Januar 1999 verabschiedet wurden.[1094] Die Maßnahmen befassen sich mit der Überwachung neuer Kommunikationstechnologien und -dienste, der Stärkung der redaktionellen und journalistischen Unabhängigkeit, der zukünftigen Rolle des öffentlich-rechtlichen Rundfunks und den Eigentumsfragen in Rundfunk und Presse. Um den Zugang zu "universellen Gemeinschaftsdiensten" im Zusammenhang mit den neuen Kommunikations- und Informationstechnologien zu erleichtern, hatte eine Expertengruppe Empfehlungen ausgesprochen, die ebenfalls vom Ministerkomitee angenommen wurden.[1095] Seit 1999 wird an einer Konvention für zugangsbeschränkte Dienste gearbeitet, die eine Erstellung und Verbreitung von Vorrichtungen für einen unverschlüsselten und kostenlosen Empfang dieser Dienste verhindern soll.[1096] Für den Bereich des Schutzes der Privatsphäre im Internet besteht eine vom Ministerkomitee 1999 verabschiedete Empfehlung, die die Vertragsstaaten auffordert, die Erfassung und Verarbeitung von persönlichen Daten bei Nutzern und Anbietern von Internet-Diensten sowie bei nationalen Behörden sicherzustellen.[1097]

B. Handlungsempfehlungen einer einheitlichen europäischen Werberegulierung

Die Digitalisierung der Infrastrukturen führt zu einer Vervielfachung der Übertragungskapazitäten. Welche Transporttechnologie verwendet wird, ist aus der Sicht des Rezipienten völlig gleichgültig. Gleichwohl hat auf europäischer Ebene der Gemeinschaftsgesetzgeber dafür zu sorgen, dass die mit der Digitalisierung verbundene Aufhebung der Trennung der Netzwerke nicht ausschließlich in nationalen Bahnen verläuft. Eine neue europäische Kommunikationsordnung steht vor der Herausforderung, dass die klassische Rundfunkpolitik zugunsten einer allgemeinen Kommunikationspolitik aufgegeben werden muss.[1098] Es wird überwiegend ein System abgestufter Regelungsdichte gefordert, das an die jeweiligen Besonderheiten des Mediums und seiner typischen

---

[1093] 5. Europäische Ministerkonferenz über Medienpolitik am 11./12. Dezember 1997 in Thessaloniki (Griechenland).

[1094] Text abrufbar unter: http://www.coe.fr/cm/ta/rec/1999/99r1.htm.

[1095] Text abrufbar unter: http://www.coe.fr/cm/ta/rec/1999/99r14.htm.

[1096] Entwurf abrufbar unter: http://www.coe.fr/cm/stat/1999/april/311b.htm.

[1097] Text abrufbar unter: http://www.coe.fr/cm/ta/rec/1999/99r5.htm.

[1098] Zum Übergang zu einer allgemeinen Kommunikationsfreiheit: Hege, *Offene Wege in die digitale Zukunft*, S. 31; Kresse/Heinze, AfP 1995, S. 577.

Gefährdungspotentiale anknüpft.[1099] Im Digitalzeitalter werden die Sicherung des Zugangs zu den Informationsmedien und die Konzentrationskontrolle Regulierungsschwerpunkte bilden. Zur Infrastruktur einer neuen europäischen Kommunikationsordnung gehören aber nicht nur chancengleiche technische Voraussetzungen, sondern auch ein inhaltlicher Ordnungsrahmen. Angesichts einer zukünftigen digitalen Verbreitung von Rundfunk und neuen audiovisuellen Diensten bietet die Werberegulierung Möglichkeiten, die sektorspezifischen Regularien für Massen- und Individualkommunikation zusammenzuführen. Auf eine differenzierte Regelungsdichte je nach Meinungsrelevanz der Dienste könnte verzichtet werden, wenn lediglich einzelne Werbegrundsätze gelten würden und ansonsten den Veranstaltern Umfang und Inhalt der Werbung freistellt wäre. Bei einem einheitlichen werblichen Regelungsrahmen würde die Zuschauerakzeptanz und die Konkurrenz auf dem Werbemarkt das nötige Korrektiv darstellen. Die Vereinheitlichung der Werberegulierung hätte den Vorteil, dass die Angebotsvielfalt der neuen audiovisuellen Dienste nicht mehr dem Zuordnungsproblem des Rundfunkbegriffs unterliegt. Die Realisierbarkeit wird davon abhängen, in welchem Umfang eine einheitliche Übertragbarkeit von Werbevorschriften auf die neuen audiovisuellen Dienste möglich ist. Der Handlungs- und Regulierungsbedarf kann allerdings nur in dem Maße erfolgen, wie es tatsächlich zu einer Verwirklichung der Lebenssachverhalte kommt. Da schlüssige Konzepte fehlen, werden nachfolgend Handlungsempfehlungen zur Vereinfachung des Werberechts entwickelt. Zunächst ist zu prüfen, welche rundfunkspezifischen Werbenormen entbehrlich sind. Sodann ist die Anwendbarkeit der Werbegrundsätze auf die neuen audiovisuellen Dienste zu hinterfragen.

I. Deregulierung von Werbevorschriften im Rundfunksektor

Die europäischen rundfunkspezifischen Regelungsvorgaben beinhalten eine Vielzahl detaillierter Vorschriften zur Werbung. Vorgegeben sind dabei nicht nur genaue Zeitbeschränkungen, sondern auch eine Trennung zwischen Werbung und Programm. Ein Rundfunkveranstalter kann somit sein Programm nicht so gestalten wie er möchte, da er werbliche Programmunterbrechungen genau nach diesen gesetzlichen Vorschriften vornehmen muss. Demgegenüber unterliegen Inhalteangebote, die nicht unter den Rundfunkbegriff fallen, nur wenigen Werbebeschränkungen. Betrachtet man beispielweise das dreiteilig abgestufte deutsche Regelungssystem zu Rundfunk, Medien- und Telediensten, so stellt man fest, dass dezidierte inhaltliche und zeitliche Werbebeschrän-

[1099] Zum System der abgestuften Vielfaltssicherungen: Gersdorf, AfP 1995, S. 574; Holznagel, *Rundfunk in Europa*, S. 355 f.

kungen für den Rundfunk, nicht aber für die übrigen Dienste bestehen.[1100]
Mit der Digitaltechnologie sind eine Reihe von Rechtfertigungsgründen für die traditionellen Werbebeschränkungen entfallen. Besonders die auf den Frequenzmangel gestützten zeitlichen und quantitativen Werbebeschränkungen zum Schutz klassischer Rundfunkprogramme scheinen durch die Angebotsvielfalt der Veranstalter nicht mehr zeitgemäß.[1101] Gleichfalls ist darüber nachzudenken, ob inhaltliche Werberestriktionen nicht auf bestimmte Werbegrundsätze reduziert werden sollten, die sich an den allgemeinen Programmgrundsätzen für den Rundfunk und der Lauterkeit der wirtschaftlichen Betätigung orientieren.[1102] Dies gilt um so mehr, als die überwiegend aus Verbraucherschutzgründen errichteten inhaltlichen Werbevorschriften[1103] kaum noch dem veränderten Leitbild eines informierten Verbrauchers entsprechen.[1104]
Einzelne europäische Werbevorschriften verschließen sich einer Deregulierung. Dies hindert allerdings den Gemeinschaftsgesetzgeber nicht, auf bestimmte werberechtliche Tendenzen zu reagieren.

1. Trennungs- und Kennzeichnungsgebot

Das Trennungs- und Kennzeichnungsgebot ist die zentrale Norm des europäischen Rundfunkwerberechts.[1105] Es soll unlautere Mischformen von redaktionellen und werbenden Teilen im Programm verhindern. Der Grundsatz schützt die Funktion des Rundfunks und dient der redaktionellen Unabhängigkeit der Rundfunkveranstalter. Auch wenn das Trennungs- und Kennzeichnungsgebot durch die neuen Werbetechniken in der Praxis schwerer umsetzbar sein wird, muss daran festgehalten werden. Eine Lockerung des Grundsatzes auf bestimmte Sendeformate ist abzulehnen, da der Rezipient gerade durch die technischen und wirtschaftlichen Entwicklungen nicht mehr erkennen kann, ob

---

[1100] Eine Übersicht über die wesentlichen Pflichten der Anbieter von Rundfunk-, Medien- und Telediensten bietet Holznagel: ZUM 1999, S. 431. Zu den inhaltlichen und zeitlichen Werbebeschränkungen der jeweiligen Dienste in Deutschland: §§ 7, 8, 14, 15, 44, 45 RStV; § 9 MDStV (orientiert sich im wesentlichen an §§ 7, 8 RStV).

[1101] Kuch, in: *Jahrbuch der Landesmedienanstalten* (Hrsg.), S. 45 (50); Hege, *Offene Wege in die digitale Zukunft*, S. 21; Holznagel, *Rundfunk in Europa*, S. 376.

[1102] Zur Forderung des EP nach einem Regelungswerk zum unlauteren Wettbewerb: Stellungnahme Grünbuch Kommerzielle Kommunikationen im Binnenmarkt, A4 - 0219/97, Nr. 24.

[1103] Erwägungsgründe zur FernsehRL und erläutender Bericht zum FsÜ: Höfling/Möwes/Pechstein, *Europäisches Medienrecht*, S. 83 f. u. S. 131 f.

[1104] Handlungsbedarf aus Gründen des Verbraucherschutzes: Volpers/Herkströter/Schnier, *Die Trennung von Werbung und Programm im Fernsehen*, S. 165.

[1105] Art. 10 Abs. 1 FernsehRL, Art. 13 Abs. 1 FsÜ.

es sich um eine Werbepräsentation handelt oder nicht.[1106] Die Forderung nach einer teilweisen Aufgabe des Trennungsprinzips im Zuge der Veränderung von Werbung kann in dem sich modifizierenden Rundfunk keinen Bestand haben. Zum einen gilt es einen effektiven Schutz des Rezipienten vor Irreführung auch in Zukunft beizubehalten, zum anderen wird der Lebenswirklichkeit Rechnung getragen, in dem Ausnahmen aus programmlichen oder informatorischen Gesichtspunkten zulässig sind.[1107]

2. Verbot der Schleichwerbung

Das rundfunkrechtliche Verbot der Schleichwerbung[1108] unterstützt das Trennungsgebot. Es dient dem Schutz des Rezipienten, der sonst nicht differenzieren könnte, ob werbliche Programmeinblendungen programmbedingt sind oder nicht. Aus diesem Grunde ist das Verbot für einen europäischen Mindeststandard unverzichtbar. Die notwendige Darstellung von Erzeugnissen und Dienstleistungen aus programmlich-dramaturgischen Gründen muss die Ausnahme bilden. Der sich wandelnden Funktion der Werbung in der Gesellschaft wird durch das nicht absolut gültige Trennungsprinzip Rechnung getragen.

3. Verbot unterschwelliger Werbetechniken

Das Verbot unterschwelliger Techniken[1109] ist dadurch gekennzeichnet, dass durch kurze, nur Bruchteile von Sekunden dauernde Werbeeinblendungen in Programminhalten der Rezipient die Werbeabsicht nicht bewusst wahrnimmt. Letztlich dient auch dieses Instrumentarium der Durchsetzung des Trennungsgebots. Vielfach wird eingewandt, dass wegen der fehlenden begrifflichen Abgrenzung und der wissenschaftlich umstrittenen Existenz unterschwelliger Werbetechniken diese in der Praxis nur schwer zu verbieten sind.[1110] Im übrigen hat die Werbeindustrie kaum Interesse an solchen Einblendungen, da Werbeerfolge im großen Umfang nicht zu erzielen sind. Bereits das Kennzeichnungsgebot gewährleistet die Erkennbarkeit von Werbemaßnahmen und macht diese Werbenorm in der Praxis überflüssig.

[1106] *Ladeur* ist durch den sich wandelnden Stellenwert der Werbung als *Vehikel medienvermittelter Moden* für eine weitere Lockerung des Trennungsgrundsatzes. Er erwägt auf nationaler Ebene, die Mischung von Programm und Werbung auf Imagewerbung zu begrenzen und lediglich die traditionelle Produktwerbung dem Trennungsgrundsatz zu unterwerfen: ZUM 1999, S. 672 f. (680/682). Zur Durchführung der Trennung von Werbung und Programm und für das Sponsoring: Volpers/Herkströter/Schnier, *Die Trennung von Werbung und Programm im Fernsehen*, S. 114 f.

[1107] Im Ergebnis auch Platho, ZUM 2000, S. 46 (53).

[1108] Art. 10 Abs. 4 FernsehRL, Art. 13 Abs. 3 FsÜ.

[1109] Art. 10 Abs. 3 FernsehRL, Art. 13 Abs. 2 FsÜ; Hartstein/Ring/Kreile, *Kommentar zum Rundfunkstaatsvertrag*, § 7 Rn. 31.

[1110] Höfling/Möwes/Pechstein, *Europäisches Medienrecht*, S. 85.

4. Blockwerbegebot

Die europäischen Regelungsmaterien schreiben das Blockwerbegebot vor.[1111] Werbeblocks stützen flankierend das Trennungsgebot. Die Werbeinseln werden mit einem Werbelogo angekündigt, um die Kennzeichnungspflicht einzuhalten[1112] Das Blockwerbegebot differenziert nach Sendearten[1113] und will eine Programmzergliederung verhindern. Die rundfunkrechtliche Durchsetzung des Blockwerbegebots wird allerdings nicht starr gesehen, sondern lässt Ausnahmen zu.[1114] Mit dem Regel-Ausnahme-Prinzip hat jeder Mitgliedstaat die Möglichkeit, die Einzelwerbung vor die Blockwerbung zu stellen.[1115] Die in einigen Mitgliedstaaten praktizierte Umkehrung des Prinzips in ihr Gegenteil lässt einen von *FernsehRL* und *FsÜ* verfolgten europäischen Mindeststandard vermissen. Zur Durchsetzung des Trennungsgebots ist das Blockwerbegebot im digitalen Zeitalter unpraktikabel geworden. Neue Programm- und Vermarktungsformen bestimmen ihren Erfolg durch ihre Attraktivität. Die Überfrachtung des Programms mit Werbespots wird zwangsläufig dazu führen, dass der Rezipient andere Programme mit weniger Werbung sucht oder Pay-TV ohne Werbung kauft. Nicht nur die Grenze der Werbeakzeptanz ist zu berücksichtigen, sondern auch die Interessen der Programmmacher. Diese können bereits im Vorfeld einer Programmausstrahlung festlegen, wieviel Werbung ihr Programm verträgt. Dies zeigt sich besonders bei der Unterbrecherwerbung.

5. Zeitliche Werbebeschränkungen

Die Durchsetzbarkeit der zeitlichen Werbebeschränkungen hängt von einer effizienten Arbeit nationaler Kontrollinstanzen ab. Schwerpunktuntersuchungen sind computerunterstützt kaum durchführbar, da es zu viele Sendefrequenzen gibt, die es zu kontrollieren gilt. Durch die digitale Angebotsvielfalt lassen sich zukünftig zeitliche Werbebeschränkungen nicht mehr rechtfertigen. Das höchst

---

[1111] Art. 10 Abs. 2 FernsehRL, Art. 13 Abs. Abs. 1 S. 2 FsÜ.

[1112] Zu den *Trennungsunschärfen* am Ende von Werbeblocks: Volpers/Herkströter/Schnier, *Die Trennung von Werbung und Programm im Fernsehen*, S. 59 f.

[1113] Art. 11 Abs. 2 - 5 FernsehRL, Art. 14 Abs. 2, 3 u. 5 FsÜ.

[1114] Lediglich der erläuternde Bericht des FsÜ präzisiert die Ausnahmen. Nach Ziff. 177 soll die Werbung in Blöcken gesendet werden, die zwei oder mehrere getrennte Spots umfassen. Es mag Umstände geben, unter denen einzelne Spots zulässig sind, beispielsweise im Fall einer einzelnen langen Werbung oder wenn die für die Werbung verfügbare Zeit sehr kurz ist, beispielsweise zwischen den Runden eines Box- oder Ringkampfs, oder wenn der Rundfunkveranstalter nicht genügend Werbeaufträge hat, um Spots zusammenlegen zu können. Diese Fälle sollten jedoch die Ausnahme bleiben: Höfling/Möwes/Pechstein, *Europäisches Medienrecht*, S. 135.

[1115] Zur Umkehrung des Regel-Ausnahme-Prinzips: Henle, "Die grenzsetzenden Schlupflöcher der EU-Richtlinie Fernsehen ohne Grenzen", in: *Festschrift der Landeszentrale für private Rundfunkveranstalter* (Hrsg.), S. 66.

komplizierte Normengeflecht der Unterbrecherwerbung[1116] geht von einer Knappheit an Übertragungsfrequenzen aus. Das als vernünftiges Gleichgewicht zwischen den finanziellen Interessen des Rundfunkveranstalters und der Werbetreibenden einerseits sowie den Interessen der Zuschauer, Autoren und Kunstschaffenden andererseits eingeführte System ist nicht mehr zeitgemäß. Zudem haben gesetzliche Auslegungsschwierigkeiten zur Folge, dass Rundfunkveranstalter sich die für sie günstigsten Werberegelungen aussuchen. Von einem Mindeststandard kann beispielsweise dann nicht Rede sein, wenn die Mitgliedstaaten durch die Möglichkeit strengere oder ausführlichere Bestimmungen zu erlassen zwischen Netto- und Bruttoprinzip für Kino- und Fernsehfilme wählen können.[1117] Es ist nicht einzusehen, warum Rundfunkveranstalter, bei denen das Bruttoprinzip gilt, höhere Lizenzpreise zahlen können, als diejenigen, bei denen das Nettoprinzip gilt. Die Beschränkung der Dienstleistungsfreiheit mag zwar im Einzelfall gerechtfertigt sein, jedoch sind die erheblichen wirtschaftlichen Auswirkungen nicht von der Hand zu weisen. Vielfach ist schon für Rundfunkveranstalter ein 20-minütiger, geschweige denn ein 30-minütiger Werbeabstand für bestimmte Sendungen, nicht hinnehmbar.[1118] In einigen Mitgliedstaaten (etwa in Italien) ist man schon dazu übergegangen, die aus eigenständigen Teilen bestehenden Sendungen (z. B. Sportveranstaltungen) nicht nur in natürlichen Pausen durch Werbung zu unterbrechen.[1119] Ecken und Fouls im Fußball sind als Spielunterbrechung ebenfalls geeignete Werbezeiten. Da sich der Werbedruck auf Rundfunkveranstalter europaweit noch erhöhen wird, gilt es, wettbewerbsverzerrende Situationen in der Gemeinschaft zu vermeiden. Um die berechtigten Interessen derjenigen zu wahren, die die Programme gestalten, können normierte Werbeabstandregeln diese nicht mehr vor Beeinträchtigung und Entwertung ihrer Sendungen schützen. Die Rundfunkveranstalter werden zukünftig immer weniger auf Gesamtzusammenhänge und dramaturgische Aspekte achten können, wenn die Konkurrenzfähigkeit auf dem Spiel steht. Es kommt deshalb darauf an, dass schon im Vorfeld der Ausstrahlung einer Sendung vertraglich geklärt wird, wann eine Werbeunterbrechung je nach Sendeformat oder Film erfolgen darf. Die Rundfunkveranstalter haben vor Vertragsschluss zu überlegen, wieviel

---

[1116] Art. 11 FernsehRL, Art. 14 FsÜ.

[1117] Im Streit um die Auslegung der *programmierten Sendezeit* für Kino- und Fernsehfilme wurde damals von *Engel* vertreten, dass Art. 3 als lex generalis, der strengere und ausführliche Bestimmungen der Mitgliedstaaten zulässt, von Art. 19 als lex specialis verdrängt werde. Art. 19 erlaube nur Abweichungen von Art. 18. *Dörr* wandte ein, dass weder Art. 19 noch Art. 20 eine Sperrwirkung gegenüber Art. 3 erkennen lasse.

[1118] Art. 11 Abs. 4, 5 FernsehRL, Art. 14 Abs. 4, 5 FsÜ.

[1119] Art. 11 Abs. 2 FernsehRL, Art. 14 Abs. 2 FsÜ. Nach Ziff. 190 des erläuternden Berichts zum FsÜ fallen Spielshows mit Runden, Magazin- und Sportsendungen oder ähnlich gegliederte Ereignisse oder Darbietungen (z. B. Konzerte, Opern- oder Theateraufführungen) unter Sendungen, die aus eigenständigen Teilen bestehen.

Werbung sie dem Zuschauer zumuten. Der Verzicht auf Werbeabstandsregelungen sollte lediglich dort seine Ausnahme finden, wo es um Nachrichten, Sendungen religiösen Inhalts und Kindersendungen geht.[1120] Dies gilt auch für Sendungen zum politischen Zeitgeschehen und für Dokumentarsendungen. In den Einschränkungen kommt das öffentliche Interesse zum Ausdruck, der Bedeutung bestimmter Sendungen für gesellschaftsrelevante Schutzgüter gerecht zu werden. Nachrichtenbezogene Sendungen müssen werbefrei sein, damit eine Einflussnahme durch Werbetreibende ausgeschlossen ist. Deshalb ist es auch sinnvoll, den ausschließlich im *FsÜ* gewährleisteten Grundsatz zu beachten, Personen, die regelmäßig Nachrichtensendungen und Sendungen zum politischen Zeitgeschehen präsentieren, nicht in Werbung oder Teleshopping auftreten zulassen.[1121]
Das Motiv, die Werbedauer für Fernsehwerbung und Teleshopping zu beschränken, um klassische Vollprogramme vor allzu viel Werbung zu schützen, ist ebenfalls mit dem Entstehen einer Vielzahl von Sparten- und Themenkanälen entfallen.[1122] Die zeitlichen Begrenzungen von Teleshopping und das differenzierte Werbezeitensystem von Teleshoppingspots und -fenster im Programm passen nicht mehr.[1123] Das lässt sich besonders an der Gesamtsendedauer für Teleshopping erkennen.[1124] Eine Aufhebung der zeitlichen Begrenzungen hätte den Vorteil, dass eine Differenzierung zwischen Teleshoppingspots und -fenster überflüssig wäre. Programmintegriertes Teleshopping und reine Teleshoppingkanäle sollten durchgängig gekennzeichnet sein. Ohne zeitliche Vorgaben könnten Teleshoppingspots und -fenster nur dem Gebot der Trennung von Werbung und Programm unterliegen. In gleichem Umfang wären die festgelegten Zeitbeschränkungen für Eigenwerbekanäle aufzuheben.[1125]

6. Sponsoring

Rundfunkrechtliche Probleme wird das Sponsoring immer aufweisen, da besondere Interessen des Sponsors mitspielen. Deshalb bleiben das Offenlegungsprinzip, das Kennzeichnungsgebot und die Unabhängigkeit des Rundfunkveranstalters unerlässliche Mindestkriterien einer Normierung.[1126] Sponsorverbote für bestimmte Produkte und Nachrichtensendungen haben den gleichen Anforde-

---

[1120] Art. 11 Abs. 5 FernsehRL u. Art. 14 Abs. 5 FsÜ.
[1121] Art. 13 Abs. 4 FsÜ; s. a. erläuternder Bericht zu Ziff. 183 - 187.
[1122] Vgl. Hege, *Offene Wege in die digitale Zukunft*, S. 20/21; Holznagel, *Rundfunkrecht in Europa*, S. 378.
[1123] Art. 18, 18a, 19 FernsehRL, Erwägungsgründe Ziff. 36 - 38; Art. 12, 14, 18 FsÜ in der revidierten Fassung.
[1124] Art. 18 Abs. 2 a FernsehRL, Hege, *Offene Wege in die digitale Zukunft*, S. 20 f.
[1125] Art. 19 a FernsehRL, Erwägungsgrund Ziff. 39 zur *Eigenwerbung*; Art. 18 FsÜ in der konsolidierten Fassung
[1126] Art. 17 FernsehRL; Art. 17 FsÜ.

rungen wie Fernsehwerbung und Teleshopping zu entsprechen.[1127] Die Ausdifferenzierung nach bestimmten Sponsoringvarianten (z. B. Titelsponsoring) sollte dem nationalen Gesetzgeber vorbehalten bleiben.[1128]

7. Werbeverbote

Einzelne Fernsehwerbeverbote in Fernsehwerbung und Teleshopping für Tabakerzeugnisse, Arzneimittel und medizinische Behandlungen sind aus Gründen des Verbraucherschutzes sinnvoll, um missbräuchlichen Konsum zu vermeiden.[1129] Allerdings sollte im Zusammenhang mit der Tabakrichtlinie berücksichtigt werden, dass ein über das fernsehspezifische Werbeverbot hinausgehendes Verbot ein untaugliches Mittel ist, gesundheitspolitische Ziele durchzusetzen. Das absolute Tabakwerbeverbot kann nicht mit dem Alkoholwerbeverbot verglichen werden. Das relative Alkoholwerbeverbot in den europäischen Regelungsmaterien lockert zwar unter bestimmten Voraussetzungen das strikte Verbot für gesundheitsgefährdende Produkte auf, entspricht aber eher der gesellschaftlichen Akzeptanz.[1130] Eine Beibehaltung fernsehspezifischer absoluter und relativer Werbeverbote erscheint daher sinnvoll.

8. Werbespezifischer Minderjährigenschutz

Der Minderjährigenschutz ist ein öffentliches Interesse der Mitgliedstaaten, den es weiterhin zu harmonisieren gilt. An den werbespezifischen Kriterien für Fernsehwerbung und Teleshopping ist festzuhalten. Der europäische Mindeststandard trägt dazu bei, dass eine körperliche und geistig-seelische Gefährdung von Kindern und Jugendlichen vermieden wird. Die bereits in der *FernsehRL* normierten Voraussetzungen für die Ausstrahlung von Fernsehwerbung und Teleshopping sollten auch im generalklauselartigen *FsÜ* zum Minderjährigenschutz übernommen werden.[1131]

9. Umgehung strengerer Werbevorschriften

Das *FsÜ* bestimmt, dass in Fällen, in denen das Publikum einer bestimmten Vertragspartei von Werbung und Teleshopping aus einer anderen Vertragspartei angesprochen wird, die geltenden Vorschriften dieser Vertragspartei nicht umgangen werden dürfen.[1132] Ziel ist es, Wettbewerbsverzerrungen und die Gefährdung des Rundfunksystems einer Vertragspartei zu vermeiden. *Art. 16*

[1127] Art. 17 Abs. 3 u. 4 FernsehRL; Art. 18 FsÜ, erläuternder Bericht Ziff. 219 bis 231.

[1128] *Volpers/Herkströter/Schnier* fordern für den nationalen Bereich die Regelung des Titelsponsoring: *Die Trennung von Werbung und Programm im Fernsehen*, S. 166.

[1129] Art. 13, 14 FernsehRL, Erwägungsgrund Ziff. 33 zur *Werbung für Humanarzneimittel*; Art. 15 FsÜ, erläuternder Bericht Ziff. 196 bis 206.

[1130] Art. 15 FernsehRL; Art. 15 FsÜ.

[1131] Art. 16 FernsehRL, Erwägungsgründe Ziff. 42 bis 45 zum allgemeinen Jugendschutz; Art. 7 Abs. 2 FsÜ (Generalklausel).

[1132] Art. 16 FsÜ.

FsÜ sieht zwei Ausnahmen vor. Die erste Ausnahme betrifft Fälle, in denen die Regeln der Fernsehwerbung eine Diskriminierung aufgrund des Ursprungs der Werbung beinhalten. Die zweite Ausnahme betrifft den Fall, in dem die beteiligten Vertragsparteien vor oder nach Annahme des *FsÜ* zwei- oder mehrseitige Übereinkünfte auf diesem Gebiet geschlossen haben.[1133] Der Umgehungstatbestand ist zwar in der *FernsehRL* für Fernsehwerbung und Teleshopping nicht ausdrücklich geregelt, jedoch lässt sich die Schlussfolgerung aus dem Sendestaatsprinzip mit seinen eingeschränkten Maßnahmemöglichkeiten des Empfangsstaats entnehmen.[1134] Im übrigen behält ein Mitgliedstaat das Recht, gegen einen Rundfunkveranstalter, der sich in einem anderen Mitgliedstaat niederlässt, dessen Tätigkeit aber ganz oder überwiegend auf das Hoheitsgebiet des ersten Mitgliedstaats gerichtet ist, Maßnahmen zu ergreifen, wenn sich der Rundfunkveranstalter in der Absicht niedergelassen hat, sich den Regelungen des ersten Mitgliedstaates zu entziehen.[1135] Es ist unklar, ob spezielle oder allgemeine Umgehungsverbote Beeinträchtigungen im Werbebereich vorbeugen. Zumindest ist es für die Mitgliedstaaten und Vertragsparteien von erheblicher Bedeutung, die jeweiligen nationalen Wettbewerbsbedingungen und das Gleichgewicht ihres Rundfunksystems beizubehalten. Ein Verzicht auf das Umgehungsverbot ist nicht angebracht.

10. Virtuelle Werbung

Vordringliches Ziel einer zukünftigen Werberegulierung sollte es sein, bereits die virtuelle Werbung in ihren verschiedenen Varianten einheitlich auf europäischer Ebene zu regeln.[1136] Es kann nicht den Mitgliedstaaten überlassen bleiben, in welcher Form sie virtuelle Werbung für zulässig erachten. Zur Durchsetzung des Trennungsgebots ist es dringend notwendig, zusätzliche weitere normative Maßnahmen zu treffen. Der Einsatz virtueller Werbetechniken verändert die Programmrealität. Die Unverfälschtheit des Programms kann nicht dadurch "wiederhergestellt" werden, indem man national Kennzeichnungsmechanismen für virtuelle Werbung einführt.[1137] Ein ausdrückliches Verbot ist schon vom Gesichtspunkt der Glaubwürdigkeit des Programms her unverzichtbar. Die Zulässigkeit virtueller Werbung würde das Abgrenzungskriterium der Unvermeidbarkeit von Werbung für Schleichwerbung ad absurdum führen. Es wäre kaum nachprüfbar, ob tatsächliche Werbung (z. B. Bandenwerbung) mit elektronischen Mitteln überblendet oder zusätzliche virtuelle Werbung einge-

---

[1133] Erläuternder Bericht zum FsÜ, Ziff. 210 bis 218.

[1134] Art. 2, 2a FernsehRL.

[1135] EuGH, Urteil v. 03.12.1974, Rs. 33/74 - van Bimsbergen, Slg. 1974, S. 1299 f.; EuGH, Urteil v. 05.10.1994, Rs. 23/93 - TV 10, Slg. 1994, S. 4795 f.

[1136] Vgl. Sieben Punkte-Programm zur Reform der Medienordnung von Ministerpräsident *Beck*, der Sonderwerbeformen erlauben will: epd-medien Nr. 87/2000 S. 27 f. (Ziff. 5).

[1137] § 7 Abs. 6 RStV.

setzt würde. Darüber hinaus ist gerade bei der Ausstrahlung von Sportveranstaltungen zu beobachten, dass die Implementierung von virtueller Werbung immer mehr in die Hände der Sportveranstalter oder Sportrechteverwerter gerät. Der Rundfunkveranstalter wird auf dem Markt sein Programmrecht nur dann erhalten, wenn er virtuelle Werbung zulässt. Wird aber im Geltungsbereich von *FernsehRL* und *FsÜ* virtuelle Werbung verboten, wäre eine Einflussnahme auf die Rundfunkveranstalter durch Dritte, die verständlicherweise erhöhte Einnahmen erzielen wollen, schon im Vorfeld ausgeschlossen.[1138] Eine faktische Auflösung des Trennungsgrundsatzes als zentrale Werbemaxime sollte zugunsten des Wegfalls zeitlicher Werbebeschränkungen erhalten bleiben. Der Zuschauer könnte dann selbst entscheiden, ob und wieviel Werbung er akzeptiert.

11. Splitscreen

Split-Screening als formal-technische Gestaltungsform zusätzlicher Werbung ist mit dem Trennungsgebot unvereinbar. Die vornehmlich mit der Systematik zeitlicher Werberestriktionen in Zusammenhang gebrachte Unzulässigkeit der Split-Screen-Technik wäre obsolet, wenn zeitliche Werbebeschränkungen nicht mehr bestünden. Einer Diskussion auf nationaler oder europäischer Ebene um die Aufhebung des Trennungsgrundsatzes wäre die Grundlage entzogen.

12. Werbeunterkanäle

Die mit den digitalen Übertragungstechniken bedingte Ausweitung der Übertragungskapazitäten hat neue Werbepräsentationsformen wie Info- und Storymercials hervorgebracht, die oftmals in Werbeunterkanälen gezeigt werden. Da in den europäischen Regelungsmaterien solche Dauerwerbesendungen nicht reglementiert sind, müssen Mindestnormen geschaffen werden, die die Erkennbarkeit des Werbecharakters und die Kennzeichnung festschreiben. Die Verantwortung des Rundfunkveranstalters für die Ausstrahlung des Werbeunterkanals sollte auf der Ebene der Mitgliedstaaten geregelt werden, da schließlich nationale Aufsichtsbehörden für die Lizenzerteilung zuständig sind. Die Vergabe von Sendezeit an Werbetreibende muss dem Rundfunkwerberecht des Mitgliedstaates entsprechen und ist keine harmonisierungsbedürftige Regelungsmaterie.

13. Fazit

Es lassen sich folgende Reformansätze für eine zukünftige europäische Kommunikationsordnung im Rundfunksektor zusammenfassen:

[1138] Virtuelle Werbung wird man außerhalb des Geltungsbereichs von FernsehRL und FsÜ nicht verhindern können, wenn es sich um internationale Sportereignisse (z. B. Olympiade, Weltmeisterschaften) in Drittländern handelt, die virtuelle Werbung erlauben.

- Beibehaltung des Trennungs- und Kennzeichnungsgebots, ggf. ausdrückliches Verbot der Split-Screen-Technik;
- Wegfall zeitlicher Werbebeschränkungen für Fernsehwerbung und Teleshopping mit Ausnahme bestimmter Unterbrecherverbote,
- Beibehaltung inhaltlicher Werbegrundsätze und gesundheitsspezifischer -verbote,
- werberechtlicher Minderjährigenschutz,
- Beibehaltung der fernsehspezifischen Sponsoringregeln,
- Beibehaltung der Werbeumgehungsverbote,
- Verbot virtueller Werbetechniken,
- Kennzeichnungsgebot für Dauerwerbesendungen.

Die auf wenige Werbegrundsätze beschränkte neue europäische Rundfunkordnung vereinfacht die Werbepraxis und die -kontrolle. Mit der Abschaffung zeitlicher und quantitativer Werbebeschränkungen wird weiteren innovativen Werbeformen, die zusätzliche Werbemöglichkeiten austesten, die Grundlage entzogen.

III. Vereinbarkeit der Deregulierung mit der europäischen Fernsehwerbefreiheit

Leitgedanke der gemeinschaftlichen Kommunikationspolitik ist der freie Wettbewerb. Das europäische Fernsehwerberecht bietet einen Mindeststandard, um den freien Verkehr von Fernseh-(Werbe)sendungen zu gewährleisten und entsprechenden Wettbewerbsverzerrungen im Binnenmarkt zu begegnen. Die Deregulierung des rundfunkspezifischen Werberechts hebt den Mindestschutz nicht auf. Der Schutz nichtkommunikationsbezogener Schutzgüter (Rechte Dritter) bleibt gewährleistet. Vielmehr wird durch den Abbau von zeitlichen und quantitativen Werberegulierungen das Subsidiaritätsprinzip in der Gemeinschaft gestärkt und der Wettbewerb gefördert. Die Mitgliedstaaten sind jedoch nach der *FernsehRL* nicht daran gehindert, ihre strengeren Werberegulierungen zu Lasten der eigenen Rundfunkveranstalter aufrechtzuerhalten (umgekehrte Diskriminierung). Dazu zählt auch, ein nach privaten und öffentlich-rechtlichen Rundfunkveranstaltern differenziertes Werberegulierungssystem zu betreiben. Doch unterliegt auch diese Freiheit Schranken, denn sie führt nicht nur zu - neuen oder fortgesetzten - Ungleichheiten im europäischen Wirtschaftsraum, sondern sie stellt auch immer eine Einschränkung von Grundrechten dar, die durch den *EGV* oder die *EMRK* gewährleistet sind. Dazu gehören Grundfreiheiten, wie die der kommerziellen Kommunikation, die Wettbewerbs- oder Dienstleistungsfreiheit. Für die unterschiedslos anwendbaren Beschränkungen der Dienstleistungsfreiheit gilt nach der Rechtsprechung des *EuGH* eine ungeschriebene Ausnahme aus zwingenden Gründen des Allgemeininteresses in den Mitgliedstaaten. Zu diesen Gründen gehören auch Regulierungen, deren Zweck eine pluralistische Rundfunkordnung ist.[1139] Diese Ausnahme muss ebenfalls im Lichte des *Art. 10 EMRK* ausgelegt werden. Pluralismussicherung ist in den meisten Mitgliedstaaten ein Ausgestaltungsgebot für die Rundfunkfreiheit und wirkt als Regulierungsgebot.[1140] Der Verzicht auf zeitliche und quantitative Werbevorschriften eröffnet die Chance, eine nach den Prinzipien der Meinungs- und Wettbewerbsfreiheit orientierte europäische Kommunikationsordnung im Rundfunksektor zu schaffen. Dies entspricht zumindest der Intention der *FernsehRL*, bei der wirtschaftliche Aspekte im Vordergrund stehen. Gerade die Werbung dient zur Stimulierung des Absatzes von Waren und Dienstleistungen und macht die Erschließung neuer Märkte erst möglich.[1141] Die Beschränkung auf wesentliche Werbegrundsätze, die dem öffentlichen Interesse und dem Schutz der Zuschauer dienen, führt zwar zu mehr Wettbewerb, löst aber auch mehr Verantwortung bei den Rundfunkveranstaltern aus.

IV. Werbliche Selbstregulierung und Medienkompetenz

Die Selbstregulierung ist im Zusammenhang mit einer wirksamen Überwachungsorganisation zu sehen.[1142] Die nationalen Aufsichtsbehörden können die Inhaltevielfalt und die Werbevorschriften nicht mehr wirksam kontrollieren. Hinzu kommt, dass in den Mitgliedstaaten noch keine sektorübergreifende Struktur für Rundfunk, Telekommunikation und neue audiovisuelle Dienste besteht.[1143] Damit die wirtschaftliche und gesellschaftliche Entwicklung der konvergierenden Technologien nicht behindert wird, steht die Forderung im Raum, die einzelnen Teilordnungen in eine allgemeine Wirtschaftsordnung einzugliedern und durch Regulierungsabbau den Wettbewerb zu fördern.[1144] Ziel ist es, die staatliche Rahmengesetzgebung in Fragen der

---

1139 S. Erster Teil, Zweiter Abschnitt, C. IV. 2.2.2.: Fernsehwerbebegriff und Meinungsvielfalt.

1140 Zur positiven Rundfunkordnung in Deutschland: Dörr, "Das für die Medienkonzentration maßgebliche Verfahrensrecht", in: *Die Sicherung der Meinungsvielfalt*, S. 331 f. (338).

1141 Vgl. Schlussantrag von Generalanwalt *Jacobs* in der Rs. C - 412/93 - Leclerc-Siplec, Slg. 1995, 182 (185).

1142 Zu Begriff und Formen der Selbstregulierung: Ukrow, *Die Selbstkontrolle im Medienbereich in Europa*, S. 19 f.

1143 Die Regulierung des Rundfunk- und Telekommunikationsmarktes durch eine einheitliche Behörde ist lediglich in Kanada durch die Canadian Radio-Television and Telecommunications Commission (CRTC) und in den USA durch die Federal Communications Commission (FCC) realisiert. Zu den Aufgaben: Mattern/ Künstner/ Möckel/ Saschek, Kommunikationsordnungen im Vergleich - Ergebnisse der internationalen Recherchen in: Hamm/Waltermann, *Kommunikationsordnung 2000 - Innovation und Verantwortung in der Informationsgesellschaft*, S. 35 f. Zur Zersplitterung der Aufsichtsstruktur in Deutschland: Rossen-Stadtfeld, ZUM 2000, S. 36 f. (40).

1144 *Kommunikationsordnung 2000* - Grundsatzpapier der Bertelsmann-Stiftung, S. 30; vgl. a. *Kommunikationsordnung 2010 (Bertelsmann-Stiftung)* – Zusammenfassung, epd-medien Nr. 88/2000, S. 26f.

Vielfaltsicherung und Konzentrationskontrolle wettbewerbsorientierend anzusetzen und die Regulierung von Inhalten der Eigenverantwortung der Anbieter zu überlassen. Befürworter einer Selbstregulierung plädieren für eine Deregulierung staatlicher Kontrollen. Im Zeichen der Digitalisierung und Globalisierung sei nun endlich der Zeitpunkt gekommen, den Medienmarkt sich selbst zu überlassen. Durch den Wegfall der Knappheit von Sendefrequenzen entfiele der Schutz kommunikationsbezogener Rechtsgüter und damit eine eigenständige rechtliche Rundfunkordnung.[1145] Markt- und wettbewerbsbezogene Kriterien würden in besonderem Maße den Erfordernissen des Kommunikationsmarktes, auch des Fernsehmarktes, entsprechen. Mittelbar diene der Markt und Wettbewerb der Vielfalt der Meinungen durch den Erhalt selbständiger Einheiten.[1146]
Der regulatorische Ansatz des "Market-led development" würde auf europäischer Ebene bedeuten, dass das europäische Wettbewerbs- und Kartellrecht den konvergierenden Markt reguliert. Sektorspezifische Teilordnungen wären zur Kontrolle der Programmqualität, des Meinungspluralismus und der Medienkonzentration entbehrlich. Der öffentlich-rechtliche Rundfunk würde durch die marktgesteuerte Entwicklung seine Stellung als "audiovisual service" verlieren und wäre allenfalls durch Programmangebote legitimiert, die der private Rundfunk nicht mehr leisten kann.[1147] Dieser Entwicklung könnten die Mitgliedstaaten nur entgegentreten, wenn sie den Funktionsauftrag des öffentlich-rechtlichen Rundfunks eindeutig bestimmen.
Das Vertrauen auf wirtschaftliche Selbstregulierungskräfte muss auch aus anderen Gründen Skepsis hervorrufen. Zutreffend ist, dass bereits in einigen Ländern funktionierende Selbstregulierungsmechanismen für Rundfunk und Internet installiert sind.[1148] Besonders in den angelsächsischen Ländern wird die Selbstkontrolle privater Veranstalter über Inhalte, Jugendschutzbestimmungen und Werbeauflagen als sinnvoller Weg gesehen, die zu erwartende Medienviel-

---

1145 Engel, in: Hoffmann/Riem, *Perspektiven der Informationsgesellschaft*, S. 155 (160 ff.).

1146 Grundpositionen der Bertelsmann-Stiftung zur Kommunikationsordnung 2000: epd-medien Nr. 86/1997, S. 1-33; Verband Privater Rundfunk und Telekommunikation (VPRT), Rahmenkonzept für eine Medienordnung 2000 plus, 1997; Zusammenfassung der Kommunikationsordnung 2010 (Bertelsmann-Stiftung), epd-medien Nr. 88/2000 S. 26f.

1147 Kernaussage der VPRT zur Kommunikationsordnung 2000 plus: "Soviel privater Rundfunk wie möglich, soviel öffentlich-rechtlicher Rundfunk wie nötig."*:* epd-medien Nr.86/1997, S. 34 (35).

1148 Überblick zur Situation der Selbstkontrolle im Medienbereich in Europa: Ukrow, *Die Selbstkontrolle im Medienbereich in Europa*, S. 223 f.

falt zu beherrschen.[1149] Auch in Deutschland besteht eine Tradition der Selbstregulierung durch Rundfunkräte öffentlich-rechtlicher Rundfunkveranstalter und der Interessenvertretung privater Rundfunkveranstalter.[1150] Die Entwicklung von Selbstkontrollmechanismen macht aber eine Rahmengesetzgebung, die sich auf wesentliche Grundsätze beschränkt, nicht überflüssig.

"Marktwirtschaft" wird erst dann sozial, wenn sie gesellschafts- und sozialverträgliche Komponenten durch eine positive Regelungsordnung absichert. An diesem Punkt kranken die nationalen und europäischen Positionspapiere für eine zukünftige europäische Kommunikationsordnung.[1151] Im übrigen verkennen unternehmensbezogene Visionen einer Selbstregulierung die Macht der Medien, die einer Begrenzung und Kontrolle bedürfen.[1152] Die Macht der Meinungen kann nicht dem "Global Business Dialogue" der Medienunternehmen überlassen werden.[1153] Die Angebots- und Meinungsvielfalt im Rundfunk und den neuen audiovisuellen Diensten wird nur durch eine Veranstaltervielfalt gewährleistet. Ein nach Marktgesetzen geführter Wettbewerb führt zu einer Medienkonzentration wirtschaftlich starker Anbieter und damit zu einer Beschränkung des Wettbewerbs. Der Gesetzgeber kann durch ordnungspolitische Rahmenbedingungen der konstitutiven Bedeutung des Rundfunks als gesellschaftlichem Integrationsfaktor und Kulturgut nur gerecht werden, wenn die im öffentlichen Interesse stehenden Ziele (z. B. Marktzugang, Jugendschutz, Sicherung kultureller Identität, Werbebeschränkungen etc.) normiert sind. Die Regulierung erhält außerdem den öffentlich-rechtlichen Rundfunk, der zugegebenermaßen mit dem staatlich zugewiesenen Instrument der Gebührenfinanzierung teilweise dem Wettbewerbsdruck mit den privaten Rundfunkveranstaltern entzogen ist. Unternehmerische Selbstregulierung kann weder Veranstaltervielfalt sichern, noch angesichts des sich verschärfenden wirtschaftlichen Wettbewerbs einen Ausgleich zwischen Markt und gesellschaftlicher Verantwortung

[1149] Die Australian Broadcasting Authority (ABA) überwacht lediglich die Gesellschaftsverträglichkeit von Programminhalten im privaten Sektor, nutzt hierzu einen Selbstkontrollmechanismus, der von privaten Veranstaltern selbständig unter Einbindung der Öffentlichkeit erstellt wurde. Zu Australien: Mattern/Künstner, Fernsehsysteme im Vergleich in: Hamm (Hrsg.), *Die Zukunft des dualen Systems*, S. 143 f.; zur Aufsichtsstruktur und Selbstkontrolle im internationalen Vergleich: Mattern/Künstner in: Hamm (Hrsg.), *Die Zukunft des dualen Systems*, S. 53 f.; zur Netiquette im Internet: Hoeren, *Internationale Netze und das Wettbewerbsrecht*, in: *Rechtsprobleme internationaler Datennetze*, S. 36.

[1150] *Code of conducts* bei Daily-Talkshows vom 30.06.1998: Hartstein/Ring/Kreile, Kommentar zum Rundfunkstaatsvertrag, § 41 RStV, Rn. 76.

[1151] Vgl. *Henle*, DLM-Europabeauftragter, in seinem Schreiben an die Gesamtkonferenz der Rundfunkkommission vom 30.09.1997, epd-medien Nr. 86/1997, S. 17 f. (20).

[1152] Zur Selbstregulierung der Wirtschaft und zukünftigen Medienpolitik aus Sicht von Nordrhein-Westfalen: epd-medien Nr. 77/1999, S. 31.

[1153] Vgl. Hege auf den Münchner Medientagen 1999: epd-medien Nr. 84/1999, S. 21.

schaffen. Auf europäischer Ebene würde zudem eine ausschließliche Selbstregulierung Konflikte in denjenigen Mitgliedstaaten auslösen, die eine sektorspezifische Rahmengesetzgebung aufgrund nationaler verfassungsrechtlicher Vorgaben verfolgen.[1154] Deshalb ist eine staatliche Rahmengesetzgebung unverzichtbar. Sie muss aber eine Selbstkontrolle der Veranstalter ermöglichen. Für die Werberegulierung bedeutet dies, dass im Zuge einer neuen europäischen Kommunikationsordnung die Ausarbeitung von Werbegrundsätzen vereinfacht werden muss, die dann entweder sektorspezifisch oder sektorübergreifend angewandt werden. Wegen des eindeutigen Wirtschaftsbezuges kann der Gemeinschaft ihre Kompetenz zur Werberegulierung im Rundfunk nicht abgesprochen werden.[1155] Der deregulierende Lösungsansatz, der sich auf wenige Werbegrundsätze bezieht, lässt den Rundfunkveranstaltern noch genügend Raum für Inhalt und Umfang der Werbung. Den Mitgliedstaaten müsste überlassen bleiben, inwieweit den Veranstaltern von Inhalten und Diensten im umgesetzten Regelungsgefüge rechtliche Spielräume zur Selbstregulierung zugebilligt werden.[1156] Die Grenzen der Selbstregulierung sollten dort gezogen werden, wo die Durchsetzung der aufgestellten Verhaltenskodizes nur durch flankierende staatliche Maßnahmen (z. B. Strafverfolgung) möglich ist.

Im Werbebereich nützen staatliche Mindestregulierung und Selbstregulierung der Medien nichts, wenn die Akzeptanz bei den Marktteilnehmern fehlt. Durch die steigende Vielfalt der Medien- und Kommunikationsangebote wird nämlich eine Regulierung und Aufsichtskontrolle der neben den Medien verbleibenden Selbstkontrollmechanismen immer schwieriger. Dementsprechend steigen die Anforderungen an die Medienkompetenz des Nutzers.[1157] Sie umfasst die Kompetenz, mit der Menge an Informationsangeboten eigenverantwortlich umzugehen. Staat und Medienanbieter können zwar durch Navigations-, Filter- und Sicherungssysteme, insbesondere im Persönlichkeits- und Jugendschutzbereich,[1158] dem Nutzer Hilfestellung leisten, jedoch wird es maßgeblich darauf ankommen, ob die Medienangebote durch die Bereitschaft zur Zahlung eines Entgelts für Information oder Unterhaltung Akzeptanz finden.

[1154] In Deutschland *positive Rundfunkordnung*: BVerfGE 73, 118 (152 f.); 83, 238 (296); 90, 60 (88).

[1155] Eine Rechtsangleichung unterschiedlicher Werbebestimmungen in den Mitgliedstaaten ist binnenmarkterforderlich.

[1156] Zur Anerkennung des Selbstkontrollansatzes in werbespezifischen Rechtsakten der Gemeinschaft: Ukrow, *Die Selbstkontrolle im Medienbereich in Europa,* S. 54 f. Selbstregulierung als Umsetzungsform: ders., S. 37 f.

[1157] Zu Bildungs- und Förderungskonzepten des Nutzers: Hamm/Waltermann, *Kommunikationsordnung 2000,* Band 1 (Ergebnisse der Recherche) S. 91 f. (93); s. medienpolitische Grundsatzrede von *Clement* zur Qualifizierung als entscheidender Aufgabe: epd-medien Nr. 77/1999, S. 35.

[1158] Zum Jugendschutz im digitalen (Bezahl-)fernsehen: Hess/Gorney, ZUM 1999, S. 881 f.

V. Übertragbarkeit der Werbegrundsätze auf neue audiovisuelle Dienste

Fernziel einer europäischen Kommunikationsordnung kann nicht nur sein, einen bestehenden Ordnungsrahmen im Rundfunksektor zu deregulieren, sondern auch die audiovisuellen Medien betreffenden Teilbereiche gemeinschaftsrechtlich zu koordinieren. Im Rahmen der Änderung der *FernsehRL* wurde ideologisch die Einbeziehung der Abrufdienste in ihren Geltungsbereich ausgefochten. Die Errichtung eines europäischen Kommunikationsraums war 1997 von dem Gedanken getragen, in Zukunft alle audiovisuellen Dienste einem einheitlichen Regulierungsmodell zu unterwerfen. Eine von der Kommission in Auftrag gegebene Studie hat die Regulierungsansätze im Grünbuch zur Konvergenz der Branchen Telekommunikation, Medien und Informationstechnologie beeinflusst.[1159] Darin kommt dem zunächst als entscheidend angesehenen Übertragungsweg keine Bedeutung mehr zu, sondern die Inhalte stehen abgestuft nach kommerzieller Verwertbarkeit im Vordergrund. Die ausschließlich nach Marktkräften orientierte Position lässt sich an folgender Annahme festmachen:

> "Die Verwischung der Grenzen stellt die gesamten derzeitigen unterschiedlichen Regelungen des Rundfunks und der Telekommunikation in Frage. Sie verlangt ein unvoreingenommenes Herangehen an die Regulierung der Konvergenz. Ohne eine grundlegende Neubewertung riskieren wir, Innovationen zu ersticken, Investitionen zu verhindern, Neugründungen von Unternehmen abzuwürgen und bestehende Unternehmen zu untergraben."[1160]

Als Regulierungsmodell für elektronische Kommunikation jedweder Art wurde in der Studie das Paradigma des Telekommunikationsrechts empfohlen. Davon ist auch – zumindest in kompetenzrechtlicher Hinsicht - das *IuDK* geprägt.[1161] Die Regulierungsstrategie für eine medienübergreifende neue europäische Kommunikationsordnung im Werbebereich muss an die spezifischen medialen Wirkungen der Dienste anknüpfen. Die in den europäischen Regelungsmaterien enthaltenen Werbebestimmungen sind nicht automatisch auf die neuen audiovisuellen Dienste übertragbar. Dies gilt insbesondere für die quantitativen und zeitlichen Werberestriktionen, die auf internetbasierte, rundfunkähnliche Dienste nicht passen. Für Informationen im Internet (z. B. Multi-Media-Werbung) ist es gerade charakteristisch, dass sie jederzeit abrufbar sind und vom Nutzer individuell angefordert werden können. Werbequoten und zeitliche

---

[1159] KOM (97) 623 endg.; KPMG-Studie "Public Policy Issues Arising from Telecommunications and Audiovisual Convergence" von September 1996.

[1160] Grundpositionen der KPMG-Konvergenzstudie, epd-medien Nr. 85/1997, S. 24 f.

[1161] Zu den Abgrenzungsproblemen zwischen den Diensten: Holznagel, ZUM 1999, S. 443 (431 f.); Gounalakis/Rhode, CR 1998, S. 487 (488 f.).

Werbebeschränkungen sind systemfremd. Quantitative Verbote (etwa nach einer gewissen Zeit keine weiteren Web-Sites von Unternehmen mehr abzurufen) kämen einer Beschränkung der Informationsfreiheit als Teil eines europäischen Kommunikationsgrundrechts gleich. Die Werbung in den Off- und Online-Medien ist demnach mit der klassischen Werbung im Rundfunk nicht vergleichbar. Abgesehen von den anwählbaren Stichworten und/oder optischen Gestaltungsmerkmalen, erscheinen auf dem Monitor nur die Informationen, die der Nutzer anfordert. Der Vergleichsmaßstab für die Nutzung von Unternehmensinformationen via Off- und Online-Diensten ist daher nicht der passive Konsum einer Rundfunknutzung, sondern die aktive Vorgehensweise.[1162]

Der hier verfolgte Lösungsansatz, nämlich auf zeitliche und quantitative Werbebeschränkungen zu verzichten, eröffnet allerdings die Möglichkeit, rundfunkähnliche Dienste in die werbliche Regulierung miteinzubeziehen. Die auf wenige nichtkommunikative und kommunikative Schutzgüter beschränkten Werbegrundsätze sind auf rundfunkähnliche Kommunikationen übertragbar. Um solche handelt es sich, wenn es dem Nutzer primär um das Betrachten des Bildschirms geht, und nicht - wie häufig im Internet - um die Speicherung von Werken auf einer Festplatte oder das Ausdrucken von Informationen.[1163] Es werden Sendungen gleichen Inhalts verbreitet. Hier wie dort sind die Veranstalter und eine unbestimmte Anzahl von Zuschauern beteiligt. Der Begriff der Fernsehsendung in *Art. 1 lit. a) FernsehRL* könnte demnach auch auf bestimmte Abrufdienste, deren Inhalte vollständig oder im wesentlichen mit Fernsehsendungen vergleichbar sind, erweitert werden, so wie es ursprünglich vom Europäischen Parlament in seiner ersten Lesung zur Revision der *FernsehRL* vorgeschlagen wurde.[1164] Damit würde der auf "point-to-multipoint" geprägte europäische Rundfunkbegriff aufgegeben werden. Die Deregulierung der rundfunkspezifischen Werbenormen wäre ein erster Schritt zu einem einheit-

[1162] Zur Internet-Kommunikation von Unternehmen: Marwitz, in: Hoeren/Sieber (Hrsg.), *Handbuch Multimediarecht*, Teil 11.2, S. 10 f.; zur Systemfremdheit von Werbequoten im Internet, dies.: S. 30.

[1163] Zur Unternehmenshomepage als Werbung, dies.: S. 12. Zur medienrechtlichen Qualifizierung von Online-Diensten: Hoeren, Kurzgutachten vom 15. April 1996 im Auftrag der Organisation Werbetreibender im Markenverband, S. 8.

[1164] Entschließung des Europäischen Parlaments vom 14. Februar 1996, ABl. Nr. C 65/8. In dem dort vorgeschlagenen Art. 1 lit. a) sollte der Begriff der Fernsehsendung wie folgt lauten: "Die drahtlose, erdgebundene oder durch Satelliten vermittelte, unverschlüsselte oder verschlüsselte Erstsendung von Fernsehprogrammen, die zum Empfang durch die Allgemeinheit bestimmt ist, entweder für ein Massenpublikum oder für den individuellen Abruf von Programmen und entweder gleichzeitig oder sequenziell. Der Begriff schließt die Übermittlung an andere Veranstalter zur Weiterverbreitung an die Allgemeinheit ein. Nicht eingeschlossen sind Kommunikationsdienste, die auf individuellen Abruf Informationen oder andere Inhalte übermitteln, wie Fernkopiergeräte, elektronische Datenbanken, sowie der interaktive Informationsaustausch zwischen Einzelpersonen..."

lichen Regulierungsmodell in der Gemeinschaft. Durch die Übertragbarkeit des auf wenige Werbegrundsätze reduzierten Fernsehrechts könnte sich eine Anpassung werblicher Inhalte in einzelnen Teilsektoren erübrigen.

Zusammenfassung der Ergebnisse

1. Angesichts der von Technik, Globalisierung und Ökonomisierung geschaffenen Wirklichkeit sind europäische Mindeststandards im audiovisuellen Sektor unerlässlich. Unter den Bedingungen der technischen Konvergenz sind die Regulierungsbestrebungen der Mitgliedstaaten auf europäischer Ebene zu harmonisieren.

2. Die Digitalisierung des Rundfunks hat das Bedürfnis nach europäischen Fernsehwerbestandards verstärkt. Dies bedeutet aber keineswegs, dass die bisherige Werberegulierung noch komplizierter ausgestaltet werden soll. Vielmehr ist eine echte Deregulierung angezeigt.

3. Die Digitalisierung der Übertragungswege hat eine Reihe von Rechtfertigungsgründen für traditionelle Werbebeschränkungen entfallen lassen. Die zeitlichen und quantitativen Werbebeschränkungen können nicht mehr mit dem Argument aufrechterhalten werden, die klassischen Rundfunkprogramme vor zu viel Werbung schützen zu wollen.

4. Fallen die zeitlichen und quantitativen Werbebeschränkungen aus dem Anwendungsbereich von *FernsehRL* und *FsÜ* heraus, steht zu erwarten, dass die Zuschauerakzeptanz für Fernsehprogramme das notwendige Korrektiv darstellt. Wenn der Umfang der Werbung freigestellt und die Ausstrahlung von Werbespots und andere Erscheinungsformen vertraglich zwischen Werbetreibenden, Produzent und Programmveranstalter vereinbart ist, entscheidet der Zuschauermarkt.

5. Virtuelle Werbetechniken und Split-Screening sind für die Werbewirtschaft zusätzliche Werbemöglichkeiten, die an die Grenzen europäischer Fernsehwerbestandards stoßen. Es besteht für diese Werbetechniken aus Gründen des Zuschauerschutzes die Notwendigkeit eines Verbots auf europäischer Ebene.

6. Der deregulierende Lösungsansatz, der sich nur noch auf bestimmte Werbegrundsätze unter Ausschluss zeitlicher und quantitativer Werbenormen beschränkt, führt zu einer Reduzierung innovativer Werbeformen, die zum Ziel haben, mehr Werbung im Programm zu integrieren.

7. Eine zeitnahe Anpassung von *FernsehRL* und *FsÜ* an die werbliche Entwicklung im audiovisuellen Sektor wird weder die Gemeinschaft noch der Europarat leisten können. Deshalb ist ein europäischer Fernsehwerbestandard unverzichtbar, der schon im Vorfeld eindeutige Grenzen der werblichen Kommunikation setzt.

8. Das Gemeinschaftsrecht regelt die neuen audiovisuellen Dienste über die Dienstleistungsfreiheit. Abrufdienste unterliegen dem freien Wettbewerb der Telekommunikationsdienste. Eine Ausweitung des Anwendungsbereichs von *FernsehRL* und *FsÜ* auf Video-on-Demand, Online- oder internetbasierte Dienste ist unterblieben. Nach dem europäischen Rundfunkbegriff werden nur "point-to-multipoint" Verbindungen dem Rundfunk zugeordnet.

9. Beschränken sich die Werbegrundsätze auf wenige kommunikations- und nichtkommunikationsbezogene Schutzgüter, könnten Abrufdienste in den europäischen Rundfunkbegriff einbezogen werden, die einer Fernsehsendung vergleichbar sind. Damit wäre eine schrittweise Annäherung an ein einheitliches Regulierungsmodell im audiovisuellen Sektor möglich.

10. Selbstregulierung der werblichen Kommunikation kann nur in Grenzen zugelassen werden. Die Grenzen haben die Mitgliedstaaten aufzuzeigen. Diese dürfen aber nicht das Binnenmarktkonzept gefährden.

FSC
www.fsc.org
MIX
Papier | Fördert
gute Waldnutzung
FSC® C083411

Kolibri 360 GmbH
Ferdinand-Jühlke-Straße 7
99095 Erfurt, Deutschland
produktsicherheit@kolibri360.de

Druck:
CPI Druckdienstleistungen GmbH
im Auftrag der
Kolibri 360 GmbH
Ferdinand-Jühlke-Str. 7
99095 Erfurt